U0885688

20几岁的女人是怒放的鲜花，20几岁的女人更是飘逸的云彩。
把握住20几岁的青春，淡定、从容、独立，你就能获得一生的幸福。

Ershiji Sui Jueding
Nüren De Yisheng

20几岁决定女人的一生

大全集

静涛　陈妙◎编著

立信会计出版社
LIXIN ACCOUNTING PUBLISHING HOUSE

图书在版编目（CIP）数据

20几岁决定女人的一生大全集 / 静涛，陈妙编著.
—上海：立信会计出版社，2012.7

(超值金版)

ISBN 978-7-5429-3487-1

Ⅰ. ①2… Ⅱ. ①静… ②陈… Ⅲ. ①女性-成功心理
-青年读物 Ⅳ. ①B848.4-49

中国版本图书馆CIP数据核字（2012）第081822号

策划编辑 蔡伟莉
责任编辑 蔡伟莉 张 寻
封面设计 久品轩

20几岁决定女人的一生大全集

出版发行 立信会计出版社
地　　址 上海市中山西路2230号　　邮政编码 200235
电　　话 (021) 64411389　　传　　真 (021) 64411325
网　　址 www.lixinaph.com　　电子邮箱 lxaph@sh163.net
网上书店 www.shlx.net　　电　　话 (021) 64411071
经　　销 各地新华书店

印　　刷 廊坊市华北石油华星印务有限公司
开　　本 787毫米×1092毫米 1/16
印　　张 23.5
字　　数 396千字
版　　次 2012年7月第1版
印　　次 2013年2月第2次
书　　号 ISBN 978-7-5429-3487-1/B
定　　价 29.00元

如有印订差错，请与本社联系调换

前　言

20几岁是女人最美丽的年龄，20几岁的女人有着无穷的魅力与活力，她们像盛开的花朵，像飘逸的云彩，又像绚烂的彩霞。可是，20几岁也是人生的一个重要转折点。20几岁的女人，面临着工作、爱情、婚姻等等一系列问题。即便你是个淡泊名利、与世无争的女子，你也需要客观地审视20几岁这个特殊的年龄段，因为在这个年龄段里，你必须找好自己一生的定位，并为自己赚足一生的资本，扎稳成功与幸福的地基。只有这样，你才能在今后的日子里，为自己赢得相对从容的生活。

20几岁，是女人从青春历练到成熟的阶段，是一个女人成长最重要的时期。

20几岁的女人要懂得打扮修饰自己，更要懂得为自己的将来积累各种资本。在20几岁的时候，女人要多长一些见识，养成自己的思维方式；要有明确的人生目标，开始用自己的双手争取成功；要懂得宠爱自己，学会为人处世的准则和手腕；要掌握爱情的规则，建立温馨和谐的家庭……所以，20几岁，对女人来说很关键，它可以决定女人一生的幸福和命运。

20几岁开始，女人应该活出自己的感觉，做真正完美的自己。女人的个性应该是气质与外表的总和，你脸部的轮廓、你柔和的声调、你前卫的思想、你时尚的装束……所有这一切都构成你的个性。20几岁的女人，你知道你的个性是什么吗？你知道怎样才能做到与众不同吗？

20几岁开始，女人应该拥有良好的心态，不被性格中的阴暗面所累。20几岁的女人开始面对来自事业和家庭中的各种压力，不但经常会感觉身体劳累，而且还常常心累。心累主要就是累在自己的心态上，20几岁的女人应该做一个心态积极的女人，克服自己的心理阻碍与压力。可是，你知道如何才能克服自卑、怯懦等一系列阴暗面吗？你知道怎样才能拥有积极乐观的心态吗？

20几岁开始，女人应该懂得社交的规则，在为人处事方面游刃有余。20几岁的女人如果没有社交，是可怜的。20几岁的女人需要学会赢得人心的方略，需要懂得说话办事的技巧和窍门。女人要学会在社交中沟通感情、发展个性、获得友谊，让自己成为最受欢迎的人，为自己将来的发展打造良好的人脉关系。而20几岁的你，知道如何把握办事中的进退之道吗？知道做人应该有哪些心计和手腕吗？

……

一切答案就在这里，就在这本书里。本书共分为10个部分，从规划、心态、职业、婚姻、健康、财富等10个方面为你讲解如何奠定一生幸福的基础。它让你举手投足之间，尽显女性魅力：20几岁的你，可以从容干练地处理工作、机智优雅地进行社交、甜蜜浪漫地享受爱情……

每个20几岁的女人活出属于自己的精彩。真诚地希望所有20几岁的女人们都能找准自己的优势，给自己做出全新的定位，为自己的一生积累丰富的资本。

目　录

序　篇

打碎白日梦，女人好命在今天

规划篇

梦想领航人生，选择决定女人一生的命运

心态篇

酸柠檬甜葡萄，好心态决定女人花样好年华

人性篇

性格决定命运，女人一生成熟比成功更重要

红颜篇

生命如花绽放，美丽是女人一生的追求

才情篇

腹有诗书自才华，女人优雅地熟透一生

社交篇

海阔凭鱼跃，赢得人心女人赢得一生的机遇

职业篇

小鸟不依人，职业天地决定女人生存空间

婚姻篇

好女人婚姻第一，婚姻成功才是真正的成功

健康篇

珍爱自己，身体是女人一生最大的本钱

财富篇

财商决定幸福指数，有面包的女人会更幸福

序篇

打碎白日梦，女人好命在今天

第1章

女人一生什么命，20几岁就注定

生活中，我们经常会遇到这样的事情：两个本来境况相似的女人，在多年以后，一个过着富足充实的生活，一个却深陷生活的困境。你有没有想过是什么导致了这样的差异？

造成这种局面的原因可能是多方面的，但是有一点我们不能忽视，那就是她们在20几岁的时候作了什么样的决定，选择了什么样的生活态度。没错，女人一生什么命，20几岁就注定。

20几岁建立梦想，为明天做一个规划

女人在20几岁的时候不能没有理想，有理想一切就都有可能。理想是我们心灵的愿望，它可以激发我们的创造能力，驱策我们去从事自己所期望的事情；它是我们身体各部分机能的常备补药，它能够挖掘我们的潜力。

众人瞩目的佼佼者，人人景仰的成功人士，总是人们讨论的焦点，那么，20几岁的女人，你有没有想过自己其实也可以成为其中的一员呢？只要你拥有了这样一个梦想，那么你就离成功已经很近了，而你一生的命运也许会因此而改变。

我们心灵的愿望，灵魂的渴念，不是虚无缥缈的梦境或幻想，而是未来可能成为现实的预言、预兆与信息。它们是我们迈向成功的指引者。它们能测量出我们志趣的高下，能力的大小，我们的各种理想，是决定我们品格与生命形态的力量。我

们日常心目中的各种愿望，会在我们的举止、品格、生命之中表现出来。我们只有先有了理想，然后才会有实际的生命。一幢建筑，实际上不过是建筑师脑海中的一项计划的实现。同样，一个人的生命，他在事业上取得的成功，也不过是他的理想被付诸实际而已。假使人世间没有“南方”，那么到了冬季，候鸟也绝不会有向南飞的本能。人也一样，我们各种心灵的愿望，盼望着能获得一个完满、广博的生命，希望得到一个充分表现自我的机会，期望一生中取得不朽的成就。只要你为之坚持不懈地去努力，一切就都可能发生，梦想就有可能实现。

我们的品格与效能，常常随我们思想、情绪、理想的改变而有所波动。所以只要你知道某个人所怀的理想，你就能知道那个人的品格，那个人的全部生命是怎样的，因为理想足以支配一个人的全部生命，所以，你的一切思想、理想与志愿，都应该使之趋于“崇高”、“优美”。你的思想，应该随时都有一种向上的倾向。你应当立志使自己的思想与行为永远不与“卑下”发生关系，使你所做的一切事情，都能印上“优美”的标记。这种向上的心理，这种精神会使我们趋于高尚的理想。高尚的理想有一种提高生命的力量，可以使我们的生命达到较高的水准。具有这种心理的人，常能抵制一切不和谐、不顺利，以及各种与“平安”、“效率”、“成功”作对的敌人，只要我们有不断达到某项目的要求，虽然起初似乎没有这种可能，但是最后我们会成功的。假如我们常常幻想实现我们的理想，而不管这种理想是健全的身体，高贵的品格，还是伟大的事业；假使我们对于这些东西渴求得十分炽烈，并为之而努力，那么这些东西最后必会驾临于我们的生命之中。

心灵的愿望，可以激发我们的创造能力，驱策我们去从事自己所期望的事情。它们是我们身体各部分机能的常备补药，它们能够增加我们的能力，帮助我们实现自己的梦想。“自然”是一位“真不二价”的店主。它肯拿出一切东西来赐予我们，只要我们肯付出代价。我们的愿望好像树根一样，它能延伸到无影无踪的“能力宇宙”的各个方面。而这些精神之根，能摄取我们的愿望趋于实现的养料。

当然，只有梦想不等于就拥有了成功，还必须有两个必备条件。第一，必须是合理的愿望，第二，你必须下决心去努力实现梦想。

我们的每个合理的愿望，都是绝对可以实现的。所谓合理的愿望，并不是指那些荒诞的、超越情理的妄想，而是一些可以实现的愿望。我们期望能充分、圆满地表现自我，期望完成在我们最高灵感时所显示出的生命模式。我们的理想，就是我们对未来的构想或草案。愿望能凝结成“决心”才有用处。热烈的愿望加上坚强的决心，才能生出创造的力量，助我们达到目的。愿望与努力相加，两者才能生出效果。仅有愿望而没有决心，仅有理想而不去努力，那么这种理想与愿望，最后只会烟消云散。具备了合理的愿望，再加上你的努力，成功就一定会属于你。

假使你期望在你的生命中的某些方面有所长进，你就应当很热烈、坚毅地向往着那些理想，把这些理想与愿望保存在你的心中，直至实现为止。这样慢慢会使一个懦弱、不完满、有缺点的人，变为一个有理想的人。不断地将我们的精神集中于我们的愿望之上，它能生出一种神奇的力量来，去帮助我们撷取那些我们所希望得到的东西。

我们的精神态度与心灵愿望是一种祷告。这种祷告乐于“自然”的特别关照。假使我们的愿望真是出自我们的内心深处，假使我们能够沿着我们的愿望向前奋斗，它总是乐于助我们取得成功的。

所以，20几岁的女人要想改变自己一生的命运，就要从现在开始为自己建立一个梦想，为明天做一个规划。

女人的新生活是从选定方向开始的

每个人都要走自己的人生之路，但究竟该走什么样的人生之路？人生之路又该如何规划？很多20几岁的女人心中并没有明确的目标。她们不假思索，匆忙选择，急急地上路。她们很简单地想，不管什么路，先上路再说，实在不行再换。但偏偏就不去花时间思考和规划一下自己该走什么样的路。

如果我们选错了方向，走错了路，好的发展就会离我们远去。有时候，也许根本不用你去选择和规划。因为父母已经帮助你做好了一切，但是，父母或别人给你安排的真的是你想走的路吗？又真的适合你走吗？一定要先考虑清楚才行。

有的人即使选择了自己要走的路，但也只是根据自己现有的条件去选择，根本就没有对未来要走的路进行一个全面的规划与设计。或者有目标，但也只是考虑眼前的利益，而放弃了长远的目标。结果，与当初的理想背道而驰。

很多时候，我们仅仅知道走路是不够的，更要清楚该走什么样的路。西方有一句谚语说，如果你不知道你要到哪儿去，那通常你哪儿也去不了。

20几岁的女人不能只是为了有路可走，盲目地进行选择，抱着走不通再换的想法。那时，你只能碰得头破血流，最后输掉的是年轻的资本。20几岁的女人应该多考虑一下，对未来要有一个充分的规划和预期。每一步应该怎样走，心中都要有一个明确的计划。要知道，成功不是站在自信的一方，而是站在有计划的一方。

上数学课时，我们学过“两点之间，线段最短”，而在人生旅途中，也是这样，我们可以花最少的时间精力，以最短的距离达到目标，用一条线段连接出发点及目的地，而线段就是努力的方向和途径。

无论做什么事情，20几岁的女人都需要有属于自己的原点和目标点；要知道原点在哪里，更要了解目标是什么。如果没有原点，就会让你不知从何处开始，若缺乏目标，就不知何去何从，浪费了宝贵的时间与精力，会使你没有方向，最终一事无成。

所谓原点，就是要了解自己目前的状况与能力，以及条件是否具备。而目标就是你真正想要达到的境界、完成的理想。它一定要非常明确具体，可以衡量又容易追踪。唯有先确定原点及目标点，才能以最快的速度奔向目的地。

比塞尔是西撒哈拉沙漠中的一颗明珠，每年有数以万计的旅游者来到这儿。可是在肯·莱文发现它之前，这里还是一个封闭而落后的地方。这儿的人没有一个走出过大漠，据说不是他们不愿离开这块贫瘠的土地，而是尝试过很多次都没有走出去。

肯·莱文当然不相信这种说法。他向这儿的人问原因，结果每个人的回答都一样：从这儿无论向哪个方向走，最后都还是转回出发的地方。为了证实这种说法，他做了一次试验，从比塞尔村向北走，结果只用了三天半就走了出来。

比塞尔人为什么走不出来呢？肯·莱文非常纳闷，最后他只得雇一个比塞尔人，让他带路，看看到底是为什么。他们带了半个月的水，牵了两峰骆驼，肯·莱文收起指南针等现代设备，只是拄了一根木棍跟在后面。

10天过去了，他们走了大约800英里（约1 287千米）的路程，第十一天的早晨，他们果然又回到了比塞尔。这一次肯·莱文终于明白了，比塞尔人之所以走不出大漠，是因为他们根本就不认识北极星。

在一望无际的沙漠里，一个人如果凭着感觉往前走，他会走出许多大小不一的圆圈，最后的足迹十有八九是一把卷尺的形状。比塞尔处在浩瀚的沙漠中间，方圆上千公里内没有一点参照物，若不认识北极星又没有指南针，想走出沙漠，确实是不可能的。

肯·莱文在离开比塞尔时，带了一位叫阿古特尔的青年，就是上次和他合作的人。他告诉这位汉子，只要你白天休息，夜晚朝着北面那颗星走，就能走出沙漠。

阿古特尔照着去做，3天之后果然来到了大漠的边缘。阿古特尔因此成为比塞尔的开拓者，他的铜像被竖立在小城的中央。铜像的底座上刻着一行字：新生活是从选定方向开始的。

20几岁的女人，以前的日子，只不过是在绕圈子而已。人生在世，最紧要的不是我们所处的位置，而是我们活动的目标。因为，我们的人生在何时、何地以何种方式开始是无法选择的，但我们却可以选择自己的未来，我们可以选择居处、婚姻、工作、朋友，可以选择人生的方向，一切的幸福和成功都从设定目标那刻起。

女人20几岁要找准自己的位置

今天决定明天，20几岁正是决定一生命运的时期。当我们还在青春年少时，我们简单地认为只要考上大学，人生的命运就改变了。可是大学毕业以后，我们才知道，并不是有了文凭就能找到满意的工作。有太多令人羡慕的工作，我们做不了；即使有能力，也不一定有机会去做。世界仿佛一下将我们的梦想击得粉碎，这时，我们迷茫，我们无所适从。

我们觉得自己好像什么都能做，但是又什么都不能做。我们学到的东西，仿佛一夜间便失去了作用，没有一点用。我们除了一张文凭以外，还有什么可以让招聘公司动心的呢？我们渴望机会，渴望一个能够让自己大展拳脚的舞台。但是，我们没有关系，没有背景，甚至连最起码的工作经验都没有。20几岁，是人生最容易迷茫的时候，也是最不容易找准自己位置的时候。

前不久，教育部官员说："大众化时代的大学生不能再自诩为社会的精英，要怀着一个普通劳动者的心态和定位去参与就业选择和就业竞争。"在20几岁的时候，无论找到一个多么令人信服的借口，如果你就此颓废，也只是把你的人生送进黑暗的地方。

20几岁的女人想要的一切还没有得到，因此，你不应该产生任何放弃努力的理由和借口。如果你不能为改变自己一生的命运做准备，生活的惯性会让你在不知不觉中接受命运。习惯接受一切，忍耐一切。

20几岁的女人请扪心自问：除了有"精神"和口号，你还剩下些什么，也许最后只留下两颗冰冻的泪水。你需要行动和作为，不管在什么位置上，即使做一颗

“螺丝钉”，你也要发出自己的一分光一分热。

也许20几岁的女人缺少平台，暂时不能做什么，别人不接受你，但这些都无所谓，进入社会只是你学习的开始。关键在于，你一定要明白，自己所在的环境、这个行业，能不能提供发展的机会。

我们来到社会上，最忌讳的是找不准自己的位置，好高骛远，眼高手低。找工作的时候盯着工作的待遇和环境，最后只能是处处碰壁，自尊和信心都受到打击。

有高起点，个人的发展就会有高速度。但如果没有高起点，只要我们找准自己的位置，在那个位置上做好准备，也会获得不错的开始。

苏珊大学的时候念数学系，工作以后与精密的数据和各种程序打交道多年，想起来那些似乎应该是理性得一丝不苟的生活。但是，坐在那里，苏珊有点像个洋娃娃，目光平和，不说话的时候嘴角也带着微微的笑意，感性而生动。

做手工仿佛是苏珊与生俱来的本领，从小时候给布娃娃做衣服算起，她的手工布艺的“工龄”可不短了。

即使是在从事忙碌得人仰马翻的IT行业的时候，苏珊还是能忙里偷闲地做点小手工，做点女红，哪怕是随手拿到的一张纸头，苏珊也巧用心思，剪个什么图案啦，做个什么小动物啦……公司里那千篇一律的隔断被苏珊装点得很不一样，她的位子上总有那么多可爱、稀奇的小玩意儿，一下子就打破了公司的刻板和人与人之间的疏离。

在苏珊眼里，手工不只是一种技能，更是一种生活态度，一种令人向往的温情而精致的生活态度。在她的家里，大到沙发、窗帘，小到不起眼的一个灯绳，都是出自苏珊那双巧手，她总是能让生活里充满新奇和惊喜。

苏珊乐于布置自己的家，她说，现在太多家庭的装饰有的时候只是钱的区别，而缺乏特色。市场上提供的精致和自己动手做的感觉是完全不一样的，用心去布置家里的每一个角落会让家有独特的吸引力，钱可以买来金碧辉煌的装修，买不来轻松、随意的生活态度。

坐在家里，看着自己一点一滴布置出来的杰作，苏珊很有成就感。苏珊说，这种成功是不一样的，不是事业的成功可以比拟的。事业上的成就可能是社会认可的成就，职业会结束，那样的成就也会打折扣，但是热爱自己的生活，动手装点自己的生活，这样的成就自己可以看到、享受到，这样的态度会让人变得有亲和力，变得美好和温情。这样的快乐会跟随人一辈子。

苏珊说，对于生活的高要求绝不只是物质的，很多的东西不是钱能衡量的。女人的一生永远是浪漫的，永远应该有童真的东西，即使到了80岁，她也依然是心里有梦的老太太。

当我们不能决定生活的长度时，就努力改变生活的宽度！

我们不要指望父母能给我们提供良好的机会和平台，我们也不能埋怨，因为埋怨也无济于事。20几岁的女人，要学会审视自己现有的一切。这一切，可能并不是那么尽如人意。但是，我们应该看到的是，我们不是拥有多么优越的条件，而是在现有的条件下，我们可以做什么？可以怎样做？只要我们把握住了现在，就可以创造我们的未来。

20几岁时的选择决定女人一生的命运

在我们漫长的一生中，能够拥有什么，在于我们今天做什么。我们选择什么样的命运，在于我们在年轻时有没有抓住机会。

一些天赋相差无几的人，由于选择了不同的方向，人生却迥然相异。所以，走好每一步，做好每一次选择就显得尤为重要。选择往往就是一道门槛，不同的选择将决定不同的人生命运。20几岁时的选择更为关键，因为它可以决定你一生的命运。

20几岁时，影响一生的重要选择就开始了。20几岁时，我们都会面临若干种决定自己命运走向的选择。当人生的十字路口出现在我们的面前时，每一个路口都是那么陌生，我们不知道哪一个路口的方向是正确的，我们又应该选择哪一个路口。

哲学家苏格拉底曾经让他的学生在苹果林里挑选一个最好的苹果，不能回头。一些人在抉择途中，先是看见一个好苹果，为了后面能拿到更大的，一直没有下手，直走到林子的尽头时，才发现先前的那个苹果更好；另一些人，一开始就摘下了自认为最好的果实，却发现另外的苹果比它好吃。但是人生没有后悔药，不容你再次抉择。人生宛如一片果树林，等待我们去做一次次无法重复的抉择，摘下属于自己的果实，没有回头的机会。我们要学会作出明智的选择，通过比较，尽可能地为自己选择一条好的道路，摘到最大的果实。

20几岁的女人必须做出正确的选择，因为只有选择了正确的方向，才能走在成功的路上。即使现在不能成功，将来也会成功。所以，选对正确的前进方向，是一件重要的事情。但问题是当选择没有结果的时候，谁又能知道自己的选择是对还是错呢？面对这些选择的时候，是选择在当时看来是最好的呢，还是要作出适合自己一生发展的最好的选择？

人在作出选择时，几乎没有人会认为自己是错误的——没有人会故意作出一个不利于自己的决定。之所以选错，往往是由于不懂得如何选择。我们总是以为自己是聪明的，对自己的选择往往充满了自信。但作出聪明的选择并不难，难的是要作出有智慧的选择。20几岁时，因为我们对自己、对社会还缺乏足够的了解和认识，所以必须要先学会认识自己和社会，这样我们才知道如何作出正确的选择。

20几岁的女人还没有丰富的生活阅历，还不能辩证地解析自己所遇到的选择，就不要动用自己的聪明，有时不妨学着笨一点。20几岁时的很多失败都是源于我们自以为聪明的选择。因为我们自以为聪明，所以不愿意牺牲，不愿意妥协，不愿意做看似没有必要的付出。其实，当我们处于弱势地位的时候，我们必须学会牺牲和妥协，学会改变自己。

为了生存，20几岁的女人必须学会适应。只有把自己变成水，学会更好地适应，才能更好地生存和发展。

我们选择一份工作，不是只为了眼前，更应该看到以后，看到未来。很多人选择工作的时候，只坚持一个原则——薪水越高越好！工作就是为了挣钱，否则打死我也不干！他们的理由是：努力学习了这么多年，不就是为了能够在工作中多赚些钱吗？的确，如此努力学习，谁都希望有一个好的结果。但是20几岁的女人必须清楚，你的工作只是为了能给公司创造更大的利益。如果哪一天你不能再为公司创造利益了，公司也会毫不留情地收回让你继续工作的机会。以挣钱多少来选择自己的职业，无疑是目光短浅的行为。

杜宾斯基在刚刚进入苹果计算机公司的时候，他的收入只有他以前的一半。安迪夫吉在商学院毕业之后，同样接受了薪酬最低的工作，最终却成为罗必凯公司的CEO。他们的理由是："你不能只是以赚钱多少来选择自己的职业。我当然希望能多赚钱，而且这份工作也的确给我带来了不错的收入，但如果只是按照赚钱数量来选择职业，我很可能会踏上一条完全不同的职业道路！"

20几岁的女人必须要学会积累无形资产。在一个行业里，只有具备了一定的无形资产之后，自身价值才可以充分地体现，机会才能主动来找我们。但遗憾的是，很多人在20几岁时，作出的选择，都特别在乎自己的有形资产，而忽略了无形资产，结果一生都为薪水和失业担心。

20几岁的女人千万不要关注太多眼前的东西，要学会放眼未来，专注未来，避免陷入短视的误区。找工作就是让你寻找适合你的行业，而不是今天要赚取多少钱。只要能做到提高自己，为将来的实力提升做好准备，便是最大、最好的回报。20几岁的女人不只是选择赚钱，更要选择发展，它关乎你一生的命运。

第2章

女人明白要趁早，20几岁别再做梦了

人生最美好的阶段莫过于青年时期，20几岁是人生的黄金岁月。这个时期的我们对世界充满着热情，精力充沛，有用不完的力气和能量，学习能力强，对新事物的接受能力和适应能力极强。这也是一个人生角色转换的年龄段，人们开始从懵懂少年走向成熟。子曰“三十而立”，这一阶段也正是为我们人生发展打基础的时候。这是人生中最为关键的时刻，因为它直接决定了我们人生未来的发展和成功。然而，20几岁也正是人生处于困惑的时期，理想与现实之间的矛盾，感性与理智的碰撞，让很多20几岁的女人无所适从。

20几岁的女人不能再沉溺在梦幻中了

张爱玲说：“出名要趁早”。女人清醒也要趁早，20几岁的女人不要再沉溺在梦幻中不知所措了。

爱慕虚荣或许是女人的天性，就像爱美一样，女人天生就是不服输的动物，这包括她们可以为了虚荣与别人较劲。有的20几岁的女人，为了所谓的虚荣，甚至不惜血本拼到负债累累。

不少女人在生活中看见别人买了奢侈名包，她们就跟着买；看见别人买了钻戒，她们也要买更大的等等。好攀比的女人，并不是自己挣钱，而是等着男人来买单。这些女人似乎永远不会满足。

心理学认为，虚荣心是被扭曲了的自尊心，是一种性格缺陷。虚荣的女人喜欢盲目地攀比，渴望别人的认可奉承。为了满足自己的虚荣心，女人往往刻意制造出虚假现象和语言，让心中缥缈的幸福感在别人的眼里“真实”起来；通过夸大或捏造事实来获取他人或肯定、或赞赏、或嫉妒的感情来消除内心的缺失。可事实上，虚荣华而不实，在意它你就会失去更多。

于芳今年28岁，她的前夫在一所小学教书，挣的钱虽然不多，但是脾气特别好，做什么事都让着她。但是，在婚后的一年里，他们出现了一些经济上的问题。那时，于芳所在的工厂效益不好，工人拿不到多少工资，而她前夫的工资也很低，家里的生活很是寒酸，于芳自己也没几件像样的衣服。看着别的姐妹嫁了有钱的老公，天天穿金戴银，心里就特别不好受，特别是那次她的生日，前夫一样礼物都没给她，于芳当时气极了，跟他大吵了一架，骂他没本事，窝囊，不会赚钱，不懂得爱老婆。他听了她的怒骂后，一句话也不说，坐在沙发上默默地一根又一根吸着烟。

之后，于芳是越看前夫越不顺眼，经常为了一些鸡毛蒜皮的小事和他争吵。但每次吵过后，都是他在对她说对不起，无论于芳怎样无理取闹，他也从没有打骂过她。在他最愤怒的时候也只是用拳头敲打墙壁或者是长时间的沉默。

他们就这样过了两年，日子久了，于芳越来越感到生活无味了……说真的，他从来没给她买过一样像样的礼物，虽然口口声声说爱着她，可于芳已经厌烦了这种爱情，甚至有时根本就不相信他的爱，只觉得他窝囊，不会赚钱，和他生活在一起，于芳感到太累了。

就在那时，一个有钱的男人辉走进了她的生活。那男人天天夸她长得漂亮，在她面前说尽了甜言蜜语，并且不停地给她买各式各样的漂亮衣服、昂贵的首饰、各种高档的化妆品，追求她，要她嫁给他。面对这个如此有钱的浪漫男人，虽然比自己大了10岁，于芳还是不加考虑地就投入了辉的怀抱。

一切都顺理成章，于芳和前夫离婚了，那真是一个少见的老实男人，对她的移情别恋和冷酷，他还是没有舍得骂她，只留下一句：“你要好好保重自己，我希望你幸福。”当时的于芳听了并没有感动，头也不回地走了。她以为离开了那个没本事的男人，嫁给有钱的辉，才是她的明智选择，才是她一生的幸福所在。

辉的确很有本事，他给她吃好的，穿好的，可唯独就是少了那一份怜爱。他在外面的情人很多，每天陪她的时间少得可怜，于芳感到很孤独，免不了要生气，但这个有钱的男人却从不在乎她的感受。

一次，于芳终于忍受不了辉的冷落和他吵了起来，可能是她的喋喋不休和数落惹火了辉，他毫不留情地动手打了她，之后扬长而去，到外面找他的情人去了……

这样的事重演了好几次，每次被辉打了之后，她以泪洗面，想起自己的前夫，想起他的种种好。到了这时，她才知道前夫以前的温柔和爱是多么的珍贵，可她到底做了些什么？她把他对她的容忍和沉默看成是他的窝囊，她伤害了他，也害了自己。

于芳再也不想和那个虚伪的男人生活下去了，他们终于离婚了。可是，当于芳回到之前的家里时，看到的却是前夫在温柔地帮另一个女人梳理着她的头发，灯光下，淡淡的影子缠绵在一起。那一刻，于芳唯有泪流满面。

浮华背后是寂寞，虚荣之下是空乏。很多东西，当我们失去了，才知道它的珍贵。20几岁的女人不要做让自己后悔的事情，不要让虚荣占满你的心胸。人世间的一切终将灰飞烟灭，唯有真情才会长存心中。20几岁的女人要趁早明白：虚荣华而不实，在意它你就会失去更多。你该考虑的是你将何去何从，你的人生目标在哪里？

人生就像是一场漫长的旅程，在你起程上路前就应该为自己确定一个目标，只有确定了目标，你才不至于迷失方向。也只有确定了目标你才能风雨兼程而不觉疲惫，因为你心中有个美丽的期待。没有目标的旅程是可怕的。没有目标就会让你犹豫，遇上磨难就不会有坚定的意志，因为你不知道是不是要坚持，也不知道坚持了有什么用。人说："心中有了目标，脚下就有了力量。"有了目标的旅程是充满激情和快乐的。所以，人生要早做规划，只有这样你才能少走弯路，尽快达到目标。

20几岁的女人，你心中的目标又在哪呢？记得小时候，父母、老师们经常问我们这样的问题："长大了你要做什么啊？""科学家、宇航员、作家……"20几岁的女人还有几个记得当年的目标呢？

有人可能会说，小时候的事情太可笑。请你不要笑，这是一个非常严肃的话题，没有目标的人生，往往就是庸庸碌碌、无所作为。小时候，我们大多数人在父母的安排下，读了小学，然后升中学，再读大学。仿佛读书上学成了我们的目的，而忘记了自己最初的梦想。就像哲人所说："人在不停地向前赶路，去追寻着自己的目标，结果把赶路当成了目标，而不知道应该追寻的东西了。"

20几岁的女人，她们的人生似乎被操控了，却不知道，真正的生活，必须由自己来做主，没有规划的人生，就像没有舵的船一样，任凭你再努力地摇桨，也只是在原地打转，不会前进。于是，很多人屈服了，继续过着由别人给安排的生活。比如，有些人再次接受了父母安排的工作，虽然可能不太喜欢，但也没有办法，就这样做着吧；有些人，漫无目的地散发简历，打算采取广撒网的方式，于是，当有工作机会的时候，便不管怎样，先做了再说；还有一些人，面对着社会就业的压力无所适从，有担心，有恐惧，于是选择再回学校读个研究生，等几年再说；更有甚者，既不工作，也不去找工作，更不选择学习，整天无所事事，做起了不折不扣的“啃老族”……

没有目标，大船永远也不能到达彼岸；没有目标，你永远也攀登不到顶峰。梦想成功的你是否想过你要去哪里，你到底要干什么？20几岁的女人应该趁早明白，必须要给自己找准一个人生方向，找准了方向也就成功了一半。

理想变成现实，20几岁的女人要做到3点

有些20几岁的女人会说，我有目标，我早就找准了我的人生方向。可是，你知道怎么达到你的目标吗？有了理想，还要知道如何才能够达到目标。不知道如何达到理想，那么，理想只能是空想。

20几岁的女人要明白，理想变成现实，需要做到三点：了解自己，了解社会，选择适合自己的方法。

首先，你了解自己吗？这看似简单的话题，却是一个人类永恒追求和反思的话题。古希腊的哲学家苏格拉底一生都在追寻的一个哲学命题就是“认识你自己”。老子也说：“知人者智，自知者明”，只有了解自己才能更明确自己的行为。20几岁的女人，大多是满腔热情，刚踏入社会就想着自己要如何如何？很多人在应聘面试的时候，都会提出丰厚薪资的要求，而从不考虑自己能够给公司带来什么。狂妄骄傲的姿态，往往是在不断地受挫后才渐渐收敛。

其次，你了解社会吗？20几岁的女人，有的刚刚走出校园，对社会缺少基本的认识，不懂得人情世故、人际关系的重要。积极努力、聪明能干，却得不到好的效果。我们生活在一个现实的社会，我们每走一步，每做一件事情都要与人接触：与朋友往来，与同事沟通，与领导交流等等。只有懂得人情世故，掌握交际礼仪和沟通技巧，你才能在现实社会获得自己应有的地位和尊重，才能在为人处世上获

得成功。

20几岁的女人，最缺少的就是人生的阅历和经验，在工作和生活上，往往因此而吃亏。你是否因得不到领导的重视而烦恼；你是否因得不到同事的认可而苦闷；你是否因金钱的关系和朋友越走越远；你是否在说话时不小心触碰到了别人的禁区而遭到奚落呢等等。步入社会的你会发现社会生活和自己的理想存在着很大的差距，要让自己成功，那你就要认真了解你生活的环境，去接受它，适应它，甚至去改变它。

最后，在成功的路上你要选择适合自己的方法，所谓“条条大路通罗马”，通向成功的路不止一条，而且，对于别人来说是成功的路，对于你来说，则未必。20几岁的女人，很多人都不知道什么是适合自己的。很多人学着别人的样子，跟从大众，甚至是盲从。比如，公务员考试，受到越来越多的人追捧，而事实上很多人根本就不知道公务员是否适合自己，就跟着报名了。人生的成功很大程度上决定于选择了适合自己的道路和方法。对自身有了清楚的认识，你就会知道哪些是自己的优点，哪些地方还需要不断地努力去改进；对社会有了清楚的认识，你就会懂得如何保全自己，如何应对外界环境对自身的影响；找到适合自己的方法，这是通向成功最重要的环节，只有这样你才能顺利到达你的人生目标。

20几岁的女人要启动职业生涯规划

20几岁的女人别再做梦了，找准自己的目标，赶紧为之奋斗吧！当然，奋斗之前你最好为自己做一个详细的规划，这个规划包括你的职业规划，财富规划，以及其他各方面的规划。

职业规划是一个比较新的概念，许多人对它心存疑惑，但是它确实对一个人的事业发展有着积极的作用。认识、理解这个理念对20几岁的女人来说，具有重要的意义。

有这样一个案例：学会计的周艳，今年24岁，她为了出国，考取了一个加拿大的护士证书，可是男朋友又不愿她出国，而且她自己也不喜欢护士工作。何去何从，她产生了困惑，不知如何选择。此时，她就需要对职业生涯作出规划。

那么，什么是职业生涯规划？职业生涯规划，是指根据自己的特点，结合社会要素，为自己设计最适合的职业和职业发展道路。现代社会经济发展趋势快，怎样才能使自己学有所用，以及确立职业生涯的理念和方法，所有这些都需要我们认真对待女性的职业生涯规划。

那20几岁的女人为什么要做职业生涯规划呢？女人的职业生涯中一般都有3个转折点：高中毕业时，大学毕业后和参加工作5~10年以后。在这3次转折中，如果选择好，就会得到良好的提升转化。

20几岁的女人在职业规划中，常遇见这样的问题，那就是产生职业倦怠感和方向感不明显。这时候就需要考虑自身职业的可持续性、平衡性、经济性发展。有这样一个案例：外资企业的一位26岁女性，做着一份库务管理的工作，由于薪水不高，跳槽到一家薪水高的某企业分支机构。几年之后，原来在一起工作的同事已经升为物流部经理，而自己还在做着原来的工作。她的心里感到非常不平衡，职业咨询师认为她的错误就在于没有把握好工作的转折点。

20几岁的女人要趁早明白职业生涯规划对自己的重要性。20几岁的女人进行职业生涯规划的作用是很大的。

首先，可以让工作、休闲和家庭相和谐。一位女记者在一家稳定的大媒体工作，上进心强的她希望跳槽到另一家媒体担任主要栏目的工作，可是她又面临着结婚与生育的问题。职业咨询师认为，28岁的她，面对着这种家庭与工作的矛盾，如果跳槽到新单位后接着结婚、生育，显然是不合适的，建议她再在老单位工作两年，解决了这个问题后，再考虑跳槽的事情，而这两年的工作依然有助于她增强自己的核心竞争力。因此，这样选择是比较合适的。

其次，是获得健康的职业生活。

最后，要寻求经济型发展。要讲究效率，提高收益。

20几岁的女人要怎样做职业生涯规划呢？我们一般把规划过程分为5个阶段。

1. 准确定位

职业定位：第一是要了解自我，进行自我评估，即我想要什么，我能做什么，我拥有什么。想要什么就是自身的价值观、动机和兴趣；我能做什么就是指个人的能力和兴趣；我拥有什么，不仅包括内部资源，还包括外部资源。第二是核心竞争力。它包括知识、能力、经验视角和职业素养，其中职业素养很重要，职员对企业的认同感、归属感都从这里来体现。第三是环境评估。从社会这个层面去竞争，不拘泥于周围的小圈子。职业定位中经常出现长处和短处很明显的问题。许多职业人士也有这样的困惑，从长期积累的经验中，应在职业发展的前期坚持取长补短，后期坚持扬长避短的原则。

2. 选择职业目标

21~26岁是职业前期。这个时期的职业目标以积累为主，应该掌握知识，了解自己，养成良好的工作态度和习惯，结识对自己重要的人，不要把钱和权看得过重，不要期望一步到位。26~35岁是立业期。目标应该是增长专业技能、知识，并在某个领域形成优势，找到自己的方向，了解职业生涯规划，建立自己的支持网络，树立良好形象，提升岗位，获得更大的收入，寻找适合的伴侣，处理工作与家庭的冲突。不要恐慌、悲观，应该化被动为主动。30~40岁是职业中期。这是收获期，要有业绩，技术要不断更新，要有广阔的视野，开发新的工作兴趣，跨行业学习。50岁之后是职业后期。应以了解新信息，确认和培养继承人，计划退休为主。

3. 选择职业路径

此时，以核心竞争力的提高为主线，提高收益和效率，重点关注游戏规则和内心的认同感，关注阻力在哪里，同伴是谁，文化和管理方式如何等。在文化与管理方式方面，目前有两种方式：一种是自动化管理，一种是自由化管理。在选择时要因人而异，如果你喜欢自由有创新的工作，就选择自由化管理的公司。

4. 制订行动方案

行动方案包括成长计划、学习方案。人的特点都不一样，认清目前状态和理想状态的差距，注意时间上要聚焦，风险上要制定防范措施，排除干扰，不要盲目攀比。还要重视人脉的影响。“聚焦”非常重要，它是指应专注于一种职业，而不是什么都要去试，那样最后什么也得不到。在行动的过程中，不要脚踏几只船，能力强并不意味着选择的机会多，选上司重于选单位，还要创造做事的环境。在任何一个单位，没有站稳脚跟前，最好不要有什么大动作，否则极容易失败。

5. 反馈和修正

当企业目标发生变化时，或重要资源增加时，比如继承了一大笔遗产或遇到了贵人，或跨越年龄门槛时，或工作规则发生很大的变化时，就有必要重新制订职业规划。

总之，20几岁的女人要明白职业生涯规划不是一个静态的结果，而是一个动态的过程，不仅是一个目标选择，更是一个方法体系。

规划篇

梦想领航人生，选择决定女人一生的命运

第3章

女人，不同于男人的命运轨迹

由于先天基因的不同，在生理和心理各方面都注定了女人不同于男人的命运轨迹。男女之间的各种差异，从而造就了男女之间的优势与劣势对比。女人与男人相比，先天存在着一些劣势，但同样也存在着某些优势。

20几岁的女人首先要明白自己与男人有哪些不同

1. 基因决定男女的智商分布不同

遗传学家罗伯特·勒尔克认为：天资高的男人比女人多，男性具备一条决定天资的X染色体，而女性携带特殊智力的X染色体被另一条染色体所阻碍，但其第二条X染色体具有修正较严重的智力缺陷的能力。数字统计显示，就智商而言，男人的分布比女人分散，女人的分布比较平均集中。也就是说，在特别聪明的人里面，男人比较多；在特别笨的人里面，男人也比较多，大多数女人的智商处于平均水平。

2. 男女在心理方面存在差异

刚出生的男女婴孩儿，是没有心理的性别差异的，有的只是生理意义的性别差异。随着成长，心理差异逐渐表现出来，以性别偏好为最初的形式。2岁左右，男女儿童开始表现出对玩具和游戏的不同偏好；4岁左右，表现得更为明显和稳定。如男孩爱好运动类游戏和汽车、建筑材料等玩具，女孩则喜欢坐着的游戏、扮演家庭成员角色及与之相关的玩具；4~6岁期间，儿童开始表现出性别定型行为。研究表明，男女心理的发展速度和水平是不完全一致的。出生到青春发育期这一段时间，女孩的心理发展较超前；从青春发育期开始，男女心理发展状况总体趋平，当然性别特征和性别差异是明显的。

目前，男女两性在言语运用、认知心理、行为心理、情感心理等方面的差异已经得到研究确认。在受暗示性、社会化、自信心等方面也存在着较明显的心理差异，尽管证据并不充分。

1. 言语差异

语言运用作为一种社会行为，存在着性别差异。据研究，男性言语的特点是：傲慢自负、使用俚语、盛气凌人、气粗声大、言语有力、直来直往、敢说敢道、不容置疑；女性言语的特点是：絮絮闲聊、柔声轻语、急速流畅、礼貌友好、情意绵绵、唠叨不断、坦然无隐、多于细节、彬彬有礼、热情洋溢、词斟句酌，有时莫名其妙令人不得要领。难怪奥斯卡·王尔德曾经这样说："妇女是妩媚动人的，她们可能从来不想说什么，但是她们一旦说起来却足以使人销魂荡魄。"

男女言语差异表现在语音、用语和交谈3个方面。语音方面，女性发音的绝对音高高于男性，比男性更娇柔，语音听觉比男性更敏感；男性发音比女性含混，"元气"比女性更足。用语方面，女性颜色词语的掌握能力强于男性，比男性更喜欢使用情感词，比男性更善于使用委婉语。交谈方面，女性说话比男性含蓄，与男性相比不喜欢左右话题，言辞比男性更温文尔雅；男女交谈的兴奋点不同，男性更多地将注意力集中在谈话内容上，而女性将注意力集中在交谈过程本身。

男女言语差异受男女心理发展特点的影响。在青春发育期以前，女性在理解人际关系、形成义务感和责任感等方面比男性成熟得早，心理年龄比男性要大1~5岁。开始青春发育后，男性敢于冒险、喜欢逞强、好逞英雄、坚定果断、直截了当，对异性反应较强烈，但比较粗心，不太注重细节；而女性则文静怯弱、礼貌友好、温柔纤细、有柔弱感，又优柔寡断、迟疑心重、气量不大、胆小怕事、缺乏自信等等，情绪体验深刻、感情丰富细腻，很渴望得到异性的支持和爱护。

2. 认知心理差异

据研究，8~9岁，男孩在看图计算、走迷宫等空间知觉能力方面，无论速度还是精确性，开始比女孩表现出明显的优势。

感官方面，男女在触觉、嗅觉和痛觉的灵敏性方面不相上下，对声音的辨别、定位及颜色色调的知觉上女性优于男性，而男性视觉上则比女性灵敏。

记忆方面，女性机械记忆、短时记忆优于男性，而男性的理解记忆、长时记忆优于女性。

思维方面，男女发展总体平衡，但发展速度及水平随年龄阶段而不同：学龄前期，女孩思维发展略优于男孩，差异不显著；小学到初一阶段，差异逐渐明显；初二以后，男孩思维发展速度迅速赶上并超过女孩，差异日渐明显——男性擅长抽象思维，女性擅长形象思维。

3. 行为心理差异

(1) 交际差异。现如今，女性往往有较多的朋友，尤其是与同性朋友之间能长久保持较亲密的联系；而男性则较少有长期亲密联系的朋友。他们除了握手之外，似乎不再需要任何进一步的接触。对此，心理学家认为，小女孩可以手拉手一起上学，受了委屈互相安慰，养成了亲密接触的习惯；小男孩从小就被教导要坚强、独立、自己的事情自己做。他们不敢像女孩那样做，否则可能会被别人说没出息。这种观念根深蒂固以至影响其一生的交友态度。

(2) 生活习惯差异。男女生活习惯不同，尤其是各有不同的坏习惯。这些生活中的坏习惯是健康的大敌，但其养成非一朝一夕，改变起来不容易。

(3) 女性更喜欢撒谎。通常，我们认为信口开河、夸夸其谈的人，男性多于女性。可大多数心理学家却不这么认为。他们说女性更擅长撒小谎、耍欺骗、遮瞒、找借口等花样。因为她们体力天生比男性弱，所以不得不靠小计谋来弥补生存的缺陷。

(4) 不信任行为。女性疑心通常比男性重，尤其表现在对配偶的信任问题上。妻子经常怀疑和害怕丈夫有外遇。心理学家认为，这是因为在她们心目中，男人天生“坏”，从不把自己作为丈夫与父亲当一回事，总想逃避家庭的责任，一想到把终生托付给“坏”男人时，就会不寒而栗、倍加防范。

4. 情感心理差异

在情感心理上，男女差异非常明显，归纳如下：女性情感丰富，男性情感受到许多理念的抑制而相对较少；女性比男性容易动情；女性情感易变，男子相对稳定；男性情感多停留在表面，易冲动，女性则容易深入体验；男性情感粗犷，女性情感细腻；爱一个人的时候，男性往往热情如火，女性则多温柔体贴；男性感情刚劲，女性感情脆弱；男性对愤怒、惊恐感受强烈，女性则对悲伤、忧愁体会更深刻；女性容易比男性焦虑；女性的感情主观色彩较重，男性则较为理性、客观；某种情感在女性之间会迅速传播，在男性之间则非常迟缓；女性个人情感具有弥漫性，男性情感较集中；男性心胸较开阔，情绪问题少，女性心胸则较狭窄，情绪问题多；女性言行感情色彩重，男性言行感情色彩轻；女性比男性更容易表现出嫉妒、羞怯、惭愧等复合情感，却难以自拔与超脱。

在情感表达方式上，男女也有明显差异。女性的情感表达常表现出委婉、含蓄、含糊、暧昧等特点，尤其是女孩儿，偏好掩饰自己的真实情感。比如让她们对人或事给出一个“好”或“坏”的评价时，往往得不到其明确答复——遇到非常喜欢的，不说喜欢；对自己讨厌的，也不说讨厌。其实这样可以留给自己很大的选择余地。当被男性追求时，女性更会暧昧有加。这样可以增加自己的神秘感和吸引力，让男性更大胆、热烈地追求自己并考验他的真心。其实，女性有时候自己摸不透自己，也不知道自己到底是什么人，常常没有明确的目的与目标而凭感觉来生活。这是女性情感表达暧昧的另一个原因。而男性在情感表达上喜欢直截了当，不喜欢兜圈子。对人或事的“好”、“坏”，他们不掩饰自己的真实情感，会作出明确的决断，好就是好，坏就是坏，不会含糊其辞。

5. 男女受暗示的心理差异

女性比男性更容易受暗示性行为的影响。

男性通常喜欢按照自己的意愿行事，行为目的性明确，独立性较强。男性不愿由别人的言行来左右自己的决断，对别人的意见、建议或暗示性行为不容易盲目接受。他们一般先理性地思考别人的意见或建议是否正确，然后再做取舍。正因为如此，男性有时候显得很固执、武断，易出现重大失误。

女性从众心理强，很容易被别人的言行“感染”，从而无分析地接受别人的观点和行为，或者因别人的影响而轻易改变自己的决定。例如，女孩儿看见有谁在那里剪了一个漂亮的发型，就会纷纷跑到那里剪个同样的发型出来；妈妈们看见别人的孩子穿上名牌衣服挺神气，自己也会买来好看的衣服打扮孩子；女孩儿都希望有个好身材，看见女舞蹈演员“修炼”的小身段那么婀娜，也会纷纷效仿，积极投身健美运动；女性还特别喜欢算命，乐于接受种种暗示。这可能是因为女性对未来总有一种不安感，缺乏男人那样的判断力，于是就求助于相面、算命。

正是由于以上种种差异，才造成了女人天生不同于男人的命运轨迹。比如，当男人和女人遇到压力时，男人会越来越集中注意力和变得孤独、沉默。女人则愈来越不知所措和变得情绪化。男人借解决问题来让自己感觉舒服，而女人则借谈论来使自己感觉舒服。

男人在难过时，绝不说出是什么事使他困扰，他开始沉默、独处，除非他需要别人帮忙解决问题。否则他会把自己孤立起来，逐渐变得冷漠、疏忽、没有反应、心不在焉。如果他暂时不能寻得解决问题的方式，他会做些事来忘记他的问题。当压力实在很大的时候，他会作出一些挑战性的事情，如爬山、探险等等，以此来减轻和舒解他们的紧张情绪。这时，男人无法关心和爱护女人。因为他的心已被问题所占满，一旦问题得到解决，他可立即恢复到两性关系上。

女人通常不了解男人是如何处理压力的，男人一沉默，女人就容易把情况想得很糟糕。因为女人沉默，是由于她受到了伤害或她不想和不信任的、不亲密的人说话。因此男人的突然沉默，使女人缺乏安全感。她们期待男人能像女人一样，坦白地谈论他们所遇到的问题，当他不肯与她进行交流时，女人就心生怨恨，而当他看报或出去玩的时候，她觉得自己受到了伤害。

女人是天生的情感动物，感情丰富、细腻，她们很容易产生各种各样的情感和感受，并擅长用语言将它们描述出来。当女人感到压力的时候，她们希望与人交流内心的感受，如果她们的感受被理解和关注，其体内的催产素就会增加，从而达到减压的目的。女人的压力反应机制是需要其他人参与的，否则不能达到最好的减压效果。但对于男人来说，要给予女人有效的帮助并不容易。

男人不可能像女人那样产生那么多的情感，再加上男人识别他人情绪的能力有限，这就为男人了解女人的内心感受设置了重重障碍。

所以，女人应该明白期待一个男人总是保持爱的感觉是错误的，就好像男人总期待女人保持理性和逻辑一样。一个男人如果开始忽略他的爱人，她通常会把它当成个人问题来看待。虽然让女人了解那是男人处理压力的方式，对她很有帮助，但仍无法帮助她减轻痛苦。因此，女人面临的最大挑战是当男人沉默和独处时，如何支持他。

虽然男人很难了解女人的情绪并帮她减压，但是女人帮助男人减压并不困难：因为男人减压是通过换挡的形式来实现，只要他们做一些轻松的事或者睡上一觉，就可以达到减压的目的。这就是说，女人只要陪他们一起放松或者给他们独立的空间，就可以帮助男人减压。其实女人做到这些并不难，女人只要克制住自己的好奇心，别去追问男人究竟发生了什么就行了。

此外，精神上的鼓励对男人更有帮助，女人的鼓励往往给男人巨大的力量，让他们摆脱心理压力，重新树立信心。男人最希望得到自己心爱女人的认可，这是他们衡量自我价值的重要标准。一个表面成功却得不到心爱女人认可的男人，是不会有成就感的。

女人的鼓励对男人是非常重要的，因为它让男人相信自己的价值，并会促使男人为证明自己的价值而努力。但男人的鼓励却很难帮助女人，受伤的女人最需要疗伤，她们希望对方倾听自己的感受，并对自己理解和支持。当她们感到自己被关心、被爱的时候，伤口才会逐渐愈合。所以说，受伤的女人是不需要鼓励的，当女人下定决心去做某一件事的时候，那才是她们真正需要鼓励的时候。

可见，女人天生感情细腻，并且善于理解别人的感受；而男人正好相反。所以，面对同样的压力，女人减压要比男人困难得多。这点对很多女人来说，可能就是她们无法坚持梦想、理智规划将来的一条障碍。

虽然在抗压减压方面，女人与男人相比会处于劣势地位，但是上天却赋予了女性一条优势——比男人更有耐力。

男人的耐压力不够强，因此他们需要更多的睾丸素。睾丸素具有降低压力的作用，而且还能帮助男人恢复肌肉质量。男人大量运动之后，必须通过适当的休息，才能让睾丸素恢复正常。因此，男人工作一天，回到家之后，就想坐在沙发上休息，什么都不想，什么都不做。即使他们在看报纸或看电视，他们的大脑也可能一片空白。他们的压力越大，就越需要时间恢复精力。巨大的压力还会消耗大脑思考所需要的氨基酸。因此他们劳累的时候，连思考都不愿做。

这种情况不会发生在女人身上。女人有持久的耐力，她们的肌肉分解得那么快。女人的肌肉不如男人多，但是她们的脂肪比男人多20%~25%。这些脂肪保证她们在白天的工作和活动中获得足够保持旺盛的精力。较多的脂肪能够使女人在怀孕和生育期间提供足够的能量给胎儿，女人通过燃烧储存在多余的脂肪细胞里面的脂肪，能够产生比男人多20倍的能量。这些能量可以给大脑的思考活动提供支持。科学家发现，女人即使在休息的时候大脑仍处于较活跃的状态。她们能够持续地处于思考状态，思考早上干什么晚上干什么，为自己列出长长的清单。

女人比男人更容易释放压力，从性格特点看，女人比男人感性，容易激动，好哭。眼泪对释放压力很有效。男人从小不相信眼泪，在工作和生活中的挫折和压力长期不能得到排泄，使他们丧失了耐压力。

所谓“太刚者必折，太利者必摧”，平常很坚强的男人，在遭遇很大的挫折时反而会一蹶不振。而女人比男人更有韧性，她们在日常生活中虽然显得很脆弱，但是在遭受巨大变故的时候却不容易被打倒、不管生命中发生什么事，她们都不会放弃生活，因为女人的坚韧让她们能够面对任何艰苦的生活。

20几岁的女人要学会与命运抗争

20几岁的女人要学会与命运抗争，抵制劣势而发扬女人独具的优势。用男人不可能具有的优势来坚持自己的梦想，为自己的将来做一个漂亮的规划。

每个女人都有梦想，梦想是女人天性中的一种浪漫，是一种难舍的情结，也是女人与男人的一个不同之处。

20几岁的女人都有关于服饰的梦想，一件漂亮的连衣裙，一个可爱的洋娃娃都是曾经美丽的梦想。每个女人都拥有贵族梦，高贵的女人所期许的气质。每个女人意识深处都希望自己成为公主或女皇，高高在上，受人追捧，有关宫闱或华丽的生活的电视电影，一直被女人所钟爱。

然而现在很多20几岁的女人，尤其是已进入婚姻围城的20几岁女人，却在不知不觉中发现手头的事情越来越多，工作越来越忙，钱挣得越来越多……而梦想，越来越淡薄，甚至某天，看着橱窗里的美丽的芭比娃娃，你会慨然叹息，这，曾经是我的梦想吗？

女人的命运轨迹天生就不同于男人，20几岁的女人要因梦想而美丽。女人可以不美丽，可以困顿，可以低微，但是不能没有梦想，只要梦想存在一天，你的生命也许就会多一份奇迹。

冬奥会上，韩国女单自由滑冠军金妍儿的表演异常精彩，高难度的动作，优美流畅的舞姿，清纯典雅的气质，纯净阳光的笑容……如同雨后彩虹下一颗最闪亮的露珠，清新脱俗而美丽夺目。

金妍儿7岁开始学滑冰，她一直把著名的女滑冰运动员作为自己的偶像，梦想滑得像她那样好，像她那样在世界大赛上拿奖，然后她一路朝着自己的梦想前行，期间她刻苦训练，多次受伤，付出了常人难以想象的努力，终于，她梦想成真了，19岁的她多次获世界大赛冠军。因为看金妍儿的比赛，没有人买股票，而令韩国股市下挫，足见她的影响力之大。是梦想让这个普通女孩的人生与众不同，美丽无比。

20几岁的女人要坚持信仰，不要因为承受不了压力就轻易放弃梦想，放弃工作。女人应该在与男人不同的生命轨迹上活出精彩。

女人的梦想和男人不同，女人一生的梦想多专注于情感、婚姻、家庭、子女等领域。在现实生活中，少部分成功的女人无论其能飞得多高多远，可是骨子里依然摆脱不了小女人的气质，那就是永远也无法摆脱情感家庭的纠葛。

女人一生中梦想是变幻最快的，女人的浪漫之花也凋零得最快。当少女变成少妇，女人对爱情的期待多转换成对家庭的经营和维持、对丈夫的守望甚至鞭策。当孩子一天天长大时，女人已经忘记了自己、家庭或者丈夫，此时女人自己的人生梦想早已丢弃，女人把所有的期待和对未来的热望都寄托在下一代身上，包括自己未竟的梦想。

其实大可不必，20几岁的女人有坚持自己梦想的权利，也有为自己梦想去努力的自由。就算是白发苍苍，女人也该有梦想！把遗忘的梦想重拾，装进心灵的许愿瓶，然后坚持向着梦想靠近。

很多时候，男人是理性的，女人是感性的，这似乎也是命运的安排。但是，20几岁的女人不要轻易认命，你要学会像男人那样理性地去思考，而用女性特有的细腻去梦想。

有一种女人很快乐，她们知道如何面对现实和梦幻，会很恰当地去处理好身边的一切事物。这样的女人，对待生活时，会营造充满浪漫而简单的方式；对待现实中的困惑时，则用理性的思想去思考，顾全大局。一句话概括就是：她们懂得理性地思考，感性地做梦。

生活好比画一只苹果，理性是线，感性是色彩；如果没有色彩的渲染，再完美的轮廓都变得苍白，诚然，轮廓如果被色彩淹没了，就会失去它原有的风貌。适度的理性和感性同等的重要。

理性地思考包括对一些事物的判断，在不断延伸的生活中，一点点学着去认清这个世界，学着多角度地思考问题，学着去看清事情的本质，然后一点点形成自己的价值观，形成自己判断是非的标准，找到自己心中的那份坚持。

有些人的梦想也许还遥远，有些人也许还在许多的梦想中徘徊、选择，有些人也许刚刚实现了自己的一个梦想，正在为又一个新的梦想跃跃欲试。梦想的路是不平坦的，有时我们也需要以游戏的心态轻松面对。但无论如何，20几岁的女人要在不同于男人的命运轨迹上坚持梦想，用女性特有的优势活出人生的精彩。

第 4 章

20几岁选对自己的舞台，30岁后绘制成功图景

20几岁女人的眼睛，对外界还充满了好奇，对社会还有很强烈的求知欲。但当你们开始人生命运的选择时，一定要知道自己想要什么，知道自己还缺什么。只有了解了自己的需要，认清了自己的内心，才能选对适合自己的舞台。

20几岁的女人要认清自己是个什么样的人

20几岁的女人总会觉得身边的人不好了解，但也许你自己才是最难以了解的人。古希腊人把能认识自己看作是人的最高智慧。阿波罗神殿的大门上写着一句箴言："认识你自己。"

俗话说："人贵有自知之明"。自知之明，这是人们对自我认识的正确态度，是成功者的重要经验之一。自知能使人明辨自己在群体中的位置和与他人的关系，自知能使自己清醒处世，冷静评价个人的能力，能够促使自己更为贴切地把握个人的抉择，并有效地进行自我设计和自我训练。人有了自知，就能明察自我，正确审视自我，充分发挥潜能。

正确认识自己的优缺点，发扬优点，改正缺点，才能够让才能得到最大限度的发挥。

具体地说，了解自己有两个途径：内省和交往。通过交往，了解别人眼中的自

己，对照自己眼中的自己，可以修正某些自我观念，交往越深，交往范围越大，获得的自我信息就越多，越全面；通过内省，可以审视自己的思想、言行，挖掘更深层的内容，了解自己的潜能。

如果对自己的形象和身体、品德和才能、优点和缺点、特长和不足、过去和现状以及自己的价值和责任，都有一定的认识，那么一生都将受用无穷；反之，则会走向成功的反面。

富兰克林说，宝贝放错了地方就是废物。20几岁的女人一定要认清自己是什么样的人才，该从事什么职业，适合做什么工作。如果没有把自己放对地方，就会像毛驴拉磨一样，虽然周而复始，但却无法改变命运，一生也就此碌碌无为。

要客观评价自己。过高估计自己，就会使自己眼高手低，好高骛远；过低估计自己，就会自卑消极，不求上进。两者都不能使自己的才能得到正常发挥，不能使自己释放出最大的能量。

当一个人无法对自己做出相对准确的认识时，通过实践是不错的选择。实践过程会让人清醒地认识自我，在实践的风风雨雨中通过成功或失败，检验自己方方面面的素质，重新认识自己。

有些20几岁的女人认为自己是当老板的料，就辞去公职，下海经商。在实践中，有的人成功了，新的事业蒸蒸日上。有的人却失败了，下海呛了一肚子苦水，只得踏上归途，去做原来的工作。实践过程最容易让人清醒认识自我。

人在从事一件未做过的工作之前，很难对自己有个正确的估计，对自己是否胜任这个新工作没有十分的把握，那就不妨试一下，实践一下，在实践中不断总结成功的经验和失败的教训，时时反省自己，不断对自我产生新的认识。

20几岁选对舞台，30岁后绘制成功的蓝图

人生的舞台是广阔的，但是你却只能选择一处。当你对自己有了一个客观清楚的认识之后，你就该选择一个适合自己的行业来养活自己了。

对20几岁的女人来说，选择职业不要这山看着那山高，最适合自己的往往就是最好的。

为什么同样的社会背景，一样的受教育程度，有的人成为行业里的高手，什么

都有了。而有的人却默默无闻，平平淡淡，是什么造成如此大的差异呢？

选择的圈子不同，每个人的发展前途也各异。

在很大程度上讲，圈子决定命运，进入什么样的圈子，就会成为什么样的人。进入有钱人的圈子，有钱的机会就多些；进入没钱人的圈子，没钱的机会就多些。想先有钱，先往有钱人的堆里扎是关键。

“男怕入错行，女怕嫁错郎。”在现代职场中，其实男女都害怕入错行，耽误自己的发展。那么，20几岁的女人，选择职业的关键因素是什么？怎样才能选对自己的舞台呢？

除了我们上面提到的要充分了解自己以外，还要充分了解不同行业的情况。有些20几岁的女人在择业时采取“瞎猫碰着死老鼠”的方式，也就是比较茫然，随波逐流，有时过于追求热门职业和薪资优劣。心理学中讲“从众”行为，如果20几岁的女人易受暗示、性格依赖、自我意识不强等影响，就很容易作出大多数人都会作出的选择，而不会考虑自己的具体情况，这样作出的选择往往并不符合实际情况，造成以后工作中潜在的问题。

如果20几岁的女人根据不充分的资料就得出结论，说自己适合这个不适合那个，这种想法本身可能就说明她排斥工作，或者说没准备好进入职场工作，也就是自己给自己找理由。这是一种过度的“阿Q精神”，自己失败了说是因为这份工作不适合自己。所以，20几岁的女人要培养自己“乐观的现实主义”精神，既讲实际情况又能对自己做到客观的评估，同时能兼顾自己的特点和爱好，这样在职业的选择上就会减少入错行的概率。

另外，如果20几岁的女人没有培养起独立思考问题的能力，可以求教于他人，虚心听取别人意见，然后再潜心思考，也不失为一种救急的办法。

20几岁的女人如果进入不适合自己的圈子，可能对自己的一生都会产生不利的影响。我们在20几岁的时候，正面临着命运的岔口，在决定做什么的时候，要认真地、冷静地思考一下，认清自己的目标，知道自己想要什么。在衡量自己的志趣、特长、教育水平和学习能力之后，量体裁衣，找到最适合自己的圈子。这是一条快速发展的捷径。

俗话说：人往高处走，水往低处流。我们每个人都想进入理想的圈子，但是当我们刚刚走出校门时，由于背景和能力的关系，很难进入我们想进的圈子。

我们既然进不了理想的圈子，是否就没有了出头之日呢？答案当然是否定的。纵观那些取得成功的人，他们在没有背景，没有关系的情况下，不是坐以待毙，而是想方设法寻找出路。他们知道，现实不会给你一个现成的奶酪吃，得靠自己去争取。当没有争取到奶酪时，他们不会就此罢手，而是动手为自己制造奶酪，为自己谋求一个机会，找到突破口。

20几岁的女人可以找一个跟这个圈子方向上比较一致的、比较接近的圈子，把这个圈子作为跳板。在这里能够有机会接触到这个圈子的人，这些人有可能将你带入那个圈子之中。如果没有合适的引路人，时机成熟时不妨勇敢地毛遂自荐，只要我们的实力具备了，跨入这个圈子并在这个圈子成功是早晚的事。

女人在20几岁的时候选对了舞台，才能在30岁以后绘制成功的蓝图。20几岁是一个做铺垫打基础的时期，只有将自己放对了位置才能发挥你的最大潜能。

“职场如棋”，下棋有自己的规范：“将’前前后后不出九宫之门，“士”亦步亦趋，“象”飞田，“车”行线，“马”走日，“炮”打隔山子、“卒”勇往直前。职场也是一样，每个人都有自己的位置和行为规范。哪个职位是将，哪些职位是士与相，哪些是车马炮，哪些是小卒子？将士相车马炮还有小卒子各自的职责是什么，担任这类角色需要哪些资格条件，需要什么样的能力和素质？高明的排兵布阵，会让你的阵势固若金汤，攻防自如；而把棋子错放了位置，则会手忙脚乱，不堪一击。同样的棋子，同样的人数，安排的好与不好决定着你的成败得失。

在职场上人们常说：“放对位置就是金子，放错位置就是垃圾。”20几岁的女人要懂得什么位置能让自己充分发挥才能。

一家做软件的高科技企业招聘人才。年轻有为的老板亲自面试，面试时先是询问应聘人员一些常规问题，比如学什么专业、在IT产业工作的年限等等。如果感觉不错，就会对应聘人员说：“这样吧，我最近要出差一趟，3天后回来。现在我手里有个魔方，你试试把6面都排成一色的，3天后交回，然后我们再谈工作的事情，拜托了。”共有4个人接到了这项任务。3天后这4个人都来向老板交差。

第一个人说：“老板，我完成了您的任务，请看。”老板一看，不错啊，但是不太对劲。最后弄明白了，原来这小伙子用油漆把6个面重新刷了一遍。老板既兴奋又生气。生气的是这个小伙子说了谎，兴奋的是他的创造能力非常强。企业确实太需要这种创造性人才了，于是第一个人被留下来做生产和研发。

第二个人是在老板交代任务的当天下午把魔方交回的，老板不信他这么快，要求他现场演示。果然只用了20分钟，他就完成了。老板很兴奋，“这小伙子太聪明了，快留下来给我们做策划、文案，特别是总经理助理。”

第三个人很憨厚踏实。他按时在3天后交回魔方。老板问：“魔方是你自己排好的吗？”他说：“您要求把它排好，但没要求一定要谁做。”小伙子接着说，“我有3个大学同学特聪明，晚上请他们吃饭，他们就帮我排好了。”老板想想有道理，也留下了他，“人际关系这么好，做销售和服务最合适。”

第四个人是来自农村的一个女孩。3天后她对老板说：“这份工作我不要了，我把魔方弄得乱七八糟，也不知道它值多少钱，我只有100元，算是赔您的，现在我能不能走了？”老板一听两眼发光，心想我做了10多年的老板，第一次碰到这么诚恳的人，敢于承认错误，还敢于承担责任，这样的人留下来做财务最放心。

在上面的案例中，4个人全部留了下来，但每个人分配的岗位是不一样的。这就是说，在职场上没有绝对的好与坏，只有合适与不合适的区别。企业选人用人时是这样的，我们在找工作应聘时也可以这样。根据自己的才能和特点来选择自己的舞台。

23岁的黄小姐是一位刚从某大学商学院毕业的商业新贵，踌躇满志地进入某家私人公司里做公关，然而，几年工作下来，她被人认为有一个很大的缺点，那就是她非常的敏感，别人一句不经意的话，即便是言者无心，也都可以让她这个听者痛苦老半天！

这样的人格特质使她在从事公关工作时，感到非常的痛苦与灰心。

某个礼拜天，本身是基督徒的她沮丧地来到教堂聚会，将一肚子的苦水一股脑儿地全向牧师倾吐，牧师忽然灵光一闪，说：“黄小姐啊！我看，你对小细节这样地敏锐，何不干脆改行做会计呢？别做公关了，不妨试试管账吧！”

黄小姐想想觉得有理，商学院毕业的她，花了几个月的时间把过去所学的财务专业加以温习，几个月后，她主动申请调到会计部门。

果然，她那“过度敏感”的“缺点”在会计部门里如鱼得水。不再有同事暗念她不称职，反而主管还赞她是个极为细心、不可多得的好人才。

也许在职场上，敏感的人，用对地方就变成细心。急性子的人，用对地方就会变成积极，而木讷者，放对地方也可以变成真诚……

这世上没有任何一个人或一件东西，是没用和卑贱的，任何人或物，只要放对了地方，都会成为有用的“可造之材”。

20几岁的女人，不管你身上有什么样的特质，即便是那些在别人看来是缺点的特质，只要你能充分利用它们，它们就能成为你选择舞台时的优势。

在20几岁的时候为自己选择一个合适的行业，将自己的能力完全发挥出来，就可以在30岁以后享受成功带来的喜悦。20几岁的女人不要再彷徨了，赶紧选择一个适合自己的舞台吧！

第5章

行动！加油！年轻女孩很快就有好运气

成功是在一次一次不停的努力下促成的，一切成功最终都源于行动，没有行动，再美丽的梦想也只是纸上谈兵。很多20几岁的女人，没有吃过苦，也不愿意吃苦。很多很好的计划，都因在执行的过程中，遇到困难而夭折了。

迈出第一步，用行动去争取好运气

20几岁的女人喜欢空想，她们把计划说得天花乱坠，而到了实行的时候，便没有了下文。有资料统计，在选择的人群中，年初制定的计划，在年终执行完毕的连20%都不到。计划放在那儿，永远只是计划，只有你的行动才能让计划变成现实。哪怕是再远大的目标，只要你迈出一步，距离目标就近一步，关键是你要勇敢地迈出第一步。所以，20几岁的女人，有了目标就要去行动，用实践去争取好运气。

在美国有这样一个老太太，她打算从得克萨斯到佛罗里达做个徒步旅行。要知道这个距离相当于从北京到香港的距离，很多人都不相信她能够完成，可是老太太凭借她的毅力成功地完成了旅行。有记者问她是如何办到的，她说："我确定了目标，就一步一步地向前迈，就这样迈到了啊，这没有什么神奇的。"是的，实现梦想的关键就在于这一步一步的行动。很多年轻人因各种各样的原因在抱怨，而不为理想付诸行动。当周围立志当作家的朋友，已经在报纸杂志上发表了若干篇"豆腐块"的时候，当要创业的同学已经开始学习管理了，想出国的同学已经考过托福了……

你才发现自己还在原地不动，已经被别人甩掉了一大截了。

成功等于科学的方法加上努力的行动，这已经是一个颠扑不破的真理了。行动最让人放心。当我们没有如别人一样取得很好的成绩时，先不要抱怨，想想你做了多少，而别人付出了多少。所谓，一分耕耘，一分收获。成功背后掩藏着多少努力和汗水。在我们看到别人成功的时候，也要反观一下自己，做了多少努力，下了多少工夫。

时间如白驹过隙，20多岁正是人生的黄金时期，把握住了这个阶段也就成就了你的人生，而迷失在这个阶段，你的人生至少就已经失败了一半。这个阶段，我们从校园走向社会，从懵懂走向成熟，如何做好人生的转折至关重要。

众所周知，日本企业所生产的产品向来以品质卓越著称，不论是电子产品、家用电器还是汽车等。日本人为何对于品质有如此高的重视呢？原因是因为一位美国的品质大师戴明博士。

第二次世界大战结束后，戴明应日本企业之邀，重振日本经济。戴明博士到了日本之后，对日本企业界提出“品质第一”的法则。他告诉日本企业界，要想使自己的产品畅销全世界，在产品品质上一定要持续不断地进步。

戴明博士认为产品品质不仅仅要符合标准，而是要无止境地每天进步一点点，当时有不少美国人认为戴明博士的理论很可笑，但日本人却完全照做。今天日本企业的产品在世界上取得了辉煌成就，他们将功劳归于戴明，甚至颁赠给先进企业的奖项也称为戴明奖。

福特汽车公司1年亏损数十亿美元时，他们请戴明博士回来演讲，戴明仍然强调要在品质上每天进步一点点，持续不断地进步，一定可以起死回生，振兴企业。

结果，福特汽车将此法则贯彻3年之后，便转亏为盈，1年净赚60亿美元。

前洛杉矶湖人队的教练派特雷利在湖人队最低潮时，告诉球队的12名队员说：“今年我们只要每人比去年进步1%就好，有没有问题？”球员一听：“才1%，太容易了！”于是，在罚球、抢篮板、助攻、抄截、防守一共5方面都各进步了1%，结果那一年湖人队居然得了冠军。

有人问教练，为什么这么容易得到冠军呢？教练说：“每人在5个方面各进步1%，则为5%，12人一共60%，一年进步60%的球队，你说能不得冠军吗？”

有计划很简单，难的是每天都照着计划去执行，每天都有进步，每天都有收获。

每个人都有理想，但多年以后，有多少人实现了自己的理想呢？是这些目标不切实际吗？是这些目标遥不可及吗？还是我们没有这个实现的机会？都不是。

一项计划很容易在脑海里呈现，让我们坚定不已，甚至还确信这是必将实现的计划。由于工作繁忙，还有很多重要的事情要处理，所以一推再推，“反正这也不是一朝一夕能够完成的事情，何必把自己搞得那么紧张呢？等忙过这段再做也不迟嘛。”当我们一次一次这样想的时候，这个计划在脑海里就渐渐淡漠了。

如果我们有梦想，就该脚踏实地做我们该做的事情。没有任何理由和借口，把想做的都做到，一步一个脚印，用自己的行动构筑成功的基石，没有行动的计划永远都只是空谈。

20几岁的女人想法很多，但是真正着手去做的却不多，总是给自己找一大堆借口，事实上，这些所谓的借口都不是真正意义上的理由，只要想做，总会挤出时间。那些忙得不亦乐乎的人，有多少时间用在重要的事情上？

时间不是等来的，把希望寄托在将来，是一种无意义的等待，只会使你的计划落空。那些说时间不够用的人，不是时间太少，而是他们没有把时间留给最重要的事情。

比尔·盖茨说：“想做的事情，立刻去做！从潜意识中浮现的念头，立即付诸行动。”这说明了实践的重要性，只有实践才能产生结果，否则，再好的主意都是空想。20几岁的女人要想让人生更加有意义，就要以实践为目的，别让好的点子在纸上夭折。

制定目标是容易的，难的是付诸行动。制定目标可以只是坐下来用脑子去想，实现目标却需要扎扎实实的行动，只有行动才能化目标为现实。相当多的人制定了目标之后，便把目标束之高阁，没有投入到实际行动中去，结果到头来功亏一篑。当你把目标确定下来之后，接下来最重要的一步就是立即让自己动起来，向着目标实现的方向拿出具体的行动，可别一拖再拖。一个真正的决定必然是有行动的，并且还应立即的行动。先别管行动到什么程度，最重要的是要动起来。

当你开始行动的时候，或许还不能看见你所追求的东西究竟是什么样子，这时往往会感到困惑，感到目标的遥远，感到跋涉的艰难。但是，只要你毫不犹豫地做下去，坚持不懈地干下去，你就会发现目标在你的眼里越来越清晰。生命的过程就是不断地去追寻、探询。努力过，才不会有遗憾，才可能会成功。

赫胥黎说：“人生伟业的建立，不在于能知，乃在于能行。”没有行动，一切目标、计划都将落空，成功也就无从谈起。老子说：“合抱之木，生于毫末；九层之台，起于垒土；千里之行，始于足下。”可见行动是完成计划奔向目标的保证。

20几岁的女人要做创造机会的强者

那么，如何才能保证我们的想法都能落到实处呢？其实，行动靠自己来坚持，任何外界的压力只能是暂时的。行动需要人的理想、信念、情感、意志做后盾。俗话说："有志者立长志，无志者常立志"，千万不要做"语言的巨人，行动的矮子"。

为了确保自己的行动有益有效，有始有终，应注意以下4点：

第一，迈出第一步。万事开头难，迈出第一步便是行动的开始。

第二，立即行动。许多人都有一种惰性，做事缺乏只争朝夕的精神。结果明日复明日，万事成蹉跎。为了克服这种惰性，应该学会雷厉风行，凡是看准了的事就立即行动。

第三，雷打不动。人的行为容易受主客观因素的干扰，或中断、或放弃，造成前功尽弃。要使目标能得以实现，必须确保自己的行动能坚持不懈。古人云："苟有恒，何须三更睡五更起；最无益，莫过一日曝十日寒。"

第四，征服自己。"自我控制并不单是一种非凡的美德，它更是使其他美德焕发光彩的源泉。"这是《国富论》的作者亚当·斯密的名言。新西兰人埃德蒙·希拉里是第一位成功征服珠穆朗玛峰的人，当有人问他是如何完成这一奇迹的，希拉里回答道："我真正征服的不是一座山，而是我自己。"

以上的4点也许会帮助20几岁的女人找到实践想法的窍门。但这并不是最重要的，重要的是你要有实践的精神。

好运气是在实践中把握的，20几岁的女人要做创造机会的强者，不要做一个等待机会的弱者。主动出击，掌握主动权。

我们都知道在战争中，掌握主动权是至关重要的，主动方可以决定在何时、何地开战，出其不意，攻其不备；而被动方就只好处处设防，处于"挨打"的局面。那么，怎样掌握主动权呢？最基本的方法是：比对方快一步。作战的方法在于制人，而不是在受制于人。

好运气好比市场上的交易，稍一耽搁，价格就变。善于在做一件事的开端识别时机，这实在是一种极难得的智慧。如果你希望生活变得更好，就必须冒一点风险，因为除非冒险，否则生命没有成长的机会。俗话说：“命好不如运好，运好不如流年好。”偶然的一个机会，就足以改变你的一生。问题是，你有没有好好捕获这个机会。擦亮你的眼睛，留意形势变化，争取做第一个捕获并善用机会的人。

对待机会，有两种态度：一是等待机会；二是创造机会。等待机会又分消极等待和积极等待两种。不过，不管哪种等待，始终是被动的。20几岁的女人应该主动去制造有利条件，让机会更快降临在你身上，这是创造机会。

古人云：“形势的维系处为机，事情的转变处为机，事物的紧切处为机，时节的结合处为机。有目前是机，一瞬间过去不是机；有隙可乘就是机，失去它就没有机。谋划要深远，保密要严格。辨别机在于见识，利用机在于决断。”

也许你会问：既然机会如此重要，而由于某种原因，机会被别人所取，那么，我岂不是败局已定？那倒未必，机会固然重要，但也要善于把握。如果在竞争中，机会掌握在对方之手，也不必沮丧，这时要做的，就是料在机先，从容应对，准确判断对方的行动，先站稳脚跟，不给其以可乘之机。正如《孙子兵法》中所说：“先为不可胜，而待敌之可胜。”一旦对手出现错误，就是你的机会到了。要知道，只有笑到最后的才是成功者。因此，见机而动是最为重要的。

要想做到见机而动，必须善择良机。良机不可能赤裸裸地出现在我们的面前，它常常被复杂变幻的迷雾所掩盖。为此，必须养成审时度势的习惯，随时把握客观形势及其各种力量对比的变化，透过现象，发现本质，这样，方能及时抓住时机。

做到见机而动，还应注意培养果断的意志品质，杜绝犹豫不决的弱点。行动需要决策。任何决策都有风险。具有百分之百的成功把握的决策，算不上决策，在一般情况下，有七分把握，三分冒险，就应当机立断。人们常犯的错误是，在机会到来的时候，患得患失，犹豫不决。

20几岁的女人一定要彻底杜绝犹豫不决的弱点，勇于实践勇于冒险，在行动中掌握主动权，抓住机会为自己创造好运气。

心态篇

酸柠檬甜葡萄，好心态决定女人花样好年华

第6章

积极的想法撬起地球，20几岁拥有积极心态

女性情感细腻含蓄，比较感性，轻易走极端，好感情用事。考虑问题往往立足感性，喜欢主观臆造、主观猜测，好推理，尤其喜欢用一件事情牵扯出众多过去的陈芝麻、烂谷子的事情来，然后痛在其中，游离于边缘。所以，相对男性来说，女性这个相对柔弱的群体，更轻易被抑郁情绪所困扰。20几岁的女人要开始培养自己的积极心态，面向阳光，远离阴郁。

女人们该如何走出抑郁的阴影

情感危机是结婚女人产生抑郁的最主要原因。“男人把事业放在第一位，女人把感情放在第一位”。就两性而言，女人确实把感情看得更为重要。有很多职业女性声称把生活重心转移到了工作上，要做独立的女人。但是，在情感的问题上却仍然可以让一个看似坚强的女性脆弱得不堪一击。

“除了情感压力外，社会、工作、家庭的压力也都让女性越来越累。”女性想要在社会中取得和男性同样的地位和成绩，所付出的劳动、承受的压力要比男性大得多。大部分女性既要在职场中面对激烈竞争，又要更多地承担起家务责任。女性对自身的要求也随着社会的要求越来越高，在工作中既要表现得出色，回到家里还要扮演好贤妻良母的角色，她们肩上的担子可想而知。

抑郁的女性多敏感而缺乏安全感，痛苦、彷徨、犹豫，情绪逐渐不稳定，谈不

上快乐，更谈不上幸福。那么，女人们该如何走出抑郁的阴影，重新永葆阳光，恢复灿烂的微笑和阳光的心态呢？

1. 充分利用颜色的心理效应

暖色调或者是亮色调的衣服总会给人一种积极的感觉，而冷色调或者是暗色调会给人一种烦闷、抑郁的情绪。因此要想让自己的抑郁情绪变得少一点，最好多穿暖色调的衣服。

2. 多接受音乐的熏陶

音乐是最好的心理良药，因为音乐容易进入人的潜意识，特别是那些轻音乐，更能和人的感情产生共鸣。只要人在潜意识里有了一种共鸣，也就会对人起到一定的影响，让我们的心灵得到一次又一次的净化，这样，我们的抑郁情绪就会慢慢得到改善。毕竟潜意识比意识对人的影响更大。

3. 增强自己的自信心

缺乏自信心也是一个人变得抑郁的原因之一。由此可见，增强自信心对于一个抑郁的女性来说是非常有必要的。那么如何做才能增强自己的自信心呢？有一个很好的方法不妨一试：抬头挺胸走路，提高嗓音说话，刻意地和人交往。坚持几天就可逐渐建立自信心，从而减少抑郁。

多做自己喜欢的事，不把自己限制在家务事里，不把自己限制在与丈夫、孩子的关系中。只有先爱自己，才能拥抱生活，才能有朝气和希望。女人也才远离抑郁，建立愉快的生活情绪。

4. 多参加活动，增加自己的交际

很多女性除了上班挤车就是下班做家务，这是一种非常不好的生活方式，因为如果一个女性长期生活在这样一个模式中，肯定会让自己的神经处于一种麻木状态，体验不到生活的快乐。

因此，最好的办法就是脱离这种单调无味的生活，在两点一线的生活基础上，加进一些生活的乐趣，比如说参加朋友聚会、出去旅游或者养成每天散步的习惯，在活动中将一天的郁闷排除出去。培养自己多方面的兴趣和爱好，这样不但可以充实自己的精神生活，而且能让他人另眼相看，也是对自身素质的提高。

5. 多与人交往

与人交往，在很多时候还要选择和什么样的人交往。如果你是一个抑郁的人，最好选择那些性格外向、开朗活泼的人，否则，女人将永远停留在抑郁中，找不到快乐的那一天。

大多数女人都爱抱怨，凡事总喜欢用消极的态度去对待。事实上，不抱怨的女人离幸福才是最近的。在女人的生活中，发几句牢骚本来是一种宣泄情绪的方式，可是如果让抱怨成为生活的常态和固定的模式，就会徒增不少烦恼。

男人一回家，如果听到的是女人的唠叨声、埋怨声和不高兴发脾气大喊大叫声，大多数的男人就会不假思索想要逃离女人，他们会去洗澡、加班或者一个人出去喝闷酒。

曾经有人统计过，女人一生说话的时间是男人的几倍。她们对着丈夫滔滔不绝，无所不谈，恨不能一刻不停。男人不但要听，还不能说话，以免打断女人的话茬。这种局面久了，再好的男人也会厌倦。美国作家米勒告诫女人们：成功的婚姻与普通的婚姻之间的区别，即是一天中有三四件事情不说。

很多时候，男人在外面遭受了挫折，回家就会向女人倾诉衷肠，这说明你是他最亲密、最信任的人，这时候你如果一点也不耐烦，反而喋喋不休地抱怨自己的苦处，就会让他们原本沮丧的心情雪上加霜。

其实，一句抱怨，不如一个充满爱意的眼神；一句抱怨，不如一杯淡淡的茶水；一句抱怨，不如一个亲昵的动作。

多聆听男人的心声，领会他们的心思，分享他们的苦楚。有时并不需要你付出什么，只是一句安慰的话，就可能让男人摆脱烦恼，温暖一辈子，感激你一生；有时女人只是一个体贴的动作，就可能让男人消除怨气，甘为牛马，对你好一辈子。

迪斯累里曾经说：“我一生或许有过不少错误和愚行，可我绝不打算为了爱情而结婚。”果然，他履行了自己的诺言，35岁时，他向一位年长自己15岁的寡妇玛丽安求婚。这不是爱情，他看中了寡妇的金钱。已年过半百的玛丽安明白他的心思，请他等1年，她要考察他的品性。1年后，两人结婚了。

利用婚姻进行交易历来都不新鲜，可是，出乎所有人意料的是，这桩婚姻竟然被人称颂为最美满的婚姻之一。

玛丽安既不年轻，也不漂亮，学识浅薄，衣着古怪，不懂家务，经常说错话，她似乎具备了女人所有的缺点。可有一样她却是天才，她懂得如何呵护自己的婚姻。

她从不让自己所想到的，与丈夫的意见相反，每当迪斯累里与那些反应敏锐的人物交谈之后，筋疲力尽地回到家时，她会给他一个安静的休息。没有盘问，没有抱怨，只有相敬如宾的气氛和静静休息的地方。

每当迪斯累里从众议院匆匆回来，跟她述说白天所看的、所听到的新闻时，她会微笑着倾听，并对他的想法或建议表示完全地支持。是的，她支持自己的丈夫，凡是他努力的事，她绝不相信会失败。

迪斯累里觉得与年长的太太生活在一起，是他最愉快的时光，她成了他的贤内助，他的顾问，他的亲信。

有一天，迪斯累里对玛丽安坦诚自己的心迹，说："你知道，我和你结婚，只是为了你的钱？"玛丽安笑着回答："是的。但如果你再一次向我求婚，一定是为了爱我，对不对？"迪斯累里点头承认。

两人共同度过了30年岁月，玛丽安认为，她所有财产有价值的原因，是因为给了迪斯累里安逸的生活。而迪斯累里，则把她看做心中的英雄，请女皇封授玛丽安为贵族。

故事中玛丽安既不年轻又不漂亮，似乎没什么优点，可是她却牢牢抓住了迪斯累里的心，因为她是个幸福的女人，善于倾听爱人，却从来不抱怨。女人不抱怨，悦人又悦己；女人不抱怨，心宽路也宽。从灰色的心情中走出来，永远不要怨恨地声讨"凭什么"，阳光心态，拥抱快乐，给生命增添色彩。给自己的内心注入欢喜的力量，善待自己，让幸福飞扬起来。

抛开抱怨，用积极的心态面对生活和人生吧！无论一个女人多么有能力，如果缺乏好的心态，就什么事都做不成，良好心态的能量是巨大的，也是动力产生的源泉。有了它，女人就能把握自己的命运，在人生的道路上勇往直前！

女人有什么样的心态，就会有什么样的命运

快乐的女人未必每天遇到的事情都是好事，而是她满足于自己已有的一切；幸福的女人并不一定一直都是心想事成，而是用积极的心态对待生活。其实，决定一个女人命运的关键就是心态。

有位伟人曾说："要么你去驾驭生命，要么是生命驾驭你。你的心态决定谁是坐骑，谁是骑师。"人生并非是一种无奈，而是可以通过主观努力去把握和调控的，心态就是调控人生的控制塔。女人有什么样的心态，就会有什么样的生活和命运。

海伦·凯勒出生时是个正常的婴儿，能看，能听，咿呀学语，可是，一场疾病让她变成了残疾人——她瞎了，聋了，也哑了——那一年她才19个月。所幸的是，小海伦在黑暗的悲剧中遇到了一位伟大的光明天使——安妮·沙莉文女士。

在安妮·沙莉文女士的教导下，海伦·凯勒不仅学会了说话，还学会了用打字机写稿著书。海伦·凯勒虽然是一位盲人，但读过的书却比视力正常的人还多。她出版了7册自己著的书。海伦·凯勒的触觉极为敏锐，她用手指头放在对方的嘴唇上，就知道对方在说什么；音乐家在表演的时候，她用手触摸钢琴、小提琴的木质外壳，就能“听”到音乐的声音。

如果你和海伦·凯勒握过手，5年后你们再见面握手时，她可以根据上次跟你握手的记忆，认出你来；她可以根据跟你握手、聊天，判断你的个性和体魄，比如你是不是很美、很强壮，你是滑稽的人还是爽朗的人，或者是个满腹牢骚的人等等。

海伦·凯勒简直是人间的奇迹，她让你震惊，让你欣慰，让你不得不赞赏她。海伦·凯勒大学毕业那年，有好心人为她在圣路易博览会上设立了“海伦·凯勒日”的活动。有人问她，是凭什么取得这样的收获的？

她说，我之所以能取得如此的收获，是因为我始终对生命充满信心，充满热忱，是自信、积极的心态让我克服重重困难，困难造就了我的今天。由此可见，一个人的心态对能够改变自己的命运有多重要。

世界上每天每个角落都在上演各种剧目，生活中总是会有各种各样的事情发生，没有人能预料明天会发生什么，但女人可以用良好的心态做人生的指挥官，相信自己才是命运的主宰。

有两个30岁的女人，是大学同学，有一天在马路上碰到了。其中一个说：“哎哟！你怎么变成这个样子了，脸色这么难看？你心情不好吗？”另一个说：“我苦死了！我离婚了。我这辈子彻底完了！”“啊？你离婚了？你不知道吧，我也刚刚离婚。”“是么，你也离婚了。那我看你还兴高采烈的样子。”“为什么不高兴啊！我终于冲出围城了，我终于自由了！我要好好过我自己的日子！”

那个认为自己是天底下最倒霉的女人，离婚之后很多天缓不过劲来，也没有去上班，她痛恨那个让自己失去爱和家庭的男人，整天以泪洗面。家人同事刚开始都好心好意劝她，她一点听不进去，还很敏感，觉得大家都在笑话她，不关心她。本是好意却换来尴尬和无趣，也就没有人再理她、再劝她了。心情不好，工作业绩自然也就下来了，不久，领导要给她调部门，她心想领导是落井下石，就生气地辞职了。

而心态好的女人离婚之后觉得从未有过的轻松，她感到终于可以按照自己的想法过日子了。心情好，工作也积极，客户也越来越多了，业绩更是逐步提高。又几年过去，这个乐观积极的女人有了自己的公司，遇上了与自己真正相伴一生的男人，生活幸福而美满。

同样是离婚，乐观女人和悲观女人的态度却大相径庭。随着时间的流逝，她们的情况随着心态慢慢地发生着变化，最后导致不同的人生命运。

琼是一个不到20岁的女孩，在父亲的农场工作。她身体很健康，工作也很努力。但是，农场并没有让她发财，但日子还过得下去。

可是，有一天，突然间发生了一件事情，使琼一下子陷入了困境。琼患了全身麻痹症，卧床不起，几乎失去了生活能力。她的亲戚们都确信：她将永远成为一个失去希望、失去幸福的病人。她可能再不会有什么作为了。

但她能思考，她确实在思考，在计划。有一天她做出了自己的计划。她把她的计划讲给家人听。“我再不能劳动了，”她说，“如果你们愿意的话，你们每个人都可以代替我的手、足和身体。让我们把农场每一块可耕的地都种上玉米，然后我们养猪，用所收的玉米喂猪。当我们的猪还幼小肉嫩时，我们把它宰掉，做成香肠，然后把香肠包装起来，注册一种商标出售。我们可以在全国各地的零售店出售这种香肠。”她接着说道：“这种香肠可以像热糕点一样出售。”

这种香肠确实像热糕点一样出售了！几年后，名为“琼仔猪香肠”的食品竟成了家庭的必备食品，成了最能引起人们食欲的一种食品。

琼利用自己的大脑，然后借用别人的手，依然干出了自己的一番事业。琼用什么方法创造了这种变化呢？她应用了“积极心态”的办法。是的，她的身体是麻痹了，但是她的心理并未受到影响。

琼以积极的心态使她满怀希望，怀抱乐观精神和愉快情绪，把创造性的思考变为现实。她要成为有用的人，而不要成为家庭的负担。

一个女人幸福与否和心态有着密切的关系。人生不可能是一帆风顺的，挫折和失败都会不期而遇，幸运和厄运同样令人刻骨铭心难以忘怀。无论身处顺境还是逆境，改变了心态的女人就改变了对生活的追求，有了追求就有奋发向上的斗志，奋斗的结果就是硕果累累，幸福满园。

女人一旦拥有了独立、平和、感恩、善良、宽容、坦然等这些心态，无论她从事什么职业，家庭是否幸福，孩子是否出色，她的眼神都会清澈，神情都会自信，都会用细腻的心思去感受周围的一切。她的生活会因此充满温暖的氛围，周围的人都喜欢与她在一起，感受她带来的愉悦气息，这样的女人，怎会不幸福呢？

女人，要时时保持平和的心态，把自己变成幸福的主人。虽然女人的美丽有很多种，可是慢慢的，当女人老去时，很多种的美丽都会慢慢褪色，只有心态这种美丽会随着幸福的加深越来越灿烂。

著名女作家塞尔玛在成名前曾陪伴丈夫驻扎在一个沙漠的陆军基地里，丈夫奉命到沙漠里去演习，她一个人留在基地的小铁皮房子里，沙漠里天气热得受不了，就是在仙人掌的阴影下也有华氏125度。而且她远离亲人，身边只有墨西哥人和印第安人，而他们又不会说英语，没有人和她说话、聊天。

她非常难过，于是就写信给父母，说受不了这里的生活，要不顾一切回家去。她父亲的回信只有两行字，但它们却永远留在她心中，这两句话完全改变了她的生活：两个人从牢中的铁窗望出去，一个看到泥土，一个却看到了星星！

塞尔玛反复读这封信，觉得非常惭愧。于是她决定要在沙漠中找到星星。她开始和当地人交朋友，而他们的反应也使她非常惊讶，她对他们的纺织、陶器表示感兴趣，他们就把自己最喜欢但舍不得卖给观光客人的纺织品和陶器送给了她。

塞尔玛研究那些引人入迷的仙人掌和各种沙漠植物，又学习了大量有关土拨鼠的知识。她观看沙漠日落，还寻找海螺壳，这些海螺壳是几千万年前沙漠还是海洋时留下来的……原来难以忍受的环境变成了令人兴奋、流连忘返的奇景。

那么，是什么使塞尔玛的内心发生了这么大的转变呢？沙漠没有改变，墨西哥人、印第安人也没有改变，是她的心态改变了。一念之差，使她原先认为恶劣的生活环境变为一生中最有意义的冒险。她为发现新世界而兴奋不已，并为此写下了《快乐的城堡》一书。她从自己造的牢房里看出去，终于看到了星星。

拥有好的心情，你才能体验到别人体验不到的精彩生活。心态具有强大的力量，从里到外影响你、暗示你。

一个夏天的傍晚，美丽的少妇想投河自尽，被正在河中划船的白胡子艄公救起。艄公问："你年纪轻轻，何故寻短见？"

"我结婚才两年，丈夫就遗弃了我，我一无所有了。您说我活着还有什么乐趣？"

艄公听了沉吟一会，说："两年前，你是怎样过日子的？"

少妇说："那时我自由自在，无忧无虑呀……"

"那时你有丈夫和孩子吗？"

"没有。"

"那么你不过是被命运之船送回到两年前去了，有什么害怕的？现在你又自由自在、无忧无虑了。请上岸去吧……"

原来世事不过像一场梦罢了，我方唱罢你登场。命运往往无常，权且把心放宽，换个角度看世界，世界无限宽广；换种立场待人事，人事无不轻安。

女性一定要清醒地认识到心态在决定自己人生成功上的作用——你怎样对待生活，生活就怎样对待你。你在一项任务刚开始时的心态就决定了最后将有多大的成功，这比任何其他因素都重要。

人们在任何重要组织中地位越高，就越能找到最佳的心态。你心理的、感情的、精神的环境完全由你自己的心态来创造。

有人调查了122名患过一次心脏病的人，这些人里有人乐观，有人悲观。8年后重访，发现悲观的25人中去世了21个，乐观的25人中去世了6个。这个结论理应让我们保持乐观，不论你有着怎样的不幸，生命还在，不是吗？更何况，保持乐观积极的心态，才能让快乐长久、生命长久。

女人怎样才能保持良好的心态

女人到底怎样才能保持一种良好的心态呢？

第一，选择好你的目标，即弄清楚自己到底需要达成什么样的结果。

第二，选择好能帮助目标达成的信念。这是因为，信念与态度之间是因与果的关系，信念是因，态度是果，即有什么样的信念，就有什么样的态度。

第三，把焦点放在你的目标上。也就是说凡事要积极思考，将注意的焦点完全集中在你最终想达到的那个目标上，千万不要放在你不想要或得不到的地方。

第四，模仿成功者的态度。与成功者交朋友，模仿成功者的态度、信念、习惯、策略，就是快速成功的最佳策略。今天，你看什么书，跟什么人在一起，可能决定5年后你成为什么样的人。

第五，拥有良好的心态，要学会忘记、宽容过去。不原谅，等于给了别人持续伤害你的机会。要敢于向前，以柔克刚，宽容大度，反应得体，推己及人，勇于承认自我。如果不善于妥协，对当前状况不满意，那你就会永远生活在痛苦中。

第六，养成一种习惯，善于发现生活中美好的方面。学会欣赏每个感动的瞬间，热爱生命。“爱人者人恒爱之，敬人者人恒敬之。”懂得关怀获得朋友，懂得放心获得轻松，懂得遗忘获得自由。活在当下，心态阳光，相信未来一定会比现在更美好，微笑前行。

保持平和健康的心态，才能使自己随时随地散发光彩。缺少阳光的日子很阴郁，对自己说“没什么”；失去朋友的生活很寂寞，笑着说“会好的”。并非放纵所有的过错，只是拒绝沉溺，自己安慰自己。失去所有依靠的时候，要抱紧自己，温暖自己。寒冷的时候，让我们自己取暖，不哭泣！

正如美国的克尔·琳达在《关于女人爱己的祝愿》一书中所说：“许多女人总以为只有先爱别人才能得到幸福，其实这正是一生深陷痛苦的端点。实际上，只有先爱自己的女人，才能真正赢得别人给予的幸福。”

我们能把握的只是自己。不要把自己的幸福建立在别人的行为上面，否则，你将因为没有把握而慌恐。不要总为未来忧心忡忡，如果你担心的事情不能被你左右，就随它去吧，我们只能考虑力所能及的事情，力所能及则尽力，力不能及就由它去吧。

幸福就像一只蝴蝶，你追它时追不着，当你静下来的时候，蝴蝶会栖息在你的身旁。幸福是一种心态，幸福的女人，始终以积极的方式回应生活中的酸甜苦辣和旦夕祸福。

西方有一条格言：怀着爱心吃菜，胜过怀着恨吃牛肉。时时怀有健康明媚的心态，幸福感会像花儿般绽放，芳香满园。

第7章

女人20几岁，自信让美丽人生尽情绽放

自信是成功人士不可缺少的品质，20几岁的女人应该满怀信心地去迎接人生的每一阶段。自信的女人最漂亮，自信的女人才会拥有美丽的人生。

走出自卑，从容自信地面对人生

一个人能从容自信地面对人生，远比她长得如何重要得多。因为能从容自信地面对人生的人，她会笑容可掬，让人感觉如沐春风，充满活力，招人喜欢，她浑身上下散发出来的魅力让人意动心摇。其实，每个女性都有自己的那一份魅力，只是因为你太自卑，太缺乏自信，以致使你的优点、长处、潜在之美得不到挖掘和展示罢了。只有相信自己，才能激发进取的勇气，才能感受生活的快乐，才能最大限度地挖掘自身的潜力。哪怕你是一个非常平凡的女人，只要你对生活充满信心，在人生的舞台上，定能焕发出那一份属于你特有的女性的魅力。

要自信首先就要克服自卑的心理。一个人由于缺乏成功的经验，缺乏客观的期望和评价，消极的自我暗示又抑制了自信心，加上生理或心理上的缺陷、恶劣的生活境遇等原因导致了自卑心理的产生。这种心理常表现为抑郁、悲观、孤僻。如果任其发展，便会成为人的性格的一部分，难以改变，严重影响人的社会交往，抑制人的能力发展。

现实生活中，大多数女人的心灵深处都有羞怯和自卑感，在遇到失败、遭到挫折以后，面对恶劣的环境无精打采，以觉得自己是个“差劲儿”的人为理由，选择逃避，说明自己已无能力解决所面对的问题。

自卑是一种消极自我评价或自我意识，即个体认为自己在某些方面不如他人而产生的消极情感，以己之短比别人之长。自卑感就是个体把自己的能力、品质评价偏低的一种消极的自我意识。具有自卑感的人总认为自己事事不如人，自惭形秽，丧失信心，进而悲观失望，不思进取。

一个人若被自卑感所控制，其精神生活将会受到严重的束缚，聪明才智和创造力也会因此受到影响而无法正常发挥作用。所以，自卑是束缚创造力的一条绳索。一个人如果做了自卑情绪的俘虏，是很难有所作为的，更不用说是享受生活了。

心理学家发现，自卑的女人在谈到自己的悲哀和失落时，能明显看出有两个自我在对话。一个自我很清楚地知道自己的真实想法和感受，它说：“我要，我知道，我觉得，我看到，我想……”这个自我的声音是真实的，被称为“主我”。而另外一个自我则无情地谴责真实的自我，它说：“你不能，你必须，你应该……”这个声音被称为“他我”。

如果“他我”占了主导地位，女人就会习惯于否定自己内心真实的想法、感受和愿望，学会用一些消极的词汇，如用“依赖”、“被动”、“不成熟”等来评价自己的需要，贬低自己的感受，隐藏自己的能力，顺应亲密的人的观点，以期得到对方的接纳。长此以往，女人就会感到真实自我的泯灭，自我认同感和自我价值感消失，从而引发抑郁。

这些抑郁的女人应学会倾听“主我”。女人对于亲密关系的重视和依赖，对情感支持和交流的寻求，是非常真实的需要，绝不是“依赖”、“软弱”、“不成熟”的表现。女人需要肯定自己的智慧。肯定了自我的需要才能得到别人的肯定。

仔细观察不难发现，自卑的女人往往容易害羞。不少女人容易在社交中出现脸红现象，其实这就是自卑的一种外在表现。

有这样一个实验：在自信心训练中，让一个自己认为主要问题是脸红的人站在台上时，心理咨询师问台下那些也是因为脸红而来训练的人：“你发现台上的人有什么问题？”他们的回答五花八门，但几乎没有说到那人是脸红。

这个实验告诉我们，没有人会像你一样注意你的问题，因为大家都有自己值得关心的事。即使自己是脸红的人，也不会去注意别人的脸，何况那些不会脸红的人。

女人如何克服自卑心理

不管怎样，害羞和脸红都会影响女人的舒适感，有的女人甚至因此回避社交场所。为了克服这些小问题，以下5条措施非常有效。

1. 学会微笑

大部分人都知道笑能给人自信，它是医治信心不足的良药。但是仍有许多人不相信这一套，因为在她们恐惧时，从不试着笑一下。

真正的笑不但能治愈自己的不良情绪，还能马上化解别人的敌对情绪。如果你真诚地向一个人展颜微笑，他就会对你产生好感，这种好感足以使你充满自信。正如一首诗所说："微笑是疲倦者的休息，沮丧者的白天，悲伤者的阳光，大自然的最佳营养。"

2. 昂首挺胸，快步行走

许多心理学家认为，人们行走的姿势、步伐与其心理状态有一定关系。懒散的姿势、缓慢的步伐是情绪低落的表现，是对自己、对工作以及对别人不愉快感受的反映。倘若仔细观察就会发现，身体的动作是心灵活动的结果。那些遭受打击、被排斥的人，走路都拖拖拉拉，缺乏自信。反过来，通过改变行走的姿势与速度，有助于心境的调整。要表现出超凡的信心，走起路来应比一般人快。

将走路速度加快，仿佛要告诉整个世界："我要到一个重要的地方，去做很重要的事情。"步伐轻快敏捷，身姿昂首挺胸，会给人带来明朗的心境，会使自卑逃遁，自信滋生。

3. 学会毫无畏惧地看着别人，并且是专心的

眼睛是心灵的窗口，一个人的眼神可以折射出性格，透露出情感，传递出微妙的信息。不敢正视别人，意味着自卑、胆怯、恐惧；躲避别人的眼神，则折射出阴暗、不坦荡心态。正视别人等于告诉对方："我是诚实的，光明正大的；我非常尊重你，喜欢你。"因此，正视别人，是积极心态的反映，是自信的象征，更是个人魅力的展示。

当然，对于一位害羞的人，开始这样做比较困难，但你非学不可。试想，你若老是回避别人的视线，老盯着一件家具或远处的墙角，不是显得很幼稚吗？难道你和对方不是处在一个同等的地位吗？为什么不拿出点勇气来，大胆而自信地看着别人呢？

4. 多读书，拓宽知识领域

有时你的羞怯不完全是由于过分紧张，而是由于女人的知识领域过于狭窄，或对当前发生的事情知道得太少的缘故。假若能经常读些各类书籍、报纸杂志，开拓自己的视野，丰富自己的阅历，女人就会发现，在社交场合你可以毫无困难地表达意见。这将会有力地帮助你树立自信，克服羞怯。

5. 练习当众发言

面对大庭广众讲话，需要巨大的勇气和胆量，这是培养和锻炼自信的重要途径。在我们周围，有很多思路敏锐、天资颇高的人，却无法发挥他们的长处参与讨论。并不是他们不想参与，而是缺乏信心。

在公众场合，沉默寡言的人都认为："我的意见可能没有价值，如果说出来，别人可能会觉得很愚蠢，我最好什么也别说，而且，其他人可能都比我懂得多，我并不想让他们知道我是这么无知。"这些人常常会对自己许下渺茫的诺言："等下一次再发言。"可是，她们很清楚自己是无法实现这个诺言的。每次的沉默寡言，都是一支缺乏信心的毒素，会令人愈来愈丧失自信。

从积极的角度来看，如果尽量发言，就会增加信心。不论是参加什么性质的会议，每次都要主动发言。有许多原本木讷或有口吃的人，都是通过练习当众讲话而变得自信起来的，如萧伯纳、田中角荣、德摩斯梯尼等。因此，当众发言是克服自卑的"维生素"。

克服自卑心理还有其他一些方法，下面也一并介绍给大家：

要有意识地选择与那些性格开朗、乐观、热情、善良、尊重和关心别人的人进行交往。在交往过程中，你的注意力会被他人所吸引，会感受到他人的喜怒哀乐，跳出个人心理活动的小圈子，心情也会变得开朗起来，同时在交往中，能多方位地认识他人和自己，通过有意识的比较，可以正确认识自己，调整自我评价，提高自信心。

要不断提高对自我的评价，对自己作全面正确的分析，多看看自己的长处，多想想成功的经历，并且不断进行自我暗示，自我激励："我一定会成功的"，"人家能干的，我也能干，也不比他们差"等等，经过一段时间锻炼，自卑心理会被逐步克服。

要想办法不断增加自己成功的体验，寻找一些力所能及的事情作为试点，努力获取成功。如果第一次行动成功，使自己增加了自信心，然后再照此办理，获取一次次的成功，随着成功体验的积累，你的自卑心理就会被自信所取代。

自信赋予女人长久的魅力

什么是信心？信心可以使思想充满力量，你可以在强有力的自信心的驱策下，把自己提升到无限的高峰。对自己有信心，对未来有信心。信心是“永恒的特效药”，它赋予思想以生命、力量和行动。信心是所有奇迹的基础，是所有不能用科学法则加以分析的神秘事物的基础。信心能把人们有限的心智所产生的普通思想转变为精神力量。

自信是成功的第一秘诀。自信心的梳理，不在于和别人比较，而是把自己的今天和昨天去比。当你遇到困难的时候，请记住一句话：没有永远的困难，也没有解决不了的困难，只是解决时间的长短而已。困难只不过是一种为人生增添色彩的颜料而已。只要你对自己有信心的话，那么什么困难都难不倒你的。一个人怎样培养自信心呢？相信自己行，就没有克服不了的困难。“我能行”的人，正是那些遇到困难时能“再坚持一下”的人。每天在心中默念“我真棒，我能行”。只要努力，方法得当，那么什么事都能办得到。遇到困难千万别低头。

每个人都有遇到挫折的时候，但千万不要因为一时受挫，而对自己的能力产生怀疑，进而形成一种压力。

当你遇到挫折的时候，应该保持头脑清晰、勇敢面对现实、不要逃避。冷静地分析整个事件的过程，分析一下是自己本身存在的问题，还是由于外来因素而引起的呢？还是两者皆有呢？假如是自身因素的话，那么自己就应该好好反省一下，为什么会犯这样的错误呢？以后应该怎样做，才能避免同类事件的发生呢？事情已经发生了，不要急于去追究责任或是责怪自己，而应该想想事情是否还有挽回的余地呢？要是有的话，应该怎样做才能把损失或伤痛减到最低呢？应该怎样做自己才会感觉舒服一点呢？

第一，女性要在社交中增强自信。女性需要社交，需要与人接触，在与人们的交往中得到自我意识，获得信心。尤其是现代社会，社交已是社会生活中不可缺少的内容之一，对于女性来说，社交的成功与否，社交圈的大小，交往对象层次的高低，都会直接影响到她们的自信心、情绪、情感和对人的认识。

第二，每天都能保持甜美的笑容。笑是快乐的表现。笑能使人产生信心和力量；笑能使人心情舒畅，精神振奋；笑能使人忘记忧愁，摆脱烦恼。学会笑，学会微笑，学会在受挫折时笑得出来，就会提高自信心。

第三，做人一定要昂首挺胸，同时也要学会主动与他人交往。昂首挺胸是富有力量的表现，是自信的表现。积极的自我形象和健康的生活态度，可增强你抵抗压力与疾病的免疫力。

女人要想得到别人的肯定，首先就要自己在内心里肯定自己，而内心的肯定源于女人的自信。自信的女人不一定有闭月羞花的容貌，可一定在众人中有鹤立鸡群的气质。她开心、她快乐、她尽情地享受生命的乐趣，又清醒地保持灵魂的明净。她深知阳光与黑夜的交替，身临困境心中依然有光明和希望，决不气馁。她的心像一颗种子，历尽沧海桑田，洞彻世事烟云，依然会顽强地从沙土里开出鲜花。她的笑声和细语如冬日暖阳，即使在逆境中也能化解人们心中坚硬的冰。

只有那些信得过自己的人，别人才会放心地将责任托付给他。缺乏胆量、对任何事情没有主见、处理事情迟疑不决，不敢自己做主，还怎么能挑起重担，独当一面，去获得成功呢？从容自信是一种感觉，拥有这种感觉，人们才能怀着坚定的信心和希望，开始伟大而光荣的事业。从容自信能孕育信心，你能通过充满信心的活动使别人对你和你的意见产生信心。生活中的许多问题、困难，实际上正是来源于你的信心不足，一旦获得了信心，许多问题就将迎刃而解。任何一个女人都可能存在这样那样的不足，如果在不足面前让自己成为抱怨者，那么一生就只能与失败为伍了，如果我们用坚强的、从容自信的心与实际的行动去提高自己，能促使我们成就一段无悔的人生！

从容自信能使你保持最佳心态，给你最佳状态，增强你进取的勇气。从容自信是挖掘潜力的最佳法宝，如果你能坚定地相信自己，那么你才敢于奋力追求，实现自身价值，才敢于去干事，也才会激发自己的潜能。从容自信不是一句空话。从容自信不是自欺欺人。我们每一个人都有充足的理由相信自己。如果生活中充满了从容与自信，生命将是非常美好的。

外表的美丽，会因为时间的消逝而渐渐黯淡，由内而生的自然魅力才是女人美丽的源泉，而且这种魅力正是建立在从容自信的基础上。从容自信所赋予的光彩永远不会因为时间而改变，从容自信是女性长久魅力的奥秘所在。

敏是位很灵慧的女人，然而遗憾的是，慧中有余而秀外不足。她有一张无论怎么瘦身也显得满满盈盈的田字脸，眉眼疏淡，怎么说也不是一位漂亮的女人。大多数女人如果生来像她这样，肯定会心灰意冷，自卑得不敢直面镜中的自己。可她，像美丽女人一样自信，虽然她也偶尔对镜自嘲是“阴错阳差”。但镜前的她活得快乐、洒脱、充实得让人羡慕。不美的她懂得如何使自己显得美丽，一头飘逸的长发，掩去半边嫌阔的脸，宽松的T恤，紧身的牛仔裤，显示出双腿的修长，她上图书馆，写文章，学钢琴，设计时装，生活得比许多漂亮女人更有声有色。正因她浑身洋溢着青春活力和特殊的魅力，不少出色的男人乐意和她交往，她现在的男朋友，就是一位曾迷倒了不少漂亮女人的研究生。“不管你长得怎样，青春就是美丽，从容自信就是魅力。”敏微笑着给大家分享她的经验。

人无完人，每个人都有自己的长处，身为女人要学会利用自己的优势，增加自己的自信和魅力。也许你不漂亮，也许你没那么聪明，也许你知识不渊博……可是，你身上总会有别人不具备的优势。所以，女人应该学会跟漂亮女人比聪明，跟聪明女人比漂亮。

任何女人只要像美女一样装扮自己，就一定能让自己漂亮起来：把自己所具备的美女条件适度放大；通过化妆让五官更加精致；通过选择适合自己的发型，弥补脸型的不足；用衣服的颜色、款式弥补身材的缺陷；穿上高跟鞋让娇小的身材显得高挑。当然，要想让别人觉得你是一位美女，前提是你自己要相信自己就是美女，这样才会使你的着装更得体、表情更自信、语调更清晰温和、举止更有风度。心理学家说过：“相信自己美的人会越来越美。”

看来要成为美女并不是很难的事。可是，如果放眼望去周边尽是美女时，漂亮就会失去价值，这时候你就要想办法让自己变得聪明了。聪明的女人知道如何让自己生动起来，进而在众多的美女中脱颖而出。

生动的女人，首先要拥有独立的自我。她爱自己的男人但并不依赖他，她有很强的自信心，有自己独立的生活圈子，社交能力强，眼光从不局限于家庭琐事。她拥有自己丰富的内心世界，待人接物表现出的豁达与镇定，在不经意间向别人传递了更多的信息，让人心动。

生动的女人精神世界是丰富、充实的。腹有诗书气自华。高尔基说：“学问改变气质”。如果一个女人一天到晚除了装扮外表，就是做家务或打牌搓麻将、闲聊逛荡，她是永远不可能气质高雅，充满魅力的。

看看林徽因的一生我们就应该知道，女人一定不能让自己淹没在琐屑的家务中，而是要锻炼自己的说话、为人处世的能力，加强自身的修养，让自己充满活力，让自己生动起来，成为一个仪态万方的“万人迷”。

20世纪30年代，北京东城北总布胡同有个“太太的客厅”，是“京派”文学和贵族文化的殿堂。“太太的客厅”就设在林徽因的家里。当时林徽因已经身染严重的肺病，但她仍保持着与生俱来的开朗和明丽，说起话来滔滔不绝没人能插得上嘴。费正清的夫人回忆说：“梁太太总是聚会的中心人物。当她侃侃而谈的时候，她的那些爱慕者们总是为她天马行空般的灵感中所迸发出来的精辟警语而倾倒。”萧乾回忆说：“那绝不是结了婚的妇人的那种闲言碎语，是有学识、有见地、犀利敏捷的批评。”

单看林徽因的照片，谁都会有些疑惑：她确实美丽，但并不是那种摄人心魄的美。何以风流倜傥的诗人徐志摩、哲学家金岳霖、建筑学家梁思成都为她倾倒呢？很简单，她的美丽不仅在于容貌，更在于她的智慧、才华和活力。生动的女人才有魅力，才会让人感觉永久美丽。

一位著名的化妆师曾说过这样一段话：“外表化妆只是最末的一个枝节，它能改变的事实很少；深一层的化妆是改变体质，让一个人改变生活方式。睡眠充足、注意运动与营养，这样她的皮肤得到改善、精神充足，比化妆有效得多；再深一层的化妆是改变气质，多读书、多欣赏艺术、多思考、对生活乐观、对生命有信心、心地善良、关怀别人、自爱而尊严，这样的人就是不化妆也丑不到哪里去。三流的化妆是脸上的化妆；二流的化妆是精神的化妆；一流的化妆是生命的化妆。”

化妆师说出了女人生命的三个境界。当你用心地为生命化妆的时候，你就算成不了最美丽最智慧的女人，也能成为比聪明的女人漂亮、比漂亮的女人聪明的生动女人。

现实生活中往往有许多令人悲伤的事情，工作、家庭、人际关系，这些问题女人都要面对。如何才能在每日的琐碎事务中，保持满满的自信呢？

每天早上起床，对着镜子里那个亭亭玉立的女人大声地说：“我的皮肤很健康，我的笑容很可爱，我的生活很美好，我是办公室里最美丽的女人！”据心理专家说，这是调节自我情绪的手段之一，也是营造良好心态的手段之一。

自信乐观的女人往往能尝试着让自己的心灵变得通达起来，让爱情在一种平淡中走向坚固和永恒。

一位知识女性，她深爱着她的丈夫，但是，她爱她丈夫的时候也没忘记珍爱自己。她的丈夫常年在外经商，但他们的感情十分融洽，从未有过一丝半点的裂缝。有人问：“你不担心他在外面寻花问柳吗？”这位女士回答：“我和他的爱从来都是平等的。从接受他的爱那天起，我就给了他信任，我爱他但不苛求他。我希望他成功完美，但我从未把自己的一切抵押在他身上。我担心什么呢?”

有时候放开恰恰就是一种最好的把握。许多女人悲剧的根源往往就在于自己对自己都不自信。不妨丢掉烦恼，让乐观的阳光照进心底，拥有这种心态和胸怀的女人，男人自然会感到她的可爱了。

自信的女人是一首诗，一首清新的田园小诗，散发着自然芬芳的气息；自信的女人是一幅画，一幅浓墨重彩的油画，给人强烈的视觉冲击；自信的女人是一首歌，一首慷慨激昂的命运之歌，让人心潮澎湃；自信的女人是一本书，一本荡气回肠的小说，让人百看不厌。

第8章

激情点燃生活，激情让女人一生活力四射

拥有激情才能热爱生活，而激情四射、热爱生活的女人是最美丽的女人。所以，20几岁的女人对生活一定要充满激情。

让女人生活充满激情的锦囊妙计

我们经常看到有些20几岁的女人整天美滋滋地进进出出，脸上看不到什么烦恼的痕迹。她们经营的小生活也生机勃勃，让人一眼见到就想起向日葵，金灿灿地充满阳光。

当然也有些20几岁的女人则一年365天，几乎见不到她笑的样子，偶尔有开心的事也只是勉强地牵动一下嘴角，然后那个表情就消失不见了。虽然每天她也是吃饭、上班、休息，但总是让人觉得缺点儿什么。

表面上看这两种类型的人好像是性格原因造成的，其实不然，这是两种不同的生活态度的反映，那就是是否拥有激情、是否热爱生活。一个激情四射、热爱生活的女人，懂得珍惜生活的每一天，为生活中的每一件小事而尽心尽力；对生活绽放笑脸的女人，生活也会因她而格外美丽。

有这样一位20几岁的女子，脸庞漂亮耐看，而且那种美里包含着对生活的无限热爱，她的快乐、幸福也极具感染力。

说她经历坎坷的时候，她从来都是淡淡一笑："爱情与快乐，成长与幸福，哪

一个不需要付出些代价？生活永远公平，只要你不丧失生活的激情，生活就总会给安排些奇遇，把从这里拿走的东西用另一种方式还给你，所以，任何时候都不要着急，更不要失望，静心等待，那些痛苦往昔，那些爱恨情仇，都会随着岁月的逝去而消失，晚来的幸福即使姗姗来迟，也闪耀着美丽的光环，笼罩在你的心上。”

用激情点燃生活的女人最美丽。下面告诉你激情生活的22个好办法。

（1）快乐记事簿：养成每天写日记的习惯，记下每天的快乐心情，使你快乐的人物和地点，心血来潮时就拿出来重温快乐时光，“日日是好日，年年是好年。”留住生活中美好的时光，千万不要将不愉快的情绪留到明天。

（2）到超市购物：试试每逢星期天，就到超市大肆采购一番，将冰箱装得满满的，以富足快乐的心情，迎接每个星期的第一天。

（3）计划一星期的打扮：用相机拍下自己拥有的每一双鞋子的“长相”，贴在鞋盒的显眼处，并于星期天安排好下个星期的服饰搭配，如此就不需要每天一早起床，为当天要穿哪件衣服而伤脑筋，省下来的时间就可以不慌不忙地享用美味的早餐，或花些时间做脸部按摩运动了。

（4）善用数字感：习惯数字带给你的兴奋，利用数字带来的推动力让自己慢慢进步，就算今天比昨天只多做了一两下的仰卧起坐，也能带给你小小的快乐及成就感，毕竟一想到今天的你将会比昨天更接近目标，那种快乐是无法形容的。

（5）找寻最新资讯：每日利用1小时的时间，打开电脑浏览喜欢的网站，在你汲取无边的知识之余，又可享受比别人早一步发现新知的乐趣。

（6）日行一善：不论是扶老婆婆过马路，在公司里帮同事们一点点小忙，还是在办公室制造欢乐气氛，都算是好事，这会使你一整天都拥有一个快乐的好心情。

（7）善于利用时间：试着不要在固定时间守在电视机前，不妨将你喜欢的节目预录下来，有空的时候再播出来看，享受那赶走广告的驾驭感，毕竟新时代的女性，有需要成为一位时间管理专家，才能让你感受到有效率善用时间的乐趣。

（8）不同主题的日子：依照你喜欢的方式，为自己精心计划一星期的特定日子，譬如是打球日、逛街日、约会日、睡觉日、学习日、野餐日，积极快乐地享受每一天。

（9）在家寻宝：你一定有过发现家中某种东西不翼而飞，但日子久了也就不了了之，然后无意间在一次的打扫中它又突然出现在你眼前的经历，那种在家寻宝失而复得的心情真的很开心。而且定期清理旧东西，让家里窗明几净，空气流通，有除旧迎新的功效。

（10）梦想剪贴图：专家说过，没有设定目标的人，就永远到达不到目标。将你的理想、目标视觉化，以图片的方式，剪贴在纸上，有空就拿出来欣赏，图片看多了，可以刺激我们努力地去达成某个目标，让你早日享受梦想成真的满足感。

(11) 偶尔节制一下：你一定很怀念小时候等待过年的兴奋心情，因为只有在过年时才有足够的压岁钱，可以买心中很想拥有的东西。长大后的我们可以随时买到自己需要的东西，可以已经完全不懂得珍惜自己身边拥有的，也忘了什么叫得来不易，不妨训练自己在发薪水的那个星期才购物，平常的日子便感受一下节制的乐趣，找回那份童年的回忆。

(12) 早起的乐趣：找一天一大清早起床，感觉一下“众人皆睡我独醒”的优越感，早睡早起，头脑清醒精神爽，心情自然也会快乐舒畅。试着培养早起1小时的好习惯，你不但会多了宝贵的宁静时间及充裕的精力，你也一定会爱上那早晨恬静清新的感受。

(13) 储蓄乐：买个漂亮的小猪储钱罐放在你的办公室桌上，作为你旅游、买大衣或做善事的基金，每天喂它一次，会带给你细水长流的快乐。

(14) 养只小宠物：为自己买棵小盆栽或养个小动物，它会使你心情愉快，而在你的悉心照顾下，看着它一天一天地长大，你一定会体会到经过付出而获得收获的快乐。

(15) 经常保持愉快的心境：女为悦己者容，每天花1小时的时间宠爱自己，投资在自己身上是应该的。每星期定好养颜滋补的时间表，吃燕窝、补品、维生素，做面膜……让自己随时都保持在最佳状态，眼看着自己一天比一天迷人，怎能不叫你心花怒放，但是别忘了，再怎样地善待自己，最重要的还是经常保持着愉快的心境，才能收到事半功倍的美容效果。

(16) 享受天伦乐：家人永远是你最重要的精神支柱，好好珍惜及培养和他们的关系，定期为自己安排喜欢的家庭活动，有了家人亲切的支持，做起事来都必定更加起劲。不跟父母同住的朋友们，平日虽然不能常抽空见他们，下班后可别忘了打个电话问候他们。

(17) 享受音乐：辛苦工作后，利用短暂的休息时间，听听自己喜欢的音乐，好好地奖赏自己一番，陶醉在优美的音乐旋律中，就算是只有短短的10分钟时间，也能帮你松弛疲劳，带给你不可思议的美妙感受。

(18) 休假的艺术：在不用上班的日子里，你也可以过得既浪漫又有效率，如果不想让假日空白，平时就应该做好休假的规划，利用周末的时间，做你平日想做又一直没有时间做的事，让自己过一个有价值又丰盛的周末。例如带上野餐包到户外体验大自然，释放那颗尘封已久的心！

(19) 想象快乐：人类的潜能是非常奇妙的，好好运用我们的第六感和意志力，乐观进取地想着经过努力后所带来成功的美好情景，让自己经常有着正面的思想，它会在不知不觉中使你越来越接近成功。

(20) 爱情的魔力：经常跟爱侣分享生活上的喜悦、生活中的点点滴滴，在对方沮丧或不开心时给予适当的慰藉与关怀，不但能使彼此之间的爱情更加滋养，更可激励彼此不断向上。

(21) 不要忘记快乐：乐观的人容易遇上有趣的事，如果你常常不开心，可能你已忘了快乐的节奏感。只要你常到使你快乐的地方，再花点心思，留意周围的事物，你不难发现一些令人开心的事物，其实快乐是无处不在的，只是一直被我们忽略了！你一定听说过，笑口常开的人比较容易青春常驻，想要青春不老，就别忘了一定要常保持乐观进取的态度，积极快乐地过好每一天。

(22) 自我增值：定期上不同且对自己有益的兴趣班和训练课程，体验一下不同领域带来的学习乐趣和成就感，只要忙得充实有意义，你的每一种兴趣也会带给你不同程度的成就感。

在工作中焕发女人的热情

对生活充满激情，自然包括用激情去对待工作。那么，生活和工作中应该用什么来保持激情呢？

伟大的热情能战胜一切，因此一个人只要强烈地坚持不懈地追求，他就能达到目的。

是什么东西能够激发一个人为了完成一件任务可以几天几夜不眠不休？可以承受几年甚至更长的时间去做琐碎细致的工作而一直追求卓越？可以面对任何困难毫不退缩？可以面对无数次拒绝仍然不会放弃？可以不惜一切代价地去做事，不达目的决不罢休？

进取的激情可以让我们做到这一切。有欲望的人才会成功，我们要做的就是要把这种欲望转化为熊熊的火焰，让火焰把自己燃烧起来。火热的欲望产生激情，激情造就卓越。

我们往往是在爬坡的时候感到干劲十足，充满激情。当爬上山顶的时候，反而觉得迷茫。所以工作达到一个阶段的时候，给自己树立新的目标，有了方向、有了动力，自然能保持高涨的工作热情。

长久的工作热情，源于自身的不懈努力。全心全意做好自己的本职工作，工作出色了，有了业绩，自然会产生成就感和优越感，也就有了工作的动力。工作做好了，还会赢得别人的尊重，也能更上一层楼。很多时候，我们需换一个角度去思考，就会对自己的工作充满乐趣。发现工作的乐趣，正是保持工作激情的不二法门。

你对一件事了解得越多，你就会对它越感兴趣。想想看，你对你没接触过的东西会感兴趣吗？绝对不会，甚至你可能根本也没兴趣去接触它。可是，一旦你对这件事的了解多起来，你就越能发现其中的乐趣。所以，你不妨对自己的工作多做些研究，多思考其中的窍门，这是个很有效的技巧，你会发现你不仅增强了工作的技能，而且更能从工作中感受到乐趣。

热爱自己的工作，说来容易做起来难，关键在于，你要看到你所做的事情的意义和价值。如果你能换一种眼光来看待你的工作，你的感受可能就会发生变化。

没有什么工作是值得轻视的，也没有什么工作是你不能从中感受到乐趣的。能不能从工作中感受到乐趣和激情，这是一种能力，或者说是一种习惯。如果没有养成这种习惯，做什么工作可能都不会踏实。当你养成了这种习惯，在任何工作中你都能发现乐趣。

我们不仅要学会在工作中发现乐趣，更要知道如何保持这种工作的乐趣。

(1) 别急于说没兴趣，让我们先来看看你的兴趣究竟在哪里？找到自己感兴趣的工作，加入自己的创意，如果总是处于被动等待的状态就会感到很难受。

(2) 暂时放弃跳槽的念头，在目前的环境中提高对职业环境的适应能力。在充分了解自己的个性品质后，着重训练如何在工作中保持稳定的心态。先在这个单位坚持发展下去，在具备了良好的适应能力之后，再作判断，是否需要换个工作。

(3) 如果条件允许，转换到最符合自己职业兴趣的工作岗位。找到最能体现自己优势的工作岗位，在工作过程中所体会到的成就感会有助于我们保持较为持续的工作热情。

(4) 将自己在工作中的成就与朋友和家人分享。将自己的收获同发现与身边的人分享，得到大家相应的反馈，然后反作用于实际的工作，将会大大提高我们的工作热情。

我们不仅需要选择符合兴趣的工作，还要能够承受工作中自己不喜欢的地方。

学会如何与工作相处，如何与自己相处，可以让我们的心情转换，保持长久的工作热情。

常怀感恩心，对生活保持恒久的热情

20几岁的女人不但要对工作充满热情，对生活充满激情，还要懂得知足感恩。知足感恩是幸福的最高境界，也是女人激情四射的魅力起点。

女人的幸福感往往比男人少，因为她们比男人更贪心。女人可以通过具体的事物获得短暂的幸福，但过不多久却又去追寻别的了。而男人只要达到既定的目标，就可以满足一阵子。其实要获得幸福先要懂得知足感恩，只有自己满足于自己的拥有，珍惜自己的拥有才能真正有幸福的感觉。

20几岁的女人对生活的期望不能过高。虽然谁都有需求和欲望，但这要与自己的能力及社会条件相符合，不能生贪婪之心。“知足”便不会有非分之想，“常乐”也就能保持心理平衡了。对于别人的优越，你再气，也于事无补。反倒是伤害了自己的身心，有什么好处呢？

其实，生活中并没有多少永远属于自己的东西。很多东西，会在我们的人生旅途中渐行渐远直至消失。比如青春、名利、岁月、财富……就在我们毫无预知中悄然消逝，当我们回首时，连踪迹也遍寻不着，仿佛从来没有在我们的生命中出现过一样。因此，许多东西并不值得拼命去追求。

在生活中，许多东西都是能够让人知足的，只要女人心存一份爱。比如，一家人围坐在餐桌上吃可口的饭菜；边忙家务边看丈夫和儿女在一起嬉戏；闲暇时坐在自己的小天地里看看书、写写字，回答儿女总也问不完的问题；和丈夫、儿女漫步在洒满月光的小路，闻花儿的淡淡幽香，听虫儿的低吟浅唱……这些都能让你沉浸在幸福的温馨中。

做一个知足常乐的女人，不追求大富大贵的生活，拥有一份职业，和一家人和和睦睦地生活，心安理得地度过每一天。和大多数女人一样，逛逛商店，买几套合体的衣服，把自己打扮得整洁又光鲜。或者，没事时上上网，和网友聊聊天，说说心中的快乐和烦恼，也进网站读读小文章，徜徉在文章真实而感人的情节里。

知足的女人不会羡慕别人的老公出类拔萃，她认为适合自己的才是最好的，优秀的男人虽多，但不一定适合自己，就像鞋子，穿得舒服与否只有自己知道，不必自寻烦恼。

知足的女人不会羡慕别的女人生活优越，她认为拥有荣华富贵的家庭并不一定都会幸福。而自己宁静淡泊休闲自在而无忧无虑的生活何尝不是一种幸福。

知足的女人不会羡慕别人孩子的出色，成绩名列前茅。她认为孩子是希望，最需要的是一个温暖舒适的家庭氛围，让孩子在这样的环境中健康快乐地成长更为重要。

知足的女人对待朋友和邻居，总是那么和蔼可亲，贤惠善良，不计较邻里得失，所以往往口碑最好，偶有夫妻矛盾，受指责的永远是老公。

知足的女人做事不会斤斤计较，不会追问老公的行踪，检查老公的钱包和手机。让老公能感觉到家的温暖和安宁，无论工作再忙而“心”会惦记着自己的家。

知足的女人不会无中生有的去挖掘男人的隐私，她会善待和尊重男人的隐私，真正得到男人的心。因为，男人的隐私其实代表着他的“心”；反之，就会伤到他的“心”。

知足的女人做什么事都很认真。会把家里布置得干净整洁，淡雅舒适。炒菜做饭讲究营养搭配，会让老公和孩子感到家是最温馨的港湾，最舒适的休闲寓所。

做个健康、幸福、快乐的知足女人，何尝不是一种快乐，生活本来就是简简单单的，何必搞得那么复杂；做个健康、幸福、快乐的知足女人，何尝不是一种超然，用一颗平常却又充满激情的心热爱生活；做个健康、幸福、快乐的知足女人，何尝不是一种满足，愉快地接受所拥有的，常怀感恩之心面对周围的一切。

女人要懂得知足，常怀感恩之心，只有这样，才会对生活保持恒久的热情，才不会在岁月里走向庸俗。想由心生，所见皆所想。心中有激情，所见皆快乐；心中有幸福，所见皆幸福；这才是一个20几岁的女人应该达到的境界。

第9章

睿智取舍，女人20几岁要拿得起放得下

没有人一生得到，正如没有人一生失去，人生在世都要经历得到与失去的过程。女人在20几岁的时候要开始培养自己拿得起放得下的心态，在“取”与“舍”之间做出睿智的判断。

人生充满得失，女人要从缺憾中体味圆满

电影《廊桥遗梦》的女主角弗朗西斯卡用理智为20几岁的女人们教授了一堂关于取舍的精彩课程。电影中，家庭主妇弗朗西斯卡与摄影记者罗伯特·金凯的爱情一触即发，在丈夫的车上，她险些下车奔向罗伯特的怀抱，但最终她为了孩子忍痛选择了分手。在遗嘱中，弗朗西斯卡要求将骨灰撒在与罗伯特相恋的桥畔。弗朗西斯卡在爱情与家庭的权衡中，舍弃了爱情，将一生奉献给了家庭。影片最感人的就是这理智的放弃，因为舍得放下的女人，比舍得付出的女人，更值得敬爱。

婴儿降生之后不断地“得到”：得到生存权利，得到自己所独有的名字，得到一个小小生存空间，得到母爱、父爱，得到亲人的抚养与关怀，得到亲朋好友乃至邻居的疼爱与关注，得到属于自己的“财产”——玩具，得到爱好与兴趣，得到小伙伴，得到读书的机会，在家庭经济能力许可范围内得到自己想要的东西。上学之后还可以得到一个准社会角色，得到尊严。步入青年一般还可以得到青春活力，得到异性的垂青，得到志同道合的知己，得到锻炼的机会。进入社会之后可以得到一

份工作，得到属于自己的住所，得到一个爱自己的异性，得到家庭，得到孩子……

随着年龄的增长，“得到”渐渐淡出，“失去”登场，一点点地取代“得到”。你开始抱怨人生的不美满。首先失去年华与容貌，然后失去理想与梦想……20几岁之后“失去”接踵而至，应接不暇：失去童趣，失去真情，失去追求，失去率真，失去朋友，失去健康，失去激情，失去冲动，失去好奇，失去锐气，失去快乐……直至失去自我，变为生活的奴隶。

谁能说清何为得何为失呢？得与失在我们心中，只有一线之隔。我们意以为得，就是得意；意以为失，就是失意。

人生没有绝对的事。在某些时候，失去的同时也得到了，而且得到的远远比失去的要多。

科学家贝佛里奇说过：“人们最出色的工作往往是于逆境下做出的。思想上的压力甚至肉体上的痛苦，都可能成为精神上的兴奋剂。”其实，残缺并不可怕，可怕的是不能够正视现实。不要感叹命运多舛不公。命运向来都是公正的，在这方面失去了，就会在那方面得到补偿。当你感到遗憾失去的同时，可能有另一种意想不到的收获。如此说来，得意何尝不是失意之由，失意又何尝不是得意之故呢？

更深一层想，人生最大的得意或失败，都无法由自己来左右。人生最大的得，应该是“生”，从父母那里得到生命，不就是最大的“得”吗？若没有这个得，就没有以后的得，这是得的根本。而人生最大的失，应该是“死”，当这一刻来临，我们便抛出所得的一切，包括自己的生命，这不是最大的失吗？这最大的得与失，我们尚且无法掌握，又还有什么得失好计较呢？

现实中，很多女人为了得到完美的婚姻，不知不觉中把自己变成雕塑家，把男人当做纯白的原材料。

就算是最有智慧的近乎完美的女人，尽管手中有刀和色彩，心中有理想，有那么多偶像做参照物，一样雕刻不出完美男人的模式：不是太有钱就是太没钱，不是学问多得迂腐就是学问浅得一碗水也装不满。太有钱，会让感情增加诸多不确定因素；太没钱，爱情大厦会坍塌。做学问做成迂腐是呆，学问太浅又会被时代淘汰。

林青霞和秦汉的爱纠缠了差不多20年，他们还是分手了。林青霞说，因误会而相识，因了解而分手。她再也无法把秦汉雕塑成她心目中的男人了，几起几落的分分合合，她一直没有放弃对秦汉的塑造，可是，秦汉依然是秦汉。所以，她选择了放弃。而她的现任丈夫，服装大亨邢李㷧，不需要她做雕塑家，她也无法雕塑他，只需要她负责一世的美丽和做好女儿的母亲即可，所以，她很幸福。

女人都喜欢“求全责备”，实际上往往是“求全则毁”。是你的，不必力争，自会得到；不是你的，即使千方百计取得，也会随风而逝。如果刻意而为，既荒废了时间又浪费了精力。何苦！

没有人能一生得到，这正如没有人能一生失去。既然人生充满得失，何不从缺憾中体味圆满。

放弃是面对人生的一种清醒选择

一个女人的一生，就像一条花园中的小径，充满了岔路和歧途。在这小径的岔路口，你究竟是要选择娇艳怒放的玫瑰，还是清香淡雅的茉莉？而在人生的岔路口，你是要选择眼前浪漫四溢的爱情，还是为了将来的成功而忍受寂寞？是选择家庭生活的温馨，还是选择事业的成功？这一个又一个的选择，决定了女人或幸福或挫折的一生。女人，可以不美丽，但不可以不幸福，而能否获得幸福，常常取决于你那一念之间的选择。这种选择，需要智慧。

选择就意味着放弃，因为有舍弃才能有所得。舍得并不是指一件具体的事情，而是一种态度和决定。与其困难地改变，不如把自己从不好的环境中拉出来，主动去改变人生。也就是说，为了更好的自己，要果断地抛弃以前的东西，学会适当放弃，才会更从容地生活。有舍才有得。

舍得既是一种处世的哲学，也是一种做人做事的艺术。所谓有舍才有得，有时候舍弃并不一定就会是坏事，为了得到自己想要的，甚至还必须得“忍痛割爱”一番。

一只猴子将手伸到猎人布置的盒子里掏果实，果实抓住了，但抓着果实的手无法从盒子中抽出来。猴子最终落入猎人手中，是因为它始终不懂得放弃，不肯放下已经抓在手里的东西。

一些20几岁的女人，出于优柔寡断的天性，常常无法割舍那些本该放弃的东西，从而失去了选择的主动，甚至因为做出了错误的选择而付出巨大的代价。而能够勇敢地进行选择的女人，则能够把握住生命中真正宝贵的财富，收获家庭、爱情和事业的硕果。你想得到一些东西，就必须放弃一些东西。

一个行囊，如果已经装的太满了，就会很沉，很重，很累。一个生命背负不了太多的行囊，拖着疲惫的身躯走在人生大道上，我们注定要抛弃很多。生活有时候是残酷的，活着需要勇气。有时候生活会逼迫你妥协，逼迫你放弃一些东西，使你不得不交出权力，或者不得不放弃机会，甚至抛下爱情、家庭等。每个人一生当中都会有很多梦想，但不是每个梦想都能实现。你不可能什么都能得到，在生活中你必须懂得放弃。如果面对一段不愉快的婚姻，在经过慎重思考后结束婚姻关系是对双方的一种解脱，那么放弃是一种新生。

有所为就有所不为，有所得就必有所失，什么都想得到，最终什么也不会得到，甚至会失去一切，包括生命。上帝是公平的，他给你关上一扇门，就会给你开启一扇窗。瞎子的耳朵最灵，但他的眼睛看不见，他必须竖着耳朵仔细地听，来弥补眼睛的不足。

生活中值得我们追求的东西很多，如果一味地纠缠在那些毫无意义结果的东西上，拼命地追求本该放弃的，本该苦苦追求的却毫不足惜地放弃，到头来竹篮打水一场空。如果说执著是一种精神，那么放弃是一种勇气和境界。得不到的或不该得的，就该果断放弃。匆匆的生命，有限的人生，不允许我们四面出击分散自己的时间和精力，在大好的时光中忙忙碌碌终无所成。

执迷不悟的固执，是一意孤行的固执。不如正视现实，咬咬牙勇敢地放弃那力不从心却又苦撑硬撑的执著。在清醒地选择之后，明白自己意志的支点，一切都变得单纯而明朗了。

扔掉扰心的烦恼，忘记失败的沮丧，封藏痛苦的记忆，坚定地把过去踩在脚下，留在身后。选择了瞬间的清醒，就等于选择了瞬间的成长。

及时调整心态坦然面对失去，正确看待失去学会忍受失去，让胸襟更豁达一些，让眼光更长远一些，为了成就一番事业，为了实现自己的人生目标，经常为自己整整枝，排除那些不必要的留念和顾盼，鞭策自我，以便集中精力展开人生的追求。

生活中太多的机会总是伴随着太多的诱惑和迷失，所以学会选择时还要懂得放弃。放弃是一种坦荡的心境，更是一种勇气和魄力。虽然永不放弃的信念往往会激励前行，但有的时候放弃却是更加明智的选择。果断放弃，不失为一种明智之举。有得就有失，得失之间的取舍不可能两全，我们应该明白，该放弃时不放弃的后果会使情况变得更糟。如果没有担当，优柔寡断，那无可奈何花落去的悲伤将与我们随时相伴。在患得患失中，稍纵即逝的机遇将会使我们抱憾终生。生命如舟，载不动太多的物欲和虚荣，要想使之不至于中途搁浅，就必须放弃那些人生的附庸与累赘。

人生犹如大海，广博深邃而又神秘莫测。我们每个人都像小孩一样在海边跑来跑去寻找着自己美丽的贝壳。有的人，只要是自己喜欢的统统揽在怀里，当他发现无法全部带走时，在取舍之间犹豫不决；有的人，只要找到一个或几个自己喜欢的就心满意足地回去了，今后永远不到海边，因为他已经有了自己的宝贝；有的人，东挑西拣的也没有发现自己最喜欢的美丽贝壳，带着无奈空手而归；有的人，不满足于沙滩上的贝壳，走向大海的深处，不仅拾到了美丽的贝壳，而且还意外地发现了珍珠……

果断的放弃是面对人生，面对生活的一种清醒的选择，只有学会放弃那些本该放弃的东西，生命才会轻装上阵一路高歌，只有学会放弃走出烦恼的困扰，生活才会备感绚丽、富有朝气。

调色生活，品出平凡中的清甜

平凡是属于最正当的人生，既不奢侈，也不亏空，既不过热，也不过冷，是恰得分寸的人生理韵。在平凡里默默走过人生的旅程，会得到成功，得到幸福，得到并非平凡的壮丽感觉。

总是想得到轰轰烈烈的女人时刻都想比别人强，比别人好，比别人高明，比别人有好运，因此，她们常常不屑与身边的普通人为伍，漠视别人的存在，不重视别人的情感，从而失去朋友得罪于人。这样的女人容易自命不凡，目无下尘，一旦未达到某种境界，心理上就出现不平衡状态，因而在性格上常常表现得与众不同，自己把自己摆到了特殊的地位上，仿佛自己提着自己的头发要离开地球似的，所以大有点与身边人格格不入的感觉。这样的女人，很多时候，得不到别人的支持和帮助，得不到别人的赏识与爱护，因而也就得不到成功和幸福。

真正的平凡是一个女人身处嘈杂琐碎的生活，却不忘记用心去品一本好书、一杯香茗，把平凡的生活过得有滋有味，把平淡变成一种享受，这才是享受平凡的真谛。

懂得放弃轰轰烈烈，认真去品味生活的女人是生活的艺术家，她们对生活不苛求，但她们更懂得如何调色生活，品出平凡中的甘甜。生活在女人手中是一杯茶，懂得品味的女人，才能得其精华，让生活的清香在体内萦绕不绝。

李偲从韩国留学回来后自己开了一家公司，平时真的是很忙，上班期间自不必说，下班了也不能消停，各种应酬都推脱不掉。但是她却有一个雷打不动的习惯，那就是每天必到公司附近的一个咖啡馆里坐上半个小时，有时候是中午，有时候是下午，或者是加班后的晚上。来一杯咖啡，翻翻自己喜欢的时尚杂志，或者就挑一个靠窗的座位，看看外面的车流人群，想想自己的心事，再或者约几位知心好友聊上几句女人的贴心话。

她的很多朋友都奇怪她保持这个习惯，她却笑笑说："我不是一个工作的机器，生活里除了工作还有很多，我必须给自己一点时间让我自己回到真实的生活里。在那里，没有工作，没有应酬，只有我自己，一个平凡的女人。如果没有这半个小时，我想，我将会错过生活中的许多美好。"

生活中，什么样的女人身上散发着诱人的幸福味道？是那些睿智取舍，懂得品味生活的人。这样的女人有一双善于发现的眼睛，和一颗享受平凡生活的心。即便在忙碌乏味的日子里，她们仍然能够发现定格在生活空间里的瞬间的美好。

比如，公交车上亲密的情侣脸上洋溢出来的醉人的笑，道路旁年轻的母亲牵着咿呀学语的孩子在蹒跚学步，夕阳里年老的伴侣拉着手在散步；比如，公司里那个和自己有点小过节的同事，不计前嫌地帮助了你。

在平凡单调的生活直线上，女人每天从同一起点以同一速度沿直线行走到终点，日复一日，起点终点开始往返，每天所走的路不相差50米，见着同样的人，做着同样的事，说着意义差不多的话，因为日子过得单调，很少感受激动、兴奋，所以一夜无梦。城中有多少人过着如此平白如开水般的日子？

所以，生活需要懂得享受平凡的女人去品味。在细细品味的时候，发现生活中除了平淡和琐碎，其实还存在着那么多的美丽片断。

有一天你的老公忽然送你一束玫瑰花，对你说："亲爱的，今天是我们认识5周年的纪念日"；工作了一天，累得腰酸背疼的你倒在沙发上，儿子懂事地跑过来说："妈妈，我给你捶捶背吧"；平常日子里，手机里偶尔收到好友一声轻轻的问候……这都是生活中的真实片断，很平淡，却很美好，美好得让人感动。

只有懂得舍弃那些遥不可及的幻想，睿智享受平凡生活的女人才能在生活中保持独有的魅力。生活就是一个百味瓶，甜酸苦辣样样有，同样的事，不同的人品出不同的味儿，就看我们用什么样的心态去承受，用什么样的心境去感受和体会，用什么样的角度去看待。

面对浮华她平和一笑，面对别人的苦难她乐于相助，面对虚伪她报以沉默。过着平凡的生活却有着活跃的思想，她懂得物质是人的基本生存条件，但精神是人体的营养成分，在饱满的精神世界里，生活才有色彩和气息。她懂得如何调色生活，品出平凡中的清甜。

20几岁的女人，以一颗睿智的头脑权衡取舍，以一种拿得起放得下的姿态去对待生活，生活回报给她的必定也是美好。

人性篇

性格决定命运，女人一生成熟比成功更重要

第10章

发掘人性光辉，20几岁要具备女性的一切美德

美貌总有一天会像花儿一样凋谢，而美德却像陈酿的老酒，时间越久越加香甜。20几岁的女人，不要只把精力投入在自己的容貌上，也要在培养各种美德方面花点心思。

20几岁的女人要具备宽容的美德

人类的美德包括方方面面，宽容是美德，诚实是美德，谦逊是美德……我们不要求20几岁的女人拥有人类全部的美德，但是，至少你要不断地发掘自己的潜力，具备一些属于女性的美德。

20几岁的女人，首先要心胸开阔，懂得“得饶人处且饶人”，要用一颗宽容的心对待别人。人只有原谅别人，才能让自己也感到快乐。如果抓住别人的错误不撒手，那么，自己也只能活在痛苦里不能自拔。

一对兄弟，因纠纷而发展到反目成仇的地步，弟弟在两个庄园之间开了一条渠，以示永不往来。一天，哥哥请来一个木匠，他想在两个庄园之间造一个两米高的围栏，以示永不相见，以此来回敬弟弟。但是，当哥哥外出干活回来时，惊得目瞪口呆，因为他的眼前并不是什么围栏，而是一座美丽的小桥，小桥穿过小渠连通了两座庄园。这时，弟弟也回来了，见状便从桥那边走过来，抱住哥哥说：“您真伟大！在我做了对不起您的事之后，您还建了一座美丽的桥。”当两兄弟重归于好

时，木匠便收拾工具要走了。“等一下，我这里还有许多活需要你来做。”哥哥对木匠说。木匠回答说：“我倒是愿意留下来，但是还有很多桥等着我去造。”

人与人之间要学会宽容。学会宽容，许多的恩怨情仇可以化为过往烟云；学会宽容，可以愈合家庭裂痕；学会宽容，可以增加彼此间加深感情的机会；学会宽容，可以对所有的误解和猜疑置之度外不闻不问。

人生在世，不可能离群索居，也不可能总是一帆风顺。彼此相处，哪怕个个心地善良，也难免会发生磕磕碰碰和摩擦。譬如朋友间的误会，同事间的纠葛，邻里间的纷争，夫妻间的争吵等等。矛盾是无处不在的，有了矛盾，重要的是面对现实，化解矛盾。若只是一味斤斤计较，便会自寻烦恼，制造痛苦，徒伤感情，甚而结成冤仇。

“水至清则无鱼，人至察则无徒”。用肉眼看镜子会觉得它很平，但在高倍放大镜下，却是凹凸不平的。就是看似很干净的东西，拿到显微镜下观察，看到的也是满目的细菌。看人也是如此，拿着给人挑毛病的这个“放大镜”来看人，就会发现没有一个完整的人。如果只看到别人不好的地方，就会觉得他什么都不顺眼，这样就会容不下对方。

20几岁的女人不可能在有限的时间里洞察对方的全部内涵，所以不能因为看到对方的缺点就提出过于刻薄的批评。人们总是喜欢和心胸宽广的人打交道，而斤斤计较的人总是难以交到朋友。

人非圣贤，孰能无过。每个人都有缺点，与人相处就需要互相谅解，求大同存小异。俗话说：“宰相肚里能撑船。”凡是能成大事的人都具有一种优秀的品质，就是能忍人所不能忍，容人所不能容，豁达而不拘小节，大处着眼才不会目光短浅，不斤斤计较纠缠于非原则的琐事。

20几岁的女人如果有度量，能容人，就会有许多朋友，朋友多了路才好走。如果你一味和别人斤斤计较，过分挑剔，容不得人，别人也会躲你远远的，最后，只能落个“众叛亲离”的结果。

我们不能仅用道德的标准去衡量别人，仅用道德的标准去衡量别人，就很容易把自己的注意力停留在对方的缺点和不足上，不是认为对方这儿做得不对，就是认为对方那儿做得不对，往往是对方犯了一点小错误就揪住不放，让对方下不来台，伤害了对方的自尊，结果造成了人际关系的紧张。

20几岁的女人要多设身处地地从对方的角度来考虑问题，仔细体会对方行为中的合理成分，给对方多一些宽容。在和对方交往的过程中，包容异己，容忍对方的缺点，多提高自己的胸怀和境界，这样就会使自己变得富有吸引力，进而打造良好的人际关系。

20几岁的女人不但在为人处世上要学会宽恕别人，在恋爱婚姻中也要具备宽容的美德。大海因为能够容纳百川，所以成为浩瀚的海洋。如果20几岁的女人能够宽容别人，不但自己能够及时释放心理垃圾，别人也能够因此而宽容你，与你友好相处。假如别人伤害了你，千万不要只会怨恨，关键是要学会宽容，但要避免被别人再次伤害。

心胸太狭窄，绝对是一件坏事。报复心太强烈，只能害自己。宽容别人不仅是一种美德，更是让自己健康长寿的秘诀。愤怒是毒药，宽容是良药。所以，20几岁的女人应该学会宽容，对于有些事情，你需要睁一只眼闭一只眼。

宽容是一种非凡的气度、宽广的胸怀，是对人对事的包容和接纳。女性的宽容更是一种高尚的品质、崇高的境界，是精神的成熟、心灵的丰盈。宽容是一种仁爱的光芒、无尚的福分，是对别人的释怀，也是对自己的善待。宽容是一种生存的智慧、生活的艺术，是看透了社会人生以后所获得的那份从容、自信和超然。

学会宽容能使自己保持一种恬淡、安静的心态，去做自己应该做的事情。整日为一些闲言碎语和磕磕碰碰的事情郁闷、恼火、生气，总去找人诉说，与对方辩解，甚至总想变本加厉地去报复，这样会贻误自己的事业，失去更多更美好的东西。女人要成为一个生活的强者，就应该豁达大度、笑对人生。有时一个微笑，一句幽默，也许就能够化解人与人之间的怨恨和矛盾，填平感情的沟壑。

学会宽容是一个女人成熟的标志。宽容的人常常表现出勇于承担责任的作风，如果肯检视一下自己，就可以从失败和差错中找到自己所应负的责任。当一个人心平气和的时候，才能保持清醒的头脑，找出失败的原因，采取克服差错的有效措施，以便更加努力地工作。

而对于家庭来说，女人更要学会宽容。因为男人和女人不一样：女人烦恼可以向男人倾诉，男人有烦恼则闷在心里或者找哥们倾诉，他们不希望爱人陪着他们一起烦恼，宽容地对待他们偶尔的放纵、偶尔的烂醉如泥、偶尔把家里熏得烟雾缭绕。

20几岁的女人爱上一个男人后，会把全部精力放在男人身上。男人爱上一个女人后，则希望她生活得更好。女人应理解男人时不时的早出晚回，吃饭应酬。不要因为他们身上陌生的香水味、口红印而斤斤计较，穷追猛打。

20几岁的女人和男人在一起，有了自己的家，自己的房子，有了照顾家的责任，同时，他们还有另外一个家。不要埋怨男人过多地向着自己的父母，回父母家的次数过多。因为他是男人，他必须承担起养活两家人的责任。

20几岁的女人和男人约会，总希望男人按时到达，甚至比自己早到。男人等女人很正常，而男人让女人等则是犯罪。不要指责男人的不守时，相比于女人喜欢约会散步，男人更希望把更多的时间放在工作上，给女人创造更好的生活环境。

20几岁的女人和男人相爱，希望得到巧克力、玫瑰花，还有那象征一辈子承诺的戒指。男人和女人相爱，希望给她一个温暖的房子，一个坚实的臂膀让她依靠。男人不喜欢那些没几天就掉落的玫瑰花、情人节包装昂贵的巧克力、只能当摆设的小玩意。他们更喜欢带女人去吃一顿并不浪漫的家常菜，给女人买几件并不漂亮却很保暖的衣物。原谅男人不懂得浪漫，原谅他不给你玫瑰花，原谅他没有给你烛光晚餐，他不是小气，也不是不在乎，他不是不懂得浪漫，他是更懂得生活。

20几岁的女人希望情人节有男人的陪伴。男人也希望情人节可以陪女人漫步街头。但是，如果他的父母有一方不在了，请放弃属于你们两个人的情人节，让他回家陪伴那孤单的老人，老人比我们更需要体会节日的温馨。

男人和女人谈恋爱，女人总是盼望着男人送的小礼物，偶尔的小惊喜。如果他还没有工作，请把这小小的心愿埋藏在心底。他送给你的礼物，你可以偷偷把钱放回他的钱包，因为他还没有挣钱，他的零用钱也是有限的。

20几岁的女人回到家，无论什么时候都要问问男人怎么样，遇到什么事了。男人回到家，则累得动也不想动，话也不想多说。原谅他对你的忽视，原谅他进门倒头就睡，原谅他把家当成旅馆。

讲到这里，并不是让20几岁的女人学会忍气吞声，而是让你学会宽容。这是两个完全不同的概念。归根结底男人不是女人一个人的，他属于他的家人、他的兄弟、他的朋友。他不需要太多的管制和过问，只要他心里有你，何苦把他拴在身边。

很多时候，对于20几岁的聪明女人来说，有些事情，你需要睁一只眼闭一只眼，毕竟和谐的家庭生活是双方互相妥协的结果。

有些20几岁的女人总喜欢挑别人的毛病，遇到问题从不找自身的原因。这样的女人就需要学习接纳别人的美德。也许你会说，学会接纳别人也算是美德吗？不要怀疑，接纳别人确实是一种美德，因为接纳别人实际上就是宽容别人。

我们常常感叹：与人相处真的很难，为什么就找不到一个与我趣味相投的人呢？之所以如此，是因为我们常常要求别人有完美的个性，这是不切实际的。要想与各种各样的人打交道，就必须学会接纳别人，这样才能打开交际的突破口。

一种错误的指导思想，会导致我们与人相处能力的不足，使我们在与人相处时遇到很多的麻烦。当我们不能够与别人友好相处，就会经常与他人发生纠纷，这种关系不仅使我们的生活受挫，还使我们的事业处于低谷，直接影响到了自己的生存空间。

俗话说："龙生九子，九子各不同。"正如世界上没有两片相同的树叶一样，人类的个体也是千差万别。即使是孪生兄弟或姐妹，也会因为先天禀赋及后天经历的不同，使得他们的个性有很大差异。有的人精明，天生一副生意头脑；有的人质朴厚道，为人坦诚；有的人性情暴躁，遇事爱冲动，一蹦三尺高，有的人遇事沉稳，办事不慌不忙；有的人热情开朗，一副热心肠，有的人冷漠孤僻，喜好独处……在这些个性之中，很难说哪一种绝对好，哪一种绝对坏，每种个性都是各有优点和缺点。绝对完美的个性是不存在的。

20几岁的女人常常把与人难以相处的原因归结为别人的个性不是尽善尽美，可是我们应该反过来问一问自己：自己的个性是否就绝对尽善尽美吗？如果不能做肯定的回答，就应该想到，不能因为他人的个性有缺陷，就瞧不起别人，这只能让你走向别人的交际圈之外。你也不能一味寻求只与自己谈得来的人交友，虽然性格类似的人之间可能更容易交流，在情感上走得更加接近，但是这势必会造成交际圈过于狭窄。

其实，性格有差异的人之间若能很好地交往，会弥补双方性格的不足，人格上会更趋于完美，而且容易形成更为广泛的交际圈。

你与别人不同，别人与你有异，你也不必因为自己与别人不同而感到有什么不安，正是因为不同个性的人才使得世界变得丰富多彩。

20几岁的女人要想与他人友好的相处，就必须先了解他人的个性，摸清他人性格的长短，掌握他的喜好，实行重点"突破"，也就是要投其所好。交友时要根据对方特点，在交往过程中，采用多样性的方法和手段进行沟通与交流。我们常犯的错误就是没有弄清对方的个性特征，或者不管对方是谁，希望对方能够无条件地接受自己。自己喜欢的东西，希望别人也喜爱，完全是以自己为中心。对别人考虑少，势必会引起别人的不满，结果总是与别人发生矛盾和冲突，友谊自然就很难发展。

20几岁的女人面对多样性的个性，各种各样的人，总要学会包容。当我们不再把自己局限自我狭小的圈子之中，多接纳吸收别人的思想与观点，心胸开阔之后，与别人自然就好交往和相处了。

20几岁的女人要具备谦逊的美德

谦逊对于20几岁的女人来说，也是必须具备的美德。有些20几岁的女人会因为生活中的小成功而沾沾自喜。事实上，越是见多识广、才华横溢的人，越是懂得谦逊。而那些取得了一点小的成绩就目空一切的人，往往是“半桶水”。

谦逊是一个人修养的重要体现，也是一种待人处世的态度。所谓君子品行，谦谦之风。谦逊的人懂得山外有山，天外有天，因此，说话留有余地，保持一份低调；做事脚踏实地，不惜付出十二分的努力。谦逊的人在取得成功时会告诫自己一山还有一山高，所以他们会不断地充实自己，不断学习，让事业永不停息，不断前进：而骄傲的人常常会满足于一得之功，一孔之见，取得点成绩就沾沾自喜，认为自己很了不起。试想，一个不思进取的人，还能进步吗？

居里夫人是世界著名的科学家，曾两次获得诺贝尔奖金。她在取得成就和受到别人尊敬时，首先想到的是少年时代教法语的欧班老师。

1920年春天，玛丽·居里和她的丈夫经过十几年刻苦的工作，终于从大量的沥青铀矿中提炼出了一克放射性元素镭，为人类打开了进入原子时代的大门。有一天，欧班老师收到了一封由华沙邮局派专人送来的挂号信，信封上的署名是“玛丽·居里”。欧班老师简直不敢收下，以为是邮局弄错了。一位在全世界都传颂的伟大科学家，怎么会给一个又老又穷、默默无闻的教师写信呢？直到送信的人肯定收信人没错，她才用颤抖的手拆开了信封。

欧班老师读完了信，泪水已经涌出了眼眶，原来玛丽·居里，就是20年前门门功课都考第一的小姑娘玛丽亚！居里夫人在信中向老师深表敬意，告诉老师，她一直在法国从事科学研究，并且诚恳地邀请老师到巴黎做客，还寄来了全部往返的路费。

久别的师生终于见面了。这一天，居里夫人在自己的家里接待了她少年时代的老师，她亲自下厨房做菜，饭后和老师紧挨在一起亲切地谈心。她使欧班老师忘掉了一切拘束，忘掉了面前是一位诺贝尔奖金的获得者。

1932年5月，华沙镭研究所建成了。作为赞助人的居里夫人愉快地接受了祖国的邀请，到华沙去参加开幕典礼。5月29日这天，华沙的著名人物都簇拥在居里夫人周围。他们中间有共和国总统、部长们，居里夫人的亲人们也在场。在典礼快要开始的时候，居里夫人突然从主席台上跑下来，穿过捧着鲜花的人群，来到一位坐在轮椅里的老年妇女面前，深情地握住了她的双手，并亲自推着她向主席台走去。这位头发斑白的老年妇女就是欧班老师，她已经80多岁了，见到这种情景，人们都激动地向她们鼓掌。幸福的泪水挂满了老人的双颊，她的学生成为世界名人后，对她还是那么热爱和尊敬。

爱因斯坦曾经称赞居里夫人，是“世界上最谦逊的伟大女性，是唯一没有被盛名宠坏的人”。“她的极端的谦虚，永远不给自满留下任何余地”。

谦受益，满招损。正是这种谦逊的性格成就了梅兰芳一代大师的美名。这种谦逊的性格不但让我们看到了大师在艺术上的精益求精，更让我们看到了其人格修养的高尚。

谦虚、谨慎的作风是中华民族几千年来的优良传统。谦谦君子，豁达潇洒。谦虚的人懂事理，知道进退，能用一颗宽容之心对待他人。怀着一颗感恩的心，用谦虚、谨慎的作风，认真办事，踏实做人，才会做出一番成就来。

真正的谦虚，不是贬低自己，人云亦云，而是有自知之明，取长补短，从不足中求进取，从缺憾中求完善。谦逊会让我们找到前进的目标和方向。泰戈尔说：“当我们大为谦卑的时候，便是我们最近于伟大的时候。”我们的人生不一定会伟大，但是谦逊的性格会为我们赢得别人的尊重，会让自己不被胜利冲昏头脑，会在沉淀后，成就美丽的人生。

20几岁的女人如果能学会谦逊这种美德，就会在成长的道路上越走越远，离成功越来越近。

20几岁的女人要具备自律的美德

自律自制、勤俭节约同样是20几岁的女人应该学习的美德。自制就是为了将来考虑而牺牲眼前的快乐。很多20几岁的女人习惯于大手大脚地花钱，最后迫不得已节衣缩食。很多人在丰衣足食的时候并不想到将来可能的紧迫，最后落得穷困潦倒。但我们必须承认，“自制和自救”绝不是有号召力的口号，恐怕在今天的爱国主义教育中没有关于节俭的内容。

世界之大，身外之物何其多，女人都会有欲望，有不满足之处。欲望是无止境的，到达一层时还想攀上更高一层，欲望是心魔。人们争先恐后地追逐物质利益；而结果常常是难以令人满意。此时，比劳碌的身体还要疲惫的是那颗总要索取的心。淡泊是一种疏于名利，清于物质生活的高尚情趣。名利算什么，寂寞身后事；金钱算什么，生不带来，死不带去。

淡泊，即恬淡寡欲，不追求名利。清末张之洞的养生名言说“无求便是安心法”；现代著名作家冰心也认为“人到无求品自高”。这说明，淡泊是一种崇高的境界和心态，是对人生追求在深层次上的定位。

大部分人误以为金钱是幸福的象征。也许你正羡慕着别人的洋房、洋车以及手里大把大把的钞票。但太多的例子证明，钱并不能使人感到最大程度的幸福。你可以用钱买来舒适的床铺，但买不来良好的睡眠。可以用钱买来高档的化妆品，但买不来美丽。可以用钱买来漂亮的房子，但买不来幸福的家。可以用钱买来昂贵的保健品，但买不来健康。

当满大街的女人们都举着“物质”的标签，号称是“愿意做一个住房车的虚伪女人，而不愿意做一个骑自行车的诚实女人”“不知道物质是否推动世界前进，起码它一直在推动我前进”的时候，社会越来越呼唤女人本性的回归。

被物质所奴役的女人，多半虚荣心很强。这种虚荣心的女人，至少受到两种折磨：一是没有达到目的之前，为自己不如人的现状所折磨，这是一种等待的折磨，更是一种不如人的折磨，这种痛苦是难以言状的；二是达到目的之后，为惧怕自己的真相暴露所折磨。因为有虚荣心的人在面对自己成绩的时候，总是保持一种玄虚的状态，不愿意让别人知道她是怎么成功的，唯恐别人知道了这个途径之后也会走向成功，从而给自己造成威胁。

因此，无论是成功之前还是成功之后，她们的心灵总是痛苦的，是没有幸福可言的。因为物质是无法买来幸福，幸福不是写在你脸上的，而是自己从心底感觉到的。忠告天下女人，抛弃虚荣心，远离物欲魔鬼。

处方一：珍惜自己的人格。崇尚高尚的人格可以使虚荣心没有抬头的机会，当然，这需要很长时间的心灵修炼。

处方二：克服盲目攀比心理。俗话说：“人比人，气死人。”如果经常拿自己的缺点去和别人的优点比，心理永远都无法平衡，这样就会促使虚荣心越发强烈，心理就愈发不平衡，最后导致优雅尽失。如果一定要比，就跟自己的过去比，看看各方面有没有进步，在这种进步中，找到自己的价值所在。

处方三：追求真善美，让自己的心境趋于平和。一个人追求真善美就会让自己的心境趋于一种平和，也就不会通过不正当的手段来炫耀自己，就不会徒有虚名。

于丹老师说："只有真正的贤者，才能不被物质生活所累，才能始终保持心境的那份恬淡和安宁。"淡泊的心境不是要放弃理想和追求，而是要女人在自己有限的时间里，做一个踏实真诚、有自己追求的女人。

有一个伟人曾说："当鞋合脚时，脚便被忘却了。"太多的时候，我们的生命处于被遗忘的状态。太刻意于外在的东西，内在的东西便淡化了。事实上，在上天赐予我们生命的时候，也赋予了我们快乐的能力。人之所以痛苦的根源在于，人在心灵上的难以满足，对外在的东西有太多的追求，幸福也因此与他们无缘。

淡薄物质女人，应使人如听箫音般袅袅、悠扬。那份美妙在空灵中使人感悟如诗如画般的浪漫。令人为之憧憬，你会随着她远离这个混乱的尘世，和她一同步入宁静的天宇，那心境也就缘于无我之中了，淡名，淡利，无争，无夺。一切自然了，一切脱俗了，一切入了幽美邈远的意境了，生命就更有意义了。

淡薄物质女人，并非没有追求，没有理想，没有奋斗。而是她甘愿沉浸在静默的心海里，在平中寻找纯美，在淡中感悟深情。无语地奉献，默默地拼搏，撒一路真情，播一路希望，"待到山花烂漫时，它在丛中笑"这也许就是她一生追寻的最高境界吧。

做个不为物质所累的真实女人，默默释放着自己清淡的幽，用淡然的情怀来感受平淡朴实的生活！

20几岁的女人不要迷失在灯红酒绿的物质世界里，学会严于律已，学会勤俭节约，用这些美德来展现自己的人性光辉吧！

第11章

轻装上阵，女人要成功先清除性格的阴暗点

每个人的性格中都有或多或少的阴暗点，20几岁的女人也不例外。人要想成功，就要卸下包袱，清除性格中阴暗的一面，轻装上阵来迎接美好的未来。

摆脱怯懦和畏惧，向困难和逆境宣战

20几岁的女人要清楚，强者不是天生的，强者也并非没有软弱的时候，强者之所以成为强者，在于他们善于战胜自己的软弱。

对于20几岁的女人来说，假定你有一两种自卑感，而想加以利用，转弱为强，你办得到吗？当然，这并不容易。但是真的就办不到吗？

有几位伟大的女性的生平就是一部奋斗史，显示出借补偿作用而获得成就的可能性有多大。读海伦·凯勒的传记，就会明白，她的伟大品格和一生，都是个人缺陷形成的。

任何人都有自卑的时候，但不能因自卑而影响自己的生活。20几岁的女人不应让自卑作祟而使自己觉得难堪，应该像一般成功快乐的人那样，好好地发挥自卑原有的作用。虽然起初不大有把握，可是我们会发现我们自己不再受它的驱使，而是在利用它，将人生变得更精彩更丰富。

生活在现代社会，20几岁的女人时常会有怯懦畏惧的心理，害怕受伤。这也需

要20几岁的女人端正心态，以一颗健康有力的心尝试生活。

没有人能够完全摆脱怯懦和畏惧，最幸运的人有时也不免有懦弱胆小、畏缩不前的心理状态。但如果使它成为一种习惯，它就会成为情绪上的一种疾弊，它使人过于谨慎、小心翼翼、多虑、犹豫不决，在心中还没有确定目标之时，已含有恐惧的意味，在稍有挫折时便退缩不前，因而影响自我设计目标的完成。

怯懦者害怕面对冲突，害怕别人不高兴，害怕丢面子。所以在择业时，很多20几岁的女人因为怯懦，常常退避三尺，缩手缩脚，不敢自荐。在用人单位面前她们唯唯诺诺，不是语无伦次，就是面红耳赤、张口结舌。她们谨小慎微，生怕说错话，害怕问题回答不好而影响自己在用人单位代表心目中的形象。在公平的竞争机遇面前，由于怯懦，她们常常不能充分发挥自己的才能，以至于败下阵来，错失良机，于是产生悲观失望的情绪，导致自我评价和自信心的下降。

20几岁的女人应该鼓起勇气，大胆向困难和逆境宣战，并付诸行动，开始成为勇士。正像鲁迅所说：“愿中国青年都摆脱冷气，只是向上走，不必听自暴自弃者的话。能做事的做事，能发声的发声。有一分热，发一分光。就令萤火一般，也可以在黑暗里发一点光，不必等待炬火。”

控制愤怒，不让情绪影响自己的前途

有人性格懦弱，自然就会有人脾气暴躁。也许由于年轻气盛，有些20几岁的女人很容易发怒，不能很好地控制自己的情绪，这也属于性格中的阴暗点。

20几岁的女人，你是否让发怒成为你生活中的一部分？你是否知道这种情绪根本无济于事？也许你会为自己的暴躁脾气大加辩护：“人嘛，总都有生气发火的时候”“我要不把肚子里的火发出来，非得憋死不可”。在这种借口之下，你不时地自我生气，也冲着他人生气，你似乎成了一个愤怒的人。

你不得不承认，人人都会不时地表露出自己的愤怒情绪，愤怒这一习惯行为可能连你自己也不喜欢，更不用问他人感觉如何了。因此，你大可不必对它留恋不舍，它不能帮助你解决任何问题。任何一个精神愉快、有所作为的人都不会让它跟随自己。愤怒情绪是一个误区，是一种心理病毒；它同其他病毒一样，可以使你重病缠身，一蹶不振。

愤怒是指当某人在事与愿违时做出的一种惰性反应。它的形式有勃然大怒、敌意情绪、乱摔东西甚至怒目而视、沉默不语。它不仅仅是厌烦或生气，它的核心是惰性。愤怒使人陷入惰性，其起因往往是不切实际地期望大千世界要与自己的意愿相吻合。当事与愿违时，便会怒不可遏。同其他所有情感一样，愤怒是大脑思维后产生的一种结果。它不会无缘无故地产生。当你遇到不合意愿的事情时，就告诉自己：事情不应该是这样或那样的，于是你感到沮丧、灰心；然后，你便会作出自己所熟悉的愤怒的反应，因为你认为这样会解决问题。只要你认为愤怒是人的本性之一，就总有理由接受愤怒情绪而不去改正。愤怒既是你作出的选择，又是一种习惯。它是你经历挫折的一种后天性反应。你以自己所不欣赏的方式消极地对待与你的愿望不相一致的现实。事实上，极端愤怒是一种精神错乱——每当你不能控制自己的行为时，你便有些精神错乱。因此，每当你气得失去自制时，你便暂时处于精神错乱状态。

其实，20几岁的女人大可不必动怒。只要你想想，别人有权以不同于你所希望的方式说话、行事，你就会对世事采取更为宽容的态度。对于别人的言行，你或许不喜欢，但绝不应动怒。动怒只会使别人继续气你，并会导致上述种种生理与心理病症。虽然有怒便发比积怨在胸好得多，但你会慢慢懂得，以新的思维方式看待世事，以致根本不动怒，这才是最为可取的。你可以这样安慰自己："她要是想捣乱，就随她去。我可不会为此自寻烦恼。对她这种愚蠢行为负责的，是她不是我。"你也可以这样想："我尽管真不喜欢这件事，却不会因此陷入歇斯底里的状态。"这样，才是最聪明的方法。

人们无法驱逐屋里的黑暗，然而，只要让光亮进来，黑暗便自然消失了。正如大部分人不知道以善美的思想来替代恶念，他们认为只要把恶念驱逐了就可以了，他们不知道，用善美的思想来驱逐恶念将更有效。

对于水来说，没有一种污染不能经由化学的方法来提净。同样，没有一种污浊、鄙陋的思想不能由健康的思想、正确的思想来肃清。偏激、悲观、不和谐都是思想的病症，而只有真实、美满、乐观的思想，才会提高人生的价值。一旦一个人有了健康的思想，那不健康的思想，便无存在的余地，因为健康的思想和不健康的思想是势不两立、水火不容的。20几岁的女人一定要学会控制自己的情绪，不让暴躁愤怒影响自己的前途和命运。

消除贪婪，超越尘世的名利

另外，不管是20几岁的年轻人，还是年过半百的老年人，如果没有足够的定力没有谁能完全做到知足常乐。所以，不满足是人生最大的不幸。

在商业社会，人都有基本的物质需求，也有对金钱的需求，俗话说："金钱不是万能的，但没有钱是万万不能的。"但人不能放任自己的欲望，不能"人心不足蛇吞象"。

人有了贪念，不但会"塞智为昏"，还会"销刚为柔"，使自己丧失骨气，变得软弱低贱。贪也会使自己对亲人、对朋友"变恩为惨"，全不念亲情、友情，变得狠毒刻薄。例如兄弟争家产，打得死去活来；曾一起创业的朋友，为争股权，打起没完没了的官司……原本纯洁的一个人，变得人品污浊。所以，"贪"是"第一可贱可耻"的东西，就像苍蝇逐臭、蜣螂逐粪，有了贪念的人就会和丑恶搅在一起。

据研究，科学家曾通过实验发现，猪的记忆力极差，有的猪两天之中挨几次打还不忘吃。贪食和没记性是猪只记吃不记打的原因。报纸上时常见到有人用"捡钱包"、"翻扑克牌"的把戏骗人钱财，本以为通过媒体传播会使许多人引以为戒，但事实上这样的事却是经常反复地发生。最让人哭笑不得的是，被骗者往往也都听说过这种骗人的把戏，而落在自己身上却还是不能自已。究其根底，无非是一个"贪"字，使之"塞智为昏"。

古人以不贪为宝，所以能超越一世，留其美名。有这样一则故事。有一个人得到了一块玉，献给孔子。孔子不受。献玉的人说，玉匠看过了，说这是宝物，我才敢献给您。孔子说，我以不贪为宝，你以玉为宝。你要把它给了我，我们两个人就都丧失了自己的宝，不如你我都留着各自的宝吧。

"贪"与"不贪"并不是一个人对一个问题的是非判断，而与一个人的为人修养有着密不可分的关系。一般的人都看重利益，而品行廉洁高尚的人都看重自己的名声。"进不失廉，退不失行"是《晏子春秋·内篇问上》中的一句名言。君子爱财，应取之有道。另外，人活一生，应该有比求富更高的追求。一位世界巨富说过，你不可能一天同时穿两件衬衣。过度的物质享受是没有意义的。我们应追求人格的完美，而不是贪婪，因为贪婪所带来的只是自私、刻毒、吝啬、欺诈、背信弃义等人的劣根性。

20几岁的女人已经懂得权衡利弊，两利相权取其大，两害相权取其轻。道理很简单，用不着多说，问题是，你的权衡标准是否正确？你所取的“大利”真的大吗？如果你只是以“钱多钱少”为唯一标准，可能却忽视了更重要的东西。

贪婪是人性的弱点，20几岁的女人要尽力摆脱贪婪的束缚，清除这一阴暗点。看问题一定要把眼光放长、眼界放宽些，不要为了眼前的一点蝇头小利就争抢拼夺，到头来只会是“捡了芝麻，丢了西瓜”。

战胜自私自利，友善对待他人

除了贪婪，自私自利也是20几岁女人要摒弃的一大弱点。20几岁的女人，不要以一己私利为重，要敞开胸襟，用仁慈与善良赢得一切。

自私自利虽然很顽固、很执拗，有时甚至好像坚不可摧，其实并不是这样，自私自利作为人的弱点，并非不可制止。赤裸裸的自私自利之心只会使一个人朝错误的方向一直走下去。因为自私自利一直在内心驱使着他，已经成为一种潜意识的行动。如果20几岁的女人心情豁达开朗、乐观，就能看到事物中光明的一面，即使在漆黑的夜晚，也知道有星星在闪烁。一个心境健康的人就会思想高尚，行为正派，就能自觉地摈弃各种肮脏的想法，不与邪恶为伍。人既可能坚持错误、执迷不悟，也可能及时醒悟，这取决于人类自己。

自私自利是人生的天敌。人一旦变得自私自利以后，就会变得厚颜无耻。自私自利的人心胸狭小，对眼前的利益看得很重，无论怎样，即使是为了崇高的目的，也丝毫不愿意放弃自己已经到手或即将到手的一点小利益，可谓寸利必争寸利必得，斤斤计较。自私自利会促使一个人有的坏心情。他们整天都生活在一种莫名其妙的紧张之中，总在盘算着在哪里再捞一点便宜，怎样去损别人而“肥”自己，很少有时间去享受生活中的快乐和幸福。所以，他们的人生字典里根本找不到幸福和快乐，更不懂得一个人给予别人的幸福和快乐越多，他自己得到的快乐和幸福就越多；反之，就越少。

20几岁的女人理应懂得，如果你待别人友善，别人也必定以友善相回报。一个仁慈的人总会得到越来越多的幸福和快乐。英国著名的哲学家、法学家边沁说：

"善言必然导致善行，不仅听到这句话的人会做好事，而且那些受雇于你的人们都会择善而行，积德行善。"这并非偶然的个别现象，而是一种普遍行为，因为人与人之间这种友谊伙伴关系总在起作用。自私自利对20几岁的年轻人来说尤其可耻。自私自利者只关心自己而无视他人的利益，个人的小我吞没了大我。这种私欲恶性膨胀的人，永远无法满足自己的欲望，所谓人心不足蛇吞象讲的就是这种极端自私自利的人。这种人终究会被自己恶性膨胀的私欲所吞噬，所以说自私自利是人生的天敌。

俄国大文豪托尔斯泰曾说过一个故事。有一个小女孩，人见人爱，凡认识她的人没有不喜欢她的。这真奇怪，难道一个小女孩有那么大的魅力？有人问她："为什么大家都喜欢你呀？"小女孩眨了眨眼，笑着回答说："我想是因为我爱每一个人的原因吧。"答案是多么的简单，但却有多么深的启发意义呀。我们人类到底拥有多少幸福和快乐，这要取决于我们人类自己到底付出了多少爱。幸福和快乐与爱是成正比的关系。

仁慈善良的行为有时并不能使对方从中得到教益和启发，但只要方法适当，你的仁慈善良一定会使对方感动。友好的行为也许换不来好的回报，一腔热血可能会换来一盆冷水，但别人的冷水无法使你的热心消减，乐善行德并不在于一时一地的回报。你心向善良，当以至诚，尽心竭力把友谊和文明的种子播向人间，这些种子总会找到适合自己生长的土壤，并在他人的心目中生根、发芽、结果。看到幸福之花在人们心中开放，仁爱之心像星星一样遍布人间，你会感到多么的幸福！这是人们对你最高的回报。春播秋收，一分耕耘一分收获，让我们去掉自己那颗自私自利的心，多播一些爱的种子吧。"任何力量都不如善良的力量大。"培根如此断然说。善良是一种无比巨大的情感力量，她能使冰川融化成碧波荡漾的春池。人类总是贪图安逸享乐，贪图安逸享乐就会产生邪恶。心地善良仁慈的人都是积极工作、吃苦耐劳的人，那些只知道考虑自己的自私自利之徒和怀疑论者都是一些无所事事、缺乏热情的懒汉。法国博物学家布丰常说，对于那些缺乏热情的年轻人，他什么东西都不愿给他们。这表明布丰至少相信某些高尚、美好的东西，尽管有时这些高尚美好的东西难以获得。

有人误认为，仁慈和善良体现在物质上，给人以仁慈和善良就是给人以物质与财富。其实，仁慈和善良真正的体现是那颗诚挚的心。用钱财表现出来的心不仅不可靠，而且往往还会带来灾祸。有人从钱包里拿出钱来抛给你，但他的心却是冰凉冰凉的。有人虽不能给你什么，但他那一颗火热的心给予你无穷的力量，胜过那冰凉物质礼品的千倍万倍。而善良的帮助，真实的关心绝对会产生好的结果。懦弱、愚昧与善意之中的温良绝对是性质不同的两码事。谦恭并不等于胆怯，心平气和绝不是怯弱。真正的善良和仁慈并不表示消极、被动，而是表示积极和主动。一个善良仁慈的人必定是一个极富同情心的人，那种心冷如铁，麻木不仁的人绝不可能与人为善，友爱他人。一个彼此友爱、互相关心的社会并不是胡乱堆在一起的糨糊，而是一个有机的整体。至真至善的仁爱必定会最大限度地促进人们运用各种合情合理的手段尽自己的最大努力去积善行德。所以，20几岁的女人要日行一善，以此来破除自私自利这一阴暗性格。

抛弃骄傲自满，向周围的人看齐

很多20几岁女人的骨子里会有一种自以为是的情结，她们不懂得“山外有山，天外有天，能人背后有能人”的道理，凡事喜欢锋芒毕露。其实，真正有才华的人从来不会自以为是。

越是锋利的宝刀，越不可轻易出鞘，如果自恃削铁如泥而不善加保护，不但锋芒会被磨损，更容易惹出祸患。所以20几岁的女人要明白：越是有才华的人，如果不会自我保护就会使才华过早地埋没。

真正聪明的人，不会自以为是，他们为人处世，以谦虚好学为荣。常以自己的无知或不如人而惭愧，以期能够得到更多的学习机会，向别人求教，丰富和完善自我是他们的目的。即使自己确有才智，也不会四处去出风头，不去刻意地炫耀或展示自己。

在一般情况下，忍住显示自己才智的欲望，可以获得更多的才能，保持不自满的心态同时也可以避免因为炫耀自己的才能，招致他人对自己的妒忌、诋毁、攻击、陷害。过于夸耀和显示自己的才智是不智之举。

就一般中国人而言，总是愿意大家彼此差不多，他好我也好，否则就会是“枪打出头鸟”。而这句话也是说那些在日常工作中因为有特殊才能，或有特别贡献而冒了尖的人，往往容易成为受打击的对象。古人云“木秀于林，风必摧之”，所以要是谁在哪一方面出人头地，便往往会受到人们的攻击、嘲讽、指责。更有甚者，由于妒忌心重还可能给你使绊子，让你生活在一种无形的压力之下，时时处处都有障碍，让你人做不好，事干不成。可以说妒忌是人世间一种非常有害的心理，它可以使妒忌者自己形成一种非常低下的、丑陋的心态，使妒忌者走向一条狭窄的人生道路，也使受妒者受到极大的伤害。

在日常生活和工作中，这种妒忌却又是无时不有，无处不在。妒忌的形式也是多种多样的。朋友之间，同事之间，同学之间，甚至兄弟姐妹之间，也都会出现妒忌现象。由于每个人所处的社会环境和家庭环境不同，所获得社会和他人对你的认同也就相应不同。人在一起工作生活，自然要相互攀比，而妒忌也就是通过比较，看到他人的卓越之处，看到他人的成功之处，而使自己产生了羡慕、烦恼和痛苦，于是对别人的才能、地位、名誉优越于自己而产生了怨恨。受人妒忌绝非好事，所以即便你能力很强，也不要掩盖其他人的光芒，不要对别人的生存造成威胁。

人当然应该尽其所能地发挥自己的能力，但行走社会，如果太强调个人，而忽略了别人的存在，迟早是要吃苦头的。在一个团体里，个人能力太强，会掩盖其他人的光芒，使他们在相较之下黯然失色，于是会产生几种心理状态：怀疑自己的能力；对自己的处境感到不安。随之而起的便是自卫，表现出来的则是抗拒和攻击。抗拒是抵制你，拒绝和你合作；攻击则是找你的弱点和小辫子，加以渲染、扩大，中伤你、打击你，欲将你除之而后快。由于他们有这种心理，你当然就难以和他们相处了。

而且这种状况也会造成上司在领导上的难题——他要买你的账，又要安抚其他人的不平，多累？因此虽然你的能力创造了你个人的荣耀，实际上已为你自己埋下了一颗又一颗的不定时炸弹。

能力强不是罪过，但却常遭到排挤，反而容易不得志，这不能说是别人心胸狭窄，而是人类自卫本能所造成的。因此20几岁的女人要记住，即使你能力很强，你也必须注意：

(1) 懂得谦卑。通常能力强的人容易在荣耀中自满、骄傲。目中无人，这是大忌，因此必须懂得谦卑、尊重别人，这样别人就比较不会感受到你的威胁，至少不会处处与你为敌。

(2) 适度收敛。有时表现十分的能力，有时则只表现八分，好让别人也有表现的机会，就好比一位超级球员，尽管个人得分能力超强，可有时也应给队友传传球，让大家也有机会表现。

20几岁的女人一定要摒弃以上这些性格中的阴暗点，真正卸下那些沉重的包袱，轻装上阵才能在人生路上走得更快更好！

第12章

20几岁你不是小女孩，要用自己双手撑起人生

20几岁的女人已经不是小孩子了，要早日步入社会，磨炼自己，培养独立性格，用自己的双手撑起属于自己的一片蓝天。

用自己的双手开创女人的一片蓝天

正如世界上找不出两片相同的树叶，世界上也不存在两个完全相同的人，每个人都是一个独特的个体，有自己独立的思想和行为。任何人都不是别人的复制，更不是他人的附庸。常言道，用自己的汗水浇灌的稻谷最香甜。古人即使衣不蔽体、食不果腹，也不食嗟来之食，其精神至今让人敬佩不已。依靠别人的施舍，我们永远得不到爱和尊重，只有凭借自己的力量来创造生活，改变命运，才能真正体会到生命的价值。用自己的双手开创一片蓝天，这是最精彩的生活宣言。

独立的性格就是要做我们自己，人生最可怕的就是失去自我，把自己的生活变成别人的附庸那样就没有意义了。用自己的双手给自己创造一片蓝天，那才是人生真正的意义所在。

独立，是智慧的彰显，只有不依附于别人的人，才能真正做自己生活的主人，靠自己的双手来拓宽生命的价值。独立，是成熟的表现，独立的个性能够帮助我们为自己的行为负责，为自己的生命承担，把握自己的人生罗盘，不因外界的力量迷失前进的航向。也许独立，意味着更多的艰辛和付出，但同时也意味着无尽的收获

与幸福。

当今的社会纷繁复杂，在各种思想和声音中，如果你没有一个独立的性格，很可能就会随波逐流。没有什么比拥有独立的性格更重要，因为只有这样你才能实现自己的目标，才能真正地实现自己的人生价值。不要生活在权威的影子里，不要依仗已有的力量，我们要通过我们自己的努力来为自己创造出一片蓝天。

不管是男人还是女人，都要将独立作为自己的人生信条。20几岁的女人尤其要如此，要学会靠自己的力量生活。

人生在世，谁都会遇到挫折，适度的挫折具有一定的积极意义，它可以帮助人们驱走惰性，促使人奋进。挫折又是一种挑战和考验。英国哲学家培根说过："超越自然的奇迹多是在对逆境的征服中出现的。"关键的问题是应该如何面对挫折。

当挫折站在我们的面前时，我们开始了选择。正如世上没有完全相同的树叶一样，人与人的选择也是不尽相同的。我们可以选择放弃挫折，绕道而行，不必为了遇到挫折而难过，也不用去付出什么努力；我们也可以选择正面地迎接挫折，毫无畏惧，虽然我们为此付出了辛勤的劳动，可是我们却可以收获战胜困难的喜悦与兴奋，也有了今后战胜困难的勇气。

当挫折来临时，我们首先要培养自己的一颗平常心。所谓平常心，并非自甘平庸缺乏进取，而是以一种平静的心态耕耘自己人生的土地，不人浮于事，不随波逐流，踏踏实实履行自己生命的职责。

我们不仅要以平常心去面对挫折，面对困难，面对失意，也要以平常心面对成功，面对顺境，面对得意。不管自己的人生处于怎样的状态，都要始终以平常心走好自己的人生路。成功不值得骄傲，那不过是人生的一个小站；失败不值得悔恨，那不过是一不小心走错的一段路，纠正方向从头再来；失意不要沮丧，一年四季里，肯定有风雨交加的时候，要明白，只有狂风大雨才能一洗空气中的尘埃，当空气中的尘埃被洗涤殆尽时，是空气最清新、阳光最明媚的时候。这便是平常心，这便是人生路。当你以平常心走过人生的风风雨雨，你才能看到那金色的果实。

20几岁的女人还年轻，在事业家庭中遇见挫折也在所难免，但是请不要轻言放弃，要以平常心对待，学会靠自己的力量重新崛起。

20几岁的女人不但要在事业上独立，在感情婚姻中也需要独立。

据说上帝造人时，是取男人亚当的一根肋骨造了女人夏娃，于是男人和女人开始互相寻找。找对了，严丝合缝，浑然一体，幸福美满；找错了，互相别扭，由爱生恨，永不太平。一个女人的价值也许可以交给男人来评断，但却从不需依靠男人来体现。拥有独立和自信才能让女人焕发出独特的气质，拥有属于自己的生活空间。

女人的独立不是挂在嘴边，而要付出行动

说到女人的独立，人们就会想到一个高举红旗、坚决与男人进行抗争的女人形象。这种形象曾在全世界被广泛宣传，以至于不少人认为女人独立就是那个样子。实际上女人独立并不在于与男人抗争中，而在于找准自己的位置。独立是一种很高的境界，它需要高素质的心态和全新的价值观。

独立的女人美丽着，不为取悦他人而刻意改变，不为虚荣而迷失自我，这是女人热爱生活与维护自尊的完美表达。独立着，才能实现自我，才能实现价值，才能让自己从千千万万的脂粉中脱颖而出。

1. 独立的女人珍爱自己

一个女人，从懂得珍爱自己开始，才更加自尊、自强，因为爱从来就是一种力量，它始终能够使人充满信心，充满期待，充满快乐。自爱同样是一种力量，这种情感不过是自己给予自己的，这种快乐不过是源于心底的。

自爱多少有那么一点点是从自恋开始的，对自己的迷恋和眷顾就是一种自信，就是一种无需任何情感依附与支撑的幸福。女人是天成之尤物，是自然之精灵。女人生来就是美丽的。这一点，女人一定要牢牢记住。只有在知道了自己是一个拥有无可争辩的天然之美后，女人才能够进一步施展自己美丽的功夫。

试想，如果你自己都不珍爱自己，又会有谁去珍爱你呢？倘若一个不知道珍爱自己的女人，一个不懂得从细微处照顾自己的女人，她是不会随时随地流露出那份优雅与美丽的。

所以，对自己好一点，从爱惜自己的身体，爱惜自己的每一寸肌肤开始，一点点地，具体到每一个神态，每一种情绪，这才是一个充满优雅与魅力的女人应有的生活态度，也只有这样，生活才会变得越来越有渴望，越来越被满足。于是，你会发现，一直想要拥有的精致生活其实就是一种姿态，一种于细微处总有那么一点点自爱的情结，而优雅女人拥有的精致生活的高品质就在于细微之处。

2. 知识渊博，时时不忘充电

这显然是在当今社会拥有自信优雅的首要必备条件，知识会塑造出一个高品质

的女人，而以知识创造财富，则会令你立足于不败之地。所以说，素质决定命运。

在对家庭付出和对丈夫工作支持的同时，不要忘了自身价值的实现。要注意学习新知识，不断给自己充电，保持与时俱进。这个状态其实是现代女性最先进和最出效果的生活方式，行事果断干练，绝不拖泥带水，从自我出发，不自满，不因循守旧，充满创造性，不断为自己创新，才能有更新的价值体现。

3. 凡事有自己的看法

一个独立的女人一定是一个有主见的女人。一个有主见的女人才不会人云亦云，才会有思想，有智慧。一个有主见的女人，才会善于听取别人的建议，理智冷静地把握自己的幸福。

有自己看法的女人还是个懂得勤俭节约，会安排生活的女人，这样的女人会把穷日子过成富日子。

4. 有一份自己的职业

有一份正当职业，哪怕收入非常微薄，但她依然会努力去做，她会根据自己的收入来决定自己的消费，不会因为虚荣而出卖自己来获取钱财，这样的女人是值得尊敬的，这样的女人才是能够甘苦与共的。她或许学历不高，或者其貌不扬，但她值得男人去爱，去付出。

5. 成为完整独立的个体，拥有完整独立的人格

在经济上做一个独立的女人，不依靠任何人，因为你要懂得，坚实的经济基础是维护自我尊严的必需。通过经济的独立，享受事业带给你成就的那种满足感。

在精神境界上，女人不是某个男人的附属品，女人更加需要具有自我意识、追求自我的价值和目标。虽然拥有一个幸福的家庭是不少女人的追求和愿望，但是不要再去为不爱自己的男人流泪，也不要因为男人的承诺而用一生去等候。

女人的独立，不是在嘴边，而是在行动上。只有让自己独立，才能有真正属于自己的自由。聪明的女人都知道让自己不依附于任何人。

1. 社交群落与社交方式多元化

当女人进入广阔的社交网络时，便可以从异性或同性朋友那里获得更多温暖的情谊，这使她们更有力量面对不稳定的婚姻关系。

2. 提高个人生活的技能

女人要具备面对各种生活处境的能力，能够独自承担生活中的一切挑战。许多通常被定义为男人事的劳务，女人应该学会自己承担。因为劳务的性别分工本不存在自然的原因，而完全是社会性别的约定俗成。女人其实在任何方面都不比男人差。同时，我们也应该充分利用社会化的家务体系，这一切都使独身生活变得轻松。

3. 创造独立、自主、自强的人生

女人只有真正做到经济独立，真正在社会生活及个人生活中具备与男人相等的地位，才有可能平静地面对风雨飘摇的婚姻状况。

4. 抛弃依赖男人的思想

女人长期以来被灌输了依赖男人的思想，其中包括精神上的依赖与生活上的依赖。婚姻被旧式女人视为找到一个“依靠”。现在的女人应该坚信：别人是靠不住的，唯一可靠的只有自己。

5. 不再视婚姻为人生成败的指标

过去，婚姻一度是衡量女人的人生的最重要指标。但今天，婚姻不再是女人进入情爱关系的目的与归宿。我们仍然会对婚姻持有一份执著的向往，但是，婚姻不再成为我们唯一的幸福寄托。

20几岁的女人，不要将男人和爱情看作生活的全部，要学会时不时地将男人和爱情抛开。当女人和男人一样能独当一面的时候，女人就已经不再是那个眼里只有丈夫和孩子的传统女人，她们也有自己的生活，她们也有充分享受生活的权利。当一个女人把男人和爱情抛开，去享受自己生活的时候，一切都是那么的美。

20几岁的女人要将独立进行到底

在商厦附近设的茶座、餐厅里，常常可以看到类似明丽的景象：临窗的座位上，几个白领女子一边惬意地喝着可乐、吃着食物，一边大讲办公室的趣闻，或者悄谈闺中秘事，她们面庞生动灿烂，笑语清脆爽朗，在轻松、无拘无束的氛围中，女人的思想得到了充分的绽放。

女性独立首先是经济独立，然后是爱情上独立。成为这样一个悬浮在社会体制中的女性形象，对男性可能会造成恐惧与威胁。于是，现代独立女性都不约而同走上这样一条路：不要计算代价和谁付出得多。爱情可能到了一定的时候，大家就要分手。即使这样，也应释然对待。

她们并不排除传统意义上的爱情和家庭，但又很注重自身的独立和自由。对女人而言，友谊大都是轻松惬意的，不像爱情，甜蜜却也充满了伤痛和折磨。

对承担着巨大的工作压力的女人而言，和朋友聚会时最需要的是完全彻底地放松，而不是悲悲戚戚、纠纠缠缠的情感瓜葛，这无疑只能加重她们的心理负担。与其在工作、爱情的双重折磨下心力交瘁，还不如和自己所信任的同性朋友交往来得轻松自在。

女人有时候觉得女朋友比男朋友更为重要，理由是和男朋友会吵架、会分手，可是女朋友永远可以依赖、可以信任，最苦闷的时候可以与她倾诉，最甜蜜的时候可以与她分享。紧张的生活使工作在格子间里的女性更渴望感情交流，而同性朋友是唯一乐于与之分享情感经历和生活细节的人。

所以，20几岁的女人不管你多爱你的男人，都不要完全依赖于他，要做一个独立有能力的女人。

20几岁的女人，在任何时候，都不要丧失自己。在爱情中，独立对一个女人来说十分重要。没有独立，就不会被尊重，就会被别人看不起。在享受浪漫爱情时，女人一定要握好自己的独立权。

20几岁的女人，不要总认为自己还是那个不谙世事的小女孩，你已经可以用自己的双手撑起自己的人生了。无论面对事业，还是面对爱情，你都要学会独立，学会坚强，学会靠自己的力量为自己打拼。

第13章

逆风飞扬，20几岁就做个高情商的女人

20几岁的女人要成就一生，需要积累很多资本，也需要付出很多的努力，她们面临着工作、婚姻等一系列问题，要承担生活的压力，更要承担事业的种种挑战。因此，她们在追求成功的路上，必须要有过人的智慧、独特的处世经验、积极进取的心态、坚韧的毅力等资本，用这些高情商资本做铺垫，才能帮助自己克服重重困难，从而成就自己绚丽的人生。可见，情商决定女人一生的幸福。20几岁的女人一定要逆风飞扬，做一个高情商的女人。

看看你是否是个高情商的女人

1990年，美国的两位心理学家一个叫做比德·拉勒维，一个叫做约翰·麦耶，他们第一次提出“情商”这个词，也就是情感智商。情商（Emotional Quotient）的英文缩写是EQ，它代表的是一个人的情绪智力（Emotional Intelligence），是近年来心理学家们提出的与智力和智商相对应的概念。它主要是指人在情绪、情感、意志、耐受挫折等方面的品质。

情商包括以下几个方面的内容：一是认识自身的情绪。因为只有认识自己，才能成为自己生活的主宰；二是能妥善管理自己的情绪。即能调控自己；三是自我激励，它能够使人走出生命中的低潮，重新出发；四是认知他人的情绪。这是与他人

正常交往，实现顺利沟通的基础；五是人际关系的管理。即领导和管理能力。简单地来说，EQ是一个人自我情绪管理以及管理他人情绪的能力指数。

高情商的女人可能并不是人群中最聪明的，但她们都是满腔热情、意志顽强的人。20几岁的女人想要成功，需要的不仅是高智商，更需要高情商。

高情商的女人大都有以下特点。

1. 行动起来才是硬道理

“千里之行，始于足下”。人没有一步登天的，想要成功就必须一步一步地摸索努力。不屑于平凡小事的人，即使他的理想再壮丽，也只能是一个五彩斑斓的肥皂泡。真正高情商的女人始终认为，在那些你想有所改变或有所创新的领域中，行动起来是取得成功的关键。

高情商女人都有这样的特征：她们不管个人情绪如何，总是坚持正常的工作，她们努力培养“在其位谋其政”的能力，使自己置身于一个最可能取得成功的环境之中。她们只要有一个不完备的计划、一个粗糙的想法、一个刚萌生的念头，她们都会着手去做，然后在做的过程中不断加以改进。真正重要的是，她们懂得不去尝试就永远实现不了自己的目标。

2. 坚持是关键

目标是一点一点、一步一步达到的，它需要时间，高情商的女人都明白这一点。当她们为成功而奋斗时，她们懂得即时满足是不现实的，既要抓住机遇行动起来，又要不懈地坚持下去。

对于20几岁的女人来说，重要的是要明白，那些功成名就的女人们通常都是从“底层”干起来的！她们在工作岗位上坚持不懈的努力，慢慢地提升，就像是一分一分地存钱，随着知识和经验的日益丰富，她们才成了学识广博的成功女人。

高情商的女人懂得学习需要时间，知道不可能在一日之内就攀上自己理想的巅峰。在各种挫折面前，她们始终坚持不懈地努力，她们视失败为益友，积极吸取经验教训，有股不达目的不罢休的韧劲。

3. 全身心地投入

成功是一个缓慢的积累过程，它需要实际行动。成功女人之所以成功，是因为她们积极地与著名的成功者相比较，把他们当成楷模，在别人说她不具备条件时，也绝不放弃希望和努力，相信只有行动才能把人生引向成功，即使有点灰心，她们也绝不后退。

高情商的女人是创造者，是社会生活的推动者。她们懂得只有工作才能把人生的罗盘拨向成功的一面。高情商女人专心致力于那些有可能完成的事情，对自己面临的每一个挑战，都全力以赴甚至背水一战。全身心地投入，是许多成功女性最感人的剪影，也是高情商女人的独有品质。

4. 贯穿始终的积极心态

高情商女人不仅陶醉于一切美好的情感之中，大自然的迷人景色同样让她们感到愉悦。她们心态积极，善于把自己的思路和言谈都引导到振奋人心的、鼓舞人的观念上去；她们善于体验现实中的一切美好事物。认为过去是一个可供借鉴的信息库，而未来是一片快乐的、前途无限的、引人入胜的乐园。她们积极地解决问题，把环境中的消极方面压缩到最小限度，竭力找出积极的东西，并百般呵护它，使它成长壮大。

她们经常对别人微笑，对经历过的活动总是给以积极的评论，并总是热情洋溢地回忆自己与人共处的时光。恼火或不愉快时，就动手扭转处境，她们懂得活得快乐是自己的责任所在。高情商女人喜欢用这样一些词语：很好、好的、我喜欢、了不起等等。高情商的女人总是保持一种积极向上的乐观态度。同一件事，常常可以被说成“好的”或“坏的”、“快乐的”或“痛苦的”。高情商的女人只坚信“好的”、“快乐的”，她们摒弃“坏的”、“痛苦的”。

5. 远离无谓的争论

高情商的女人对别人的帮助总是充满感激和由衷的感谢，而极少说消极的话；她们致力于维护互相关心的友好气氛；失败时，她们勇于承担责任而避免任何冲突，能很快地改变别人的戒备态度，去投入眼下的工作。她们真诚地肯定对方并且说：“请告诉我你的观点。”然后注意倾听，不去争论也不作辩解。

即便是沾一点儿边的帮助，高情商的女人都真心诚意地给予回报，以使下次得到更贴近自己目标的帮助。她们大量使用真诚的肯定来表示承认别人所作出的贡献。理解别人发火可能是由于内心的恐惧，而心平气和地和对方商讨问题，同时纠正针对自己的消极评论，不让矛盾在唇枪舌剑中升级。

6. 诚实第一

露珠虽然晶莹可爱，但它经受不住阳光的照射，谎言虽然美妙动听，但它经受不住时间的考验。诚实是做人之本，20几岁的女人要想做个成功的人，就要直截了当地讲真话。当你真诚、坦白地把自己的情况告诉大家时，会赢得大家的信任。你会惊奇地发现她们会效仿你，邀请你进入她们自己的内心世界。诚实、坦率并承认自己没做好某些事，这些会使你受到别人的赞美。

高情商女人都具有诚实的特征，她们告诉别人自己在想什么或需要什么。如果有不同的意见，她们就会面对面的、温和而直截了当地解释明白。她们深知诚实比说谎和伪装要更轻松和更舒服。高情商女人在初次与人交往时也不会掩饰自己。由于她们的坦诚，别人信任她们，愿意进一步了解她们。她们通过使别人了解自己的办法，而不靠专挑别人的错误和问题来表明自己的真诚，她们重视别人的感受。总之，她们表现出自己的本来面目，而不去投其所好、弄虚作假。

7. 笑对逆境

人如果善于在逆境中达观，学会在得意时静气，保持在前进中警觉，立志在挫折中奋进，就没有闯不过的险阻，没有不成功的事业。高情商的女人在逆境中，不会只顾着低头叹息，而是有一套能把困难和挫折变成前进动力的技能。压力越大，她们的干劲和热情就越高，她们会一心一意投入事业里，笑对一切困难。

高情商的女人更容易获得幸福和成功

有人曾经总结出了决定女人一生幸福的四个因素，即爱情、婚姻、职业和处世中的智慧，而这几个方面恰恰都是情商在起着非常关键的作用。高情商的女人比低情商的女人更容易获得幸福和成功，原因何在？

首先，一个高智商的女人可以在工作中出类拔萃，但不一定能够拥有甜蜜的爱情，因为她常常只顾着爱他，却连他的样子都没有看清，后来结婚了才发现他根本不是能带给自己幸福的男人。而在相处的时候她们又常常自视清高，缺乏容人的度量，不懂相处的技巧，渐渐地就会失去自身的魅力。

情商低的女人主要表现为缺乏理性认识，意志不坚强，难以控制情感，常常容易抱怨、冲动。成为一个消极悲观的人。而高情商者则恰恰相反，她们之所以更可能成功。就在于她们永远是自信的，能够以开放的心理接受各种情绪的影响，具有较强的情绪承受能力，并能通过适当途径克服消极情绪所带来的困扰，始终保持乐观向上的精神，对生活充满着希望和信心，从而才有勇气和耐心去征服生活中一个又一个艰难险阻，摘下幸福的光环。

而一个高情商的女人，则是智慧的，她不仅拥有一双识别男人的慧眼，而且会将爱情打点得“千姿百态”、“万紫千红”。比如，她会以温情而恰到好处的嫉妒，表明对他的爱和重视；她会适时利用撒娇任性，来增加爱情的“蜜”度；“战争爆发”的时候，她会就事论事，懂得“收放自如”；她会像母亲一样宠他、呵护他，也会像女儿一样依赖他。这样的女人怎么会不惹男人爱恋呢？又怎么会享受不到幸福呢？

其次，婚姻是女人生命的家园，感情的归宿。但是那些情商不高的女人，常常会把家里弄得战火连绵，不仅婆媳关系紧张，就是曾经与自己亲密无间的老公也开始变得冷冰冰的。所以，我们能常常听到她们抱怨说：“是男人打碎了我的爱情梦，是命运夺走了我的幸福，连同我仅有一次的青春和美貌！”“我婆婆不理我，我还懒得理她呢！”如此的怨言此起彼伏，不幸简直成了她们的代名词，而她们的幸福也成了男人的恩赐和命运的玩笑。也许婚姻中本没有对错之分，但是，如果我们看一看情商高的女人是怎么经营婚姻的，你就会明白为什么她们能够拥有幸福的家庭。

情商高的女人明白经营婚姻如同经营事业，需要用心。她们不仅支持老公的事业，即使自己是职业妇女，在生活上也无微不至地照顾他。一个小小的电熨斗，一份娴熟的厨艺……更重要的是她们从来不抱怨，不唠叨，不发火，她们征服男人的武器不是强制和管教，而是温情、爱和宽容。而最难处理的婆媳关系，在她们看来，再简单不过了，只要去爱她，关心她，而不是把她当敌人，就能赢得她的心。总之，她们挥舞着高情商这根魔棒，把一个家经营得幸福美满：老公高兴，孩子快乐，婆婆满意，小姑子称赞……这样的女人没有理由不幸福！

再次，情商高的女人往往在工作上也相当出色，虽然她没有“浓妆艳抹”，但她的体貌、装饰、举止、气质、性格、教养、能力等综合体形成了一种内在的魅力。她们的亲和力深得下属们的信赖，较强团队意识使得同事们更愿意与其合作，谦虚谨慎的工作态度赢来了领导们的啧啧称赞。

相反，情商不高的女人常常意识不到这一点，她们会认为，大家既然已经分工了，各自完成自己的任务就行了，所以，她们的合作意识淡漠，团队缺乏凝聚力。而且她们常常我行我素，从来不懂得照顾同事的心情和面子，摩擦和矛盾自然是难免的，这势必会影响正常的工作。此外，情商低的女人还不会妥善处理与男性同事和上司的关系，结果给自己造成很坏的影响。

最后，高情商女人的一个重要特点是社交能力强，外向而愉快，不易陷入恐惧或伤感。也就是说，高情商的女人能在社交中如鱼得水，她们善解人意，不仅会“说”，还会“听”。而融洽的人际关系不仅能在关键时刻助她们一臂之力，而且还能给她们带来心理的满足感和幸福感。

而情商低的女人的人际关系一般都非常糟糕，因为她们不懂说话的技巧和策略，所以，她们没有什么朋友，生活中常会感到空虚和寂寞，自然感受不到幸福。

由此得出结论，谁让女人不幸福？是女人自己，是女人的低情商。谁能让女人活着并幸福着？也是女人自己，是女人的高情商。

20几岁，女人要培养自己的高情商

那么，20几岁的女人如何才能培养自己的高情商呢？

情商的培养可以从几个方面进行。

首先，从自身而言，要有培养情商的意识。这样才能在日常的细小之处，待人接物的各种情景中，投入心力去观察、体会，并融入自己的意识中。

叔本华说："在所有我们所做和所受的经历当中，我们的意识素质总占据着一个经久不变的地位；其他的影响都依赖机遇，机遇如过眼云烟，稍纵即逝，且常变动不已；只有个性在我们生命的任何时刻都不停地工作。"所以，只有培养完善的个人品质，才能唤醒自己的情商意识。

其次，体察和控制自己的情感。能够知道自己的情感感受，情绪上的波动并控制好自己的情绪，在一定的场合表现出适合该场合的情绪。不能让一些所谓的事情来左右自己，而是要由自己左右身边的事物。重点是在控制两字上，这需要日积月累地不断训练才能比较娴熟地掌握。

20几岁的女人要充分意识到自己的情绪变化，控制好自己的情绪。如果总是背着沉重的情绪包袱，不断地焦躁、愤懑、后悔，只会白白耗费眼前的大好时光，那也就等于放弃了现在和未来。

再次，腹有诗书气自华。一名女性要培养自己的情商，当然要有一些人文的沉淀：知书达礼、落落大方、处处散发出知性的光彩。

最后，如何获取情商？一定是通过实践。书籍、网络、杂志等形式可以给女性带来思想上的觉醒，但真正要提高自己，仍然必须在日常的交流和交往中注意并控制自己的情感，使自己尽快成熟。

看事物不能置身于其中，必须要跳出来。只有将自身置于另外的一种高度，才能综观全局。也只有这样的胸襟，方能领略其中的异样风采。

20几岁的女人在成长时，就是在不断地经历事物，并从中不断提升自己。拥有一份高情商，需要不断地调节自己，于是，每个人都在不断地历练中慢慢培养着自己的人格魅力。

高情商的女人不但在事业和人际关系上容易成功，在情感和家庭生活上也容易取得成功。高情商的女人像雾像雨又像风，她们总有让人猜不透的本事。

男人到底最爱哪种女人呢？漂亮，有学识，有修养，这些看似很重要的条件，未必男人都会喜欢，很多人都会纳闷，为什么那个相貌平平的女人会让那么多男人倾倒……

男人大都喜欢有一定神秘感的女人，换言之，在男人面前若隐若现，跟男人保持若即若离，让男人看得见却摸不着更猜不透的女子最能吊起男人的胃口，激发男人的征服欲，也能长久保持吸引力。这跟一个女人的相貌身材并不完全画等号，但却一定跟她的情商息息相关。

女人要想长久地吸引男人，既不是靠惊人的美貌，也不是靠温顺的性格和不凡的才气，而是一种特殊的味道，一种不一样的气质，一种与众不同的交际手腕，一种齿颊留香的品味，也是一种余韵悠长的享受。概括一下，那就是“三不”——“深藏不露、飘忽不定、捉摸不透。”而所谓的“三不女人”其实就是情商较高的女人，她们最让男人勾魂摄魄，也最让男人魂牵梦萦乃至牵肠挂肚。

一度火爆荧屏的港剧《金枝欲孽》，大家都还记得吧？从海选中突出重围直至闯入后宫的秀女尔淳就有一套独特的“驭帝术”：她认为，讨好皇上跟讨好男人本质上是一样的，最笨的方法就是百依百顺，但皇上很快就会索然无味，聪明的方法则是若即若离，让他可望而不可即，最厉害的一招就是始终让他求之不得。

所谓若即若离也好，求之不得也罢，其实就是在男人面前摆“迷魂阵”，保持一定的神秘感，不让他一下子看透你。

尔淳是这么说的，也是这么做的，每当皇上主动接近她一次，她就欲擒故纵一番，在勾心斗角争风吃醋的皇宫内院，万千佳丽主动送上门还争先恐后呢，她却反其道而行之，欲说还休，欲迎还拒，结果皇上的胃口被吊得老高，神不知鬼不觉地就被这个颇有心计的小丫头给灌了“迷魂汤”，别看皇上是九五之尊，最终还不是乖乖就范任其摆布，彻底沦为了她的裙下之臣？

一个男人开始进入一段全新的感情，如同一个小男孩第一次打开一盒新的拼图一样，如果他打开一看，拼图已经是现成的，他的兴趣会立刻烟消云散。但是如果这个拼图必须让孩子自己去动脑、想象、部署，才能将那些小块拼到一起的话，他的大脑就会像受到了刺激一样异常兴奋。

一个深藏不露、飘忽不定、捉摸不透的高情商女人，能让男人领略到雾里看花、水中望月的美感；一个每根肋骨都让男人摸清楚的情人，可以提供给他们安全感，但不会让他们产生朦胧的美感。

百丽有句广告词：“百变，所以美丽”，字里行间尽是女人的自信，还有广告里的妖娆的女模特。做女人就该如此，百变自信，飘曳魅惑！

如果多少年过去了，你的老公还会在你耳边呢喃：“你仍旧是那个‘谜’样的女人！我也依然不知道翻开你的下一页，会有怎样的惊艳！”

这是赞许！让枕边人猜不透，日日新鲜，这不是许多人孜孜以求的终极目标吗？善变之后方能百变，高情商的女人就是在不断改变自己的过程中提升魅力的，不让人猜透就是你的本事。

高情商的女人在感情里会因为百变而美丽。女人不应该随着时光的流逝而变得黯淡无光，而是要像珍珠一般，经由岁月的磨砺愈加温润迷人。

一个高情商的女人，对人是体察入微、善解人意；对己是自信、自省、自爱。女人的情商，就是女人的智慧之花。当一个女人具备了较高的情商，她人生的百花园，定会姹紫嫣红，春天常驻。

红颜篇

生命如花绽放，美丽是女人一生的追求

第14章

风情万种，20几岁打造红颜天后资本

在人的一生中，从孩子长到青年，然后成人，又到老年，这种成长顺序是自然的流程，谁也不能将它逆转。我们感兴趣的问题是，在这个自然的流程中，应当怎样做，才能把美丽长久保持在我们身上。做到了这一点，就能永葆青春，做到了这一点，就能优雅长久、魅力永存。女人应该美丽一辈子，而这一辈子的美丽要从20几岁开始打造。

女人是块璞玉，要放异彩必须对自己细加琢磨

西方有这样一句谚语："一个平凡的女子或许不能成为王妃，但她不能没有梦想。"那就是对美丽的向往，若是她没有漂亮的外表，她会努力塑造自己美丽的心灵。

索菲出生在美国阿肯色州的一个小镇上，她的青春期就像大多数的青少年一样，生涩、害羞，对自己的将来不知所从。那个时候她想象自己是只丑小鸭，并不是选美的皇后。可是索菲有一些远比外在的美丽更要紧的特质，她的气质清新，风度稳健。从审美的角度来看，她是一块璞玉，稍加琢磨就能大放异彩。至少她相信是的。

她决定要把自己的内在美表现出来。她去练健身，学习仪态，然后报名参加一场选美比赛。那一场比赛她没能进入决赛，可是索菲并不灰心，接着又参加了好几场比赛，直到参加过16场选美比赛之后，她终于当选阿肯色州小姐，然后又成为美国小姐。以后她同样带着那一份自然芬芳的内在美，以及辛勤努力的工作，踏入娱乐界，目前已是一个出色的艺人，拥有自己的节目。

对我们每个人来说，这个故事透露的实在是一个好消息，因为每个女人都拥有同样芬芳的内在美。最重要的是去找出自己的内在美，把它表现出来，你不见得会是另一个选美皇后，可是它能使你成为人生的赢家。

女性什么时候觉醒都不算晚，美丽靠先天的基础，也靠后天的培养。

爱自己的女人，魅力永远不会逝去。在那个“不爱江山爱美人”的传说中，使英王爱德华八世放弃王位的辛普森夫人，那一年已经37岁了。我相信女人在每个年龄段都有其独特的美，或清纯可爱或者优雅大方，有着不同的吸引力。

人的现状更多源自常年生活习惯的积淀，就魅力而言，更是如此。渴望拥有魅力的愿望很简单，但真正获得魅力、提升魅力，就需要具备修炼魅力的意识和习惯。形象地说，就是你想成为一个魅力女人，你就得把修炼视为一项艰巨的人生工程，天天在路上，苦练不止。

男人们偶尔不修边幅，还可以看作是名士风度，而女人却不可以。当我们有一天以为自己老了，放弃了节食，也不关心皮肤养护的时候，就会很快往下坡路滑下去。蓬头垢面，腰身像水桶一样的女人是妻子、是母亲，对得起身旁的一大批人，却会辜负了上帝造就女人的苦心。自然界有很多娇柔美丽的造化，一生都在开花的草木，女人应该向它们学习。

生活中，很多女人容貌美丽，可是却感觉不到她有任何吸引人之处，有的女人姿色平平，却有着一股吸引人的魅力，让人觉得她美丽。这就是气质的魔力。有气质的女人风情万种，有气质的女人走到哪里都能吸引大家的目光和注意，获得大家的肯定和赞许。

如果说容貌有形，气质则是无形的，它是一个人内心的外在表现，外表的美丽是短暂的，气质却是长久的。气质是每个人相对稳定的个性特点，每个人的习惯、个性与内在修养不同，因而每个人的气质也就不一样。但无论你从事何种职业，任何年龄，只要你拥有丰富内涵、良好素养和修养，你就能拥有自己独特和高雅的气质。没有良好的内在修养，胸无点墨的女人即使再美也黯然失色，而许多相貌平平的女子，因为有了高雅气质的衬托，越发神采飞扬，风韵动人。

美丽和气质是两个不同的概念。气质包含了更多的元素，不仅指天生的容貌，更多的是举手投足、穿着打扮显露出来的品位、谈吐，还有从内心深处散发出来的自信。

气质好的女性总会吸引人们的注意，她们能轻松地赢得周围人的好感，人们喜欢和她们在一起，这使她们一般都拥有良好的人际关系；气质好的女性一般都受过良好的教育，有充足的文化底蕴，有良好的内在修养，因此她们很容易获得上司的青睐；甚至对气质好的女性来说，爱情都会相对顺利。

不得不承认，有一些女人很幸运，她们天然有着一种优雅的气质，从出生那天起，她注定是一个有着好气质的女人。可是，还有许多女人没有这么幸运，不过还好的是，气质完全可以后天培养，而且后天培养也最为关键。增加气质修养，20几岁正是时候。

时间有时候是很奇妙的，只要努力，人们就会变成自己想要变成的样子。如果你不满意自己的气质，那就要努力地去丰富自己，提升自己，让自己的气质有一个质的飞跃。但这并不是说养成好气质可以一蹴而就，气质需要时间，它只能随着你内涵的提高而逐渐改变。

气质是一种由内而外散发的东西，要通过很多方面、经历很长时间培养起来，包括你接受的教育、你的品位，还有你后天的努力等。外在美可能几个小时就能学到，但是内在的气质却要修炼，而且绝对需要时间的打磨。只要坚持下去，有一天你便会听到有人赞美“你的气质真不错！”

张曼玉就是一个最典型的例子。2004年5月，第57届戛纳电影节上，最佳女演员得主上台致谢：“这是我一生中最难忘的时刻。”她带着东方的素静神韵和西方的明艳光彩，征服了世界各地的影迷，“谋杀”了现场记者无数的胶卷。她，就是张曼玉。一个在银幕上有着千种面貌、万种风情的女人；一个从花瓶到影后，在岁月与镜头里不断修炼的女人；一个气定神闲，雍容华贵，平淡自然，从生命深处散发出独特魅力的女人。

看着她刚出道时的照片，只是一个清纯无知的少女，长着两颗小虎牙，不算太漂亮，也不算有气质。十几年过去了，身材高挑、皮肤细腻的张曼玉已经40多岁，岁月的痕迹已经爬上了眉眼之间，但她的美丽却比年轻时来得更为抢眼，丰富的生活经历为她增添了许多妩媚和女人味，不时散发出成熟高贵、淡定从容的气质，走到哪里都闪闪发光。

她眼界开阔，脚步自由，喜欢挑战，敢于冒险……她的美丽已经从电影里延伸到电影外，如今许多人提到她，喜欢她，已经不再是因为某部戏或是某个微笑。更多的是她带给大家的一种精神，一种让人无法忽视的光亮。张曼玉身上有一种神韵，这种神韵不仅体现在她从容、淡定的表情和举止上，也体现在各大重要场合举足轻重的着装上，甚至她笑的时候，唇边出现的那两道弧度都有神韵在流动，这种神韵就是气质。

有很多女人以为只要时时注意打扮自己，就会有气质，就会有魅力，这种想法真是大错特错。有的女人很有钱，会花很多钱买很多衣服，可是这些昂贵的衣服穿在她的身上，别人丝毫不会觉得美丽，反而会让别人觉得她肤浅，没有品位。还有些女人，虽然花的钱不多，可是那些并不昂贵的服装穿在身上让人觉得那么合适，那么舒服，那么有味道。

如果想要提升自己的气质，做到气质出众，最重要的是要不断增加自己的知识，提高品德修养，多读书，多思考。阅读可以丰富你的头脑，同时也会增加思维的敏捷度，思考会使你变得更有智慧，久而久之，也会提高自己的言谈和举止的魅力。也只有真正从内心改变自己，才能达到持久的效果。当然，谈吐和适当的装扮也很重要。说话时要注意分寸，巧妙措辞，避免使用一些低俗和粗鲁的语言，礼貌地回答别人的问答，使自己的言谈举止既大方得体，又不显得矫揉造作。同时还要多关注一些关于时尚、服饰、配饰方面的信息，要学会选择适合自己的服装，让自己出现在任何场合都能衣着得体。

张爱玲说过："女人纵有千般不是，女人的精神里面却有一点'地母'的根芽。可爱的女人实在是真可爱，在某种范围内，可爱的人品与风韵是可以用人工培养出来的。"

觉得自己姿色平常的女人们，不满足于自己气质的女人们，从现在开始行动吧，只要努力，几年后就可以看到一个全新的你，一个气质出众的你！

气质是女人美的极致。女人的美丽，已经被人们无数次地讴歌和赞美，文人骚客为此差不多穷尽了天下的华章。其实，在美丽面前，诗歌、辞章、音乐都是无力的。无论多么优秀的诗人和歌者，最后都会发出奈美若何的叹息！美丽的女人人见人爱，但真正令人心仪的永恒美丽，往往是具有磁石般魅力的女人。那么，什么样的女人才具有魅力呢？三个字：气质美。

气质是女人征服世界的利器，就如同一座山上有了水就立刻显现出灵气一样。一个女人只要插上了气质的翅膀，就会立刻神采飞扬、明眸顾盼、楚楚动人。

著名化妆品牌羽西的创始人靳羽西说过："气质与修养不是名人的专利，它是属于每一个人的。气质与修养也不是和金钱权势联系在一起的，无论你是何种职业、任何年龄，哪怕你是这个社会中最普通的一员，你也可以有你独特的气质与修养。”

那么，现代的女性应具备哪些气质呢？

1. 人格之美

女性气质的魅力是从人格深层散发出来的美，自尊、自爱、端庄、贤淑、善解人意、富于同情心等都是美好的人格特征。相反，轻浮、自私、唧唧喳喳和鼠肚鸡肠的女人，即使容貌长得再漂亮，惹人喜爱也只是过眼云烟。

2. 温柔的力量

说到温柔，人们自然会想到圣母的画像，想起在极其柔和的背景中圣母玛利亚温柔而圣洁的微笑。这微笑向人们展示了她的善良、无邪、温柔和博爱，她巨大的艺术魅力亘古不衰。男人们最喜欢的大概不是女人的外貌，而是女人的阴柔之美。

3. 腹有诗书气自华

读书和思考可以增加一个人的魅力。知识和修养可以令人耳聪目明，也会给一个女人增添不凡的气质。学识和智慧是气质美的一根支柱，有了这根支柱，完全可以弥补容貌上的欠缺。

4. 可贵的坚忍

柔的温情并不是主张女孩子一味地顺从、依赖、撒娇，女性也要有个性、有主见、有行为的自由。这种独立性是一种情感中的柔韧和追求中的坚定，是一种意志上的自持和克制力，是一种既不流于世俗又深深地蕴含着理性的行为。那些见异思迁、毫无主张，遇到挫折便哭哭啼啼的女孩，即使长得再漂亮也不会有人喜欢的。相反，对美的事物毫不动摇，坚持不懈追求的精神，完全可以使灰姑娘变得美丽。

在现实生活当中，几乎所有的男人和女人都喜欢与这样的女人相处，因为这种女人使你既有眼球上的好感，还有一种吸引人的特别力量，能不断地感染你，使你羡慕，让你追随。

气质是一种灵性，一个女性如果只靠化妆品来维持，生命必定是苍白的。

气质是一种智慧，一点点地雕琢着一个人，塑造着一个人，一个不经意的动作，就能吸引所有人的目光。

气质是一种个性，蕴藏在差异之中，只有不断创新，才能拥有与众不同的韵味，成为一个让人一见难忘的人。

气质是一种修养，在城市流动的喧嚣中，洗练一种超凡脱俗的“宁”与“静”，面对人间沧桑，才会嫣然一笑。

对女人而言，气质是一种永恒的诱惑，因为气质不仅仅靠外貌就能获得，而且还要拥有丰富的智慧与常识，拥有傲人的气度与素质。

在生活水平日益提高的今天，用来美化包装女人的手段可谓层出不穷。皮肤不白可以增白，五官不正可以再造，脂肪过剩可以吸除，形体不美可以训练，但至今还没听到有“女人气质速成”之类的技术面世。

事实上，女人的气质首先是先天的或者说是与生俱来的。其次，后天长期的潜心修养也很重要。而刻意模仿、临时突击则是难以从根本上改变气质的，弄不好“画虎不成反类犬”，成为效颦的东施，反为不美。

站：站一定要挺，抬头挺胸收腹，头别仰上天，胸别挺出去了，一切要平，这是最起码的站姿，而且不管在哪里，在哪种场合，只要是站就要保持这种形态，长久下来就会形成一种习惯。如果感觉站不出那效果，那就脚跟、臀部、两肩、后脑勺贴着墙，两手垂直下放，两腿并拢做立正姿势每天站上个半小时。

坐：坐姿一定要雅，上身要正，臀部只坐椅子的1/3，腿可以并拢向左或向右侧放，也可以一条腿搭在另一条腿上，两腿自然下垂。但两腿不能叉开，腿也不能放椅子上，如果你还没习惯的话，就利用工作中休息的时候来锻炼一下自己。

走：抬头挺胸收腹，别总是低头数自己的脚指头。走在路上就把路当你的T型舞台，但也不是要你走得横行霸道，要走得旁若无人，目不斜视，走出自己的气势，不要急步流星，也不要走的生怕踩了路上的蚂蚁，不快不慢，稳稳当当。剩下的就是走姿了，可以扭，臀部的扭动更显你的腰姿，但不要上身全跟着动起来，给人看上去轻浮感，两手垂直，轻轻前后摇摆，不是走军姿，也不是走正步，要自然。

外形上特别要注意的就是服装，不一定非要是名牌，但是一定要适合自己的年龄、身材，要穿出自己的个性，一件好的衣服人家穿得很好，但不一定就非常适合你穿。

好的外形已具备，那现在要的就是自信，自信你是最美丽、最优秀的。不要摆在嘴上，做人一定要谦虚，聪明的人一直都是在夸别人的。也千万不要在网上宣传自己怎么怎么样了，给的希望越大，大家看到你的时候失望也就越大。要放在心里，从心里往外的散发，表现在你的脸上。

说到脸，那就要说说脸部表情，要微笑，记得是微笑，不要呆若木鸡，也不要笑得花枝乱颤。做不到笑不露齿，那就轻轻上扬一下你的嘴角。最重要的就是你的眼睛，听别人说话，或者跟人说话时一定要正视着人家，不要左顾右盼的，记得有本书上说女人的眼睛是她心的一道闸门，那就好好地利用这道闸门，把你的自信表现出来。

真正高贵脱俗、优雅绝伦的气质，需要的是全方位的修养和岁月的沉淀。像一抹梦中的花影，像一缕生命的暗香，渗透进女人的骨髓与生命之中，让她们能够在面对岁月的无情流逝时，仍然能够拥有一份灵秀和聪慧，一份从容和淡泊……

20几岁打造内外兼修的漂亮女人资本

女人的万种风情是靠气质衬托的，而气质则需要时间的积累和生活的历练。20几岁的女人就要开始内外兼修，着手打造红颜天后的资本了。

首先是颈部，因为女性的颈部通常是人们关注的焦点，也是女性身体中最具有魅力的地方之一。美白永远是第一位重要的，洗完澡或者清洗颈部之后，最好抹点润肤膏，在外出的时候，一定要注意避开阳光，否则就会让你的颈部皮肤变黑；同时也可以给颈部做按摩，让那里的皮肤变得更有弹性。这种方法非常有必要，特别是对于那些经常埋头工作的女性，毕竟僵硬的脖子谁都不想看到。

其次就是乳房，健美的乳房是每个女性追求的理想，要想让自己的乳房变得更加迷人，就需要从日常生活中做起。

站立的时候，要注意抬头挺胸，不能弯腰驼背，更不能束胸，因为那样会阻碍乳房的发育，甚至会让坚挺的乳房开始变形。

在乳房发育的年龄，一定要注意营养全面，不要盲目追求瘦身而减少自己的进食，这会使得乳房因为缺乏营养而干瘪或者是停止发育。

最好能一天3次给乳房按摩，早、中、晚各一次，这样做的好处很多，不仅能改善脑垂体的分泌，促进乳腺发育，还可以使乳房日趋丰满而富有弹性。

很多女性都在为自己干瘪的乳房而发愁，其实大可不必，因为坚挺的乳房是可以通过锻炼来塑造的。可以试试如下方法。

（1）挺胸运动。身体平躺在床上，向上做挺胸动作，在胸部位置最高的时候停留几秒钟，每次可以做6~8次，当然，可以根据个人的体力来增减次数。

（2）胸部对抗运动。双膝跪于床上，上身直立，双手分别放在两个乳房外侧，并一起用力往中间挤。要注意，这个动作不能太粗鲁，否则不但不能起到保健作用，反而会伤害身体。这个动作坚持8~10次。可以几天进行一次，或者是隔天进行一次，依据自己的身体状况而定。

（3）做俯卧撑。俯卧撑不仅可以锻炼男性的胸部，也同样可以锻炼女性的胸部，久而久之，就会让胸部变得更加丰满、更加坚挺。

除了健美的胸部之外，女性的魅力还从腰部透露出来，因此腰部的健美也同样重要。女性的腰围必须小于胸围和臀围，并且略微呈圆柱形。给人以“健”和“美”的腰部必须是粗细适当、柔软而有力，并且是运动灵活协调的。要练就这样的腰部，并不是一件简单的事情，而是要通过一系列的运动。

（1）仰卧起坐运动。最好能有第二人帮忙，将自己的腿部牢牢抓住，然后将自己的双手交叉到脑后，身体从平躺的位置坐起，然后再躺下，如此反复，依据个人体力而定，可以多做，也可以少做，关键就是要每天坚持。

（2）腰部扭动运动。平躺于床上，两手放在脑后，两腿屈膝，一起往左倾倒，直至接触床面，然后开始往右，直至床面，如此反复几次。当然这种方法也可以站着进行，只是有一点要注意，人要首先站稳，并且幅度不要太大、速度不要太快，以免伤害腰部。

塑造完了腰部，接下来就是腹部。扁平的腹部是女性健美的一种标志，只有腹部扁平的人才能体现出胸部的丰满、腰部的纤细。同样这种身材不是说有就有的，也需要锻炼。

（1）腹肌运动。平躺在床上，两腿伸直，将双手放置在身体两侧，在起立上身的同时抬高左腿，并用右手去触摸左脚的脚趾。然后回复原来的平躺姿势，再起立，抬右腿，用左手去触摸右腿的脚趾，如此反复，直到没有力气为止。

仰卧在床上，两腿伸直，双手放置于身体两侧，在上身离床的同时，将双腿抬高，背部不能弯曲，用双手去触摸脚趾，如此反复。

（2）按摩腹部。按摩腹部首先要解开腰带，让腹部处在一种比较放松的状态，先上下左右按摩，最后转圈按摩，直到腹部发热为止。

无论哪种运动，都必须坚持，否则就会前功尽弃。只有坚持，才能让你的身材变得更好。

接下来就是塑造美腿了。一双修长圆滑、结实而又匀称的腿能让你的魅力增加好几分，可是现实中的你是不是时常在为自己并不健美的腿而发愁呢？是不是在为你腿上的缺陷而感到遗憾呢？

不用担心，只要你能坚持做一些运动，就能让你的腿“靓”起来。前提是这些运动必须坚持，即便你的腿已经达到健美的状态，也还是要记得坚持，只有坚持，才能让你的身体永远保持在“靓”的状态。

(1) 直立，两手臂侧平举，肩膀放松，两脚跟并拢。右腿屈膝高抬尽量碰右肘，身体保持正直。然后将右腿放下，同时左腿踢起，脚尖尽量接触右手。然后换腿做同样动作，如此反复3~10次。在做这个动作的时候有几点要注意：首先是腿要绷直，脚要放松，刚开始动作要轻缓，以免扭伤。

(2) 端坐，双手叉腰，同时尽量分开两腿，将右腿抬高至离地面约15厘米处，然后慢慢转向左腿，在空中停留几秒钟，再移向原位，放下左腿做相同的动作，如此反复2~10次。

(3) 平躺在床上，身体绷直，将左腿慢慢抬高，直至和身体保持垂直状态。然后慢慢放下，换右腿做相同的动作，如此反复5~30次。

(4) 同样是仰卧，双腿像骑车一样前后大幅度蹬动，如此反复10次左右。

(5) 参加一些锻炼腿部的活动，如跑步、跳绳、游泳、骑车等，尽一切努力让自己的腿部处于一种锻炼之中，这样腿部的血液循环就会加快，腿上那些不必要的脂肪就会随着汗水慢慢地消失，这样，美腿也就属于你了，剩下的事情就是骄傲和欢呼了。

每个人的身体都是美丽的，只是很多时候你并没有发现而已。因此让你的身体“靓”起来并不是梦，只要你有毅力能坚持锻炼，美丽、魅力永远都是属于你的。

(1) 保持身材，一定要吃早餐。上午的能量主要来自早餐，不吃便会无精打采，并且对身体也不好，更重要的是早餐能带动能量的消耗，避免发胖。

(2) 保持身材，要选择适合自己的内衣。不能盲目为了塑造身材而选择过小或者过大的内衣。

(3) 保持身材，请告别高跟鞋。高跟鞋导致走路时重心向前，对骨骼产生压力，最终导致身材变形。

(4) 保持身材，请学会端坐。跷二郎腿或者是腿部交叉会对你的身材产生很大的影响，如造成盆骨弯曲，肌肉附着不正确的位置，身材难免变形。

(5) 保持身材，请保持躺仰睡的姿势。躺仰睡是最佳的睡觉姿势，可以让你的身心同时放松，自然入睡，并能让你的睡眠质量达到最佳状态。如果睡觉姿势不对，必将对脊椎及内脏造成压力，最终导致身材变形。

(6) 保持身材，请多沐浴。沐浴能促进人体的新陈代谢，让你身上的每一块赘肉都消失得无影无踪。

（7）保持身材，多参加运动。每天至少5分钟的运动时间，让你身体的消耗增多，这样即便你再嘴馋，也不用担心多吃零食会增加体重、改变体形。

20几岁的女人就应该拥有好身材，拥有好气质，为做一个风情万种、内外兼修的漂亮女人打造资本。

第15章

衣锦媚行，20几岁 用服饰装扮你的第二张脸

俗话说“人靠衣装马靠鞍”，可见服饰对一个人的形象起着很大的影响作用。人的长相是天生的，可是扮相就掌握在自己手中了，20几岁的女人要学会用服饰来装点自己的美丽。衣服虽然有漂亮与简朴之分，但如果你选对了颜色与款式，懂得如何搭配，再普通的衣服也能变成时尚的潮品。

服饰的搭配让女人更漂亮更灿烂

20几岁的女人一定要学会服饰的搭配，这样的女人才更漂亮更灿烂。色彩不同、款式各异的服装，同样有着多姿多彩、趣味无穷的搭配。这种搭配包括：服装与体型的搭配，颜色之间的搭配，款式之间的搭配，颜色与款式的搭配，服装与服饰的搭配等等。

在衣着上富于变化，能够给人以新鲜的美感。在适当的时候变换一下装束，能够使人的精神面貌焕然一新。可是，穿着变换，不一定需要有大量的服装，只要搭配得当，为数不多的几件衣服，也可以变换出众多的衣着来。

1. 颜色的选择

在五彩缤纷的色彩世界里，不是每一种颜色都适合于每一个人的。有些人的选择范围宽一些，有些人的选择范围窄一些。如何选择适合自己的服色，要考虑以下

两点:

一是服色与肤色。冷色系会使苍白的肤色罩上一层阴影，使人显得精神委靡。稍暖一些的浅红色，可使苍白的面容容光焕发，生机勃勃。阴冷的青紫色使肤色偏黑的人缺乏生气和光泽。黑黄的皮肤可选用浅色质的混合色，以冲淡服色与肤色的对比。白里透红是上好的肤色，不宜再用强烈的色系去破坏这种天然色彩，选择素淡的色系，反可烘托出天生丽质来。

二是服色与性格、体型及职业。以性格为例：热情、开朗的人偏爱强烈、明快的色系，文静、娴雅的人偏爱素洁淡泊，端庄稳重的人偏爱清冷深沉。另外，还有体型、年龄、职业等方面，都在很大程度上决定了你对服色的选择。可以根据你自己的特点，为你的服装确定几个色系。

2. 款式的选择

款式的选择，主要取决于你的体型和年龄，但也要考虑职业、性格等方面的因素。

人的体型多种多样，如何巧妙地扬长避短，衬托出人体的自然美，是服装的一大作用。因此，在选购服装之前，必须充分了解自己身体的各个部位，了解自己体型的优劣所在。

如果你的体型瘦小，可以选择颜色偏浅、质感强、有弹性、松紧适中、款式简洁的服装。而避免选用色泽深沉、线条复杂的服装。

如果你身材矮胖，不妨选择质地柔软，花色素雅，腰身适合并有纵向感的服装。而不宜穿质地粗糙，色彩热烈，过于紧身或线条不流畅的服装。

如果你的腰较粗，可以借助开衫掩饰。也可夸张上身和下摆，使腰相对显细。

如果你的腿较短，最好选择连衣裙类，并将裙腰上提，再用宽腰带束腰。

如果你的乳房过小，首先可以选择加垫的胸罩，再选择上身柔软宽松的束腰服装。

一年四季，春夏秋冬，一个善于搭配的女孩绝对不会让自己的身影埋没在人来人往中，而是会精心打扮自己，让自己成为一道亮丽的风景线。

服饰的四季搭配

那么根据季节来搭配到底有什么重要的技巧和要求呢?

1. 春天穿衣要艳丽

春天的色彩比较鲜艳，也比较干净、清新，最能表现春天颜色的地方就是美丽的植物园，在那里，你能感受到浓浓的春意，可是在我们搭配衣服的时候，颜色虽然比较鲜艳，但浓度却不要太高，而应该显得淡雅一点，比如说嫩绿色、鹅黄色甚至是粉红色等，这样才能营造出属于春天的干净、清新、愉悦的感觉。

当然，整个春天的颜色并不都是一样的，而是要有所区别，这样才不至于让自己陷于一种单调的尴尬之中。

早春的季节还是比较寒冷的，特别在北方，毛衣依然是首选。但是不是还要像冬天一样把自己裹得严严实实呢？当然不是，可以用裙子来表明春天和冬天的不同。不妨将你所有的毛衣找出来，再找出长裙或厚裙，从颜色到款式进行重新搭配，即便这些衣服都不是最新买的，可是穿在身上，却别有一番风味。在出门时还可以穿上你的风衣，在一种“飘”的感觉中，让周围人开始感受你的非凡气度吧。

早春之后，温度便开始逐渐回升了，这个时候是青青小草发芽、嫩嫩枝芽探头的时节。真正的春天来了，带着习习微风，给人们送来怡人的春意，这个时候就是穿漂亮衣裙的时候了。这也是体现一个人搭配能力的时候，不要总觉得你的衣服不够新颖，不要害怕你的眼光不够独特，只要你能搭配出属于自己的风采，你依然是这个春天里最美丽的一个女孩。

这里介绍几款春天的服装配色：

宽松的水红羊毛衫，下配一条水蓝牛仔裤，加上未加修饰的发型，显示了春天的朝气，这种无拘无束的潇洒也是一种春天的美丽。

粉色的V领针织衫，配上卡其色休闲裤，内敛、文静而又显得底蕴丰富，婉约柔美，绝对有淑女风范。

热辣的桃红色带有绣花图案的蝙蝠袖针织衫，让宽大的蝙蝠袖显得有一丝灵动。

正午时分，你可以脱下羊毛衫，随意地披在肩上或者系在腰上，看上去与众不同的你也一定能受到周围人的关注。

黄昏时分，你可以重新穿上漂亮的毛衣，配上红格子短裙，给这迷人的黄昏再添几分醉意的朦胧美，而这一切的创造者就是美丽的你。

如果上装是一种清新自然的颜色，不妨搭配一条黑色长裤，它带给别人的是一种神秘与向往。

当然，白色对于春天来说也是一种非常美妙的颜色，白色开衫羊毛外衣、内衬套头的白色薄毛衣、配上嫩绿丝巾增加清新度，一袭白色能给人文雅清纯的感觉，绿色带来几分动感。若上穿黑白格子长外套，下穿黑色长裤，能使你更加英姿飒爽。

2. 夏天穿衣要淡雅

夏天，是一个炎热的季节，这个时候就不能像春天一样，用鲜艳的颜色来衬托你的美丽了，而是应该用含蓄、柔和、带蓝色调的冷色系，或者是粉嫩的粉色及带烟灰感觉的暗色相搭配，给人一种诗意般的朦胧和沉静，其中也不乏一点温柔和浪漫的特质。可以说没有哪一个季节的色彩能比得上夏季色彩的缤纷灿烂。

朦胧诗意。宽松的黄色无袖上衣，下配一条白色的中长裤，裤脚两侧打上两个活结，脚穿浅色的凉鞋。

热烈奔放。黄色T恤，加上红色的百褶短裙，脚穿浅色运动鞋。

活泼清新。白色T恤短袖衫，红白相间的松身短裤，腰间系一条红腰带，脚穿红色便鞋。

浪漫情怀。蓝色上衣、短裤，细细的腰带缚在腰间，额头上配一副太阳镜。

清新、恬静而又充满活力。一件洁白的文化衫，加上蓝色的牛仔短裤，脚穿白凉鞋，显得清新、恬静而又充满青春的活力。

3. 秋天穿衣要有风韵

秋天，是一个收获的季节。包括黄色在内的暖色调成为这个时节最突出的颜色，如橙色系、橙红色系、金黄色系、金色系、棕褐色系、砖色、浓郁的暖绿色、暖蓝色及米白色等。看来秋天也是一个争奇斗艳的季节。

在这个季节，服装基调应以饱和的暖色调为主，但是样式就不一定了，和环境色彩一样，可以变化无穷，搭配显得越自由，也就越能体现出一个人搭配的能力。

在这个美丽的季节，专家同样给了我们一些建议，不妨一试。

格调高雅。黑白相间的套装。

情调雅致。藕色底配玫瑰色图案的毛衣，配鲜艳腰带的银灰色背心裙。

秋装面料选择。薄花呢一类或者是具有柔软而稍厚、成衣后挺拔不易皱的面料，都成了制作秋装的理想面料。

4. 冬天穿衣要别致

冬天的寒冷足以让我们感到畏惧，因此冬装的色调以暖色调为最好，如正红、正蓝、正绿、正黄、正灰和鲜艳的桃红色、酒红色、紫色、蓝色，以及海军蓝、黑色、黑褐色。当然，为了和周围的环境相一致，白色也是冬装的主色调。

褐色格子呢西服，里面是一件白色的羊毛衫，下面是和西服同色的灯芯绒长裤，给人一种温暖的感觉。

裙子不是夏天的专利，冬天照样可以穿裙子。枣红连衣裙罩上一件同色毛料西服，便可以抵御风寒。

浅灰色的西装与长裤，内衬一件白色套头羊毛衫，火红的围巾系在颈间，给人一种外冷内热的感觉。

另外，如果你不会搭配也不要紧，多看点搭配的东西就能改变自己的现状了。

按照前人总结出来的规则去穿着搭配基本可以保证不出差错；不过有时也不妨故意犯一犯忌，或许会穿出新意，效果更好。

颜色搭配要讲究大小、多少的关系。颜色之间不能平分，而要讲究一个主题。

面料上的装饰图案不宜重复，为了弥补这个缺陷，可以将面料上的纯色增加一点。

如果身上全部是一种颜色，那么稍微用其他颜色装饰一下，更能显出风韵。这种装饰可以是手提包、围巾或者是腰带等。

经常整理衣橱，你会发现可以搭配的东西很多，善于搭配也是打扮自己的一个必要条件。

服饰的色彩搭配

搭配的整体风格，也可以用反衬法来强调。如一件粗犷的牛仔装或一件随意的灯芯绒外套可以搭配一件精致细巧的紧身针织内衣，松与紧、粗犷与纤细的强烈反差会使你更显潇洒随意、英姿勃发。

在色彩搭配方面，最好使用自己的能量色。能量色，顾名思义，就是能完美衬托自己的色彩。每个人都有自己的能量色，它能帮助你更好地塑造个人形象，得到别人的认可，也能帮助你更好地拓展自己的事业。怎样才能找到自己的能量色呢？

1. 找准自己的能量色

对于找到自己的能量色来说，本身的肤色也很重要，衣服的颜色要如何跟肤色搭配，怎样搭配才能显示自己的性格特点，这些都和能量色有关。

如何查找自己适合的能量颜色呢？下面有3个基本的原则供您参考：

(1) 可以从童年喜欢的颜色来检视你的基因能量色彩。

(2) 从生活中检视，当你穿了一件新衣服，被许多人称赞，那代表这件衣服的颜色适合你。如果穿了一件名牌，却没有受到注目，可能这件衣服的颜色并不适合你。

(3) 从下面几项原则判别能量色。

①“清晨型”的人外形可爱年轻，不会随年纪改变外形，适合儿童颜色，例如粉蓝、鹅黄、粉红，代表人物是蔡依林、蔡卓妍。

②“午后型”的女人具时代感，流行又不失文雅气质，适合水蓝、湖水绿、柠檬黄，代表人物是张曼玉、萧蔷。

③“黄昏型”的女人肤色偏黄，如模特儿身材，骨架均匀，像是蓝心湄、刘嘉玲等，适合的颜色是橘色、土耳其蓝、咖啡色等。

④“黑夜型”的女人外形出色，五官明显，用错颜色就不耐看，例如林青霞、王菲、陈慧琳，适合黑灰白等颜色，还有正紫、鲜黄与辣椒红等。

2. 恰当运用自己的能量色

每一种色彩都有其色彩功效，红色能促进血液循环，绿色能治疗心血管疾病，粉红色让人想恋爱，黑色让你变得有距离感。新人进入职场时，可以妥善运用颜色，达到在职场竞争时的3个目标：第一是让人际关系变好，第二是让上司提拔，第三则是让客户买你的单。

刚入职场的新人不要穿大红、大黄、鲜紫、深黑，会让别人有距离感；穿着一件式的洋装，比较具有女性柔和的特质。女性要多运用智能而非体力，多使用一些谦虚色，例如浅绿色，随和，可以跟很多人打成一片；浅黄，可以增加沟通能力；绿色可以让别人付出关心，增加相互理解；粉红色不能单独穿，搭配暖灰，容易带动贵人与前辈提携。

找准自己的能量色，然后在能量色上做文章，事半功倍。

还有一种按照颜色分类的方法，就是首先要考虑自己是哪种女人，根据自己的类型选择适合自己的服装。

1. 暖色型女人

一些传统的色彩并不适合你，它们会把你的那种自然色彩遮掩住。

应该选择大红而不是紫红色的服装。如果你的肤色较白，那么选择白色的服装会使你看上去特别漂亮。

如果你想突出身上的其他部分，那就不要穿黑色的裙子。

赤褐色或黄棕色的口红与你所有的服饰都相配。

你穿大红色的衣服，应使用赤尾红色的口红。

用咖啡色或浅草色的眼线笔勾出眼睛的外形会使你更具有吸引人的魅力。

当需要描眼影时，眼睑最适合金黄色，并用棕色眼线来突出这种化妆效果。

2. 冷色型女人

这种色型的女人不宜穿棕色、米色、土黄色和奶油色服装。穿和蓝色相近的服装将会使你的冷色彩看起来协调，而用紫红色、淡黄色和玫瑰红来衬托白色服装，将有损于你形象的严肃性。

亮泽的口红应该尽量避免使用，那会使你看起来比实际年龄大得多。口红的颜色至少应与你的眼睛的明亮度相符合。

3. 明亮型女人

这种色型的女人宜穿戴深浅颜色相同的或色彩单一的服装，如以天蓝色为基色与其他相比较灰暗的颜色匹配。

单一的、较柔和的颜色对于其他人来说可能较合适，产生一种温馨的感觉，但对于你却是最不雅致的。

因为你的服装多数仅限于强烈的中性色彩，所以要注意使用多种颜色搭配的服装来改善你的形象。如艳黄色的上衣将会削弱黑色服装给人带来的不舒服的感觉。

眼影和眼线的颜色应和你的眼睛的颜色搭配得当。

4. 深色型女人

深色型女人应配中性或深色的服饰，并用鲜艳的色彩来点缀。

像黑色配橄榄绿，天蓝配艳黄色，青绿色配黑色等。但不能穿淡色的服饰，那样会与你的肤色产生极大的反差，严重影响色彩的协调感，给人一种不健康的印象。

化妆的时候，一般使用半透明的黄色口红。

同时设法突出你的眼睛，通过眼线描出它的轮廓。

5. 淡色型女人

淡色型女人给人以一种精神的感觉。对于这种色型的女士，绿色是最佳颜色。

适合穿中性颜色的服饰，应避免穿黑色的服装。

如果一定要穿诸如海蓝色之类的深色的服装，那就一定要选择柔和一些的淡色相配。

如果你天生就喜欢色彩艳丽的服装，那一定要避免不要太招摇了。

化妆时，应用一些有光泽且实用的较暖色的口红，如橙色，尽量避免霜露色和珍珠色的口红。

眼影，则可以用暗褐色或灰色和整体相配合。

6. 柔和型女人

这种色型的女人往往给人一种文静柔和的印象，由于性格上的因素，很多颜色的服装都适合于她们。

鲜艳的服装能使她们看上去别有动人之处，但并不意味着她们就局限于其中。颜色强烈一些或与浅色相搭配的服装比较适合她们。如果周围的人都穿单一色调的服装，那也只有特别深或特别浅的颜色才会使你看上去漂亮些。如果你的肤色是冷色的，那就穿粉红色或棕色的服装。如果你的肤色是暖色调的，那么奶油色就更适合你。

应景穿衣，不同场合的正确着装

20几岁的女人一定要在服饰搭配上多下些工夫，这样在年轻时培养出良好的品位和气质，才能保持长久的魅力。女人的衣橱里应该有一些适合自己的服装，以便随时搭配。

每一件衣服都有它的特点：颜色、面料、款式等，每一件衣服也都有它独特的美感。不是任何一件衣服，你从衣柜里取出就可以穿上的。今天该穿什么、怎样穿，不能凭一时的喜好，当你穿上它的时候，你得考虑今天要去的是什么地方，要去做的是一件什么样的事，希望达成的愿望是什么。着装在社交礼仪中也占有很大的分量。

那么，究竟要怎样才能做到正确地着装呢？首先来谈一谈服装与场合的关系。就我们的日常服装来说，大致可以分为职业装、休闲装、礼服（包括晚礼服和日礼服）、家居服等几大类别，我们在选择服装的时候需要注意以下几点。

1. 休闲装

休闲装是一类新品牌，是为了适应现代化的个性化生活而产生的一类服饰，它兼收了生活服饰简单舒适和职业服饰大方的特点，赢得了越来越多人的青睐。

在繁忙与紧张中度过了5天之后的人们差不多都要窒息了，总是急于换一个能让自己的身心都能得到最大释放的、宽松、舒适的环境氛围，在家里休息或到乡村度周末成了很多职业女性的第一选择。因此，采用天然材料，触感柔和，易于吸汗，且不需要熨烫的休闲服，成为人们争相购买的生活必备服饰，它不论是从面料还是款式方面，都更注重与人体的亲密接触，也更方便人们的户外活动。加上它的色彩多采用亲切、柔和的暖色系，更能给人一种轻松活泼之感。

现在不少职场的着装要求已大为宽松，休闲服也逐渐成为了一些轻松的职业场所适用的服饰。它作为一种新时尚、新观念的服饰语言，更加体现了服饰与人体间亲密、坦承、自由、从容的新规律。

2. 职业装

在工作以外的时间，我们尽可以凭自己的喜好，把自己打扮得或青春，或漂亮，或淑女，或不羁，或性感。一旦走进办公室，我们的整体形象，包括衣着、妆容、佩饰、随身携带的物品，就都超越了其本身对于我们个人的意义，它将成为我们工作所在地的一部分，转化为工作道具的一部分。

作为一个在职场奔波的女性，主要的职责是展示自己的工作才华和工作态度。得体的职业装是工作中重要的一部分。一套得体的服装，可以展现出一个职业人的职业风貌、个人气质以及修养内涵。如果成天牛仔、T恤、运动鞋，就会犯了职场之大忌，人们会因此怀疑你的成熟度以及你的工作能力，即便这样穿着很舒适、简便。

职业女性给人的印象是形象端庄，举止大方得体，所以着装应该以端庄、大方为基本原则，太时髦、新潮的衣服，与所处的工作环境、气氛格格不入；而太保守、陈旧的衣服，又容易给人以一种压抑、有失礼貌之感。

办公室里的服饰颜色不能太过鲜艳，否则会给人一种突兀之感，与整个办公环境不和谐，甚至会给整个工作进度带来影响。所以办公室服装应以端庄、简洁、亲切为基本原则。另外，由于身处办公室这一特定的工作环境，职业女性每天大部分的时间都坐着，衣服极易起褶皱，所以在选择服装时，一定要注重服装的质料。一块好的面料，再加上好的裁剪，就成了一件既不易过时、又不会轻易变形的高级时装。它不仅能体现出你个人的高贵气质，还能多次反复穿，虽然价格高了点，但依旧不失实惠，俗话说“衣服在精而不在多”就是这个道理。

在外出职业装的选择上，因为会经常走动，所以应把服装的舒适性放在首位，不适合穿着过紧或者是过于宽松、透气性不好或者是面料粗糙的服饰；同时就是要注意着装的简洁、得体。在这种时候，西装套服或者是衬衫长裤的搭配就是一种不错的选择。

当一个职业女性从办公室走向户外时，她展现在众人面前的是一个注重整体的立体的职业人形象，所以整体的服装色彩不宜太复杂，还要考虑到与发型、妆容以及随身携带物品等的统一。一般职业装的款式、颜色比较单一，为了不给人造成视觉上的单调感，可以适当加一点小的佩饰，但是佩戴的饰品不能太多，也不能选择那些太过夸张的，应尽量与整体服饰搭配统一。

3. 晚礼服

晚礼服又称晚装，是用于庆典、宴会、晚会等礼仪活动的服饰，相对于职业装来说，晚装的款式、特色等的变化之处较多，需要根据不同的场合及需求而定。晚装的着装要求多以高贵、优雅为原则，在服装的造型上，中式风格的晚装以中国传统的旗袍为主，注重突出东方女人温婉、端庄、贤淑、秀美的姿态。西式风格的晚装则比较开放，以低胸、露肩的曳地长裙为主，强调女性美艳、性感、光彩夺目的一面。

晚装虽然不属于经常穿着的服饰，但在日常生活中，仍然可以根据自己的需要，准备两件或者两件以上，尤其是具有多重组合功能的服饰，能让自己在不同的场合，表现出应有的穿着礼仪。

晚装同职业装一样，也需要讲究服饰面料的品质及做工的精美。一套好品质的礼服，不仅可以烘托出一个女人的社会形象和品质，也能凸显女性的魅力。对于中式旗袍来说，它的主要特点是展现一个女人的完美身材，但并非只有标准身材的人才能穿，只要我们根据自身特点，注意一些细节的处置，一样能“秀”出旗袍的独特魅力。

对于脖子粗短型的人：这种体型的人在选择旗袍的时候，最好选择一些无领型的或稍带一点小V领的，这样既可以避免立领给脖子的活动带来的不便，也可以起到拉长脸型的作用。

对于脖子细长型的人：旗袍的美，一部分展示了女性的完美身材，另一部分就表现在它的领上。它的立领让着装者显现出一种无可比及的高贵感，而脖子细长的人正好可以利用旗袍的立领来美化自己，两者相得益彰。

目前在国内来说，穿着依旧还处于一种较为保守的状态，因此西式晚装的开放程度还不能被东方人完全接受。只露出肩、颈、背的小晚装穿起来更适合东方人的审美观。

在色彩方面，高雅且富有神秘性的黑色是最常用的色系，另外一些富有时尚感的金色、大气的酒红色、高贵的紫色等也是可以纳入选择行列的颜色。

在晚装的配饰方面，只可以选择一种或两种有画龙点睛之效的饰品。因为晚装本身在色彩、面料上已是光芒四射，在饰品的选择上，应照顾到穿戴的整体性，给人一种有主有次的感觉，而不会让自己的装饰像礼品店里的商品一样琳琅满目。

在选择各种服装时还要注意下面这些实用的细节。

(1) 晚装的几个亮点是闪亮、流苏、镂空、蕾丝、罩纱。恰当而巧妙地利用这些亮点，你就能得体出场。

(2) 如果你属于外向型的性格，不妨在晚装上增加一些闪亮的点缀，亮丽元素的强烈视觉冲击力一定能吸引住人们的目光，让你的个性魅力得到完美展示。但要注意的一点是，闪亮元素有一定扩张感，较适合体态偏瘦的女性。

(3) 运用流苏、镂空的花纱、闪亮的珠片或小钻石做装饰，给晚装在不经意间添上画龙点睛的一笔，让你能够别致迷人。

(4) 如果晚装是黑色的，想要制造亮点的话，可选择一个金色或红色的手袋。

(5) 华丽高贵的提花面料晚礼服，是体现高贵身份的必选。

(6) 如果参加时间较长的活动，需要拎一个方便的小手包，将一些随身的用品如手机、纸巾、口红等带在包内，以备不时之需。

(7) 休闲服要注重洁净度，特别是避免体臭和服装异味，因为高度洁净所表现出来的品质和魅力，往往会高于其他服饰。

(8) 适用于休闲场合穿着的服装款式，一般有家居装、牛仔装、运动装、沙滩装、夹克衫、T恤衫等。

(9) 正规的西装如果内穿T恤衫、花格衬衫、牛仔布衬衫、半高领羊毛衫或西服上装配牛仔裤，灯芯绒休闲西服配正规西裤，以致不同面料、不同颜色的西服上下装组合也能穿出休闲味来。

(10) 鞋子、手袋及饰品要与晚装的整体效果一致，要做到端庄、高贵但不张扬。

小件搭配衬托整体形象

讲究穿着的女性皆注重服饰的各种细节，尤其是各种“小件”的搭配。如皮带、围巾、帽子、包等，它们不仅实用，而且具有极强的装饰效果。搭配和谐得体不但能点缀衣服，更能突出个人的整体形象。

1. 胸针

胸针是很特别的配饰，它代表着你将出席的场合，因此胸针的佩戴是有讲究的。

如男士穿带领的衣服时胸针要佩戴在左侧，如果穿不带领的衣服，则佩戴在右侧；发型偏左时佩戴在右侧；反之，则戴在左侧。胸针的上下位置应该在第一粒及第二粒纽扣之间的平行位置上。所以说，男士佩戴胸针是非常严格的。

而女士们就可以随心所欲地改变佩戴方式了，最传统的扣法是将胸针扣在外套的翻领上。还有在外套的口袋或者是牛仔裤的口袋上扣上胸针也会令人耳目一新。

在佩戴胸针的时候有一点是要注意的：在穿正装时，应该选择大一些的胸针，材料也要好一些的，色彩要纯正。穿衬衫或薄羊毛衫时，可以佩戴款式新颖别致、小巧玲珑的胸针。

2. 眼镜

在现代社会，眼镜不仅仅是一种实用工具，还是一种时尚的装饰品。它的款式、颜色和材质日益增多，也越来越受到爱美人士的喜欢。

具有诗人气质的文雅一族，最适合的镜框样式是秀气的细边和圆形的镜片。典型代表就是诗人徐志摩。

粗重的镜框适合庄重一族，戴上它会让人觉得值得信赖。

时髦一族最适合的颜色是紫红、水蓝、浅茶，加上有色反光的镜片，配上方形的裁切，给人带来一种无限的亮丽感觉。

成熟女性或者是办公室一族，宜选择比较保守的款式和颜色，或者是那种比较精致而丝毫不显夸张的款式。

3. 耳环

耳环是多年来一直流行的配饰，并且款式越来越多，深得女性的欢心。用耳环来衬托自己的美丽是一个很好的选择，但有个前提就是要求陪衬和谐，要与发型、颈部、脸型、肤色等相协调，因为佩戴耳环就如同穿衣服一样，只有达到和谐的程度，才能得到良好的整体效果。例如：

(1) 颈短而穿领口低的上衣，最适合搭配花朵图案的圆形耳环。

(2) 颈长、发长的女士最适合戴长链形耳环，会给人柔和婀娜的感觉。

(3) 有发辫的女士，适合悬垂镶钻石耳环，这样会令你更加神气。

(4) 短发而脸圆的女士，适合戴鹅卵形或者是长菱形的耳环。

(5) 梳发髻或将头发盘于脑后时适合白色或有色彩的大型耳环，这样会让你的耳环比较醒目。

(6) 留男士般短发的女士，比较适合白色月牙形耳环。

(7) 高贵感的耳环必须与有品位的服装和相应的场合相配才能显现其效果。

4. 戒指

戒指是首饰中最普遍的一种，可是很多人并不知道戒指的戴法上也很有讲究，它不仅是一种装饰品，而且戴在哪个手指头上，所表示的意思也不同。

戴在无名指上表示已婚；戴在小指上则表示独身或者是已离婚；戴在中指上表示订婚；戴在食指上表示在追求某人或正在被某人追求。

大多数人的戒指都戴在左手指上。这种戴法基本上已经成了一种风俗和习惯。因此不能乱戴，以免造成误会。

除了这种戴法的讲究之外，还要对戒指本身进行选择，选择的依据是自己的肤色或者是喜好。如年轻人可选银白色，以显素雅；年长者可选金色或其他颜色，以显老成。

另外，选择戒指还应该配合手指形状。如果手指短，则适合戴小戒指，如果上面有钻石一类的镶嵌物，这类镶嵌物也应该比较小。手指纤长的人，比较适合佩戴阔环或镶大钻石的戒指。

5. 手镯

手镯和其他饰物一样，也深得女性的欢心。但是不同的人对手镯的选择也不尽相同，应根据自己的年龄肤色和爱好来进行选择，这样才能让自己的美丽达到最大程度的绽放。

成年女士比较适合金手镯、嵌玉手镯，以及上面饰有图案等的比较华贵富丽的手镯。

无论是成年人还是年轻人都适合玉镯，玉镯让人看起来十分柔情，别有一番情趣。

流行人士比较适合佩戴珐琅手镯，又叫景泰蓝手镯。它浑厚而鲜艳，图案极富于变化，是最具中国特色的传统首饰，假如能配上流行服装效果就更明显了。

城市女郎最适合佩戴链条环镯，也称作手链，特别是那种镶有珠宝，轻巧、新颖又精致的手链，更是能将你的城市味表现得淋漓尽致。

穿着旗袍或传统服装时，佩戴翡翠、玉石手镯，不失端庄与典雅。

穿着裘皮大衣时，金手链或者嵌宝石的金手链，会让你表现得更加雍容华贵、气度不凡。

穿着浅黄、中黄、棕色的服装时，戴上透明的琥珀手镯，会产生一种统一和谐的整体美。

穿着深颜色的服装时，配一只浅色或白色的手镯，会产生一种跳跃感。

里面穿着一件褐紫色的衬衣，外着一套灰白色短袖套装，在手腕上佩戴一副紫水晶与透明水晶组合而成的手镯，就会产生一种和谐美。

身着白与蓝组成的花连衣裙，腰间束一根蓝色皮带，手腕上戴一只与腰带同色的蓝色手镯，可让衣服的颜色和手镯的颜色遥相呼应。

要让自己显得优雅，就不要忘记配饰。

配饰是一种点缀，而不是主体，千万不要喧宾夺主。

配饰和服装的搭配是很重要的，这种搭配包括颜色和物品的贵重程度。

在配饰上花很多心思，也就让其他人在你的身上多花心思。

服装的迷人加上配饰的魅力，能把你打造成最受人欢迎的嘉宾。

6. 腰带

腰带是个人服饰搭配最突出的一环，它主要用在各类裙、裤及风衣等服装。款式上，起到装饰美化的作用。尤其是其显眼的扣环设计，最引人注目。所以腰带扣环的设计是非常重要的，设计越是简单得体，越能表现腰带独有的特色。

另外，我们还可以尝试选择不同风格的腰带及扣环。例如，传统的西方腰带与印度浮夸的银扣互相搭配，会有不俗的效果。选购腰带时，要选择质地较好的腰带，作为形象搭配，这项投资是值得的。

(1) 镶钻皮带。适合那种小蛮腰的女性。因为胖腰和宽皮带的搭配并不是很美，而这种小蛮腰也不适合宽腰带。从中也可以得出一个选择腰带的诀窍：皮带挂在腰下，又要感觉贴身才最好。

(2) 金属皮带。金属皮带给人一种重量感，所以佩带的时候应该比较紧身，否则会叫人替你担心会不会掉下来。它适合低腰裤、浅色休闲裤或者是西裤，露出一节皮带尾巴，垂在腰下，让人看到美丽的质感。

(3) 金属腰链。腰链分配裤子的和配裙子的两种，一般只适合年轻女孩，特别是那种腰细、腿细的女孩子。

7. 帽子

帽子分好几种，每种帽子所起的作用不尽相同。当然，每个人所要选择的帽子也是不同的，关键就是要适合自己，这种适合要特别强调帽子与脸型、皮肤颜色的适合。以下是几种常见帽子的搭配建议：

(1) 遮阳型大圆帽。这种帽子比较适合那种脸比较大或者是四方脸的女性，同时，和这种帽子搭配的应该是简便的服饰和淡妆，这样才能体现出女性的温柔美。

(2) 休闲帽和贝雷帽。最适合那种小下巴的倒三角形脸的女性，除了直顺的长发外，几乎适合所有的发型。戴这种帽子的女性往往给人一种活泼可爱的感觉。

(3) 运动帽。这种帽子几乎适合所有的人，所适合的服装也比较多，如运动装和轻装等。这种帽子比较适合鹅蛋形或者略为圆形的脸，所适合的发型是飘逸的长发。这样的佩戴往往会给人一种活泼的感觉，如果你觉得自己有些内向的话，最好戴这种帽子。

(4) 装饰帽。戴这种帽子一般都把耳朵藏到里边，所以最能显脸小。这种帽子最为合适的是大波浪卷发，如果你认为你的脸稍微大一点，可以用刘海儿遮住脸部。

8. 包袋

包袋是相当个性化的选择，如何搭配服饰亦因人而异。不同款式的包袋，可展示不同的生活节拍。在选择包袋时要注意包袋的容量、耐用功能和内里设计是否易于找寻物件等。虽然颜色鲜艳的包袋较为抢眼，但就实用价值而言，咖啡色和黑色是较受一般人欢迎的，也可选择较小的黑色皮包，适宜不同场合使用。对女性来说，包除了实用价值，其装饰作用在近些年越来越重要。根据不同的季节、不同的款式、不同的服装色彩，甚至发型、耳环等，选配最为相宜的包，可以塑造出一个崭新的自我。总之，有时一只简简单单的小提包也会生出一份新感觉；一只造型别致的布挎包也会平生鹤立鸡群的效果；甚至自己动手做的塑纸拎包也会使你增添一份随意，一份潇洒，一份自在。

9. 背包饰物

包是女性一个重要的饰品，包上的饰品也逐渐受到爱美女性的关注。穿上可爱装，背起心爱的背包，再配上一个漂亮的宠物娃娃，是当今时尚一族最喜爱的选择。所谓的宠物娃娃就是一种背包的饰物。而背包的饰物也远远不止宠物娃娃一种，有很多卡通形象、电玩形象甚至是某些明星的卡片配件等。还有一种比较特别的，是一个仅七八厘米高、硬币大小直径的“迷你型”易拉罐。这个小易拉罐就是实用又别致的零钱扣，将包中散落的零钱在包外来个闪亮小集合，方便极了。由此可见，背包饰物不仅能点缀你的美丽，还有独特的实用效果。

10. 丝巾

丝巾所强调的是一种个性，一种流行趋势。作为配饰，丝巾具有极强的功能性，佩戴丝巾可谓一举数得。

在长途旅行时，多带几条丝巾，以搭配不同的套装，会让旅途的劳顿烟消云散。

出席晚宴时，把长形丝巾随意地搭在肩上，就会营造出一种飘逸优雅的气息，让更多的眼光聚集到你身上。

在商务场合，简洁利落的蝴蝶结和链状结的丝巾能给人干练的感觉。

如果你总觉得自己的衣服并不是那么好看的话，不妨用你的丝巾来点缀它，挑选多种规格、色调协调的丝巾，会使服装永不落伍，常穿常新。

善用丝巾的女性就是一道美丽的风景线。

11. 手机挂饰

可爱的手机挂坠越来越受到爱美女性的喜欢，如一串美丽的水晶、小银珠、小铃铛等，闪烁着一种清澈迷人的神秘风味，在阳光下折射出美丽的光彩。在手机上的挂坠，在一定程度上能表现出这个人的爱好和个性。

12. 发饰

发饰是美发的重要部分，一个好的发饰能让你的头发变得更加美丽，即便你原来的头发并不是那么好看，可是搭配出来的效果却常常令你大吃一惊，因此对于一个爱美的女性来说，选择一个好的发饰是非常必要的。

对于年轻的女孩来说，选择发饰并没有什么特别的要求，只要根据自己的爱好和服装化妆的情况来搭配就行。

对于成熟的女性来说，只有一个原则，就是摒弃比较夸张的款式和比较鲜艳的色彩，当然，还有那种太可爱的发饰，这对于成熟女性来说是不得体的，往往会给人一种轻浮或者装可爱的感觉。

发饰还要注意场合，在比较严肃的工作场合，比如说在办公室、谈判场合或者是一些仪式上，发饰的款式颜色一定要以简洁大方为主，质量也必须过硬，劣质的发饰无疑是不得体的。

一个女人如果脸蛋很漂亮，但是穿着却毫无品味甚至不伦不类，我想没人说她是漂亮的。如果一个女人脸蛋不是特别漂亮，但她却懂得服饰搭配，穿着时尚又稳妥，有谁会认为她不美呢？所以，20几岁的女人要学会用服饰来装扮自己，让自己更漂亮更灿烂。

第16章

美丽可以创造，女人20几岁熟谙美容化妆术

一个女人的妆台，包含着她全部的思想认识和生活状态。她是淡妆浓抹还是素面朝天，是热情洋溢还是含蓄内敛，是优雅自信还是心情黯淡，她日常的化妆品无言地阐述这一切。男人的生活态度表现在手机、皮带、公文包上，女人的生活态度表现在她的化妆品上，比她与衣饰的关系更为密切。

化妆让女人更像女人

在日常消费上，女人们对于品牌的虚荣心并不值得称道，但化妆品是唯一的例外。当你往脸上涂抹一种护肤或彩妆名品的时候，感觉绝对与用一些大众化的牌子不同，而这种来自心底的舒展与自信，就是对自己肌肤绝好的滋养。

如今，美不再是简单意义上的漂亮，而是一种愉快的生活感受。精美的化妆品，会让我们发现从未发现过的一个全新的自己，一个完全与众不同的自己。是化妆品让女人更像一个女人。

女人的底气，不能完全靠化妆品撑着，但是如果一个女人与化妆品隔膜太深，证明她已经对自己不再珍爱，对时尚不再敏感。现在，我们有必要花一点点时间，来重新温习一下化妆世界里的名品。

法国LAN COME（兰蔻）

在逾70年的时间里，兰蔻以其独特的品牌理念实践着对全世界女性美的承诺，给无数爱美女性带去了美丽与梦想。更难得的是，一个逾70年的老牌子，时至今日还能保持如此年轻的状态，在彩妆以及护肤界均有众多被时下女性拥护的精品。

美国ESTEE LAUDER（雅诗·兰黛）

该产品的那句“如果你16年前已经用上了ANR系列，那么16年后的今天，你的皮肤依然和16年前一样细腻娇嫩”的广告语深入人心。

法国DIOR（迪奥）

以做高级时装起家的DIOR品牌，自1947年首次推出香水MISS DIOR后，现已全面进军美容领域。经典与高贵是DIOR的代名词，如今，DIOR更是时尚和创新的代表之一。

法国CHANEL（香奈尔）

以交叉的两个“C”为品牌标志的CHANEL品牌，同样以高级成衣起家。在美容领域最大的成就是香水。No.5香水——这个成就了一段香水神话的香水，已经成为全球无数女子的妆台最爱。性感女神梦露的那句“我只穿Chanel No.5入睡”的广告名言，更让这款女士香水名垂百年。

日本SK-Ⅱ

数十年前，一个科学家参观一个酿酒工厂时的偶然发现，诞生了一个美容界的神奇品牌，它就是SK-Ⅱ。从20世纪90年代起，SK-Ⅱ从MF（MAX FACTOR）公司独立出来，定位为高级保养品牌。其专利成分PITERA，提取自米酒的天然酵母。

法国BIOTHERM（碧欧泉）

碧欧泉卓越的护肤功效，来自温泉中提取的精华PTPTM（矿泉活性因子），富含多种微量元素、矿物质和蛋白质成分，能温和调理肌肤，使其达到均衡状态。它是法国的科学家在研究温泉对人体的疗养功效时发现的。

法国GUERLAIN（娇兰）

卓越的品质使娇兰从众多香水品牌中脱颖而出。娇兰从创立伊始就采用的神奇香料配方——汤加豆、茉莉、玫瑰和鸢尾花，成为娇兰香水的芳香标记。

法国SISLEY COSMETICS（希思黎）

希思黎化妆品创立于1976年，是法国一个家族式的贵族化妆品牌。创始之初，整个品牌非常低调，顾客群也只限于一些上流贵族圈。直至20世纪末，希思黎化妆品才开始在全球范围内公开发售，纯植物提取是该品牌的立身之本。

瑞士BOBBI BROWN（简称BB）

BB的哲学是：让每一个女人都做她自己，最自然的状态就是最美的。因此，该品牌的彩妆颜色毫不花哨，色彩也大多是基本的，质地让人爱不释手。

20几岁学点化妆术，30岁后美丽常驻

了解了众多知名化妆品品牌之后，20几岁的女人还要学会选择适合自己的妆容。女人日复一日，不辞劳苦地在不足十寸的“土地”上“辛勤劳作”。工作是如此紧张，颜面问题却不得不重视，费神又费心，所以清新、舒适、简单的化妆越来越受到现代女性的欢迎。

1. 先确定自己的脸形

先确定自己是鹅蛋脸、瓜子脸、梨形脸、圆形脸、方形脸还是菱形脸。脸形不同，修饰的重点也不一样。不过，一般说来，所有脸形的修饰，总是趋向于“鹅蛋脸”的。

同时适当地佩戴耳饰，可以有效地缓解脸部线条的缺陷。瓜子脸的女士，下巴比较尖，适合佩戴“下缘大于上缘”的耳坠，像水滴状、葫芦形等。

梨形脸上窄下宽，可在两腮较宽部位加深色粉底，在额头和下巴补较浅色粉底，增加饱满的感觉。眼镜则选择方形镜框的。

圆形脸十分可爱，却缺乏立体感，应该在腮部和额头两边用深色粉底，长线条刷涂，拉长脸形。下巴和额头中间则使用较浅色粉底，形成立体感。

较短的方形脸线条较直，下巴缺乏温柔感，同样需在腮部和额头两边打深色粉底，额头中间和下巴加较浅色粉底，同时化点唇部的彩妆，表现出柔和的色彩。

长形的方形脸同样让人觉得不柔和，可以尝试在脸腮部和下巴打上深色粉底，增加秀气度。同时眉峰不宜太高，眉毛2/3画直，选择有棱角的几何形状镜框的眼镜来搭配。

菱形脸很有立体感，却颧骨较高，显得尖刻。应用较重的腮红在颧骨上造成厚重的阴影感，同时提亮、加宽鼻梁。这种脸形的女士，可以通过留刘海儿缓和。

有些人的脸形是两种或多种脸形的混合体，这样就要选择最突出的脸形做修饰。只有知道自己的脸形特征，才能扬长避短。

2. 对眉毛的修饰

眉毛是女性很优雅的部位，眉如远山是女子历来追求的。只是如何能让自己的眉如远山秀呢？是不是秀如远山的眉就适合所有的女性呢？

画眉可以修饰眉形，将过短的眉形加长。不过还是建议你除了眉笔外，应该备有一副眉夹。眉毛太长时，就应该狠下心来拔除，修时要避免眉毛粗钝，宜拔除眉尾下缘，使之逐渐尖细。

若眉毛太直，则显得生硬。可将眉头与眉尾的上缘拔去少许，然后再拔下缘，使之形成柔和的弯度。

若是眉毛太弯可将眉毛的上缘拔去一些，减少眉弓的弯度，以达到标准的眉形。

一般修眉的原则是拔下缘留上缘，如果眉毛太粗眉峰又高（虽然这种眉型比较少见），则应该将眉毛从上缘拔除。

若眉毛太稀疏，则切忌画上僵硬的直线，而必须用细的眉笔画成短短的羽毛状，然后再用眉刷刷，使之近于柔和自然，不至于显得太突兀。

眉毛长得不妥帖，可擦些凡士林或营养面霜，并常常用眉刷刷它，使之整齐服帖。

眉间距太近，看上去好像是连在一起，会给人以面部不干净的感觉，应将鼻梁附近的眉毛拔除，使眉头与内眼角对齐；反之，若眉头分开过远，应将眉头处细细描长。

3. 眼睛的妆容能决定整体效果

眼睛是面部最富表现力的部位，漂亮的眼睛会给人留下美好的印象。适当的化妆能够弥补缺陷，增添眼睛的魅力。

小眼睛的化妆技巧：在上下眼睑画眼线，把汇合处往外画一些，并向上斜，这样可以使眼睛显得长一些。眼影要涂在眼眉下面，而不是眼睑上面。

距离较远的眼睛的化妆技巧：在眼睛的内角处开始画眼线，这条线要画得离鼻梁近些，在两眼之间只保持一只眼睛的距离，画眼睛的外角不要延伸太长。画眼眉时，两条眉毛之间的距离要靠得近些。眼影要涂在眉毛下面，上眼睑内侧。

距离较近的眼睛的化妆技巧：从眼睛的内角开始画眼线，把眼线往外和往上画些。从眼睛的内角开始画下眼线，可画一半。用镊子把眼眉修去一些，使两条眼眉之间有一定距离。眼影抹在眼眉下面，上眼睑的外半部。

深凹的眼睛的化妆技巧：下眼线画得往外和往上一些。使用暖色或亮色眼影，涂在眼眉下，而不涂在眼睑上。

圆眼睛的化妆技巧：从眼睛的内角开始画眼线，眼线要向外延伸并向上斜。下眼线画不画都可以。眼影涂在眼睑上和眼眉内半边的位置上。

突出的眼睛的化妆技巧：上下眼线不要交汇，上眼线略微向上。在眼睑上和眉毛下面涂咖啡色系列眼影。

4. 鼻子的恰当修饰

高挺合适的鼻子，会让整个面部生动立体起来。但生活中很多女士的鼻子，都有或多或少的缺点，需要根据自己鼻子的特点，进行恰当、合理的修饰。

可以用加强色彩的明暗对比，使低塌的鼻梁显得高一些。由于鼻梁两壁是由两个侧面形成的立壁形，因此，可以用深于肤色的浅棕色、棕红色、紫褐色等，在鼻子的两侧形成阴影效果。在鼻梁上涂明亮的颜色，可以用浅肉色或者用淡粉红加少量的白色与黄色，调成一种比皮肤明亮的颜色。如果用珠光型鼻影，由于亮光的反射，会使鼻梁突出，但点染的面积不宜太大，只需在鼻骨及鼻尖上轻轻印涂，而且要符合鼻子本身的生理构造。

鼻翼的大小，一般与整个鼻形是对称协调的。但也会有例外，如鼻尖和鼻翼偏大的"狮子鼻"。

这样的鼻子由于两侧的大鼻翼而显得缺乏秀气。要使宽大的鼻翼显小，同样可以用颜色的深浅来调整鼻子的局部形象。将略深于肤色的鼻影色从鼻根部延续至鼻翼，同时用比肤色浅的明亮色涂于鼻翼和鼻尖，用这样的方法来加强鼻尖与鼻翼之间的反差，因深色有收缩感，可以在视觉上感到鼻翼小了。

5. 唇部的妆容

唇部的妆容，是一个女子脸上最灵动的一点。朱红一点，光彩照人，平添无限妖娆！

画唇红之前要先画唇线。所谓唇线，就是嘴形边缘的轮廓线。唇线的颜色最好比要涂的色彩略深一点。先用唇线笔或狼毫化妆笔蘸少许唇线颜色，按嘴形轮廓从左到右画出一毫米宽的唇线，然后在画好的唇线内涂唇红。再用化妆笔或手指在唇线与唇红衔接处揉抹一下。

这样不妨根据自己的特点有的放矢，弥补天生的缺陷，使整个化妆更漂亮更有生气。嘴形大的就要改小一些，唇线要深，唇红以暗红为妙；嘴形小的就要把唇线扩大，唇线也可用艳红色；嘴型太鼓，就要选择浅红色，且不宜画唇线；嘴形太瘪的，要画艳红色唇线，这样就可扬长避短，增添几分妩媚。

画唇红要与自己的脸形协调。一般说来，胖圆脸形的人，嘴型轮廓都略显厚小，所以，可在原有嘴形的基础上画得大些、长些或棱角清楚些。用唇线笔或化妆笔蘸少许唇线油彩从嘴角开始，从左至右在嘴唇边缘外画出稍直一些的唇线，唇峰要画得大而有棱角。画好后涂较暗的咖啡、朱红等颜色，唇红宜浅淡一些。瘦脸形的人，若嘴形显得薄而且大，唇线可将内边缘画得略圆一些，唇峰也宜圆，唇红可用粉红、浅胭脂红、浅桃红色等。这样显得嘴形略圆，颜色柔和。

唇膏的色泽以双色为妙，单色没有双色显得真实好看。

6. 干净彻底的卸妆方法

会化妆还要会卸妆。卸妆的目的是净肤护肤。具体卸妆步骤要按所用化妆品种类和施行何种化妆术（浓妆、淡妆等）而定。下面为你介绍一般情况下的卸妆方法和技巧：

（1）用眼妆卸妆剂涂抹假睫毛，然后揭去。揭时动作要轻巧，如假睫毛黏得较牢，可用酒精棉球拭掉黏胶再揭，千万不要生拉硬扯，以免造成伤害。

（2）用棉棍蘸一点卸妆水，擦去眉眼周围及睫毛处的化妆品。

（3）用化妆棉擦去口红，再抹适量橄榄油或其他植物油。也可以使用唇部专用的清洁乳液或清洁霜，放在化妆棉上，即可温和地卸除口红。

（4）用油质雪花膏涂抹额、颊、鼻和下巴部。

（5）用软纸擦净面额，再用香皂洗脸，还可用洗面奶或净面霜。洗脸时，忌用毛巾用力擦脸，应先把香皂打在手上，轻轻搓擦面部，再用温水冲洗。若用卸妆油或净面霜，则先将油或霜置于双掌上，以指尖在脸上各部位做螺旋式揉搓，使原有的化妆品与油霜混合，再用化妆棉擦掉。最后以温水冲洗面、颈部。

（6）用化妆水润湿化妆棉，轻擦脸部，再涂适量雪花膏。

（7）涂乳液或营养护肤霜类制品护肤。

以上7个步骤，1~5步是卸妆和净肤，6~7步则是护肤。卸妆一般每天1次。天气炎热时可酌量增加次数。

7. 不同肤色要使用不同的化妆技巧

（1）白皙皮肤。白皙的皮肤较黑皮肤更易显出瑕点，因此应用较浅色的遮瑕膏及粉底。将遮瑕膏分别点在眼睛、鼻周围及颧骨等部位，小心按摩眼睛周围的娇嫩肌肤；如果皮肤呈现出任何红色斑块，可改用有修改色调作用的修护粉底，用海绵把两者混合；在颧骨、面颊及前额点上粉底，涂抹后再扑上透明的干粉；眼部涂上亚褐色眼影，用柔和的古铜色胭脂扫擦颧部。

（2）深色皮肤。大部分深色皮肤有色斑，需要妥善处理。用比你的肤色浅两度的遮瑕膏，扫擦较深色或不均匀的部位；宜使用不含油脂的液体粉底，色调应该比你的肤色浅；轻轻扑上透明干粉。对于黝黑皮肤，你可能需要用有色干粉，可抹上紫丁香或粉红干粉，增加暖色的感觉；然后抹上黄褐色或古铜色胭脂；以灰色或深紫色眼影美化明眸。

(3) 橄榄色皮肤。橄榄色皮肤看起来灰黄疲乏，因此带粉红色的粉底可以令人精神一振。用遮瑕膏遮蔽瑕点，小心按摩；用湿海绵涂粉底。切勿漏掉耳朵部位，颧骨部分要看起来自然；用大毛刷沾上紫丁香干粉，遍扫面及颈项各个部位；用干净的毛刷扫去多余干粉；用黑褐色或紫红色眼影，唇膏用玫瑰红色，令脸部明艳照人。

(4) 雀斑脸。用浅色液体遮瑕膏遮掩阴影及瑕点，可将白色修护粉底液混合浅米色粉底，调成遮瑕膏，轻轻点在眼睛周围。小心按摩眼睛周围的皮肤；雀斑皮肤只需要少许干粉。如果面部的雀斑显著突出，可以采用化眼妆的方法来转移视线，把他人的注意力吸引到眼睛上。眼线要贴近眼睫毛，用灰色及褐色眼线笔，这样看来比较自然，切勿使用黑色，因为会与浅色的皮肤形成强烈的对比；先涂上黑褐色睫毛液，再用软毛刷涂上浅褐色睫毛液，令眼睛看起来自然柔和；用玫瑰色唇膏掺杂玫瑰水，使朱唇保持湿润。要使妆容自然，可用海绵块轻轻抹去多余的颜色；最后在面颊上施上锈色胭脂，使之艳光四射，引来羡慕的目光。

化妆不能走入禁区

女人化妆时，要避免以下的一些禁忌。

(1) 忌化妆品敷用过浓。化妆要以最小的用量获得最好的效果。尤其是粉底、胭脂、眼膏之类，敷得不够，充其量显示不出风采，但用太多的话，情形可能会很糟糕。

(2) 忌补缀的化妆。如果终日不停地在脸上补粉，胭脂之上又加敷胭脂，脸上一定会出现不雅观的斑痕。首先鼻子就由于不断的油粉混合而致发黑。本来一开始就应细腻而完善地化妆，不需要太多的补修工作，要是逗留在外的时间很长，那就干脆洗脸再重新化妆。总之，补缀的化妆，毫无清新洁美之感，应尽量避免。

(3) 忌残留粉迹。敷粉后没有留心善后工作，会在眉毛鬓边或衣领上都遗留着粉迹，也许自己未曾发觉，但在别人眼里，却有疏忽和不洁的印象。

(4) 忌忙乱草率。匆忙草率的人在赴约前临事慌张、草率凌乱，结果打扮一定不会完美。化妆要避免忙乱，自己的生活用品，包括化妆品、衣着、鞋袜、首饰及一切配件，必须分类整齐有序地放在固定的位置，并预先保持清洁与完好，这样无形中便可节省许多时间，不会乱七八糟了。

(5) 忌不均匀不细腻的敷用。这主要是由于化妆手法不够熟练所致，即使化妆品选对了也无济于事。试想，若颈部与面部之间显出粉末的界限，或者两颊各有一块圆形的脂肪，眉毛像两根黑炭，还有什么美感可言？这种情况的出现，可能归咎于镜子光线不足。所以，一定要注意梳妆台的光线，以免劳而无功。

(6) 忌不完全的唇膏和指甲油。涂浅淡的唇膏，或是不涂都没有关系，最难看的是饮食之后颜色退落，只剩下边沿一圈，或加涂后显得不整齐、不均匀，会严重破坏面部化妆的效果，剥落斑驳的指甲油也一样要不得。

(7) 忌不和谐的颜色和不协调的配合。化妆品是用于辅助人的天然本色，并非与之争妍。只要明白这个道理，就会知道如何依照自己的肤色和服装以及环境来选择妆容，切忌怪异和造作的色调，它们不但使人难看，还会降低身份。

没有丑女人，只有懒女人

很多20几岁的女人并不是不爱美，她们也很喜欢化妆，也希望以一副漂亮的面孔示人。可是她们大部分每天都处在紧张的环境下，连睡觉的时间都不够，为了化妆还要不得不每天起个大早。所以，有的女人已经厌烦了每天花30分钟、1小时的时间，重复着上妆卸妆的例行工作。不过从现在起，你不必再担心这个问题了，我们将为你介绍只要花1分钟、3分钟、5分钟和10分钟就可以简易上妆的方法，让你花少少的时间，变出一张美美的脸。

别把化妆想得太专业、太复杂，只要能使自己看起来容光焕发，就达到了目的。除非出现在电视镜头前等特殊场合，否则只要用粉底、眉笔、唇膏这三样东西，就可以给自己来一次成功的“变脸”了。

1. 1分钟上妆法

着重眉部。眉形的修整是所有彩妆的第一步。拥有一对清爽且适合自己的眉形，即使不上妆也能使人感觉神采奕奕。除了注重眉形的修整外，另一个重点就是凸显唇部的饱满感。如何在不施脂粉的脸蛋上完美地呈现出唇形，口红的颜色和质感的选择将是成败的关键。颜色方面，可以选择高雅且略带透明度的粉红色，也能衬托出脸部健康的气色，质感方面则必须带有光泽，使唇部除了在颜色之外，还能呈现出立体感，给人娇嫩欲滴的感觉。

上妆步骤：

（1）眉笔将眉毛稀少或缺眉的部分一根一根地补。

（2）学化妆者或时间不足的话，用睫毛夹将睫毛夹翘即可。

（3）最后将主角口红直接涂于唇上，展现出自然的轮廓即可。

注重眼部。相信所有的女孩子都希望拥有一双大而明亮的眼睛，长而卷翘的睫毛，深深的双眼皮，最好瞳仁中还能泛着水水的亮光，如同斋藤千穗画笔下的少女一样。但如果不巧，你所拥有的是一对东方人特有的细小眼睛或单眼皮的话也不要太灰心，靠着眼部彩妆，你也可以展现出属于自己的特色哦！让眼睛闪亮动人是所有彩妆的重点。清爽的浅色系眼影和睫毛膏能使你的眼神更迷人，咖啡色系的眉彩则最能呈现出自然的感觉。清淡而自然的妆是今下最流行的趋势。

上妆步骤：

（1）使用咖啡色系的眉彩。顺着眉形淡淡地涂上一层，在凸显出自然眉形的同时也给人轻松自在的印象。

（2）用棉棒蘸取眼影液。眼睛往下看。将沾满眼影液的棉棒顺着眼睑点3点，再用手指均匀推开。

（3）从夹得卷翘的睫毛根部开始涂上睫毛膏，注意不要忽略了靠近眼角和眼尾的细小睫毛。

（4）唇部涂上透明的唇冻增添光泽。

2. 3分钟上妆法

着重唇部。

上妆步骤：

（1）在全脸打上一层粉底液，使脸部看起来干爽粉嫩。

（2）用眉彩画出眉形。眉彩的使用方法相当简易，一口气就可完成所有动作，因此即使不善化妆的女孩们也不用担心。

（3）用手指蘸取淡橘色粉状眼影，从眼角涂向眼尾。也可顺便涂向脸颊。

（4）睫毛涂上黑色睫毛膏。

（5）口红选择有亮泽的粉红色。如果唇型不明显的话，可由嘴唇中央向两侧涂抹，比较容易画出唇形。

注重眼部。

上妆步骤：

(1) 首先用手指蘸取遮瑕膏，将眼睛四周暗沉的肌肤遮盖住。

(2) 用眉笔补足稀少的眉毛。

(3) 眼影的部分，先用淡绿色的眼影涂满整个眼窝，再将草绿色的眼影化在上眼皮靠近睫毛部分。明暗深浅不同的两种颜色眼影可以增加脸部的亮度，让别人一看到你，就把焦点集中在你那明亮的双眼上。

(4) 睫毛夹翘，涂上黑色睫毛膏。

(5) 涂上有亮泽的红色唇彩。

3. 5分钟上妆法

美丽型上妆步骤：

(1) 首先用粉饼在全脸扑上一层，遮盖住脸部缺陷。

(2) 用眉笔补足眉毛不足的部分。

(3) 眼影部分，首先用熏衣草色的眼影画满眼窝，再使用暗紫色的眼影画在靠近睫毛的眼皮上，形成颜色渐层的感觉。

(4) 用眼线笔沿着眼尾算起1/3的地方开始描绘，加深眼部轮廓。夹翘睫毛，上黑色睫毛膏。

(5) 用唇线笔画出唇廓，之后涂满整个唇部。最后涂上唇彩就大功告成了。

休闲型上妆步骤：

(1) 全脸先涂上粉底液，把粉饼扑在额头或两颊等大范围的部分。

(2) 用粉状眉笔描眉。

(3) 将混和橘色、粉红色、红色和咖啡色的亮色眼影涂满整个眼窝，接着用银蓝色眼影笔顺着下部睫毛边缘画至眼角部分。之后在夹得卷翘的睫毛上涂上睫毛膏。

(4) 将砖红色系的腮红涂于两颊。

(5) 用唇笔蘸取唇彩或口红，涂满整个唇部。

4. 10分钟上妆法

如果你急着去参加宴会，就试试这个“10分钟上妆法”吧！粉底具有修饰肤色与肤质的功能，只要将它在脸上、颈上涂匀，接着用眉刷或眉笔强调出眉形，然后用唇膏来描出画龙点睛的那一笔。再看着镜中的自己，真的不一样了吧？如果想要在眼部或其他地方做些文章，即可带简单的道具，在车上接着努力吧。

出门前最花时间的就是挑衣服。只要时间不是太急，挑衣服的时间通常会无限度地延长。为了不误要事，我们可以在平时先准备两套不需熨烫，整洁又无脱线、掉扣的衣服，颜色则是适合各种场合的。如果将这两套衣服互相搭配，效果会更佳。当我们化完妆后，就可随手取一套来穿，两者选一，绝对比众里挑一好决定，可以帮你快速地出门。

准备出门随身携带的皮包，是关键性行动，“10分钟扮靓自己”若有纰漏，就得靠化妆包来补救了。皮包里面必须有个化妆包，还有，再随手带一件不怕皱的小外套。化妆包能够补救刚才化妆的不足处，外套可以掩饰衣物穿得不够或不妥的遗憾，而其他若有忘了带的东西或需联络的事情，皮包应该都可以随时替自己应急。

出门时的心情也很重要。一个人紧张地绷着脸，怎么看都不会美。应该让自己的心情放松些，脸上带着微笑，这样才会美。当然，微笑不是说有就有的，就像“养兵千日，用兵一时”，需要平时练就的心理应变能力。

没有丑女人只有懒女人，20几岁的女人要掌握几种妆容的化法，学会用化妆术为自己加分！

第17章

岁月无痕，20几岁学会让青春永驻的护肤攻略

肌肤是女人的第二张身份证。男人追捧一个女人，并不仅仅看重她的脸蛋、身材，很多时候，美丽的肌肤也占了很大一个部分。爱美之心，人皆有之。如果一个女人说自己不愿给肌肤做保养，总结起来有两个原因。第一个就是没有经济实力；第二个就是自认为自己的皮肤很糟糕，即便再保养，也只能是浪费时间精力。暂且不说保养皮肤会花费多少金钱，就说一个女人的肌肤经过保养之后，有没有可能变得更好，台湾“美容大王”大S是这么说的：“不管你天生长相或者是外表长相条件有多糟，其实只要靠保养，很多底子都可以重新改变，譬如皮肤黑的人经过一段时间保养就可以变成皮肤白的人。”

掌握女人护肤的常用技巧

如果你对自己的皮肤情况一无所知的话，还是先停下来了解一下自己再继续美容吧。否则，用错了化妆品，非但不会起到美容的效果，还可能使脸上出现色斑或小痘痘。

(1) 中性皮肤：皮肤毛孔不太明显，皮肤细腻平滑，富有弹性；晨起时察看皮肤油脂光泽隐现，化妆后近中午时刻出现油亮，面部T形区（额头、鼻子及下巴）有油腻；洗发四五天后头发会轻微黏起，并易随季节变化，即天冷变干，天热变为

油性。如果有上述特征，你就是中性皮肤。

(2) 干性皮肤：皮肤毛孔看不清楚，皮肤无光泽，表皮薄而脆，细碎皱纹多，晨起面部无油脂光泽，化妆后长时间不见油光；洗发一周后，头发既不黏腻也无光泽；耳垢为干性；用手抚摸皮肤感觉粗糙。如果有上述特征，你就是干性皮肤。

(3) 油性皮肤：皮肤毛孔十分明显，大多时间油腻光亮，早晨起来面部油光浮现，而且需要用香皂才易洗清；面部易生粉刺、暗疮，化妆后不超过两小时就面部油腻；洗发后第二天就有黏着现象；耳垢为油性。如果有上述特征，你一定归为油性皮肤了。

知道了自己的皮肤类型，到底如何才能保养好自己的皮肤呢？以下给大家罗列一些美容专家的建议和意见。

保养皮肤的第一步是清洁。这种清洗包括浅层次的清洁和深层次的清洁，也包括通常意义上的清洁和衍生意义上的清洁。无论是哪一种清洁，对肌肤的保养都非常重要，特别是对于那些整天在外面奔波劳累的人来说，清洁更是显得尤为重要。

清洁的第一步就是洗掉皮肤上的脏东西，如灰尘、油脂等。每天回到家，就用温水敷面，待皮肤完全吸水之后，再用洗面奶等清洗。我们的肌肤每天都暴露在空气、风、烟雾甚至是灰尘中，难免会沾染上一些脏东西，这些脏东西都是附在皮肤表面上的，非常容易清洗，如果长时间不进行清洁的话，这些东西就会堵塞毛孔，让体内的脏东西无法顺利排出，这样就会伤害自己的肌肤健康。

清洁的第二步就是去除角质。角质就像一种保护膜，这种保护膜并不是保护肌肤不受伤害，相反，它是肌肤里面脏东西的保护膜。如果我们不为肌肤去除角质，那么厚厚的角质堆在肌肤上，就会牢牢地把脏东西“扣”在肌肤里，也牢牢地把保养品“挡”在外面，时间一长，肌肤就会变黄，变得没有一点光彩。

这种光彩是真正从肌肤里焕发出来的光彩，有的人想通过化妆来达到这种效果是无用的，到时候还会出现反面的效果。但有一点是肯定的，经常化妆的人同样需要去除角质，甚至和不经常化妆的人相比，去角质显得更为重要。如果有一天你在卸完妆之后发现你的肌肤开始泛黄或者是老化，不要太紧张，它只是在提醒你，该去角质了，去了角质，排出肌肤里的脏东西，肌肤就能重放光彩了。

清洁的第三步就是去除痘。痘痘基本上每个人都会长，完全不长痘痘的人很少，因此，去除痘痘几乎是每个人都要面对的肌肤问题。如果这种问题没有处理好，不仅会伤害到你的肌肤，还会在肌肤上留下难看的疤痕。

去除痘痘的方法也要根据痘痘本身来定。如果是已经冒白头的痘痘，直接消毒之后挤出来就可以了。可是如果是暗疮的话，就有一点麻烦了，因为它是红红的一块，不能完全把它挤出来，清洗干净后，过一两天，在原来的地方又会长出一个新的痘痘，如此反复，没完没了。即便终于有一天你将它彻底“消灭”，那么在某天你就会发现，原先的痘痘，现在已经成功“进化”成了一个疤痕。所以，美容专家建议，如果遇到这种痘痘，最好还是去看医生，否则，在肌肤上留下疤痕就不好了。

无论是哪个层次的清洁动作一定要温柔，以防破坏皮肤的纤维组织，纤维组织能够使皮肤保持弹性和紧实。洁面的次数每天2~3次为宜，除早晚各清洁一次，中午也可以增加一次。

除了清洁之外，保养肌肤还要营养。没有营养的肌肤就如同没有营养的身体一样，不是干涩就是没有光彩，干涩或者没有光彩的肌肤何来美丽之言？

要想给肌肤营养，首先要明白自己的肌肤是属于哪个类型的，不同类型的肌肤所需要的营养也绝对不会相同。如普通的皮肤，既不会太干，也不会太油，那么只要保持正常的湿度也就足够营养了，并没有必要大补、恶补；如果是干性皮肤，经常起皮、发痒，那么就需要一些含水、油比较重的面霜，在第一时间给肌肤补充水分和油分；如果是油性皮肤，最好选一些清淡配方、无油胶质配方的面霜，或者选用含有松香油的晚霜，这样就会有效调节皮肤营养，更好地滋润皮肤。

除了对皮肤进行必备的营养之外，消灭肌肤上的斑点也是非常重要的。肌肤上的斑点，永远都是女人的最恨。无论是雀斑、晒斑还是妊娠斑，甚至是肝斑、天生就有的斑，都会给爱美的女性增添不少烦恼。对于像雀斑、晒斑、妊娠斑这些比较浅层的斑，可以简单地通过面膜来解决，或者通过做脉冲光来消除。不过对于肝斑和那些天生就有的斑痕，只能通过遮斑霜来进行覆盖了。总之，要想让自己的肌肤变得美丽动人，斑点是不能留在那里接受别人的欣赏的。

美丽的肌肤同样不能容忍大大的毛孔摆在那里。毛孔太大，不仅不美观，还不利于肌肤的健康。因为毛孔太大，粉刺、脏东西就容易在那里滋生蔓延。要想缩小毛孔，最关键的一道工序就是去除粉刺。去除粉刺也很有讲究，如果是浅层粉刺，只要定期去去角质也就可以了，而如果是深层粉刺，则最好用挤痘棒来帮忙。

另外，让毛孔缩小还有一个秘诀，就是在用温水洗脸之后再用冷水洗，给皮肤毛孔一个收缩的机会，长期如此，皮肤不仅可以变得有弹性，而且毛孔也会慢慢变小。

肌肤保养还有一个问题就是如何保持肌肤的水嫩透白。现代的很多人皮肤都很容易变得干涩，原因就是因为他们长期生活在空调房里，水分流失比较严重，导致皮肤总是处在干燥的环境中，久而久之，昔日“娇艳欲滴”的女人已成“明日黄花”，那么难道昔日的境况真的“一去而不复返了”吗？不是的。只要你稍稍对你的肌肤进行保养，一切都还能回到过去。

补充肌肤水分一个重要的方法就是敷面膜，特别是含水分较多的面膜，对于肌肤比较干燥的人来说效果尤为明显。然而光靠敷脸是不够的，还得给身体补充营养。皮肤是身体的一部分，皮肤干燥也就间接地说明身体也是干燥的。因此，可以多吃水果、多喝水，这样可以间接地补充肌肤水分，当然，有条件的人可以选择胶原蛋白一类的补品，效果较好。

在做好这些工作的同时，一定要记得保护自己的劳动成果——防晒。虽然很多人喜欢阳光，可是阳光对于娇嫩的肌肤来说，具有无形的杀伤，对于保养的成果也是一种明显的破坏。它不仅让肌肤变黑，严重的还会灼伤皮肤，留下疤痕。因此，无论是春夏秋冬、阴晴雨雪都要记得防晒。

说到防晒，很多爱美之人都会不约而同地想到涂防晒霜。是的，这是一种非常有用的防晒措施，涂防晒霜的频率最好每隔两三个小时涂抹一次，如果在水中或者是正在出汗的时候，则应涂抹得更勤。

总之，要想自己的肌肤变得美丽动人，是要花时间去保养的。世界上没有免费的午餐，对于肌肤也一样，只有先付出，才有后来的回报。

另外，下面这些小窍门，或许能起上大作用。

(1) 要保持肌肤的美丽，就必须养成好的习惯，不喝酒，不抽烟，少喝含咖啡因的咖啡、茶、汽水等。酒精会影响肌肤健康，导致血管破裂和酒糟鼻，而咖啡因则会使皮肤脱水，造成皮肤干燥、松弛，形成皱纹。

(2) 保持美丽肌肤的另一个秘诀就是深呼吸。它不仅能消除压力，还能给皮肤及身体的其他器官输送足够的氧气，从而让皮肤变得有光泽。

(3) 清洁皮肤是必要的，但不能过度清洁，否则会使皮肤变得干燥而且发痒，长粉刺或者是暗疮等。同时过度清洁也会导致皮肤表面真正的保护层消失，使得细菌很容易地进入皮肤里面，造成炎症。

(4) 睡美容觉对于保养肌肤而言是非常必要的。人一旦缺乏睡眠就会造成荷尔蒙分泌失衡，影响人的身体状况。这种影响也包括对肌肤的影响，使肌肤迅速老化。

(5) 营养食品对美丽的肌肤来说也是非常必要的，因为营养的食品会给身体产生胶原和弹性硬蛋白提供原料，而胶原和弹性硬蛋白能支撑皮肤组织，使皮肤变得年轻而且坚实。

(6) 想让自己的肌肤变得水灵，除了要前面的保养之外，更重要的是要保持身体水分的充足。不要等到渴了再喝水，那样你的肌肤永远都处于一种缺水状态，也就说明你的肌肤永远都不会水灵。

白领丽人，打响你的护肤保卫战

20几岁的女人很多都是公司的小白领，平时大部分时间都待在办公室。长期面对电脑肌肤疯出油狂出痘，天天在空调房水分流失肌肤干燥，加班加点熬夜通宵毁掉一张嫩脸，对于每一个办公室小姐来说，护肤保卫战可谓是迫在眉睫。

要想赢得这场战争，必须内外兼修。

1. 彻底清洁皮肤

电脑关机后，第一项任务就是洁肤，用温水加上洁面液彻底清洗面庞，将静电吸附的尘垢通通洗掉，然后涂上温和的护肤品，久之可减少伤害，润肤养颜，这对上网的女性而言真可谓点滴工夫，收获多多。如果条件允许，可以中午洗一次脸，再涂上无油清爽型的乳液会很舒服。

如果你不希望第二天见人时双目红肿，面容憔悴，一副黑眼圈，那么切勿长时间连续作战，尤其不要熬夜。平时准备一瓶滴眼液，以备不时之需。洁肤后敷黄瓜片、土豆片或冻奶、凉茶也不错。方法是：将黄瓜或土豆切片，敷在眼皮上，闭眼养神几分钟；或将冻奶凉茶用纱布浸湿敷眼，可缓解眼部疲劳，营养眼周皮肤。

2. 面部防护必备隔离

上网前不妨涂上护肤乳液，再加一层淡粉，以增加皮肤的抵抗力。至于隔离霜虽然对于隔离电脑辐射方面收效甚微，但是它能够隔离空气中的灰尘，自然在使用电脑时擦隔离霜可以减少灰尘对皮肤的伤害。

涂抹隔离霜之前一定不要忘了喷一些保湿喷雾，直接喷在皮肤上，轻轻拍打一下就可以了，好的保湿喷雾在化过妆的脸上还能起到定妆的效果，一举两得。

面部防护中一个很重要的部分就是补水。在现在的夏秋季节，可能你更关注防晒美白方面的问题，而对于肌肤保湿方面会不以为然。其实，夏季油脂分泌旺盛，身体出汗又容易在高温下蒸发，所以身体缺少的不是油分，而是水分。而且，在长时间开着空调的房间里，一方面空调本身具有抽湿功能，空调房间里的空气相当干燥，同时低温时，血液流动慢，新陈代谢速度也会变慢，带给肌肤的水分和养分自然减少。

补水方法一方面是要自己多喝水，另一方面是多给皮肤“喝水”。对于后者，可先用较温和的洗面奶洗面，使肌肤不易因换季而敏感，接着涂保湿调肤水，调节肌肤酸碱度，因为护肤品需要在酸碱度平衡的肌肤上才发挥最佳功效，之后再适当涂上精华素，保持肌肤水分，最后涂上较重水分的保湿品，而且每周要做1~2次的保湿面膜。

3. 常做体操消除疲劳

黑眼圈浮现出来，可以用中指及无名指轻放于上下眼皮处，轻轻由鼻子滑至太阳穴，揉压太阳穴，共做3次；重复以上步骤，再以拉的方法做两次，然后将中指及无名指换到下眼皮，重复动作，一共两次；把眼胶点于眼部四周，重复步骤二的动作，改以按压方法做3次即可。

长时间上网，你可能会感到头晕、手指僵硬、腰背酸痛，甚至出现下肢水肿、静脉曲张。所以，平时要多做体操，以保持旺盛精力。如睡前平躺在床上，全身放松，将头仰放在床沿以下，缓解用脑后大脑供血供氧的不足；垫高双足，平躺在床上或沙发上，以减轻双足的水肿，并帮助血液回流，预防下肢静脉曲张；在上网过程中时不时伸伸懒腰，舒展筋骨或仰靠在椅子上，双手用力向后，以伸展紧张疲惫的腰肌；还可做抖手指运动，这是完全放松手指的最简单方法。记住，此类体操运动量不大，但远比睡个懒觉来得效果显著。

4. 远离高辐射很重要

外部条件也是损害皮肤的罪魁祸首之一，一般不要使用旧电脑，旧电脑的辐射一般较厉害，在同距离、同类机型的条件下，一般是新电脑的1~2倍。使用电脑时，要调整好屏幕的亮度，一般来说，屏幕亮度越大，电磁辐射越强；反之越小。不过，也不能调得太暗，以免因亮度太小而影响效果，且易造成眼睛疲劳。另外离屏幕越近，人体所受的电磁辐射越大，因此较好的是距屏幕半米以外。

5. 食补由内而外养护肌肤

食补从内到外的滋润，因为我们平时都面对的是干燥的环境，多吃一些富含维生素C类的水果蔬菜，不管是从美白还是防晒的角度来说，都绝对没错，例如鲜枣、猕猴桃、胡萝卜、芒果、西红柿、木瓜、空心菜等，都含有大量胡萝卜素及其他植物化学物质，有助于抗氧化，增强皮肤抵抗力。此外多吃一些坚果和谷物类粮食能帮助抗氧化和消除自由基。还要喝一些绿茶或是使用含绿茶成分的保养品，可以让因日晒导致皮肤晒伤、松弛和粗糙的过氧化物减少约1/3。

眼睛是心灵的窗户，明眸善睐的美丽女子最容易吸引异性的目光。一张平凡的脸，只要加上一双熠熠生辉的眼睛，立时会神采飞扬。明眸善睐谁都希望拥有，可事实是并不是谁都能拥有，原因就是很多人并不知道怎么样才能保养好自己的眼睛。

1. 甩掉眼尾可恶的细纹

美丽的容貌除了不能有熊猫眼之外，同样也不能让细纹占据地盘，特别是眼尾纹，它总是在不知不觉中透露你的年龄和经济状况。那么到底要如何才能让眼尾细纹消失呢？最常用的方法就是搽眼霜和敷眼膜。

虽然很多人经常用这种方式来去除眼纹，可是很多人并不知道正确的涂抹方式是怎么样的。台湾“美容大王”大S教你一招：下眼皮用中指指腹慢慢地往外推，不能往内，要轻轻地，千万别太用力，否则会使眼皮变形，力道的微妙只有你自己最清楚；上眼皮则是从眼尾推向眼头。简单来说，就像以眼头为起点，顺时针绕一个圈圈。

还有一种方法就是冷水洗脸，无论天气多冷都要坚持，这样做有两个好处，除了减少眼角的细纹之外，还会让皮肤看起来比较白。

2. 脸上不要挂着黑眼圈

熊猫虽然可爱，但是如果把它的眼睛放在你的脸庞上，一定会让你的容颜失色。黑眼圈已经成为爱美之人痛切的话题之一。更为可恶的是这些黑眼圈很多时候并不知道是由什么引起的，一般来说，鼻子过敏的人、睡眠质量不好、失眠或常常熬夜的人，都会出现烦人的黑眼圈。

那么，面对这些烦人的黑眼圈，我们就变得束手无策了吗？不是。解决黑眼圈最好的方法是睡美容觉，据美容专家介绍，美容觉的黄金时间是晚上11点到第二天的凌晨3点。

当然，想要告别黑眼圈并不是只有睡觉一个方法，敷眼膜、搽眼霜也是一种好方法，同样能改善黑眼圈，只不过这种方法只是一种外在的改善手段，只能暂时将你的黑眼圈变淡。

还有一种方法比较花费钱，那就是用脉冲光来除黑眼圈，效果也比眼膜和眼霜要好，只不过和眼霜、眼膜一样不能完全消除黑眼圈，因此最好还是选择睡觉，做一个真正的“睡美人”。

3. 金鱼眼的痛苦魔咒

金鱼和熊猫一样很招人喜欢，但它们的眼睛放在你的脸上都不会好看。因此，当你发现哪天你的眼睛变得像金鱼一样，你一定会非常紧张。眼睛肿，原因有好几个，比如说睡觉前喝水太多，或者是比较疲劳，眼睛都可能会肿成金鱼眼。

为了治疗金鱼眼，聪明的人想出很多方法，其中不乏一些偏方。如很多人主张喝薏仁水，或者喝黑咖啡。很多人早上起床如果发现自己眼睛是金鱼眼，就会先喝黑咖啡，眼部的肿很快就会消失，效果非常好，不过黑咖啡对胃并不是很好，并不建议这么去做。

最好的方法就是睡觉前少喝水，多多休息，多做运动。

4. 精心呵护，眼神如话

据专家介绍，眼部皮肤的厚度仅为面部皮肤的1/3，并且十分娇嫩，非常容易受到威胁，比方说小细纹，如果不注意，就很容易演变成固执的皱纹，还有让许多人烦恼的鱼尾纹，再有就是常见的黑眼圈、眼袋等，一不注意就产生了。

因此，平日里就一定要注意呵护眼部的皮肤，尤其是女性过了23岁以后，就要坚持使用眼霜、眼部啫喱等眼部护理产品，选择适合自己皮肤特征的产品。

此外，为了避免黑眼圈、眼袋等，尽量不要熬夜，最好在晚上11点之前入睡，睡觉前不要喝太多水，可以喝一小杯热牛奶以保证睡眠质量。

识别一个人的最好方法就是看他的眼睛，眼神如话。所以，透过一个人的眼睛，可以识别她对美的定义。像迎面而来的陌生人，让人目光追逐的理由，并非精雕细琢的面容，而是那双明眸，这是最摄人心魂的。

才情篇

腹有诗书自才华，女人优雅地熟透一生

第 18 章

智慧能重赋女人美丽，才情能使女人美丽常驻

我们通常都无法忍受一个巧舌如簧，对搬弄是非乐此不疲的女人。这样的女人实在是有失智慧，让自己美好的面容变得狰狞、俗不可耐。然而，很多20几岁的女人虽然没有骄人之貌，但一举一动却优雅得体，这是因为内在的智慧和才情让她们熠熠生辉。

女人的智慧之美甚过女人的容颜之美

智慧的女人，因其秀外慧中而韵味独特、迷人，时光反而成为一种点缀。她们有着丰富的内涵，不是一幅雅致的画，而是一本耐人寻味的书，用来自内心的人生体验，演绎着自身完美的风采。

英国作家毛姆曾经说过："世界上没有丑女人，只有一些不懂得如何使自己看起来美丽的女人。"20几岁的女人应该学会在繁忙和悠闲中积极地生活，懂得如何读书学习，懂得开发自身的潜能，从而使自己的女性魅力光芒四射。

女人的智慧之美甚过容颜，因为心智不衰，所以超越青春，智慧永驻。真正的智慧女人具有一种大气而非平庸的小聪明，是灵性与弹性的结合。一个纯粹意义上的"知性"女人，既有人格的魅力，又有女人的吸引力，更有感知的影响力。她不仅能征服男人，也能征服女人。智慧女人不必有闭月羞花、沉鱼落雁的容貌，但她必须有优雅的举止和精致的生活。智慧女人不必有魔鬼身材、轻盈体态，但她一定

要重视健康、珍爱生活。智慧女人在瞬息万变的现代社会中，总是处于时尚的前沿，兴趣广泛、精力充沛，保留着好奇纯真的童心。智慧女人不乏理性，还有更多的浪漫气质，春天里的一缕清风，书本上的精词妙句，都会给她带来满怀的温柔、无限的生命体悟。

智慧女人因为经历过人生的风风雨雨，因而更加懂得包容与期待。智慧女人内在的气质是灵性与弹性的完美统一。具体来说，女人智慧美的魅力主要体现在以下几个方面。

1. 高雅的志趣

高雅的志趣会使女人锦上添花，从而使爱情和婚后生活充满迷人的色彩。每个女人的气质不尽相同。女人的气质跟女人的人品、性情、学识、智力、身世经历和思想情操是分不开的。要想有优雅的气质和风度，就必须有良好的教育和修养。

2. 丰富的内心

有理想、有知识，是内心丰富的两个重要方面，这是现代女人所必不可少的。知识将使女人魅力大放光彩。除此以外，还需要宽广的胸怀。法国作家雨果说过："比大海宽阔的是天空，比天空更宽阔的是人的胸怀。"然而，多数女人还做不到这一点，尚需完善。

3. 优雅的言谈

言为心声，言谈是窥测人们内心世界的主要渠道之一。在言谈中，对长者尊敬，对同辈谦和，对幼者爱护，这是一个知性女人应有的美德。

4. 突出的个性

女人的美貌往往具有最直接的吸引力，而后，随着交往的加深，真正能长久地吸引人的却是她的个性。因为这里面蕴含了她自己的特色，是在别人身上找不出来的。正如索菲娅·罗兰所说："应该珍爱自己形体的缺陷，与其消除它们，不如改造它们，让它们成为惹人怜爱的个性特征。"刚柔相济是中国传统美学的一条原则，温柔并非沉默，更不是毫无主见。相反，开朗的性格往往透露出女人的天真烂漫气息，更易表现人的内心世界。

智慧的女人还懂得记住该记住的，忘记该忘记的；改变能改变的，接受不能改变的。智慧的女人对外界的要求会一点点降低，对自己的要求会一点点提高；会认清自己的天性，但不纵容自己的毛病。智慧的女人总是与自律、安详、柔软、温情、包容等词联系在一起，她们情绪稳定，性格豁达。

20几岁的女人，要充满自信、勇气和挑战，敢于选择自己的生活，渴望成功，挑战成功，做一个充满智慧的新女人。

智慧的女人，独具眼光，对于未来从来不缺少规划。她们随缘自适，但不是不努力。忌妒是要命的，不要高估自己没有的东西的价值。自己是怎样便是怎样，再爱一个人，也不要为他去整形。他爱你就只会爱现在的你，如果不爱你，你改头换面了，他也一样不会爱你。

想获得他人的尊重，首先要自我尊重。女人的外表就像书的封面一样，决定了给别人的第一印象。所以衣着穿戴一定要有品位，不必铺张奢侈，关键是要适合自己，能恰如其分地表达自身的情趣和风情韵致。

有高学历的女人，并不一定是智慧的女人。只有经过实践检验的知识，才能称作智慧。正如罗素所说："从伟大的认知能力和无私的心情结合之中最易于产生出思想智慧来。"你要学会独立思考，并且恒久善良。

智慧的女人，热爱工作，但不会爱自己的上司。已婚的前男友打来电话，询问近来可好时，不会悲切切地哭诉，而是简单地道谢、说好。曾经背叛过自己的男友想要回头时，吸取教训，不拖泥带水，懂得说"不"。

智慧者不迷。这个世界让人迷惑的东西太多，显赫的名声地位、充裕的财富金钱、浪漫的烛光晚餐会诱惑我们，男士的甜言蜜语、温存恭维也可能迷惑我们。尽可能地提高自己的内涵吧，做一个有智慧的女人，看透这些事物背后的虚妄和短暂，不要被表象所惑，让自己受到伤害。

智慧的女人，大事固守自己的原则，小事随圆就方，一派随和。诚实是一种美德，但不要因此就随便和女友抨击她的丈夫，即使那个时候他们在吵架，甚至闹离婚。同样，不要跟同事一起议论、声讨老板，不管那时大家是多么的义愤填膺。

智慧的女人不会逼男人撒谎，不管那时他有多么爱你，他都会在心里恨你；但也不要把男人的每一句话都当真，否则你便会恨他。

记住：每个人只能活一辈子。当然应该痴情等待那个合适的人出现，但在漫长无聊的等待中，不妨给别人一些机会走近你，了解你，甚至只是相逢一场。人生那么长，不免寂寞。更何况，又有谁知道什么时候是对的，哪个人是正确的，合适的这个人到底什么时间出现呢？如果你不知道，请慎重地挑选与拒绝。

20几岁开始掌握智慧女人的原则

智慧于点滴间塑造一个人，有智慧的女人美得别致，能使自身资本不断增值。20几岁的女人掌握下面6个原则，就可以做一个智慧女人了。

1. 保持独立的人格

如果说一个家庭里男人是CEO，女人就是职业经理人；男人是头脑，女人就是心脏。从企业的角度来比喻，职业经理人要尊重CEO，但不是唯命是从。如果你只对老板负责任，你这个责任太小了，如果你把自己的责任放在企业、行业中，然后努力融入社会这个层次，融入社会责任中，这时，你对老板的配合或推动，就会相对无私，不会因为个人的得失而斤斤计较。

作为CEO的丈夫，对职业经理人的妻子能有种包容理解的心态，就是职业经理人的幸运。夫妻之间，唯唯诺诺的心态与处世哲学只会令你失去对方应有的尊重。但独立与妥协、独立与霸道之间的度，一定要调适合理。

2. 该放手时就放手

20几岁的女人对爱情和婚姻，还不清楚为何要如此占有对方，其实这是因为畏惧——畏惧失去，畏惧不被爱，畏惧被抛弃。但是，你是否知道，婚姻中你给对方越多的自由空间，他就越不舍得从你身边走开。因为，人人都不会轻易放弃已经抓在手中的东西，去追求一个遥远的未知。但如果你们缘分已尽，还是及早放手为好，否则只会伤人伤己，既没有美满结局，又耽误了大好年华。

曾听到一位妻子对丈夫说："一生中我最不能忍受的是被欺骗。如果你爱上另外一个女人，请一定要实话告诉我，我绝对放你走。""你不爱我了？"丈夫不知所措地问。"恰恰相反，"妻子说，"因为我太爱你了，所以我宁可自己痛苦，也要成全你的幸福，祝福你。"丈夫沉默无言，将妻子抱得更紧。这位做妻子的后来对我说，"当他的心飞走的时候，你必须超然，不要钻进死胡同，否则只有两人一起毁灭。"

3. 清楚自己的人生地图

20几岁的女人一定要记住，不管你多么强势，多么注重事业，作为女人，结婚、做母亲、教育子女都是人生的必经之路。生孩子的黄金岁月只有那么几年，千万不能错过机会而放弃了做母亲的权利和乐趣。

然而，对于女人，现实的残酷性在于，女人一旦放弃手中任一项事业，就再难回头。所以女人即使相夫教子时，还要时刻准备着自己事业的回归。我们没必要去抱怨世界的不公平，重要的是，要清楚自己要什么，何时要，放弃什么，何时能再捡回来。人生地图就是在你心中的这一规划。

4. 一笑泯恩仇的大气

印度有一位僧人，大度超然，从不生气。他的这种风度令一位过路人十分感兴趣，于是这位过路人就想方设法惹怒僧人，因为他无法相信世界上会有一位如此超脱的人。用尽千方百计都不奏效之后，过路人再也无法忍受了，气急败坏地对僧人说："为什么你就不生气？为什么你会这样？难道你不是人吗？"僧人微笑地对这位过路人说："如果别人给你的礼物，你不想要，再退回给这个人时，结果会怎样？"

因为误解中伤，我们都会生气，但是，有一句名言这样说："生气是拿别人的错误来惩罚自己。"如果我们能学会原谅，学会超然，学会一笑泯恩仇，便使自己成了一个大气的女人，并且令人尊重。

5. 外在与内在的美丽同等重要

尽管人们知道，不能根据书的封面来判断书的内容，然而，没有一个出版商不在出书时，在书的封面上大下工夫，因为他们知道，任何一个不了解书的内容的读者，没有不从书的封面评判这本书的。

同样，女人的外表就像书的封面一样，决定了别人的第一印象。为了给人留下好的第一印象，女人的衣着一定要有品位，特别是进入中年的女人。年老色衰是真实的状态，如果再不注意，惨状可想而知。略微讲究一下即可，倒不必铺张奢侈。如果你是一个不修边幅的女人，不要幻想别人发现你所谓的内在美，从而尊重你，喜欢你。想求得世人的尊重，首先要对自我足够尊重。

6. "度"的把握

度的东西很含糊，但却表现在女人生活细节的方方面面。比如：女人是否清楚知道自己要什么，是否总是处处与别人比较？得失之间如何平衡？进退之机如何把握得宜？对丈夫，是抓紧还是放手？自信与自大、谦和与自卑、独立与霸道，往往只是一步之遥。

生活是随机的，如何掌握这个度，没法用科学的公式度量。一个女人在一生中不断地完善自己，在磨合中进步，才是人生的真谛。没有什么一步到位，绝不可能不犯错误，更没有十全十美的人，能掌握度的女人，才是美丽智慧的女人。而这一切来自不断的“修炼”。

20几岁开始不断地去丰富你的智慧底蕴

智慧能重赋女人美丽，也许20几岁的你相貌平凡，但是如果你拥有足够的智慧，你同样可以美艳动人。才情能使女人的美丽永驻，这句话是告诉我们：女人只有智慧还不够，要想保持一份恒久的美丽，你还要不断地丰富知识和阅历，不断地修养自己的才情气质。

大家在包礼物的时候一定都用过包装纸吧，当你想把礼物送给别人时，你一定会把它包装得很漂亮，因为这样别人才会喜欢。

虽说20几岁的女人不是礼物，但是同样需要包装，那你就需要选择一款包装纸，包装的材料很多，可以是服装、是发型、但是还有一样最重要的东西，也是必不可少的东西就是才情。一个20几岁的女人不管你的长相如何，一定要有自己独特的气质，要有气质就必须不断地增长知识和阅历，不断提升自身修养，才能散发出独特气质的魅力。

有这样一个有趣的问答，是问几个年轻有为的成功人士，“如果让你选择和一个女明星约会的话，你会选择谁?”有1/2的人选择了徐静蕾。徐静蕾的智慧和才情是让人非常羡慕的，你或许也希望自己能做一个智慧和才情并存的女人，但是要做到那样你还是得有自己的一些独特气质，拥有了这些以后，你会发现身边有更多的人开始喜欢你，这就是你“漂亮”的包装纸起了作用。知识和阅历对于女人来说真的是一张不错的包装纸，但是这张包装纸需要你慢慢地自己去做，才能散发出它特有的魅力。

无可争辩，杨澜无疑是当今中国最成功的女性之一。她美丽、聪慧、优雅、知性，刚过而立之年就实现了很多人一生都无法实现的梦想。从初出茅庐便震惊四座的《正大综艺》新生代主持人，到自己拥有、经营的阳光卫视，还有幸福的家庭和可爱的儿女，杨澜一路走来，不断延续着自己的精彩。

为何她的人生如此夺目？是杨澜得幸于上天的眷顾，还是我们太过平庸？回顾杨澜走过的路你就会发现，她的成功在于丰富的知识与阅历。

1968年，杨澜出生于北京的一个高级知识分子家庭。这样的家庭背景决定了杨澜从小必定会接受严格的家庭教育。很小的时候，杨澜的爸妈就要求杨澜自己管理好自己，自己上学，自己写作业，甚至自己洗被单。面对父母的严格管教，杨澜没有任何怨言，相反，伶俐的杨澜在自立的生活中铸就了对生活的热爱和对人生的坚定信念。

好强、坚忍而又独立的杨澜出色地完成了高中学业，以优异的成绩考入北京外国语学院。大学4年，她一如既往地出色、优秀。在大学即将毕业的时候，《正大综艺》节目要招一名女主持人，兼具外形和内秀气质的杨澜就被推荐去参加了面试。

面对众多漂亮且有上镜经验的竞争者，杨澜没有惊慌退却，她知道自己的优势在哪里。

在最后的面试中，杨澜是这样开始的："我认为主持人的首要标准不应是容貌，而是看他是否有强烈的与观众沟通的愿望。我希望做这个节目的主持人，因为我特别喜欢旅游。人与大自然相亲相近的快感是无与伦比的，我要把这些感受讲给观众听……父母给我起名'澜'，就是祝愿一个女孩子能有海一样开阔的胸襟，自强、自立，我相信自己能做到这一点……"

杨澜的见解准确到位，她用自己的诚恳热情、无比的自信形成了一个氛围，感染了整个现场，评委也被说服了。最后，杨澜赢了。

杨澜在整个面试过程中，把自己的全部学识和见解都展现了出来，显示了一个富有才情的女大学生形象。杨澜以自己内在的优秀品质击败了一切靠相貌才能生存和获胜的浅薄看法。她的经历证明，功底和学识是一个人永远的财富，也是一个人长远立足的取胜法宝。

就这样，1990年，她开始担任中央电视台《正大综艺》主持人，并于1994年获得中国首届主持人"金话筒奖"，在短短的时间她就做出了让人艳羡的成绩，事业上可谓得心应手，顺风顺水。但就在杨澜的事业处于顶峰时，她却选择了离开央视。

在提到自己当年离开央视的原因时，杨澜击破各种猜测，给出了让人吃惊的答案——因为一种对自己未来的恐惧感。"有一年春节晚会，共有6名主持人，多遍彩排之后，有一位主持的大姐，导演组突然决定不用她了，但却没人去通知她。晚会当天，那位大姐兴冲冲地拿着礼服到化妆间，化妆师说没她的名字，结果那位大姐黯然神伤地走了。我当时坐在一旁，那一刻我似乎看到自己的未来就是这样。我当时心想，今天，如果没有机遇和环境的平台，有多少成功算是你努力的结果？选择离开是因为恐惧，因为命运不在自己的掌握中。从那一刻起，我就觉得自己首先得站稳脚跟，不要沉迷在鲜花和掌声中，去寻找成长，去读书。我的一些成长并不是精心安排的，只是跟随心里最真切的声音。年轻的时候不去搏一搏，什么时候还有机会？”

就这样，杨澜辞去了央视的工作去了美国留学。1997年，杨澜学成回国。读书归来，杨澜成熟了。回国后，杨澜就加入了当时刚刚成立的香港凤凰卫视中文台，再一次拿起了话筒。当杨澜再一次走进观众的视线时，人们发现那个当初略显青涩的女大学生变得谈吐更加自如，视野更加开阔了。在凤凰卫视工作的两年，在杨澜的职业发展上起了重要作用。她不仅积累了各方面的经验和资本，也同时预留了未来的发展空间。1998年1月，《杨澜工作室》正式开播。当时因为人手问题，所有的工作杨澜都自己一手扛起，自己做选题，自己负责预算，组里所有的柴米油盐，她都必须精打细算。这种经济上的拮据和人员的限制，对杨澜来说是一个非常好的锻炼，使她知道如何在最低的经费条件下，完成节目。

1999年辞去了凤凰卫视的工作后，在丈夫吴征的协助下，杨澜于2000年动用约3 500万元的资金，与友利电讯主席高振顺联手收购了良记的控股权，更名为阳光文化网络电视控股有限公司，并成功地借壳上市，杨澜出任主席。就这样，她从一个做传媒出来的人变成了一个传媒名人。

2003年，阳光文化完成全面战略转型，将业务方向锁定重点发展文化、教育产业，现和东方卫视、凤凰卫视、湖南卫视合作，制作《杨澜视线》、《杨澜访谈录》、《天下女人》等节目。

从一个清纯大方的北京外国语学院女生，到中央电视台金牌栏目的名主持，再到远渡重洋的高才生，一直到今天传媒行业的女强人。十几年间，从她拿起话筒的那一刻，她便用她的聪明和魅力占据了我们多年的记忆；十几年间，她红着并还一直红着，红得宠辱不惊，红得如兰芷吐香。

20几岁的女人学一学杨澜吧，不断地去丰富自己的知识与阅历。有了丰厚的底蕴，你才能笑看云卷云舒、花开花落。由此也可以看出，20几岁的女人要想终生保持属于自己的那份魅力，就要全面发展自己，做一个有文化、有修养、有才情的女人。

很多人也许会误会，认为没才情的女人就是那些无知无识的乡野妇人。事实上，才情更多地表现为一种生命的张力。

《飘》的作者玛格丽特·米切尔是《纽约时报》的一位版面负责人，她每天应付的就是应接不暇的稿件，以及挑选、组合、排版，一天到晚工作总是满满的，心中的厌倦感与日俱增。

她非常重视自我形象，请专门的形象设计师为她设计，尽管在大家的眼中她确实是个既漂亮又能干的女强人，可她总认为自己身上似乎少了一些东西，却又不能把它确切地说出来，因而对生活也开始丧失兴趣。

后来，在一位朋友的苦心开导之下，她犹豫再三决定休整一下，外出度假，地点就在科罗拉多大峡谷。

当她度假归来后，她的同僚们发现她比起以前来，像是换了一个人一样。一天到晚总是轻松愉快的，也不再浓妆艳抹，专门的设计师也取消了。而她的形象却似乎更加光彩照人，一种平淡自然的味道总伴着她。

大家向她打听到底发生了什么事促使她改变，她微笑着说："我是带着一种失望的心情去度假的。可当我一下飞机看到那峥嵘荒凉的群山，苍茫辽阔的大地时，我的心一下就被感动了。我似乎又做回了以前的那个乡下姑娘，肆无忌惮地跑来跑去，一切的一切对我来说都是那么新鲜有趣。"

"我光着脚在河边抓鱼，与朋友一起驾车打猎，每天可以睡到自然醒，没有任何禁忌需要注意，甚至我还蓬头散发地跑来跑去，我认为那样的形象才是最和谐的，因为这与大自然贴得最近，这就是风度。"

这样独身旅行的方式能够让女人从大自然中摄取新知，更多地感受生活形态，明白自己真正适合什么样的生活。在与大自然近距离的亲密接触中，女人的自我料理能力将愈加增强，心灵将愈加健康而自由。

为了不让自己的魅力枯萎，20几岁的女人在开阔眼界的同时，可以选择不同的方式为自己充电。注意时事、关心环境、了解政治、接近人文，新世纪女人拥有热切求知的好习惯，书籍、电影、网络将是她们最好的伙伴。掌握一门以上的外语、学习MBA或进修一门实用课程，对于她们来说是提升自己、开拓事业的必不可少的手段。她们认为一个知识与智慧、美貌与才情兼备的女人才会充满活力与信心，也才会真正对男人有吸引力。

退而求其次，一个聪明的女人一定要有一技之长。有了一技之长，你的存在才会有特色，你自己才更有自信。有魅力的人首先要有特点，不然怎么能显出你卓尔不群呢？其实你爱干什么都行，只要你能干出点特色来就成。

可以爱的东西多得是，可爱的小把戏也多得是，你学什么都可以的，只要肯用心就行了。比如插花、钢琴、编织、绘画等等。体育运动也是很好的，不但会增强你的身体素质，而且有助于你塑造健康的形象、姿态。只要你平日多用点心，从身边简单的事情做起，慢慢培养自己的才情、品位。

女人有很多美丽的时候，一个专注地做一件事的女人也是美丽的。20几岁的女人可以专心致志的做一件自己喜欢的事，哪怕这件事仅仅是冲一杯咖啡，织一件毛衣，甚至是插一个花篮。这些看似微不足道的小事，都可以提升你的修养，增加你的才情。

第19章

书香四溢，20几岁让书籍滋养你一生的心灵

读书可以让女人永远美丽，20几岁的女人要多读书，让书籍滋养自己的心灵。

有人说："书，是女人最好的饰品。"因此，无论有多少个理由，作为一个20几岁的女人，一个期待精彩人生的女人，书是一定要看的，而且是看得越多越好。因为书会使你从骨子里提升品位，教你如何做一个知识女人。

书籍是女人永不过时的生命保鲜剂

从《京华烟云》到《青花》，温婉的赵雅芝一直光彩照人地美丽着，有谁想到生于1954年的她却是3个孩子的母亲呢？岁月流逝，气韵犹存，那份婉约的书卷气，令人怦然心动，仿佛她真是那西湖岸边的白娘子，可以演绎不老的美丽。

在娱乐圈里说到知性美，无疑要提到刘若英。她不仅是歌手，亦是创作人，她作曲、写歌，还尝试文学创作。她虽没有非常漂亮的脸蛋，却像她的绰号"奶茶"一样，美得含蓄而不容忽视。

注重内在知识的丰富、智慧的修养对20几岁的女人来说是至关重要的。你每天多读一点书，你的心灵便会多得到一点滋润。红颜易逝，但智慧可以永存。

书籍是人类的精神财富，书籍更是女人的最佳美容品。读书带给女人思考；读

书带给女人智慧；读书会使女人空荡荡的漂亮大眼睛里变得层次丰富、色彩缤纷；读书教会女人在笑的时候笑，在忧伤的时候忧伤；读书还使女人明白自身的价值、家庭的含义，明白女人真正的美丽在哪里。

“读史使人明智，读诗使人灵秀，数学使人周密，自然哲学使人精邃，伦理学使人庄重，逻辑修辞学使人善辩。”培根在《随笔录·论读书》中写出了读书的益处。晚清民初著名学者王国维曾借用三句宋词概括了治学的三种境界：第一境界，“昨夜西风凋碧树，独上高楼，望尽天涯路”；第二境界，“衣带渐宽终不悔，为伊消得人憔悴”；第三境界，“众里寻他千百度，蓦然回首，那人却在灯火阑珊处”。由此可见，读书学习只有甘于寂寞，不怕孤独，日积月累，持之以恒，才能到达“灯火阑珊”的境界。

作家林清玄在《生命的化妆》一文中说到女人化妆有三个层次，第一层的化妆是涂脂抹粉，表面上的工夫；第二层的化妆是改变体质，让一个人改变生活方式、保证睡眠充足、注意运动和营养，这样她的皮肤会得以改善、精神充足。第三层的化妆是改变气质，多读书、多欣赏艺术、多思考、对生活乐观、心地善良。因为独特的气质与修养才是女人永远美丽的根本所在。

喜欢读书的女人内心是一幅内涵丰富的画，文字可以书写性情、陶冶情操。喜欢读书的女人常常是有修养、有素质的女人。一个女人最吸引人的地方就在于她丰富的内心世界，从而表露出来的优雅气质。“书中自有黄金屋，书中自有颜如玉。”岁月的流逝可以带走姣好的容颜，却无法带走女人越来越美丽和优雅的心灵。书籍，是女人永不过时的生命保鲜剂。

世界有十分美丽，但如果没有女人，将失掉七分色彩；女人有十分美丽，但如果远离书籍，将失掉七分内蕴。读书的女人是美丽的，“腹有诗书气自华”。书一本一本被女人读下肚的时候，书中的内容便化成了营养从身体里面滋润着女人，由此女人的面貌开始焕发出迷人的光彩，那光彩优雅而绝不显山露水，那光彩经得起时间的冲刷，经得起岁月的腐蚀，更加经得起人们一次次的细读。正因为如此，你将不再畏惧年龄，不会因为几丝小小的皱纹而苦恼。因为，你已经拥有了一颗属于自己的智慧心灵，有自己丰富的情感体验，你生活中的点点滴滴，将会书香四溢。

书是女人永恒的情人，它不弃不离，始终如一，永远都在奉献，从不索取回报。书还是女人保持个人魅力的法宝，让皱纹迟到，让青春不老，是每一个女人心中的梦想。让女人青春不老的法则就是：多读书，让自己的心态年轻起来。一个与时代同步的女人，一定会是一个喜欢读书的女人，书会让她从内而外都散发出迷人的光彩。

读书的女人是美丽的女人，美得是那么的别致，即使不施脂粉也是优雅淡泊、气度不凡；读书的女人是成熟的女人，追求物质上简单生活，灵魂中却有繁杂的要求。这样的女人身上蕴藏着极大的能量，因为她知道什么可以放弃，什么必须坚守。只有成熟的女人，才会生成自己独具的内在气质和修养，才会有自信，才会有岁月遮盖不住的美丽。这是从内到外统一和谐的美丽，是岁月无可奈何的美丽。

对于读书可以丰富一个人的内涵，改变一个人气质的功效，20几岁的女人一般都不会怀疑，问题是，对于自己来说，读书应当从何处开始呢？

从书籍中汲取营养，是一个潜移默化的过程，有些书籍或者也可能给你一种提示，指明方向，但要取得真正的进步，还是要靠自己继续修炼。同时，也没必要迫于当时的潮流去读一些晦涩的，或者自己不喜欢的书，与其囫囵吞枣，不如找些对胃口的东西吃。

书籍并没有性别，文学、历史、哲学、戏剧、政治，男人可以看女人也可以看，不过，对于读什么书，男女的喜好还是有一些不同的，女人天生就有着和男人不同的读书兴趣。男人爱读强者成功史、历史、军事、营销，很多女人却更偏好美容手册、瘦身宝典、菜谱等生活类图书，或是其他一些文学作品。

女人们天生感性，不爱读晦涩难懂的哲理书、残酷的军事书、枯燥的营销书，也是情有可原。其实只文学一类，读通了，也大有天地。只要细心去体味，文学之中也不乏人生哲理、征战攻伐。文学是一个窗口，女人可以通过它以审美的眼光来看待生活。

无论中外，文学作品的好处在于感同身受的经历，每一本书，每一个故事，都是一首感人肺腑、荡气回肠的歌。对于女人来说，心灵的丰富需要人生的经历，可是现代生活却不能给她太多经历的机会。因此，读书，特别是读那倾情演绎人世悲欢的文学名著，在最短的时间里，跟随书中人物走完一生。别人的故事，能够帮助我们领悟人生、丰富情感。

女人读书，不仅要读名著、读画册、读随笔，还有一种广义的书，也是需要你花时间的，可以把它们都叫作“读书品”。比如，你要看报纸，了解时事；你要浏览专业杂志以便更出色地工作；你要定期购买文化类、生活类的期刊，让自己紧跟时尚、解读潮流；你需要音乐的灵魂来安抚你的内心，你的耳朵也需要“读书”；你要关心新上映的电影，不忘给自己视觉和听觉来一点享受；你还要带着灵敏的鼻子到网上冲浪，去捡拾那些晶莹的浪花，让自己永不枯竭……

著名女作家毕淑敏说：“日子一天一天地走，书要一页一页地读。清风朗月水滴石穿，一年几年一辈子地读下去。书就像微波，从内到外震荡我们的心，徐徐地加热，精神分子结构就改变了，成熟了，书的效力就凸显出来了。”

这种潜移默化的改变，是女人立世的根本，不管你的理想是在事业上的成就还是在家庭中的位置，自己的智慧和内涵都是最好的基础。

魅力女人总是充满书卷气息的，有一种渗透到日常生活中不经意的品位，有一种无须修饰的清丽、超然与内涵混合在一起，像水一样柔软，像风一样迷人。20几岁的女人一定要书香气十足，多读好书。

岁月会为读书的女人带来皱纹，却夺不去她的睿智和善良；岁月会为读书的女人带来白发，却带不走她内在的魅力和修养。岁月可以夺走一切，却夺不去那颗宽厚、智慧、纯真、善良而又骄傲的心，在人生旅途上，读书的女人会走得更加从容，更加美丽。

20几岁女人必读的30本女性书籍

20几岁的女人对书会有不同的品味，不同的品味就意味着会有不同的选择，不同的选择自然得到不同的效果，因而演绎出一道道不同的风景线。

这里为20几岁的女人推荐30本女性必读的书籍，有时间时拿来读读，会对你有很大帮助。

1.《第二性》

西蒙娜·德·波伏娃的《第二性》被誉为“有史以来讨论妇女的最健全、最理智、最充满智慧的一本书”。被《时代》周刊评为20世纪改变人类思想和生活的10本书之一，当代西方女权主义运动的“圣经”，迄今为止对女性问题研究得最为透彻的一本书。

2.《写给女人》

《写给女人》是卡耐基夫人的成名之作，是她在总结卡耐基妇女讲习会多年的工作经验的基础上，根据卡耐基的哲学思想、教育方法和著作模式，专门为女性写作的一部生活教科书。

3.《红楼梦》

中国古今第一奇书，中国古典小说的巅峰之作，是一本不读就是人生极大遗憾的书。《红楼梦》让我们真正看到女人的精彩，领略什么叫做“水做的骨肉”。即使势利狠毒如王熙凤，她的八面玲珑、处变不惊还是值得今天的女性学习的。

4.《谁是最美的女人》

爱美是女人的天性，所有的女人都期望自己美丽。于是，她们会用各种方法让自己看起来美丽，使之光艳照人。当然，美容就是最基本的方法。

5.《简·爱》

《简·爱》让人领略到那个时代以英国为代表的西方社会的社会风貌，感受到简·爱——一个受过良好教育但社会地位卑微的女子的思索和抗争，并通过简·爱曲折丰富的情感经历，体会简·爱对爱情、友情以及独立、平等、自信等的理解和实践。

6.《居里夫人传》

一部内容翔实的科学家传记，一位影响过世界进程的伟大女性不平凡的一生，一位为子女树立光辉榜样的伟大母亲的精神世界。

7.《圣经》

《圣经》是带你认识真理、了解世界的一部经典。对于20几岁的女人来说，阅读《圣经》将使你重新认识自我、重新发现真理，进一步融入世界，而成为一个全新而美好的人。

8.《世界美术名作二十讲》

在艺术陶冶下养成一种自然气质后，这位女性一定显得成熟、温柔又善解人意，无须太多的言语就能与你进行心灵的交流，达成心灵的默契。

9.《金锁记》

“30年来她戴着黄金的枷。她用那沉重的枷角劈杀了几个人，没死的也送了半条命。”20世纪40年代文坛最美的收获享誉文坛的女作家张爱玲的顶峰之作。

10.《私奔万水千山》

作者以其独有的文化底蕴和优势，对山水景色、大自然风光有着细腻的感知和独到的感悟，尤其是在领略风光与民情之中，对人文景观的体验、生命与人生的品位更为擅长。书中200余幅精美图片，自有悦目怡情的美，视感上的满足亦不待言。品读过后，犹如经历一次心灵的跋涉。

11.《女性个人款式风格诊断》

使广大女性读者掌握装扮的基本要领和各种时装的风格。风格的形成越早越好，因为有了风格，你的体貌特征才能与服饰间出现规律性的结合，使你的形象给人带来无与伦比的贴切感。有风格还不怕老，因为越老风格越成熟、越突出。

12.《婚姻宝典》

全书以娓娓道来的方式，写透两性情感与婚姻的奥妙与技巧，连这方面的专家——著名的薇薇夫人，都赞不绝口，极力推荐，认为拥有《婚姻宝典》，就是拥有一生的幸福。这是一本帮助你建构良好姻缘的婚姻百科大全，为你斩断一切苦涩的情感难题。

13.《飘》

《飘》是女人的必读书，因为本书中有两个女人的典范——郝思嘉和韩媚兰——告诉我们：不同的女人有不同的征服力，不同女人有不同的味道，但都有自己别具一格的风味。

14.《女人的身体，女人的智能》

这本有关女性身心健康的革命性、开拓性书籍，自首次出版至今的4年间，共发行250万余册。全书从女人的生理、心理、社会承受力、家庭观念等各个方面进行详尽的阐述，可以说是一本关于女人身体、心智和灵魂的书。

15.《斯波克育儿经》

影响空前绝后的《斯波克育儿经》于1946年出版，首印的1万册一面世就被抢购一空，从此开创了斯波克育儿的新时代。

1998年，斯波克博士完成《斯波克育儿经》的最新版后，于1999年3月安然告别了一代代接受他教育的父母和子女，《斯波克育儿经》中文版成为他留给世界的绝版。

16.《围城》

人生是围城，婚姻是围城，冲进去了，就被生存的种种烦愁包围。《围城》的妙处之一便是描绘了中国男人的劣根性，帮女人打破对男性世界种种不切实际的幻想。《围城》的作者不愧是大家，看两性关系细腻而且尖锐，女性读者须细心揣摩，从此以后，看男人才不会走眼。

17.《美学散步》

任何一个爱美的中国人，任何一个热爱中国艺术的人，都应该读这部书——《美学散步》。本书是已故一代美学宗师宗白华先生的代表作，也是他生前唯一一部美学著作，几乎汇集了其一生最精要的美学篇章，其词句典雅优美、充满诗意，是中国美学经典之作和必读之书。

18.《叶芝抒情诗全集》

女人不妨读点诗，对于女人来说，诗是永葆美丽的源头活水，诗意是生命的高级觉悟，是灵性的自然清澈，是闲情的随意散播，它生存在一块丝帕、一只发结、一个抬手、一个转身、一个笑意和一瞥妩媚的眼光里。

19.《一个女人的成长》

一个女人的成熟与她的年龄、职位或身份无关。她成熟的唯一标志是她是否能正确对待自己内心的真实想法。本书以春、夏、秋、冬为序写出一个女人的成长历程，作者的观点得到绝大多数女性读者的认可。

20.《苏菲的世界》

《苏菲的世界》既是智慧的世界，又是梦的世界。它将会唤醒每个人内心深处对生命的赞叹，以及对人生终极意义的关怀和思考。

21.《安娜·卡列尼娜》

巨大的思想和艺术价值，使得这部巨著一发表便引起巨大社会反响。这个故事揭示了俄国社会中妇女的地位，并由此来鞭挞它的不合理性。

22.《音乐气质》

融知识性、可读性、鉴赏性于一体，辑录了台湾著名音乐评论家庄裕安先生近年来对著名歌剧和名曲不同版本的比较谈、音乐札记、音乐大事记等作品44篇，分“有树、雨和夜莺的音乐风景”、“从不枯竭的小溪”、“烫金的声带”三辑。

23.《安徒生童话故事集》

在每一个人的心灵一角都有一个童话世界，这个童话世界是现实不容许闯进去的，而人却凭借想象走进这个世界。安徒生本身是个天才，他说生活本身就是童话世界。他不是把心灵的一个角落留给幻梦，而是把整个身心都融入了那个瑰丽的童话世界。

24.《艺术的故事》

贡布里希以一本《艺术的故事》极为成功地教会了成千上万的人如何去欣赏前人的绘画，这是一部博学动人的精彩之作，也是有关艺术的书籍中最著名、最流行，而又最经久不衰的著作之一。全书概括地叙述了从最早的洞窟绘画到当今的实验艺术的发展历程，以阐明艺术史是“各种传统不断迂回，不断改变的历史，每一件作品在历史中都既回顾过去又导向未来”。

25.《人与永恒》

文章关于爱情、生活、孤独、诗、生死等人生常遇到的问题，虽然作者是一位哲学博人，但是书中并没有艰深的哲学术语，相反都是浅白的词语，用生花之笔精雕细刻地写下了对人生的理解和困惑，也许其中就有你所想的！

26.《李清照诗词评注》

这位南北宋之交的词作大家，其词的内容虽然没有摆脱爱情与离愁别恨的传统范围，但在南渡后，她的词更多地表现出对国家、人民和个人际遇的深沉伤感。她的词对女性内心世界的严肃而深刻的描绘，于委婉细腻中一洗以往词作的妩媚不实的气氛，给词坛带来清高的意趣、淡远的情怀、空灵的意境，使她最终成为宋代词坛的杰出女作家。

27.《女子与小人》

《女子与小人》是一本有关女人的书，书中多次写到了女人所扮演的角色，辑一是写身为妻子，好的工作是“男主外，女主内”；辑二是写当了妈妈以后，好的任务是教育好孩子，“小人”明显的是指孩子。

28.《关于女人》

冰心是一位非常聪明的女人，她认识许多不同年龄、不同阶层、不同职业的女人，而且非常了解自己的同性，因此，冰心的为人和为文，都体现出女人用爱来“维持世界”和“温柔世界”的女性观。

29.《懒女孩的健康指南》

安妮塔·奈克认为懒女孩也一样可以拥有健康，这一命题本身就已有悖传统的主流健康教育，表面上也一定有违大多数医生和健康顾问的谆谆嘱咐，但却不由得不让懒女孩们喜出望外。

30.《史努比黄金五十年》

舒尔茨的这本书会向你传授现代女性对残酷的成人世界表示抗拒和不适的最好方式。

20几岁的女人，做一个爱读书的女人吧！读书的女人才能永远美丽。智慧的女人爱书，爱书的女人更智慧。读书的女人是优雅的女人，无论走到哪里都是一道亮丽迷人的风景。女人不一定要有很高的学历，但要有一定的文化素养。读书的女人大都知书达理，处事冷静，善解人意。她或许貌不惊人，但她有一种内在的气质，幽雅的谈吐，清丽的仪态，超凡脱俗，胜过一切。

第20章

才艺芬芳，20几岁在艺术的天地尽情熏陶吧

20几岁的女人应该有属于自己的独特才艺，用才艺来装点自己独有的风韵。与男人相比，女人天生就具有一种灵性，如出水芙蓉般的纯净，似柔风细雨般的温柔。如果20几岁的女人有了才艺，就能达到一种极致的美，妩媚中带有书卷气，娇嗔中也带有了超凡脱俗的灵性。

有才艺的女人，用聪明的头脑开拓女人的半边天；用坚韧的肩膀，承载生命的辉煌；用纤纤玉手，编织锦绣人生；用一颗平常心，走过岁月的痕迹；用优秀的能力，为生活增光添彩！

才艺为女人增光添彩

每个女人都希望自己与众不同，都希望自己被男人好好地宠爱。而有才艺的女人更能博得男人的爱慕与欣赏。美貌如云烟，会随着年华而老去，再美的容颜也将成为过去，不老的只有她的才艺。言谈举止，一颦一笑中都充满了诗情画意般的温馨，岁月也无法掩饰她的光彩。哪个男人不梦想与这样的女人相伴呢？

古人讲“琴棋书画”样样精通是一个才艺女子所应必备的基本条件，现今的女人用不着精通各种技艺，但是同样也需要具备不同的才艺。一个女子，若写一手好字，见字如见人，这样的女子也必定是一名绝色的女子；若写一手好文章，这个女子虽不一定是博古通今，也必定是学识广博；若一个女子弹一手好琴，兴趣使然，

她必定是一个气质不凡、灵秀俊美的女子；若一个女子善于歌唱，甜美高亢的嗓音，定能引你神思，带你去一片世外桃源；若一个女子擅长画画，不管是花鸟鱼虫，还是人物山水，那她必是心中有丘壑、眼中有美景的优雅之人。

有才艺的女子，总给人以神秘感，只看到她们的才艺，就不知引得多少男人的倾倒和爱慕了。这样的女子，在世人的眼中，必定是墨云秀发、眉如浅黛、杏眼桃腮、气质非凡、落落大方的女子。这样的女子，身上一定有无限的魅力，心中定有广博的学识，为人处世，定是谦谦有礼、优雅大方。

没有哪个男人希望自己和不学无术的女人生活在一起，他们对女人的期望值很高。女人用自己的才艺填补了生活的缺憾，在寂寞中，不随波逐流，而是用自己的兴趣爱好，让生活变得多姿多彩。

一个有才艺的女子，更能够诠释女性的魅力，在女性的温柔妩媚中平添了才气，让女人的气质非凡，行为更出众。才艺装点了女人独有的风韵，才艺让女人更受男人的青睐。

在今日，女人的知识和能力，已经和男人不相上下。女人已经从封建社会的牢笼中走出，女人的才艺也变得更多。而拥有才艺的女人，更能够让生活增光添彩。

现代社会对女人的要求越来越多，不仅仅是过去女人应该具备的素质——礼仪、持家、女红、厨艺，还要有现代的品位，现代人所需要的才艺。不仅是男人，而且女人也深谙其理。有才艺的女人，会让家充满更多的温馨，会让生活拥有更多的亮点。柴米油盐平淡的生活，会在才艺女人的调解之下，变得轻松有味，生活处处皆是诗情画意。

如果你是一个能用小刀和剪子剪出各种各样窗花的女人，生活处处都被你打扮得喜瑞祥和；如果你是一个会用面粉、鸡蛋和白糖制成松软可口蛋糕的女人，每天的餐桌上，定有一阵阵惊喜、一声声夸赞、一次次兴奋；如果你是一个会把旧物重新变成一件精美的室内装饰的女人，生活的废旧品也添新意，家中充盈着温馨浪漫；如果你是一个能歌善舞的女人，那不论是聚会还是闲时，都能余音绕梁，舞姿优美，增加了生活的喜悦；如果你是一个慧眼识珠、能够选购面料优良衣服的女人，不管是家人还是自己的衣物，都是整洁大方，一切都是美的……太多的如果，不管是怎样的假设，这样的女人就是有才艺的女人，这样的女人，让生活充满了更多的惊喜，让生活多了新鲜和兴奋点，让生活更加完美浪漫。

一个男人，若娶到一个才艺女人，一定是一种幸运。爱情在平淡生活的冲击下，已经悄悄地失去了惊喜和浪漫，家和工作地两点一线的奔波，或许很多人都忘记了原来的喜悦。正是才艺女人，让这种浪漫和惊喜回归，家不再只是睡觉和吃饭的“窝”，而是一片祥和的乐土；工作地也不再只是出卖脑力或智力、而获取报酬的地方，因为有了才艺女人而变得闪亮欢愉。

20几岁的女人要学习一点才艺，让生活更加的绚烂多姿，让男人对自己更加的热爱。每个女人都想成为才艺女子，这不仅仅需要先天的条件，更加需要后天的培养和训练，在不同的领域和时刻，展示自己不同的风姿。

从20几岁开始，努力使自己成为才艺女人

究竟应该怎样才能成为一个才艺女人呢？

1. 要培养自己广泛的兴趣爱好

并不是所有才艺的培养都需要从儿时起，如果你有所热爱，那么就有所侧重地去培养，才艺永远不以年龄为界限。不要以为青春的岁月，我们的面容只用化妆品粉饰，我们的生活只是饮食和服饰的搭配，在这个美好的岁月中，20几岁的女人可以有很多的东西去学习。

2. 成为一个有思想的女人

若一个女子，只是贪图物质上的富足，呼朋唤友的热闹，怎么去理解和追求才艺女子的生活呢？不是因为时尚，而去努力地学习才艺女人，更不是为了单纯吸引男性的眼球，更主要的是从思想上认识到，才艺对自己、对家庭、对工作的重要意义。

3. 能够脚踏实地地去学习

对于才艺的培养和学习，必须有足够的精力和能力，有持之以恒的精神。学一种东西，并不是用它来丰富物质，亦不是满足虚荣的需求，而是用才艺来完善我们的生活，提升生活的品质，让生活的细节同样精彩。

4. 要热爱生活

如果20几岁的女人不热爱生活，她就不会学习才艺，即使学习了，也是没有意义的。只有对生活充满着不懈的热情，才想完善自己的生活状态，提升自己的生活品位。因为热爱生活，所以竭尽可能地去完美生活。

5. 具有乐观向上的精神和持之以恒的态度

不管学习什么，哪怕是插花、烹饪，都需要女人拥有不断向上的精神，既然想学习什么就要把它坚持下来，并且以饱满的热情去对待它，才能最终达到目的。

一个才艺女人看起来的风光，是需要用时间、热情、努力去积淀的，给自己些希望和力量，一定能够成为让别人称赞的才艺女人。

20几岁的女人，趁着年轻多学习一些才艺吧！学会用艺术陶冶情操，用才艺获得关注，在艺术的天地里活出女人特有的魅力。

不做小草，20几岁拥有令人羡慕的专长

20几岁的女人一定要有令人羡慕的专长。这个专长可以在你一无所有时，作为你安身立命的手段。

有人说："女人要有一技之长，这样当男人不要你时，你还有所支撑。"

也有人说，一个女人，你可以不漂亮，但是一定要心地善良；你可以没有太多的学问，但要知道孝顺老人，照顾孩子；你也可以没有太多工资，但是要知道如何理财。但是，成为一个完美的女人真的不是一件容易的事情。可是，如果我们能够尽量让自己做得完美，那就是一种最完美的状态了。而努力学习，让自己拥有一技之长，哪怕这一技再小，也能够为你提供机会，万一哪天你生活窘困了，这偶然间学得的一技之长也许就能够助你一臂之力。

有的女人，会织一手漂亮毛衣；有的女人，会拍很多漂亮的照片；还有的女人，会用细腻的笔触来记录自己的每一个成长过程；有的女人很会装扮、化妆不错；也有的女人，懂得时尚，懂得潮流；有的女人，有一手很好的厨艺，做出的饭菜总是让人赞不绝口；有的女人，是电脑高手，会制作网页、会管理网站；还有些能干的女人，懂得做生意，能够开网店，有滋有味地赚钱过日子……这些女人都是美丽的，至少她们都能够有一样让自己自豪的手艺，有一样可以点缀平淡日子的花朵。更重要的是，这些小小的技术，可以让这些女人拥有自信，她们对待未来是坦然的，她们知道自己的未来不是梦。

在成都的西面有一所居室，设置典雅，每逢周三、周四、周六，会有四面八方的人汇集于此。吸引他们的，是博大精深的中华传统花艺，还有来自台湾的花艺教

授、浣花草堂的创办者操瑞芸。“一花一世界，一叶一乾坤”，如果没有亲眼见识操瑞芸老师的花艺课程和作品，可能很难领略这句话里所体现的意境。通过她的一双巧手，花枝、树皮，甚至蔬菜，那些看似单薄、独立的植物经过神奇的组合，突然有了生命和意义。

本来，她到成都并不是专门为了花艺，而是为了当孩子的陪读。结果，孩子到学校上课后，平日无聊的她便学起花艺，没想到她做出的花艺摆设在成都大受欢迎，很多女人都争相报名想要学习她的花艺。

慢慢的，学生的规模越来越大，客厅坐不下了。操瑞芸索性在芳邻路买了栋房子，办起了专业的花艺培训班，即现在的浣花草堂。1 000多元的学费在成都还是很有市场，操瑞芸的学生从企业老总、花店老板到普通白领、建筑师、职业妇女……授课的地点也从成都逐步扩展到北京、深圳、重庆等地，几年下来学生已近千人。她将自己的花艺技术变成了让自己致富的途径！

还有一位外资公司的秘书，平时的工作就是帮主管处理大小文件，但是下班后的她，却是过得很精彩。她原本因为兴趣而去研读意大利语，却因为越学越有兴趣，从看得懂意大利语到能看懂意大利电影，最后干脆到意大利旅行度假都听得懂意大利人的对话。她后来经由意大利人推荐，协助品牌服饰在欧洲的采购工作，经常往返意大利与亚洲各国，从第二专长中化兴趣为工作，她的人生可说是高潮迭起。找出自己的一技之长及培养第二专长，不但能够让自己的兴趣得到发挥，更可以增强自己的工作实力。

20几岁的女人，也许你目前还在为自己的未来担忧，总是缺乏很强的安全感。这里给你提出最中肯的建议：不要指望别人给你安全感，你的安全感永远只能来自你自己。你必须要学会一技之长，有了一技之长，你就等于成竹在胸，不管世界如何变，聪明的你总会险处逢生。

拥有一项或多项专长，它们不仅是女人安身立命的手段，也是抚慰女人心灵的净化剂。20几岁的女人如果不甘做小草，就一定多学习一些技艺，做一个知性女人。

社交篇

海阔凭鱼跃，赢得人心女人赢得一生的机遇

第21章

好人缘好机缘，20几岁打造自己的人际圈

“社交改变命运，人际创造财富”，这句话一点不假。我们生活在世上，每天都不可避免地与他人交往，高超的交际艺术是成功的资本，拥有良好的交际能力和高超的处世技巧，就等于拥有了成功的点金术。正如一位著名的心理学家所言：一个人成功的因素，85%来自社交和处世。可见，只有拥有了好人缘才会拥有好机缘。

20几岁的女人要学会打造自己的人际圈子，拥有自己的人脉资源。女人的人脉资源可以包括：自己的亲朋好友，社会关系，家庭中的温情，职场中的友善，生活中的交际，事业中的沟通。当我们的人脉愈加发达与通畅，生活就愈加轻松，工作就愈加顺利，人生就愈加有意思，成功就会离自己越来越近。

好人缘决定女人好机缘

柴田和子是日本推销女神。她连续16年享有日本寿险“销售第一”称号，是国际组织MDRT会员。她的业绩相当于804位业务员业绩之总和。

柴田和子是如何利用人脉资源进行销售的呢？

柴田和子善于利用以前所积累的人脉资源。柴田和子高中一毕业就到“三阳商会”任职，直到结婚为止。其早期的人脉资源完全是以“三阳商会”为基础，然后

透过他们的介绍以及转介绍而成的。

另一个为她穿针引线的则是她的母校——“新宿高中”。“新宿高中”是一所著名的高中，它培养了一大批优秀人才、社会中坚，其学生都在社会上占有一定的地位。

除此之外，当时日本的银行发挥着极大的金融效能，在银行与企业的权力结构中，银行居于绝对支配地位。因此，银行的推荐相当有份量。柴田和子就利用银行开发客源，使得她在面对目标对象时更加有底气。为了具体了解企业名称，她曾经一整天坐在银行柜台窗口前的椅子上，一听到银行小姐喊“××工业公司”、“××会”，就一个一个地把名称抄录下来。再上二楼的贷款部门请求工作人员为她介绍那些企业，然后再去一路拜访。当柴田和子成功地获得一家银行的推荐后，其他的银行也逐渐地对她伸出双手。

在目标客户中寻找关键人物是柴田和子获得行销成功的又一个重要手段。由于老板是握有决定权的关键人物，只要使那个人说“Yes”，剩下的就只是事务性工作了。因此，行销人员必须要能洞悉谁才是问题的关键。

还有关键的一点，柴田和子绝对不带给别人不愉快。即使是自己的秘书，她也认为让他在严寒或是酷热的地方等候是不对的，因此她绝不耽误与别人的约会时间。柴田和子说：“保险行销要成功，必须要懂得体谅别人，即人情练达。”

柴田和子认为有效率的做事方法，就是将已经建立的人脉资源活用于工作生活之中。每个人总有亲戚、校友和乡亲，利用这些人脉资源去开展事业，使柴田和子获得了成功。

对女人而言，成功有着多重含义，而且不同的人有着不同的理解。有人把命运的改变，事业的完成当作人生奋斗的目标，也有人把物质的享受，精神的满足当作生命的归宿。其实就个人而言，成功的定义应当主要包括三项内容：一是充分展示了自身的价值；二是在自己从事的事业中取得了重大突破；三是为他人、为社会作出了突出的贡献。以此衡量，成功就不仅仅是看一个人获得了什么名誉，得到了多少财富，而是让生命变得有意义，有价值，让自己更加幸福，让生活因为你的付出与努力而变得快乐。20几岁的女人要做到这一点，最根本的条件就是：拥有好人缘和好机缘。

生活告诉女人：只有机缘，没有人缘，最终会使得机缘丧失，人缘经营得好必然会给我们带来机缘。总结当代成功女性的人生经历，可以看出，她们最初也许很平凡，但她们凭借良好的人脉渐渐创造了一个新的自我。

据统计资料表明：良好的人际关系，可使工作成功率与个人幸福率达85%以上；一个人获得成功的因素中，85%决定于人际关系，而知识、技术、经验等因素仅占15%；某地被解雇的4 000人中，人际关系不好者占90%，不称职者占10%；大学毕业生中人际关系处理得好的人平均年薪比优等生高15%，比普通生高出33%。

在生活的点滴中积累女人的人情

几乎所有的人都懂得处理好人际关系的重要性，但尽管如此，大多数人都不知道怎样才能处理好人际关系，甚至相当多的人错误地认为拍马屁、讲奉承话、请客送礼，才能处理好人际关系。其实，处理人际关系的诀窍在于你必须有开放的人格，能真正地去欣赏他人和尊重他人。

要学会从内心深处去尊重他人，首先必须能客观地评价他人，能看到别人的优点，你会发现你的亲人、朋友、同事、上司或下属身上都有令你佩服、值得你尊重的闪光之处。发自内心去欣赏和赞美他们，在行为上以他们的优点为榜样去模仿。这时你就会发自内心去尊重和欣赏他人，你就达到了处理人际关系的最高境界。换个角度想，若有人对你有发自内心深处的毫不虚假的欣赏和尊重，你肯定会由衷地喜欢他（她）们并与他（她）们真诚相待。

不能否认的是，人都有一个共同的弱点，就是希望别人欣赏自己、尊重自己，这一点在女人身上尤其明显。比如，我们买了漂亮衣服，满心欢喜地穿出去，总是希望别人出口称赞，而且如果没有得到称赞还会郁郁寡欢的。人是非常容易看到别人的缺点而很难看到别人的优点的，我们必须克服这些人性的弱点。客观地观察别人和自己，你会惊奇地发现，原来自己还有许多不足，而身边的人都有值得你学习、借鉴的地方。我们不能因为别人有一点比你差的地方就去否定别人，而是应该因为别人有一些比你强的优点而去欣赏和尊重别人，肯定别人。

在企业里与上司、同事、下属相处时，若你能客观地发掘别人的优点和真诚地尊重和欣赏别人时，你的人际关系便如鱼得水了。但总有一些人认为自己怀才不遇，看到自己上司一点点不如自己的地方，便从内心看不起上司，私下抱怨上司，工作上不配合上司，结果连与上司的关系都处理得不好，更不用说同事和下属了，这种人必然会自食其果。

女人，如果能够懂得在社交中如何欣赏、尊重他人，处理好人际关系就会带来无尽的好处和机会：其一，成本最低，不用花费金钱去请客送礼，不用伪装自己去浪费感情；其二，风险最低，不必担心当面奉承背后忍不住发牢骚而露馅，不必担心讲假话，提心吊胆，食寐不安；其三，收获最大，因为你能真心尊重和欣赏别人，你便会去学习别人的优点克服自己的弱点，使自己不断地完善和进步。

一个懂得用欣赏人、尊重人处理人际关系的女人会过得很愉快，别人也会同样地欣赏和尊重她，而一个提倡欣赏人和尊重人的团队也将会是一个关系融洽的大家庭，团队中的每一位成员都能欣赏和尊重别人，因此每一位成员也受到别人的欣赏和尊重，每一位成员都会心情舒畅，于是这个团队的凝聚力会提高。

有这么一个值得我们深思的寓言故事。

有一天，一只老青蛙遇见一只老蜘蛛，大吐苦水道："我一辈子都在辛勤工作，但只能勉强糊口。现在我年老体衰，等待我的命运却是要饥饿而死。而你，我从没见你劳动过，却衣食丰足，即使现在老了，仍不愁吃喝，自有投网者，送来美味佳肴，这世道真不公平啊！"

老蜘蛛回答："你说得不对，想当年，我每天操劳，日复一日地织我这张网，好不容易生活才有了依靠。就是现在，我还随时要修复经常出现的破洞。你之所以生活艰辛、老而无靠，那是因为你是靠四条腿在生活，而我是靠一张网在生活，网不会因我年老而衰，所以我虽然年事已高，而生活不愁。如果我也像你一样靠我这几条纤细的腿来生活，我会过得比你还惨百倍。"

人又何尝不是如此？靠个人能量，搏不过狮子，但倚仗外来的能量，却可以把狮子关在笼子里供人观赏。

所以，个人的能力大小和成功与否，很大程度上取决于人际关系，而良好的人际关系，则来自于良好的社交。

人的一生就是社交的一生，如果你注意观察，人与人之间的交往举目皆是，并且都体现着社交的真谛。

在你面临危险时，有朋友就不用害怕；在你伤心无助时，有朋友什么事情都能拨云见日；有朋友在身边，可以分享快乐，分担痛苦。

社交是发展事业的前提，事业成功的概率与社交圈的大小体系相关。在生活和工作中，人们都希望充分地发挥自己的才能，但是，人们又常常感到，有时自己的才能得不到充分的发挥，其中原因之一就是受人际关系的影响。

某家人际关系研究中心曾花费3年时间对2 000人的档案记录进行分析，结果发现，“智慧”、“专业技术”和“经验”只占成功因素的14%，其余的86%取决于良好的人际关系。

相反，有些人并无过人之处，但他们由于深谙社交之道，在人际间开辟了广阔的天地，因而成为令人羡慕的成功者。

女人社交的人际关系中一个最基本的目的就是结人情，交人缘。俗话说：“在家靠父母，出门靠朋友”，多一个朋友多一条路，人情就是财富。求人帮忙是被动的，可如果别人欠了你的人情，求别人办事自然会容易很多，有时甚至不用自己开口。做人做得如此风光，大多与善于结交朋友、乐善好施有关。

对于一个身陷困境的人来说，一碗热面、一杯热茶，可能就会使他度过人生中最艰难的时刻，重新树立进取的勇气和信心，成就一番事业。对于一个执迷不悟的浪子，一次交心的促膝之谈，可能就会使他重新树立人生的正确方向，积极努力，实现自己的理想。

人在旅途，情义无价，人人都需要别人的帮助。你对别人随意的一次帮助，可能就会使他领悟到善良的难得和真情的可贵。

人们既需要别人的帮助，也需要帮助别人。从这个意义上说，帮人就是积善积德。也许没有比帮助这一善举更能体现一个人宽广的胸怀和慷慨的气度的了。不要小看对一个失意的人说一句暖心的话，对一个将要跌倒的人轻轻扶一把，对一个无望的人赋予一次真挚的信任。也许你自己什么都没失去，而对一个需要帮助的人来说，也许就是醒悟，就是支持，就是宽慰。相反，不肯帮助人，总是太看重自己丝丝缕缕的得失，这样的人目光中难免闪烁着麻木的神色，心中也会不时地泛起阴暗的想法。别人的困难，他可当做自己得意的资本；别人的失败，他可化作安慰自己的笑料；别人伸出求援的手，他会冷冷地推开；别人痛苦地呻吟，他却无动于衷。至于路遇不平，更不会拔刀相助；就是见死不救，也许他都会有十足的理由。自私，使这种人吝啬到了连微弱的同情和丝毫的给予都拿不出来。

生活中经常还有这样的人，帮了别人的忙，就觉得有恩于人，于是心怀优越感，高高在上，不可一世。这种态度是很危险的，常常会引发这样的后果：帮了别人的忙，却没有增加自己人情账户的收入，正是因为这种骄傲的态度，把这笔账抵消了。

也总有一部分人抱着“有事有人，无事无人”的态度，把朋友当做受伤后的拐杖，自己伤势复原后就扔掉拐杖。此类人大多会被抛弃，没人愿意再给他帮忙；他去施恩，大概也没人愿意领受他的情了。人们在一起共事时，同舟共济，共同的命运把彼此联系在一起，只要采取合作态度，互相支持、互相帮助、互相关照，是最容易引起感情认同的。特别是在困难环境中的彼此相依为命、共渡难关。如此情谊深厚，可能终生难忘，友情也将更为牢固。比如，当年不少知识青年从城里到乡下插队，大家一个锅里吃、一个炕上睡，哪一个人受了欺负，大家一起为他鸣不平，如此心心相印的共同言行，必然转化为深厚的感情，铭刻在各自的记忆中，不管日后分散天南海北，做什么工作，任谁也不会忘记这段友情。

对身处困境中的人仅仅有同情之心是不够的，应给予具体的帮助，使其渡过难关，这种雪中送炭、分忧解难的行为最易引起对方的感激之情，进而形成友情。比如，一个人做生意赔了本，他向几位朋友借钱，都遭回绝。后来他向一位平时交往不多的同乡伸出求援之手，在他说明情况之后，对方毫不犹豫地借钱给他，使他东山再起，他从内心里感激。后来，他在事业上发达了，依然不忘同乡借钱的恩情，常常给对方以特别的关照。

朋友沟通还应该注意互相帮助。当对方有困难时，主动地伸出援助之手，会使对方倍感温暖。而有时候恰如其分地请求对方帮助，还会加深朋友之间的友情。

20几岁的女人要学会与人相处的艺术

很多女人，尤其是20几岁的年轻女人，在社交中常常不知道该怎样与人交往，下面就为你提供几点与人相交的方法。

第一，要懂得察言观色。察言观色是女人社交生活中需操纵自如的基本技术。不会察言观色，等于不知风向便去转动舵柄，弄不好还会在小风浪中翻了船。

女人自认为直觉敏感，但也更容易受人蒙蔽，懂得如何推理和判断才是察言观色所追求的顶级技艺。

言辞能透露一个人的品格，表情眼神能让我们窥测他人内心，衣着、坐姿、手势也会在不知不觉之中出卖它们的主人。

言谈能告诉你一个人的地位、性格、品质及至流露内心情绪，因此善听弦外之音是“察言”的关键所在。

如果说观色犹如察看天气，那么看一个人的脸色也如“看云识天气”般，有很深的学问，因为不是所有人所有时间和场合都能喜怒形于色，相反可能是“笑在脸上，哭在心里”。

“眼色”是“脸色”中最应关注的重点。它最能不由自主地告诉我们真相，使我们对对方内心的意图洞若观火。

我们如能真的在交际中察言观色，随机应变，也是一种本领。例如在访问中我们常常会遇见一些意想不到的情况，访问者应全神贯注地与主人交谈，与此同时，也应对一些意料之外的信息敏锐地感知，恰当地处理。

在与主人交谈时，若他总是略微向另一个地方看，或者这时还有人在小声讲话，就说明，在你来访之前主人正进行或者将要进行一件比较重要的事，但由于你的来访不得不临时暂停一下，但是主人仍有点耿耿于怀的感觉。在这个时候，如果你能看出他的心理，并很明智地说：“您一定很忙。我就不打扰了，过一两天我再来听回音吧！”主人心里定对你既有感激，也有内疚：“因为自己的事，没好好接待人家。”这样，他会努力完成你的托付，以此来补偿。

在交谈过程中突然响起门铃、电话铃，这时你应该主动中止交谈，请主人接待来人，接听电话，不能听而不闻滔滔不绝地说下去，使主人左右为难。

当你再次访问希望听到所托之事已经办妥的好消息时，却发现主人受托之后尽管费心不少但并没圆满完成甚至进度很慢。这时你难免发急，可是你应该将到了嘴边的催促化为感谢，充分肯定主人为你作的努力，然后再告之以目前的处境，以求得理解和同情。这时，主人就会意识到虽然费时费心却还没有真正解决问题，产生了好人做到底的决心，进一步为你奔走。

人际交往中，对他人的言语、表情、手势、动作以及看似不经意的行为有较为敏锐细致的观察，是掌握对方意图的先决条件，测得风向才能使好舵。要做好社交中的“天气预报”，需要更为详尽的“气象”知识，在接下来的小节中，我们将分门别类介绍给读者。

观色是指观察人的脸色，获悉对方的情绪。这与老猎人靠看云彩的变化推断阴晴雨雪，是一个道理。

人类的心理活动非常微妙，但这种微妙常会从表情里流露出来。倘若遇到高兴的事情，脸颊的肌肉会松弛，一旦遇到悲哀的状况，也自然会泪流满面。不过，也有些人不愿意将这些内心活动让别人看出来，单从表面上看，也会让人判断失误。

比如，在一次洽谈会上，对方笑嘻嘻的，完全是一副满意的表情，使人很安心地觉得交涉成功了，“我明白了，你说得很有道理，这次我一定考虑考虑。”可是最后的结果却是以失败而告终。

由此看来，我们不能只简单地从表情上判断对方的真实情感。在以表情突破对方心理时要注意以下两方面。

一是没表情不等于没感情。

例如，有些职员不满主管的言行，敢怒不敢言，只好故意装出一副无表情的样子，显得毫不在乎。但是，其实内心的不满很强烈，如果你这时仔细地观察他的面孔，会发现他的脸色不对劲。碰到这种人，最好不要直接指责他，或者当场让他难堪。可以这样说：“如果你有什么不满，不妨说出来听听！”这样可以安抚下属正在竭力压抑着的感情。

但如果直接指出，或者反复地要求其表达自己的不满，反而会产生不好的效果，正确的做法应该是另外选择合适的时间对该事件进行沟通交流，这样就可以圆满解决与下属的这种低潮关系，主管的好形象就树立起来了。

毫无表情有两种情形，一种是极端的不关心，另一种是根本不看在眼内。

二是愤怒悲哀或憎恨至极点时也会微笑。

通常人们说脸上在笑，心里在哭的正是这种类型。纵然满怀敌意，但表面上却要装出谈笑风生，行动也要落落大方。

人们之所以要这样做，是觉得如果将自己内心的欲望或想法毫无保留地表现出来，无异于违反社会的规则，甚至会引起众叛亲离的状况，或者成为大众指责的罪首，因为害怕受到社会的制裁，不得已而为之。

由此可见，观色常会产生误差。满天乌云不见得就会下雨，笑着的人未必就是高兴。很多时候，人们虽把苦水往肚里咽，脸上却是一副高兴的样子。反之，他们脸拉沉下来时，说不定心里在笑呢。总之，女人在面对社交的各种场合时都应该学会察言观色，从而很好地处理各种突发事件。

第二，要学会用微笑打开你的社交圈。“一笑倾人城，再笑倾人国。”女人的笑容往往具有强大的力量。一个真正懂得微笑的女人，总能轻松穿过人生的风雨，迎来绚烂的彩虹。

在人生的旅途上，最好的通行证就是微笑，因为，当你笑时，整个世界都在笑。微笑是一种富有感染力的表情，你的快乐情绪可以马上影响你周围的人，为深入沟通与交往创造温馨和谐的气氛，所以人们把微笑比作人际交往的润滑剂。

首先自己要在心中培养笑的种子——积极的人生态度与相信自我的情绪，这是一个人快乐与成功的不竭源泉。

笑对于女性尤其重要，适当场合的笑，能够展示自身的最佳气质。笑容是一种能令人感觉愉快的面部表情，可以缩短人与人之间的心理距离。

笑一笑，十年少；愁一愁，白了头。英国的莎士比亚也说："快乐的人活得长久。"面露平和欢愉的微笑，说明心情愉快，充实满足，乐观向上，善待人生，这样的人才会产生吸引别人的魅力。生活不能缺少笑声。如果我们能够永远保持乐观的笑容，不仅会有益健康，而且也会成为我们事业成功的巨大动力。

笑对于女性来说尤其重要。不同的笑具有不同的魅力，作为女性恰当地采用各种笑，不仅是有教养、风度的表现，同时也可增强自己对外界的吸引力。

爽朗的笑，这种笑给人以一种愉快开心的感觉，易博得好感。但笑时切忌拍手拍腿，因为这样会显得粗鲁，除非是和非常熟悉的朋友在一起。这种笑通常会笑出声，甚至会笑得前仰后合。但在一般的社交场合中最好控制自己不要笑得太过分。

瞬间的笑，这种笑有附和、同意、赞赏和鼓励等意思在内。

在笑容当中，微笑是最自然大方，最真诚友善的。人们普遍认同微笑是基本笑容或常规表情。

微笑，是笑不露齿，是斯文得体。在一些不熟悉的场合，当别人友好地看着你时，你微微一笑，那么人与人之间的关系就不会显得紧张，易使人产生好感。而真正的微笑发自内心，笑容中渗透着自己的情感，表里如一。毫无包装矫饰的微笑才具有感染力，才能被视作"社交的通行证"。

第三，巧妙运用眼神与对方交流。眼睛是心灵的窗户，社交中，眼神的交流也是重中之重。无论和任何人做任何形式的交流，都应直视对方的眼睛，并保持一两秒。

关于在交谈时到底应该把眼神聚焦在哪里聚焦多长时间这个问题，本来纯属个人风格，相当"多元化"。但是在众多关于社交指导的书籍中，却被进一步提升到礼仪的高度，成为一道只有"有限解"甚至"唯一解"的方程式。

在一本礼仪书中，专家对此进行了匪夷所思的量化指导：如果两人面对面交谈30分钟，对方看你的时间如果少于10分钟，那一定是"不把你放在眼里"；如果注视你的时间在10~20分钟，则说明对方对你是友好的。

而当注视时间超过了20分钟这个临界值，问题又变得复杂起来，表示对方对你极为重视，但也不排除"敌视"的可能性。这就对我们脑内的生物钟功能提出了高标准，要求精确到分钟级，一旦不慎，就有“化友为敌”的危险。

看来眼睛在女性社交中起到了举足轻重的作用，正确得体地处理自己的眼神是每一个社交女性应该具有的能力。从眼睛看人的方法由来已久。情感流露最显著、最难掩的部分，不是语言，不是动作，也不是态度，而是眼睛，言语动作态度都可以用假装来掩盖，而眼睛是无法假装的。我们看眼睛，不重大小圆长，而重在眼神。

德国某人际交往专家认为，交谈中眼光最正确的轨迹是：首先看着对方的眼睛，随后把视线缓慢移到嘴部，过一段时间后再返回到眼部。

眼睛，是心灵的天窗，因此，目光是最富于表现力的一种体态语言。正如诗人泰戈尔所说的：“眼睛的语言，在表情上是无穷无尽的。像海一般深沉，碧空一般清澈，黎明的黄昏，光明与阴影，都在这里自由嬉戏。”

一个成熟的、有教养的女性，她的眼神里应该展示着一种落落大方、亲和友善的淑贤睿智神韵，让那些失礼的斜视、盯视、瞟视、瞥视、眯视的人感到自惭形秽，从而受到某种程度上心灵的净化。这样的女人，眼神里写满了内容，能“说”出语言所无法表述的含义。

第四，学会倾听对方。谈话交流中另一个重要因素就是倾听。在女性社交中，倾听成为女性克敌制胜的法宝。一个时时带着耳朵的人远比一个只长着嘴巴的人讨人喜欢。与人沟通时，如果只顾自己喋喋不休，根本不管对方是否有兴趣听。这是很不礼貌的事情，也极易让人产生反感。

做一个好听众，不仅要自己说，更要尊重别人说，效果要比你说得天花乱坠好得多。倾听并不只是单纯地听，而应真诚地去听，并且不时地表达自己的认同或赞扬。倾听的时候，要面带微笑，最好别做其他的事情，应适时的以表情、手势表示认可，以免给人敷衍的印象。

特别是当对方有怨气、不满需要发泄时，倾听可以缓解他人的负面情绪。很多人气愤地诉说时，并不一定需要得到什么合理的解释或补偿，而是需要把自己的不满发泄出来。这时候，倾听远比提供建议有用得多。如果真有解释的必要，也要避免正面冲突，而应在对方的怒气缓和后再进行。

第五，女人在社交中要尽量去了解别人，而不要用责骂的方式；尽量设身处地去想——他们为什么要这样做。这比起批评责怪要有益得多。

有关心理学家早就以实验证明：在训练动物时，一个因良好行为就得到奖励的动物，要比一个因行为不良就受到处罚的动物学得快得多，而且能记住它所学的东西。进一步的研究表明，人类也有同样的情形。我们用批评责怪的方式并不能够使别人产生真正的改变，反而常常会引起反感和愤恨。所以，对别人挑剔、批评、责怪或抱怨都是愚蠢的行为。

英国思想家培根就说过："交谈时的含蓄与得体，比口若悬河更可贵。"在言谈中，有驾驭语言功力的女人，就会自如地运用多种表达方式，不断探索各种语言风格。有些话，或许非直言不讳不行。但生活中并非处处都要"直"，有时还需要含蓄、委婉些，使其表达效果更佳。批评的语言常常带给人比想象更严重的后果，而委婉的语言才能够促成事情。下面这个例子就真实地体现了这一点。

有一次居里夫人过生日，丈夫比埃尔用一年的积蓄买了一件名贵的大衣，作为生日礼物送给爱妻。当她看到丈夫手中的大衣时，爱怨交集，既感激丈夫对自己的爱，又心疼不该买这样贵重的礼物，因为那时试验正缺款。她婉言道："亲爱的，谢谢你！谢谢你！这件大衣确实是谁见了都会喜爱的，但是我要说，幸福是内在的，比如说，你送我一束鲜花祝贺生日，对我们来说就好得多。只要我们永远一起生活、战斗，这比你送我任何贵重礼物都要珍贵。"居里夫人用一种很婉转的方式批评了丈夫，既能起到提醒的作用，又不会让丈夫的感情受到伤害，这一席话使丈夫认识到花那么多钱买礼物确欠妥当。

委婉是一种修辞手法。即在讲话时不直陈本意，而是用委婉之词加以烘托或暗示，让人思而得之，而且越揣摩，似乎含义越深越多，因而也就越有吸引力和感染力。

使用委婉语，必须注意避免晦涩艰深。谈话的目的是要让人听懂，如一味追求奇巧，反而会使他人丈二和尚摸不着头脑，甚至造成误解，影响表达效果。

有时，人难免因一时糊涂做一些不适当的事。遇到这种情况，就需要把握指责别人的分寸：既要指出对方的错误，又要保留对方的面子。这种情况下，如果分寸把握得不当，或者会使对方很难堪，破坏了交往的气氛和基础，并带来一系列严重的后果；或者会让对方占"便宜"的愿望得逞，给自己造成不必要的损失。为了一时嘴上之快，而影响了自己的人际关系或是前途实在是得不偿失。

现实生活中，人们普遍存在着吃软不吃硬的心态。对于这样的人就应该讲求批评的技巧，特别是对性格刚烈、很有主见的人，你如果说"硬"话，比如以命令的口吻，对方不但会不理睬，说不定比你更硬；你如果来"软"的，对方反倒产生同情心，纵使自己为难，也会顺从你的要求。

生活就是与人相处，相处得好，就生活得好。如果我们有一个能对之吐露烦恼琐事的朋友，也就开启了美好生活的通道。而一旦失去倾诉心声的知己，生活也就顿时失去光彩，一切变得空虚、恍惚。社交可以帮助我们领悟生活的意义，促使我们培养对生活的积极态度，感受生活的愉快和欢乐。所以，20几岁的女人赶紧打造自己的人际圈吧！

第22章

好口才好前程，20几岁做个能说会道的聪明女人

20几岁的女人可以不漂亮，但是一定要会说话。无论你天资多么聪颖，接受过多么高深的教育，长得多么漂亮，假如你无法恰当得体地表达自己的思想，你仍旧可能会一败涂地。而要想让别人喜欢你、承认你，就必须培养自己的口才能力，只有这样才能打开你与他人之间沟通的大门，彼此的心灵才能碰撞产生共鸣。

口才是女人成功最重要的因素之一

谈话中沟通的效果取决于语言的魅力，这种魅力也表达着谈话者的人格魅力。语言魅力不仅需要丰富的知识系统，还需要言辞表达的技巧。可以说，语言的魅力是知识、形体语言、言辞表达技巧有机的统一。通过语言的魅力能够向对方传递一种感染力、吸引力，使对方感到你能够把握整个时间，这种“力”的作用促使对方的思维自觉或不自觉地和你的语言融汇在一起。

是否能说，是否会说，以及与言谈相关的知识能力的多寡，影响着一个女人的成败。

每个女人说话的效果都会千差万别。为什么会这样呢？原因在于说话的方法，说话能力的差异，也就是我们所说的说话水平的高低。

生活中常有生死荣辱系于一言之说。试看会说话的女人，纵然口若悬河，滔滔

不绝，听者也不以为苦；纵然只言片语，一字千金，也能绕梁三日。语言是种神奇的东西，一句话说得好，可以说得人笑；一句话说得不好，可以说得人跳。一句话可以化友为敌，引发一场争论甚至导致一场战争；一句话也可能化敌为友，冰释前嫌。可见，在现代交际中，是否能说、是否会说以及与言谈交际相关知识能力的多寡，实在影响着一个女人的成功和失败。

在一场“香港小姐”决赛中，竞争进入了白热化阶段。现场主持最后问入围的杨小姐：“假如要你在下面两个人中选择一个作为你的终身伴侣，你会选谁？一个是肖邦，一个是希特勒。”杨小姐想，回答肖邦，便会落入俗套；选择希特勒，难免挨人骂。沉吟片刻，她干脆地回答：“我会选择希特勒。”在主持人的追问下，她巧妙地解释说：“我希望自己能感化希特勒。如果我嫁给他，也许第二次世界大战就不会发生，也不会死那么多人了。”

这种“柳暗花明”式的回答，不但使自己摆脱了困境，而且暗示了自己的不同凡响，是女中豪杰。果然，杨小姐妙语一出，台下掌声雷动。

女人成功的秘诀非常多，而口才是最重要的因素之一。事业的成功与失败，往往决定于某一次谈话。在富兰克林的自传中，有这样一段话，“说话和事业的发展有很大的关系，你出言不慎，将不可能获得别人的合作，别人的帮助”。这是千真万确的，所以，你想获得事业的成功，必须具有良好的口才。

在今天这样的文明信息时代，探讨学问、接洽事务、交际应酬、传递情感等都离不开口才。要想成为一个受欢迎的女人，得会说话、有口才。谈吐是思想的衣裳，在粗劣或优美的措辞中，展现不同的品格，在不知不觉、有意无意间为别人描绘自己的轮廓和画像。

自称“小女子”的前国务院副总理吴仪，真诚坦率，自信优雅，凭着过人的智慧和犀利的口才，被誉为“魅力天成的铁娘子”。

1988年年初，时任北京燕山石化公司党委书记的吴仪被提名为北京市副市长候选人。那是一次差额选举，要求候选人与选民公开见面，并进行竞选演说。吴仪匆匆赶到现场，来不及换掉身上的工作服就走上了讲台。随后，她一番干脆利落的真心表态迅速打动了无数的群众：“如果我当选，我将像鲁迅先生所说的那样：‘俯首甘为孺子牛’；如果选不上，我将回到哺育我成长20年的燕化那块土地上，由60年代的拓荒牛，成为80年代开拓奋进的牛，为北京市的建设，作出燕化人应有的贡献。”

这里，吴仪借引鲁迅名句来表达自己埋头苦干的决心。在民众面前，吴仪不要“花腔”，不唱高调，敢说真心话，给人留下了深刻的印象。

成功的女人正是依靠出众的口才而被朋友尊敬，被社会认同，被上司青睐和被下属拥戴的。她们共有的特质表现为：能就众人熟知的事物提出独到的观点；有广阔的视野，谈论的题材超越自身生活的范畴；充满热情，使人对其所提出的话题感到兴趣盎然；有自己的说话风格……

口才其实是一个女人的知识、气质、性格乃至思想观念的综合方面的反映。而这些特质，是可以通过后天的训练得来的。只要肯下工夫练习，每个女人都可以成为口才大师、说话高手。一个女人必须不断地加强自身修养，同时拓展眼界和知识，才能进一步使口才成为事业腾飞的羽翼。

在社会中生存是需要沟通、交流的，人与人之间交流思想，沟通感情最直接、最方便的途径就是语言。语言作为一种艺术，具有巨大的美感与魅力。它能缔造友情、密切亲情、寻觅伴侣、调和关系等，是人际交往中最不可缺少的工具，更是连接人们之间关系的纽带。语言的运用质量，直接决定了人际关系的和谐与否，进而会影响到事业的发展以及人生的幸福。20几岁的女人能拥有卓越的口才、懂得说话的技巧，不仅会拥有一个幸福的家庭，更会拥有美好的前程。

会说话的女人才是最出色的。社交场上的成功的女性，必定会在言谈中闪烁着真知灼见，给人以深邃、精辟、睿智之感。一个成功的人士必须拥有好的口才，这样也会给自身带来更多的利益和机遇。

齐爽是T市一家电梯公司的业务代表。这家公司和T市一家最好的旅馆签有合约，负责维修这家旅馆的电梯。旅馆经理为了不给旅客带来太多的不便，每次维修的时候，顶多只准许电梯停开2个小时。但是修理至少要8个小时，而在旅馆便于停下电梯的时候，电梯公司都不一定能够派出所需要的技工。

这次，这家旅社的电梯又坏了。齐爽在派出一位技工修理电梯之前，她要先打电话给这家旅馆的经理。打电话的时候，齐爽并不去和这位经理争辩，她只说："我知道你们旅馆的客人很多，你要尽量减少电梯停开时间。我了解你很重视这一点，我们要尽量配合你的要求。不过，我们检查你们的电梯之后，发现如果我们现在不彻底把电梯修理好，电梯损坏的情形可能会更加严重，到时候停开时间可能会更长。我知道你不会愿意给客人带来好几天的不方便。"经理不得不同意电梯停开8个小时。因为这样总比停开几天要好。由于齐爽懂得说话的技巧，她从内心表示谅解这位经理要使客人愉快的愿望，因此更容易地赢得了经理的同意。

因此，口才至关重要。一个人说话的语气、态度直接决定着双方的合作能否顺利进行。齐爽应用说话技巧，从同情别人的角度，去和他人沟通，赢得了对方的信任。所以，女人要想在社会上立足，就要懂得用心说话，要懂得变通，这样才可以把事情做好。

诺瑞丝是一位钢琴教师。她教的学生有十几个。其中，有个叫贝贝蒂的小女孩留着特别长的指甲。留长指甲会妨碍练琴。诺瑞丝知道贝贝蒂的长指甲对她想弹好钢琴是一大障碍。但是，在上课时，诺瑞丝根本没有提到她的指甲问题，也不想打击她学钢琴的愿望。第一堂课结束后，诺瑞丝觉得时机已经成熟，就对贝贝蒂说："贝贝蒂，你有很漂亮的手和美丽的指甲。如果你要把钢琴弹得如你所能够的以及你所想要的那么好，只需要把指甲修短一点，只要修短一点指甲，你就会发现把钢琴弹好真是太容易了。你好好地想一想。"贝贝蒂做了一个鬼脸，虽然她美丽的长指甲，对她来说极为重要，但第二个星期贝贝蒂来上第二堂课时，诺瑞丝发现，贝贝蒂修短了指甲。其实要命令她把指甲修短可以说是非常困难的，贝贝蒂知道她的指甲很美丽，但是诺瑞丝传达了一种情感：我很同情你，我知道决定把指甲修短不是一件容易的事，但在音乐方面的收获，将会使你得到更好的补偿。

因此，一个人的口才有时候能起到举足轻重的作用。俗话说："一人之辩重于九鼎之宝，三寸之舌强于百万之师。"有口才的女人才能充分展现自己的才华，有口才的女人才能更好地生存和发展。

作为女人，如果你没有美丽的外貌，也不要为此耿耿于怀，你完全可以通过不断修炼、完善自己的口才，来为你的气质加分，为你的魅力加分！

作为女人，要懂得培养自己的口才。在你人生成功的征途上，它会是你终生的伴侣，它会助你成功，会加速你的成功，会提高你成功的概率，在关键时刻，它能够起到决定性的作用。

幽默是女人人际关系和事业的润滑剂

很多女人都有这样的感觉：觉得自己在公众场合是一个极其不会说话的人，觉得自己说话不幽默，就像没话找话似的，这种心理给自己的生活和工作带来了很大的困扰，也成为与人交往的障碍。

恩格斯曾经说过："幽默是具有智慧、教养和道德的优越感的表现。"幽默不仅能给周围的人以欢乐和愉快，同时也可以提高个人的语言魅力，为谈话锦上添花。幽默用于批评，在笑声中擦亮人们的眼睛；幽默用于讽刺，在笑声中敲响生活的警钟；幽默用于交流，在笑声中改变人们的情绪和心态；幽默平息矛盾，在笑声中显出人们的洒脱。

众所周知，幽默能显示出女性的风度、素养和魅力，能让人在忍俊不禁、轻松活泼的气氛中工作和学习。那么，怎样才能学会说话幽默呢？

某公司举办的产品展销会上，几位年轻的女营销人员用专业术语详细地向消费者介绍了产品的性能、使用方法等，给人以业务精通的印象。在回答消费者提出的问题时，她们反应很快，对答如流。最重要的是，她们的表现既彬彬有礼，又幽默风趣，给消费者留下非常难忘的印象。

有消费者问："你们的产品真能像广告上说得那么好吗？"营销人员立即答道："您用过后就会发现它会比广告上说得更好。"

消费者又问："如果买回去使用后发现性能并不好怎么办？"营销人员马上笑着回答："不，我们相信您的感觉。"

展销会取得了很大的成功：产品销量大大超过以往，更重要的是，产品品牌的知名度得到了提高。在公司召开的总结会上，经理特别强调，是营销人员语言训练有素才让这次展销如此成功。他要求公司全体人员都应像营销人员那样，在"说话"上下一番工夫，这样既能提升自己的语言魅力，也能提升公司的整体形象。

英国思想家培根说过："善谈者必善幽默。"幽默的魅力就在于：话不需直说，但却让人通过曲折含蓄的表达方式心领神会。

友善的幽默能表达人与人之间的真诚友爱，能沟通心灵，拉近人与人之间的距离，填平人与人之间的鸿沟。尤其当一个女人，要表达内心的不满时，或和他人关系紧张时，即使是在一触即发的关键时刻，幽默也可以使彼此从容地摆脱不愉快的窘境或消除矛盾。

一个善于表达的女人，说话总具有幽默风趣的特征。一个女人出口成趣时，既把别人带入了一个愉悦的氛围，自己也拥有了良好的人际关系。因此，幽默是一种健康语言的同时，也是一种应变的技巧，有时能帮助我们在瞬息之间摆脱尴尬的场面。

有一位顾客到一家饭店吃饭，点了一只油氽龙虾。结果菜上来后，他发现盘中的龙虾少了一只虾螯，于是就询问侍者。侍者无法解释，只好找来了店老板王女士。

店老板王女士抱歉地说:“真是对不起先生,龙虾是一种残忍的动物。您点的龙虾可能是在和它的同伴打架时被咬掉了一只螯。”

顾客巧妙地说:“那么,就请给我换一只打胜的龙虾吧。”

老板王女士和顾客双方都用了幽默的方式,委婉地指出了双方存在的分歧。这种方式,没有取笑他人,没有批评他人,也没有伤及他人的自尊,既保护了饭店的声誉,又维护了顾客的利益。

其实,很多时候我们在帮助别人摆脱了难堪的同时,也是在给自己一个台阶下。这个时候,人们称赞的往往不是你的语言功夫,而是你的人品。最重要的是,幽默的语言能让你化解很多矛盾,赢得了很多朋友。

钢琴家凯莉一次在某大剧院演奏,结果发现到场的观众不到五成。这让她既失望,又尴尬。但是她并未因此而影响演奏情绪。她以幽默的语言打破了僵局。她微笑着走向舞台,对前来的观众说:“我想这个城市的人一定很有钱,因为我看到你们每个人都买了两三张票。”话音一落,大厅里充满了笑声。

凯莉对空座位的原因的解释虽然荒诞,但却很巧妙,用幽默产生的愉悦压倒了因观众少而产生的沮丧。

适当的幽默能帮助女性与他人建立和谐的关系,赢得别人的信任和喜爱。一个女人无论从事什么工作,无论处在何种地位,与人交往是不可避免的。幽默不仅能帮女性更好地与他人进行有效的沟通和交往,还能帮助她们处理一些特殊的人际关系问题,让她们能顺利地摆脱困境。

有个女议员发表演讲,在大家都侧耳倾听时,突然座中有一个听众的椅子腿折断了,这个听众跌坐在地面。此时,听众的注意力马上就分散了,女议员见状急中生智,紧接着椅子腿的折断声大声说道:“诸位,现在都相信我所说的理由足以压倒一切异议声了吧?”话音一落,台下立即响起了一阵笑声,随后,就是热烈的掌声。

在人际交往中,我们轻松幽默地开些得体的玩笑,可以松弛神经,活跃气氛,营造出一个适于交际的轻松愉快的氛围,因而幽默的女人常常受到人们的欢迎与喜爱。

总之,幽默是一种情趣,它有效地润滑和缓解矛盾,调节人际关系,给我们周围的人带来欢乐。因此,如果女人说话时能带点幽默,就能更好地赢得他人的赞赏。

不同场合不同的人如何说话

20几岁的女人，想拥有好口才不仅要懂得幽默的说话方式，还要学会在不同的场合说不同的话，对不同年龄段的人采用不同的说话方式。

对于小孩，我们要多多鼓励；对于青少年，我们说话要学会尊重他们的意愿，让他们自己学会拿主意等等。因此，在我们说话前，先要认清说话的对象，如果不管说话人的年龄，就开始发表言论，势必会引起他人的反感。

一位衣着时髦的白领小姐为购买一件时装而迟疑不决时，年轻的女营业员忙上前说："这件衣服品位高雅，销路很好，今天早上就卖出好几件。"可那位小姐听后立即走了。一会儿，一位中年妇女来了，准备买一件新潮的马甲，那位营业员接受了刚才的"教训"，便说："这件马甲很气派，一般人穿着还压不住它，从进货到现在还没有卖出一件，看来只有你最适合了。"这位中年妇女听了也气呼呼地走了。上面这位女营业员说话不看对象，结果惹得顾客一肚子的不高兴，自然不会买她的衣服。作为白领，追求与众不同的效果，如果自己穿的衣服大街上到处都能看到，那是有失品位的。而对于中年妇女，最怕别人都穿不了的衣服自己才能穿，那说明自己已经老了，赶不上潮流了。可见，说话不看对象，难免事与愿违。

相反，如果我们能够在说话前就考虑到说话对象的年龄等一系列因素，就会赢得对方的尊重和好感。

吴小姐是一家商场的服务员，一天，商场里在搞儿童玩具促销活动，柜台前挤满了顾客，这时一个小孩子伸手抓起一件玩具就跑。不一会儿，小孩连同玩具被有关人员带了回来。这时，围上来许多顾客，他们既为小孩担心，又想看看服务员到底如何处理这件事。

小孩拿商场的东西，多半是不懂事，这种情况如果说重了，怕小孩自尊心受不了，周围人也容易打抱不平。不说吧，毕竟商场有规定，而且小孩子养成这样的习惯也不好。

这无疑是个难题，吴小姐思考片刻，面带微笑地走到小孩身边，拉起小孩子的手温和地说："小朋友，你喜欢这件玩具吗？""喜欢。"小孩答。"小朋友自己拿玩具好不好？""不好。"小孩子不好意思地低下头。"对了，以后小朋友喜欢什么玩具就告诉阿姨，阿姨给你拿，好吗？”“好。”小孩子高兴地回答，把玩具交给了吴小姐。

这件本来很棘手的事，吴小姐处理得很巧妙、精彩，她用亲切委婉的话语既要回了所丢失的商品，又维护了小孩的自尊心，还不失时机地对孩子进行了一番教育，赢得周围顾客的好评。其实，每个成年人都保持着小孩子的这种心理，听到好听话就高兴，听到批评就不舒服，只不过成年人的情绪不那么外露罢了。所以，在我们说服别人的时候，一定要委婉，避免伤害对方。

人们所处的年龄段不同，就要采用不同的说话方式。例如小孩的心理还不成熟，说话时应该避免语气太重，否则会伤害到小朋友的自尊心。只有选对了正确的说话方式，说话才能够如鱼得水。

有一位女教师在批阅学生的作业的时候，发现一个小女孩的作业本上有彩色的笔迹，于是老师就问那个孩子：“你是怕作业本不漂亮，给它穿花衣服呢？”

小女孩低下了头，不吱声。老师又问：“你知道彩色的笔应该画在什么本子上吗？”

“知道，要画在美术本上，或白纸上。”

“对呀，那今天你的彩色笔怎么到这个本子上串门了呀？”

“我……我……我是无聊才去画的。”小女孩嗫嚅道。

“今天你的做法可不对，你说要告诉你妈妈吗？”

她一个劲地摇着头，说：“不要告诉妈妈，妈妈会不高兴的。”

老师说：“老师可以答应你，可是你也得答应老师，以后画画画在美术本上好吗？”

“好的。”

老师当着她的面，细心地把本子上的彩色笔迹擦掉。微笑中给予善意的批评，诙谐的谈话中给予孩子正确的引导，给她一个认识错误、改正错误的机会，孩子会变得更出色。批评的方式有很多种，但是目的只有一个，那就是让对方接受并改正错误。会说话的女人不会义正词严地批评，而会巧妙地换一种诙谐的方式，让对方在平和中理解自己的用意，愉快地接受。

古人说：“知彼知己，百战不殆。”说话也一样，懂得在开口之前，先了解对方，然后针对不同的对象，采取不同的交谈技巧，只有这样才能把话说到别人心里去。

在生活中，很多女人都有这样的常识：我们跟领导说话的语气和方式肯定和跟下属或者同事说话的语气不一样，对领导说话我们要表现出对领导的尊重，对下属说话我们要尽量表现出对下属的关心。因此，因对方所处的社会地位不同，我们采取的说话方式也不一样。

说话要说到点子上，这就要求女人在说话时，要充分考虑到对方的社会地位。不同地位的人，有着不同的心理。只有充分了解对方的实际需要，我们才能把话说到他们的心坎上。

宋小姐是一家房地产公司总裁的公关助理，奉命聘请一位著名的园林设计师为公司的一个大型园林项目做设计顾问。但这位设计师已退休在家多年，且此人性情清高孤傲，一般人很难请得动他。

为了博得老设计师的欢心，宋小姐事先做了一番调查，她了解到老设计师平时喜欢作画，便花了几天时间读了几本美术方面的书籍。她来到老设计师家中，刚开始，老设计师对她态度很冷淡，宋小姐就装作不经意地发现老设计师的画案上放着一幅刚画完的国画，便边欣赏边赞叹道："老先生的这幅丹青，景象新奇，意境宏深，真是好画啊！"一番话使老先生升起愉悦感和自豪感。

接着，宋小姐又说："老先生，您是学清代山水名家石涛的风格吧？"这样，就进一步激发了老设计师的谈话兴趣。果然，他的态度转变了，话也多了起来。接着，宋小姐对所谈话题着意挖掘，环环相扣，使两人的话题越来越近。终于，宋小姐说服了老设计师，出任其公司的设计顾问。

人类本质里最深层的驱动力就是希望自己对别人具有重要性，你要别人怎么待你，就得先怎样待别人。那么，如果你想让别人对你感兴趣，其办法只有一个，那就是先对别人感兴趣。每个人都有各自不同的兴趣与爱好，一旦你能找到其兴趣所在，并以此为突破口，那你的话就不愁说不到他的心坎上。正如有人说的"即使你喜欢吃香蕉、三明治，但是你不能用这些东西去钓鱼，因为鱼并不喜欢它们。你想钓到鱼，必须下鱼饵才行。"

杜佛诺公司是纽约一家面包公司，杜佛诺夫人想方设法将公司的面包卖给纽约一家旅馆。4年以来，她每星期去拜访一次这家旅馆的经理，参加这位经理所举行的交际活动，甚至在这家旅馆中开了房间住在那里，以期得到自己的买卖，但是，她还是失败了。

"后来，"杜佛诺夫人说，"在研究人际关系之后，我决定改变自己的做法。我先要找出这个人最感兴趣的是什么——什么事情能引起他的热心。"

经过调查，杜佛诺夫人发现：该旅馆的经理是美国旅馆招待员协会的会员，而且他也热衷于成为该会的会长，甚至还想成为国际招待员协会的会长。不论在什么地方举行大会，他飞过山岭，越过沙漠、大海也要到会。

因此，在第二天，杜佛诺夫人再见到该经理的时候，她就开始谈论关于招待员协会的事。这次谈话收到了效果。该旅馆的经理对杜佛诺夫人讲了半小时关于招待员协会的事，他的声调充满热情。

在这次谈话中，杜佛诺夫人根本没有提到任何有关面包的事情。但几天以后，那家旅馆中的一位负责人给杜佛诺夫人来电，要她带着货样及价目单去。

试想一下，杜佛诺夫人对这位经理紧追了4年，尽力想得到他的买卖，但是一直都没有取得成功。而后来，杜佛诺夫人明白了与人交谈的技巧，最终得到了那笔生意。

只有别人对你的话语感兴趣，你才能得到自己想要的东西。一些人在推销节油汽车时，一见顾客就开门见山地说明这种汽车可为顾客省很多汽油等，结果往往会招致反感，吃闭门羹。

刘小姐也是一位节油汽车推销员，但是她却懂得如何去迎合顾客的兴趣，她明白客户最关心的问题是什么，因此，她的推销获得了极大的成功。她常常会这样开头："先生，请教一个你所熟悉的问题，增加贵店利润的三大原则是什么？"

客户对这种话题肯定十分乐意回答。他会说："第一，降低进价；第二，提高售价；第三，减少开销。"

那么，刘小姐就会立即抓住第三条接下去说："你说的句句是真言。特别是开销，那是无形中的损失。比如汽油费，一天节约20元，你想过多少吗？如果贵店有3辆车，一天节省60元，一个月就省1 800元，10年可省21万元。如果能够节约而不节约，岂不等于把百元钞票一张张撕掉？如果把这一笔钱放在银行，以5分利计算，一年的利息就有1万多元，不知您高见如何，觉得有没有节油的必要呢？"

听了刘小姐的话，对方就会自觉地想到不能再"浪费"下去了，最终购买她的节油汽车。

所以，要使人喜欢自己，要想让他人对你产生兴趣，就要记住这一原则：谈论别人感兴趣的话题。

语言是连接人与人之间的纽带，纽带质量的好坏，直接决定了人际关系是否和谐，进而会影响到事业的发展以及人生的幸福。拥有好口才，将语言艺术发挥得淋漓尽致，才能拥有美好的前程。20几岁的女人要重视自己口才的锻炼，做一个能说会道的聪明女人。

第23章

做人要有心计，20几岁学一点人生进退之道

我们生活在纷繁复杂的社会之中，没有谁能说清楚这人世的险恶。俗话说："害人之心不可有，防人之心不可无。"20几岁的女人由于涉世不深，加上女性天生轻信人的特质，一不小心就容易被人算计。所以，现实生活要求20几岁的女人学一点人生的进退之道，做一个有心计的人。

20几岁的女人要学会进退自如的本领

20几岁的女人要想成功立业，必须要懂得以退为进。不是只有向前才是动力，以退为进，是人生处世的一种智慧。

以退为进是一种生活的艺术，要把你的吃亏放在表面，而把得利放在下面。

退的最终目的是进，和我们最终的理想目标都是一致的，如果人生只是知道进而不知道退，那么，这样的人生也是极度可悲的。

《菜根谭》中说："路径窄处，留一步与人行；滋味浓时，减三分让人尝。此涉世一极安乐法。"作为20几岁的女人，你一定要学会通权达变、进退自如的本领。

有一则寓言：从前，有一条大河，河水波浪翻滚。河上有一座独桥，桥很窄，仅用一根圆木搭成。有一天，两只小山羊分别从河两岸走上桥，到了桥中间两只山羊相遇了。但因桥面太窄，谁也无法通过，而这两只山羊谁也不肯退让。结果，两只山羊在桥上用角顶撞起来。双方互不示弱，拼死相抵，最终双双跌落桥下被河水

吞没了。

人没有理由不允许别人超过自己。为什么非要去计较一城一池的得失呢？为什么非要为一点利益争得头破血流呢？为什么不回头看看？退一步海阔天空。聪明的人总是有远见卓识，他们不会一味地钻死胡同，相反，他们善于在广阔的人生海洋中发现机会。

“退”从表面上看，意味着胆怯、失败。但是下面一个事实也许会令你感叹不已。森林中，唯老虎为百兽之王，谁见谁怕。可是，你仔细观察，这样的虎王，在捕食时却总是先后退几步，然后狂奔而上，紧紧地抓住猎物。老虎尚且知道在进攻时后退几步，以便产生更大的势能，而我们又何苦于只知前进、不知后退呢？

20几岁的女人在面对困难时，不能一味地蛮干，“不撞南墙不回头”的精神有时候会让事情发展得更糟。认清自己的目标，暂时的停滞甚至后退并不会影响我们最终的目标和成绩，相反，磨刀不误砍柴工，采取正确的办法，甚至是以守为攻的做法有时会收到意想不到的效果。

强在弱中取，进在退中求。20几岁的女人在面对社交中的困境时可以考虑暂时驻足或者退一步来看，或许可以柳暗花明，这比一味的强硬作风要有效得多。

常言道：识时务者为俊杰。所谓俊杰，并非专指那些纵横驰骋如入无人之境，冲锋陷阵无坚不摧的英雄，而也应当包括那些看准时局，能屈能伸的处世者。

20几岁的女人要学会吃眼前亏

20几岁的女人要学会吃眼前亏，越是聪明的女人越懂得吃眼前亏。吃眼前亏的目的是为了以后更好地发展，这与为五斗米折腰一样。在文学作品中，描述一个人不慕富贵穷得有志气，就会用“不为五斗米折腰”来表达。其实不然，在现实生活中，残酷的生存环境不容许我们这样做。人无论怎么立志高远，胸怀大志，也得屈服于生活的压迫。生活是一个无比深广的海洋，浅滩暗礁星罗棋布，让你无处躲藏逃匿。而人不过是一艘小船，行进在颠簸的大海上，它首先要考虑的不是航向遥远的彼岸，而是如何能在波涛汹涌的海面上存活下来。

生存权是我们人类最根本、最主要的权利。一个人如果连生存权都无法保证，别的一切更无从谈起。人只有先糊口，先填饱自己的肚子，才有可能有力量去追求发展。

为五斗米折腰也好，吃眼前亏也好，归结起来就是，一个成功的人必须学会忍耐。一时的容忍并不是对命运的屈服，也不是卑躬屈膝，而是对未来的铺垫和积累。

“智女要吃眼前亏”也是为了以吃“眼前亏”来换取其他的利益，是为了“生存”和更高远的目标，如果因为不吃眼前亏而蒙受庞大的损失或灾难，甚至把命都弄丢了，那又何来未来和理想？

困苦、伤痛、艰难、挫折、孤独、寂寞……几乎每一个人在其人生的旅程中都经历过这样的磨难，当你不甘心命运的安排但又不能扼住命运的咽喉之时，你必须也只有学会忍耐退让。一个人在一系列不可抗拒的因素下，要想走有利于自己发展的道路，就要有长远的战略规划和发展目标。既然重在长远，就不能在意眼前，该退让的时候就退让。

有一则寓言故事，一匹精良的马从草原上经过，眼前全是绿油油的青草，它一边随便地吃几口，一边向前走。

它越走越远，而草越来越少，几天后，它已经接近沙漠的边缘了。它只要回头走就可以重新吃到美味的青草，但它想：“我是一匹精良的马，好马不吃回头草。”后来，在饥饿的折磨下，它倒在了沙漠中。

有时候，你并不能把“骨气”与“意气”划分得很清楚。绝大多数人在面临该不该退让时，都把“意气”当成“骨气”，或用“骨气”来包装“意气”，明知“回头草”又鲜又嫩，却怎么也不肯回头去吃。

有时候你不吃回头草就会饿死，吃“回头草”时又会碰到周围人对你的非议。因此你吃你的草，全然不要顾忌那么多，填饱肚子就可以了！何况时间一久，别人也会忘记你是一匹吃回头草的马，甚至当你回头草吃得有成就时，别人还会佩服你：果然是一匹“好马”！

面对残酷的现实，饿死的“好马”也终究只是“死马”，不是一匹“好马”了。

所以说：“好马要吃回头草，智女要吃眼前亏”，因为眼前亏不吃，可能要吃更大的亏，回头草不吃，可能永远都没草吃了！20几岁的女人，千万不要像那匹饿死的“好马”，不懂得进退哲学，一味前进而不知后退。

20几岁的女人为人处世不但要在行动上懂得以退为进，进退自如，在说话中也要学会交流的进退法则。人生就是这样，只要是在不违背原则的情况下，适当地退一步会让你的生活变得更加美好。以退为进是一种行之有效的方法，它更是一种高超的为人处世的策略。它表面是退缩，实质是进攻，后退是为了更好的进。这就像拉弓箭一样，先把弓箭向后拉，目的是为了把箭射出去。

20几岁的女人做人要有心计，在运用以退为进的方法时，还要注意几点：要知情，知己知彼，方能百战百胜；要有度，退要适度，进要有力，就像过度拉弓弦易断，不够则不能把箭射远。此外，生拉硬扯是不能取得好结果的，只有顺应对方的话题和心态，自然而然，顺理成章，才能退得巧妙，进得有力。

第24章

办事要有手腕，20几岁学一点办事的窍门

20几岁的女人办事要有手腕，要善用女人的优势来取得社交的胜利。

充分运用女人“软硬兼施”的天分

“男强女弱”一直是我们社会中一个根深蒂固的观念。然而，近年来，越来越多的研究结果表明，女性在许多领域都有独特的性别优势。在未来的社会中，女性将越来越多地发挥出其在管理中的性别优势，从而形成女性独特的管理模式并获得更大的成功。

女性的优势在于处理一些棘手的问题时可以软硬兼施，不仅可以凭借自己柔弱的一面打动对方，还可以靠强硬的一面来应对。而对于男性来说，大多数人接受不了男性柔弱的一面，因此，在这方面，女性具有相对的优势。所以，20几岁的女人要充分运用“软硬兼施”的天分。

“软硬兼施”的女人更加容易掌握幸福，因为她们知道从细节之处表现自己的冰雪聪慧，她们知道如何恰如其分地运用女人的手腕。管道升就是这方面一个典型的成功例子。

元朝至元二十五年（1288年），书法家赵孟頫娶了浙江吴兴美女管道升。管道升不仅貌美如花，还写得一手好诗词，画得一手好字画。但依然没能把赵孟頫牢牢拴在自己身边，赵孟頫另觅新欢了。

管道升没有哭也没有闹，只是写了几句诗：“夫君去日竹初栽，竹子成林君未来。玉貌一衰难再好，不如花落又花开”。据明代蒋一葵《尧山堂外纪》的记载，管道升还曾作了一首非常著名的《我侬词》，答对即将纳妾的丈夫：“你侬我侬，忒煞情多。情多处，热似火。把一块泥，捻你一个，塑我一个。将咱两个，一齐打破，用水调和。再捏一个你，再塑一个我。我泥中有你，你泥中有我。与你生同一个衾，死同一个椁。”而赵孟頫在看了《我侬词》之后，不由被深深地打动了，从此再没有提过纳妾之事。

可见，20几岁的女人如果在处理爱情婚姻问题时能够“软硬兼施”，就可以让“猎物”无处可逃，成为一个幸福的女人。

把女人特有的柔弱作为社交的手腕

20几岁的女人在处世时，也可以充分把女人特有的柔弱作为手腕，来博取对方的同情。

女人是水，常常给人以柔弱的印象。但是，现在我们发现，很多20几岁的女人常常隐藏自己的柔弱面，而表现得很强势，要让周围的人称其为“女强人”。仔细想想，真正的强者只是口头上的吗？20几岁的女人，何不趋利避害，露出自己“软弱”的一面，或许略微博取一点对方的同情，才是社交的上上之选呢。

在双方交谈尚未开宗明义之前，来一个巧妙的逸乐幽默，使对方处于欢乐情绪之中，就像刘姥姥一进大观园那样，首先给被请求方以轻松感，然后再侧面谈及农家之苦，把对方的骄傲情绪和同情心调动起来，他们自然乐于施舍了。利用自我解嘲的幽默，可生动地暗示自己的处境，唤起被求助方的同情。

一个人向她的朋友抱怨：“我愈来愈老了。”

当然，朋友安慰她，她看起来仍和从前一样年轻。

“不，我不年轻了。”她坚持说，“过去总有人问我：‘为什么你还不结婚？’而现在她们问：‘你当年怎么会不结婚呢？’”

朋友在被她的幽默逗笑的同时，也不免会为她年华逝去却还没有成家而同情她。要获得她人的同情，我们要首先脱掉虚伪的外衣，真诚地表露自己。而幽默能帮助我们移去障碍和欺骗。有时候，在大庭广众之下，我们会犯一些小错误，闹一些小笑话，这时候，就可以用幽默帮助我们表达真诚，来解除大家的嘲弄。

20几岁的女人不要将“软弱”视为一种缺点和弊端，合理地运用“软弱”不仅可以帮助你处理棘手的社交问题，而且，还会给人留下良好的印象。看似是缺点，实则是女人的优势和社交办事中的巧妙计策。适时地露出“软弱”的一面，博取对方的同情，这样在对方看来也是给足对方面子，从而更好地处理事情。20几岁的女人，如果一味的强硬或是太过于耿直，对方即使想出手帮忙，可能也会碍于面子而袖手旁观。

学会凡事留有余地，不把事做绝

20几岁的女人在处理事情的时候，还要学会“凡事留有余地，不把事做绝”。《周易》曰：否极泰来。意思是说，行不可至极处，至极则无路可续行；言不可称绝对，称绝则无理可续言。做任何事，进一步，也应让三分。古人云：“处事须留余地，责善切戒尽言。”

据说李世民当了皇帝后，长孙氏被册封为皇后。当了皇后，地位变了，她的考虑更多了。她深知作为“国母”，其行为举止对皇帝的影响相当大。因此，她处处注意约束自己，处处做嫔妃们的典范，从不把事情做过头。她不尚奢侈，吃穿用度，除了宫中按例发放的，不再有什么要求。她的儿子李承乾被立为太子，有好几次，太子的乳母向她反映，东宫供应的东西太少，不够用，希望能增加一些。她说：“做太子最发愁的是德不立，名不扬，哪能光想着宫中缺什么东西呢？”她不干预朝中政事，尤其害怕她的亲戚以她的名义结成团伙，威胁李唐王朝的安全。李世民很敬重她，朝中赏罚大臣的事常跟她商量，但她从不表态，从不把自己看得特别重要。皇上要委她哥哥以重任，她坚决不同意。李世民不听，让长孙皇后的哥哥长孙无忌做了吏部尚书，皇后派人做哥哥工作，让他辞职。李世民不得已，便答应授长孙无忌为开府仪同三司，皇后这才放了心。

俗话说：“利不可赚尽，福不可享尽，势不可用尽。”说的是做事的时候给自己留点余地，以备不时之需。21世纪是一个充满风险、充满挑战的时代，我们的生活、职业、娱乐、思维方式都将发生很大的变化，要在这样的环境里好好生存，就要学会深思远虑，防患于未然。

孔子曾说过这样的一句话："己所不欲，勿施于人"。意思就是说不要把自己不喜欢的事情再强加给别人，而要设身处地为别人着想，也就是从别人的角度想事情。这句话不仅国人自己喜欢，也是西方哲学家推崇的一句名言。

在日常生活中，时时都会出现如何要求别人以及怎么对待自己的问题。待人和律己的态度，可以充分反映一个人的修养，也是决定能否与人和善相处的一个重要的因素。

每个人都是一样的，平等的，你自己都不喜欢的事情，别人也肯定不会喜欢，如果你非要强加到别人身上，对对方来说也是无法接受和容忍的。按照孔子的理论，只有一视同仁，才能做到与人很好地相处，不会招致怨言。要以宽容的态度待人，以理解对方为基础，给人以客观的态度评价，这是对别人的基本尊重，既能从对方身上看到自己所没有的优点，还能对别人的缺点或错误善意地给予谅解，体现自身的修养和知识。

20几岁的女人要多为别人着想，为对方设身处地地考虑问题，这会让你赢得更多的朋友。肯尼斯·吉德在他一本叫《如何使人变得高贵》的书里有这样的话：暂停一分钟，冷静地想一想，为什么你对有些事情兴趣盎然，对另外的事情却漠不关心？你将会知道，世界上任何人都有使他感兴趣的事情，也有他漠不关心的事情。感兴趣和漠不关心都是有原因的。如果你能站在别人的立场多想想，就不难找到妥善处理问题的方法，因为你和别人的思想沟通了，彼此就有了理解。

不让别人为难，也不为难自己，让别人活得轻松，让自己活得愉快，这就是留有余地的妙处，也是20几岁的女人办事的一种手腕。

通常情况下，20几岁的女人一看到竞争对手，都会产生一种敌视情绪，在与对手相处时，态度极为冷淡，时时保持警惕之心。但切记做事不可做绝，这样除了可在某种程度之内降低对方对你的敌意之外，也可避免恶化你对对方的敌意。换句话说，为敌为友为己，都留下了一条灰色地带，免得敌意鲜明，反而阻挡了自己的去路与退路。

人与人之间并没有"势不两立"的利害冲突，很多事情之所以双方都下不了台，起因都是一些小问题、小摩擦，只要在交往中我们本着宽厚之心，多去体谅对手，那对手一定也能体谅你。

一个人不可能每次都能在竞争中取胜。在失败的时候试着让自己拥有一颗宽容的心，远离嫉妒，让心绪变得平和，使自己能理解别人，这也是竞争中的一个良好心态。

20几岁的女人，如果你将宽容视作办事的手腕，并且这样做的话，你的任何对手都会对你甘拜下风，你已经赢在起点了。不要和对手势不两立，懂得放弃一些眼前利益，来获得长远的利益。

生活中很多尴尬是由自己一手造成的，凡事多些考虑、留有余地总能给自己留条后路。这在外交辞令中是最常见的，每个外交部发言人都不会说绝对的话，要么是“可能、也许”，要么是含糊其词，以便一旦有变故，可以有回旋余地。

如果我们在批评别人时不注意方法，将对方批得体无完肤，那么，对方很可能就会“明知道自己错了，可就是不改正”。

比如，某公司的一位员工经常迟到，上司如果当面对他讲：“你到底还要迟到多少次？公司并不只有你一个人，想什么时候来就什么时候来，你这种行为根本无视公司的规定，你该好好反省反省了！”

与其这样说，倒不如抓住对方的“良心”点到为止：“我想你肯定也知道迟到是不对的，如果你能坚持这样正确的看法，相信很快你就能发现员工准时上班的乐趣。”这样的说法，相信员工更愿意接受。

凡事点到为止，捅破那一层窗户纸于人于己都没有好处。20几岁的女人，批评别人要适可而止，没有必要非置对方于死地。

如何才能说话不过分，做事不过火呢？我们只要把握一个原则：对事不对人，不要伤害他人的自尊和人格，不要让一个人觉得无地自容。因为给别人留有余地，就是给自己留了一条后路。

为人处世需要智慧，20几岁的女人要多学习一些办事的手腕，只有懂得了办事的窍门，才能在进退之中取得社交的胜利。

第25章

礼仪价值百万，20几岁学一点礼仪的规则

礼仪是女人成功的通行证，20几岁的女人必须学习一些礼仪规则。无论是银幕上还是在真实的生活中，让人着迷的往往不是漂亮的女人，而是那些得体优雅、懂礼仪有教养的女人。讲究仪表修养的女人才会具有高贵的气质，温柔典雅的女性才能散发迷人妩媚的气息，彬彬有礼的女人能使自身的美焕发出一种特殊的力量，而这一切是雅致和谐和仁爱的总汇。

掌握一点基本的社交礼仪规则

靳羽西是一个时代感极强、极富有代表性的魅力女人，她接受过正规的东西方文化教育和熏陶，不仅仅“用一支口红改变了中国女人的形象”，还是在中国特定历史年代启蒙中国女性礼仪魅力的一面镜子。她强调一个女人的魅力重要的是来自人格的魅力，要首先学会尊重他人，学会遵守礼貌礼仪的原则和规范。

的确，礼仪是社交生活的通行证。我们不得不承认，在礼貌、礼仪的教养方面，中国女人是欠缺的，不过现在这方面的书籍已经多了起来，20几岁的你完全可以学习然后实践。下面就教给你一些基本的社交礼仪。

(1) 介绍。介绍的顺序应该是先将年幼人士介绍给年长的人士；将晚辈先介绍给长辈；将男士介绍给女士，以表示身份和性别上的尊重。

(2) 握手。握手应用右手，身体微微地前倾以示尊重，双方距离1米为宜，用

力适度以示诚恳热情，过轻过重都是失礼的行为。

握手时要热情，面露笑容，注意对方眼睛，并亲切致意，切不可漫不经心，东张西望。如果手上有手袋，应用左手拿住。

(3) 交换名片。应站立、面带微笑、目视对方，用双手或右手将名片正面交与对方，接受他人名片后应道谢，并阅读名片，以示礼貌。

(4) 交谈。交谈应注视对方面部，既不可死死盯住对方的眼睛，也不可草草应付不与对方眼神交流。交谈者的距离应在2米以内，2米以内是较为紧凑和谐的私人空间；2米以外容易分散注意力，影响良好的沟通氛围。交谈时不应随意打断对方谈话。

(5) 电话。电话是看不见的人际交往方式，语言是唯一的魅力，通常电话应在第二声铃响之后迅速接听，如铃响超过了四声，应主动向对方表示歉意。在西方有一个不成文的规定，电话应避开清晨、晚间10点后以及吃饭的时间，接电话时应避免与他人谈笑或吃东西、处理其他事情等等，除非不得已，同时应向对方作说明。

(6) 拜访。务必要避免没有预约的拜访，并应尽量避免在吃饭或休息时间。因故失约，务必要提前通知对方。居家私人拜访，特别是应邀就餐时应该携带花卉、酒等特色小礼品。

在顾客家中，未经邀请，不能参观住房，即使较为熟悉的，也不要任意抚摸或玩弄顾客桌上的东西，更不能玩顾客名片，不要触动室内的书籍、花草及其他陈设物品。

(7) 接待。客人初次拜访通常都有拘谨和生疏感，务必要将客人一一介绍给在场的相关人士，并应主动介绍客人可能会需要的设施，如洗手间等。待客时不要经常看手表，会给客人造成急于送客的错觉。

在工作中接待客户时，应该点头微笑致礼，如无事先预约应先向顾客表示歉意，然后再说明来意。接待客人应热情主动，及时了解他的需求是最为重要的。

(8) 乘车。乘车姿态富有很强的动感，最能表现女性优雅的风度，也最容易暴露问题，坐车的时候不能撅着臀部爬进去，而是让臀部先坐在位置上，再将双腿一起收进车里，并保持合拢的姿势。司机斜后方的位置是最尊贵的，司机旁的位子通常是下属或工作人员的。有一种情况应注意，当你的丈夫或朋友开车时，你务必应该与他（她）同坐前排。乘车后你要打理座椅，带走乘车时用过的废品。

(9) 用餐。只在用餐时间吃东西，注意自己用餐的仪态，动作要轻盈，尽量不要发出很大的声音，餐后注意环境卫生，桌面应擦拭干净，餐盒应立即扔进远离工作场合的有盖垃圾桶里。

(10) 修饰。头发经常清洗、梳理、修剪，保持卫生、美观；略施淡妆，显示出清雅、愉快、自信的神态；服装得体、大方，不要穿过分“薄、透、露”的服装，颜色也要注意和谐淡雅；注意口腔卫生，经常洗澡、剪指甲。

除了以上这些礼仪规则，20几岁的女人还最好做到以下几点。

(1) 平等宽容。假如社交碰上权威人士或名人，大可不必趋之若鹜，曲意逢迎。确有必要与他交谈的话，也要自然接触，或等人们逐渐散去，再从容上前，让名人也能和普通人一样轻松自如。

假如有人，特别是某位女性在人际交往环境中独占鳌头，为众人瞩目，你千万别流露出不屑一顾的样子。要暗示自己，忌妒是一种卑劣的心理。

假如你与某人话不投机，你应该认识到，坚持自己认为正确的思想、观点和行为方式，是他的权利，而不要挑起舌战。

假如有人言谈举止不大得体，或是某位女性服饰俗而不美，你也不要显出自己的优越而对人投以鄙视的目光。

假如有人对你无礼，或无意伤了你的自尊心，你用不着计较，更不必反唇相讥，可一笑置之。

社会交往中，友谊第一，既然大家都是朋友，就没有高低贵贱之分。因此，对相互间人格的尊重，友好和善的态度，亲切轻松的气氛，就显得格外重要。平等真诚，宽容大度从来是高尚的美德。自命不凡，咄咄逼人，尖酸刻薄，或者搬弄是非、妒忌多疑不仅是愚蠢的，而且是惹人厌恶的。

(2) 礼貌待人。所谓礼貌，就是对人尊重。待人彬彬有礼是文明的表现，而粗俗无礼、蛮横放肆的人是不讨人喜欢的。作为女性，对于别人的礼让和关心，不必忸怩作态，可以自然大方、愉快地接受。同时，还应微笑地对别人的尊重表示感谢，不可表现理所当然、受之无愧的样子。在初次见面和告别时，如果认为必要，女性应主动做出握手的姿态。假如男性向你伸出了手，你应当也微笑地把手伸过去，而不要冷冷淡淡，置之不理。碰见熟人，不可视而不见。如果真是一时忙得顾不上，可以用手势示意。当然，礼貌待人应当是真情的流露，但也需适可而止，如果礼节繁多，令人应接不暇而成为负担，那又显得虚伪了。一般情况下，礼貌可以造成一个和谐、轻松愉快的气氛。

(3) 主动热情。假设你到一个新环境，碰上一个热心好客的人，你会感到温暖，精神也会放松了些。这个人有可能就成为你认为可信赖的朋友。可见，主动热情在社交中具有重要性。待人主动热情可以表现在多方面。比如，注意接近那些被冷落的人，鼓励他们恢复自信心；见到同事或朋友遇到困难，主动给予精神上或物质上的帮助；为客人热情地倒上一杯水等。不过，主动热情也有个“度”的问题。殷勤得过分，会让人觉得虚假，或引起他人误会。最好的情况是主动的一方与被动的一方都感到自然舒畅，而不带有勉强成分。

(4）看重信誉。什么是信誉？一是信守契约，即“言必信，行必果”。不论与人约会，还是合作，或者答应别人的事，只要是有约在前，必须遵守，有言在先，必须做到。不能出尔反尔，如果有特殊原因确定不能履约，也应该先通知；事发突然来不及告诉的，事后定要恳切说明，表示道歉。二是对自己的言辞负责。在非开玩笑的场合，只要对方是在认真地与你交谈，你就必须力求言而有据，用词准确，实事求是。古人言：人无信不立。进入现代文明社会，一个企业如果没有信誉，它的经营将一落千丈；一个人一旦失去信誉，在社会中也将寸步难行。社交中的信誉，其后果虽然不像前述的那么明显，但对一个人的形象，进而对其事业的影响也是潜在的和深远的。不守信誉就不会有真正的朋友。

(5）遵守时间。在与别人交往中，树立严格的时间观念，会面、交谈、办事，最好事先约定，而且力求在安排好的时间内完成。在科学高速度发展、知识爆炸的今天，时间就是生命。尤其对于名人、律师、医生、科学家这类人，如果你动不动便闯进门，一待就是几小时，使他们正常的工作与生活经常受到干扰，不胜其苦，那么，你就成了个不受欢迎的人。若有事，事先约定，在约定的时间内去拜访。

20几岁的女人只有掌握一些必要的社交礼仪和规则，才能使自己在社交场合游刃有余，左右逢源。

通晓一点涉外礼仪规范

如今社会十分开放，为了更好地适应社会，20几岁的女人还要注意一些涉外礼仪及禁忌。在正式的涉外活动中，一举一动都要严格按照礼仪规则的要求去做。

手势的礼仪。在国际交往中，手势作为一种交流符号，具有十分重要的意义。了解和熟悉某些常见的手势，有助于更准确地相互理解和交流。否则就容易产生误解。例如：某些中国人爱以食指指点着别人说话，这往往会引起欧美人士的极大反感，因为在欧美这是不礼貌的责骂人的动作。

“到这边来”的手势用的很多，中国人习惯手臂前伸，手心向下，弯动手指，示意“过来”。而在欧美，这一动作却是招呼动物的表示。他们招呼人时，是将手掌向上伸开，伸曲手指数次。在中国，这一动作又被误解为招呼幼儿或动物。

在大部分中东和远东国家，一个手指表示“性手势”，所以用一个手指召唤人是对人的侮辱。在这些国家以及葡萄牙、西班牙和拉美国家，用手召唤人的正确姿势是：手心向下，挥动所有手指或挥动手臂。

竖起大拇指表示“好”和“行了”，通行于世界多数国家，而在澳大利亚，这个手势是粗野的。

在希腊和尼日利亚人面前摆手是给人的极大侮辱，手离对方越近侮辱性就越大。美国人手指弯曲，手心向前，拇指与食指弯曲合成圆圈，表示“OK”；在日本却表示钱；在拉美则是低级庸俗的动作。

微笑的礼仪。在国际交往中，如果语言障碍无法交流，微笑则是迅速达到交流的“润滑剂”。微笑即是在脸上露出愉快的表情，是善良、友好、赞美的表示。在绝大多数国际交往场合中，微笑都是礼仪的基础。亲切、温馨的微笑能使不同文化背景的人迅速缩小彼此间的心理距离，创造出交流与沟通的良好氛围。

补妆。如果需要补口红、粉底，应该到盥洗室或无人的地方，不能当着他人尤其是在饭桌、商谈场所这些场合公开补妆。

理衣。衣服有小褶皱或沾染上灰尘，可在独自相处时清理衣服，顺手抚去灰尘或轻轻抹平小皱。但如果被污染的面积较大，则必须到盥洗室整理。如果是内衣吊带滑落，则不能在公共场合就从衣服外面调整内衣。

落座。应用手把裙子向前拢一下再坐下，坐稳后身子一般只占座位的2/3，两膝两脚都要并拢。

下车。从车内出来，应该先打开车门，把脚以45度角从车门伸出，稳稳地踏住之后，再逐渐把身体的重心移上去。这样做既稳重又得体。千万不要一打开车门就先探出头来，那样子好像是被司机扔出来一样。

握手。在欧洲，妇女握手看起来似乎要比在美国频繁得多。握手不仅适用于商业领域也适用于各种社交场合，而且它不仅适用于男性也同样适用于女性。不要因为遇到越来越多的向你伸出的手而感到惊讶。你可能还会遇到一些令你心跳加快的事情，而这些事情又不是你所习惯的。在一些比较浪漫的国家如法国和意大利，如果你在某个社交活动中，有一位绅士握住你伸出的手亲吻时，你也不要被吓一跳。不过，在当今商业场合中，这样的事情发生的概率也会小得多。

由于各个国家民族文化传统的不同，某些东西总有其特定含义。这些也要求我们有所了解，免得犯了“国际错误”！

当你外出旅游时，事先向曾在这些地区住过的本国人打听一下情况，这样你就会知道可能发生什么，以及你应该如何反应。

选用赠送某种物品、图案的禁忌。例如，法国人视核桃花为不祥之物，伊斯兰教民忌讳用猪作为某种图案，瑞士人视猫头鹰为死人的象征。

颜色的忌讳。在欧美国家，尽量少用黑色，比利时人忌讳蓝色，而巴西人则忌讳棕黄色。

交往的忌讳。在一些场合，衣着要合适。与欧美人打交道时，少涉及私人性质的问题。交往中的举止要得体，与一些地方之人交谈时不要跷“二郎腿”。在一些国家，不要摸小孩头顶。在印度、印度尼西亚、阿拉伯国家，用左手与人接触或传送东西是不合适的。此外，在一些地方，笑有不同的含义，例如，在沙特阿拉伯的一个地区，笑被看做是不友好的象征。

数字的忌讳。西方人把“13”视为不吉利的数字，在许多场合尽量避免使用这个数字。日本人忌讳用“4”这个数字。此外，“星期五”这一天也被一些基督徒视为凶日。

此外还有一些其他方面的禁忌需要注意，如男女之间交往，尽量避免谈论女人的年龄。与阿拉伯人交往，务必尊重他们的习俗等等。

了解一点做客和舞会的礼仪技巧

也许你没有很多参加涉外活动的机会，但是生活中你一定少不了到朋友家做客的时候，也一定少不了参加各种舞会的时候。20几岁的女人，在做客和参加舞会时也要做个精通礼仪的高雅女性。

1. 做客礼仪

到朋友家做客前先要预约或是受到邀请，无受邀或预约的突然造访，会打扰别人的正常生活秩序，勉强进入别人的私人空间，将会不受欢迎。

（1）预约。预约可以是当面的，也可以以打电话的形式。预约的口气应该是商量式的，不能用强求的口吻。可以共同商榷一个时间。造访的时间应当是与人方便，如果约一个工作繁忙的人，你需要考虑一下是否应该约在他唯一的周末或周日，也许他与家人有安排，也许他想一个人清静休息一下。拜访一般要让别人决定什么时间合适，他也好作安排，没有安排他会觉得约见时间不当，而导致失礼。

尽量不要做“不速之客”，那样会很不礼貌。如果情非得已，进门时一定要致歉“对不起，突然登门给您添麻烦了”。并要注意主人有没有接待你的心理准备，如果没有，你应该尽快说完要说的话，办完要办的事，致谢后离开。如果主人对你做不速之客无所谓，热情接待，刻意挽留的话，你除了致歉还要致谢。

（2）守时。到朋友家里做客或去人家公司拜访，一定要严格遵守约定的时间，不能早到，可以迟到半分钟或1分钟。如果你早到的话，也许别人还没做好迎接你的准备，也许会碰上不该遇见的人和事，所以尊重时间是给别人充分准备，彼此不会局促、尴尬。你如果早于预约时间到了，可以在门外转转，到时间再进去。如果你跟对方关系比较好的话，你可以早到几分钟，但快要到达之前，应该先打个电话“我已经来了，快到你家门口了”。过于迟到也不好，让人久等。如果路上堵车或有事耽误了的话，应及时用电话联系、致歉，并告知你有可能到访的时间。

（3）适时。一般情况下，做客的时间最好订在下午和晚上比较适宜，如订在下午，可以选择午睡时间过后，一点半、两点左右。晚上则为晚饭过后的休息时间。不应该太早或太晚，太早的话人家没吃完饭，没来得及收拾；太晚的话又影响人家休息。若被邀请吃饭则另当别论。

要掌握好告辞的时间。一般晚饭过后有甜点或水果，甜点与水果过后会有茶或咖啡。喝茶与咖啡的时间是聊天的时间，你可以谈到此次造访的目的。喝完咖啡或茶以后，就可以致谢告辞了，如果事情没谈完或主人刻意挽留的话，可以再续一杯茶或咖啡，然后致谢离开。不要一直坐在人家家里，不停地喝水、喝酒、抽烟，这样会令主人感到厌烦。

（4）尊重主人。到别人家去做客，进门时按门铃或敲门会体现一个人的修养。敲门要不轻不重连敲3下；按门铃时按3秒钟就可以了，不要重重地连续敲门或按着门铃不放。

尊重主人的习惯，比如：进房时，主人家里是脱掉鞋子进屋的，就要主动脱鞋，再进屋。问候主人后进屋，把外衣脱下挂在衣帽架上，轻松入座。坐在主人指定的位置上后，不要马上东张西望，可以随便左右环视一眼，如果他家很美很舒适，则可以开口夸一句“您家真不错！真是温馨！”之类的话。然后，可以拿出事先准备好的小礼物送给主人和主人家的孩子。准备的礼物如果很大的话，可以一进门主人迎接你时就送上。做客之前可以简单了解一下对方家里的情况，以便决定送什么样的礼物。送男性的可以是领带、烟酒；送女性的可以是饰物或化妆品之类的。如果有老人的话，可以备一份营养保健品，有小孩的话则可以准备小玩具或者零食。实在遇到不了解的情况下，可以送一套工艺品或日用品，如玻璃套杯、瓷盘等，色彩、款式装饰味道浓一些。当然，你也可以送鲜花。

如果对方家里没有摆设烟灰缸或主人不主动拿烟缸给你，那表明他们家不提倡吸烟，如果你要吸烟，就必须到室外。如果室内是允许吸烟的，也要等到房间没有女士或小孩时，才可以吸烟。如果桌上没有烟缸，在吸烟前也应问主人“能否吸烟”，以示礼貌。

做客时一定不要在别人家里乱窜，乱翻东西。如果需要用卫生间，一定要问过主人客用的是哪一间。不要随意推开任何一扇关着的门。

如果同时也有别的客人在座的话，在主人介绍后，可以主动打招呼互相认识，但不能太热情或代主人招待，甚至喧宾夺主，而冷落了主人；还有，向别的客人打听主人的私事也是失礼的。

离开主人家时，要真诚致谢。主人送出门外时，要请主人留步，再次致谢。

2. 舞会礼仪

舞会作为一种礼节性的社交活动，在着装、仪容、姿态方面都有特定的礼仪规定。

(1) 舞会的服饰。参加舞会时，着装要大方得体。最适合的装扮是穿裙子，裙子的长度要至膝部，如果是穿迷你裙，最好是柔软贴体、质地优良的那种。既能展示你的美腿，又能显示你的身份，而且不会失礼。切勿穿着运动装、休闲装等非正式服装入舞场。你可以擦淡淡的香水，化一个唯美的妆，做一个优雅而不死板的发型。参加舞会时如果携带一个大包会很失礼，包一定要小巧精致，比如带亮片的手袋。

参加舞会前一定要刷牙，不要吃有味道的食物，比如蒜和葱。你可以在嘴里喷些香雾，或者是嚼片口香糖。但是，口香糖不要带入舞场，在入场前吃。舞会前也应该洗个澡，不要汗淋淋地参加舞会，衣饰也要是整洁新换上去的才好，舞中与人靠得很近，清新的体香让人精神愉悦。

(2) 请舞与拒绝。舞会上，一般是男士主动请女士跳舞，当有男士来到你面前，微笑伸出右手做请的姿势时，你要立刻起立应答才礼貌。一般情况下是不能拒绝的。如果要拒绝，也要有礼貌地起立，轻声告诉他“对不起，这个舞步我不会”或者“我有些头晕”，婉言拒绝以给对方台阶下。千万不能无动于衷，或坐着摇头，这都是极为失礼的行为。

(3) 跳舞的礼貌。跳舞时，眼睛要看着前方，可以小声地交谈，交谈中可偶尔看看对方，不能死盯着人看。嘴里不能吃东西也不能哼舞曲，不能与人打招呼。跳舞过程中，要控制呼吸，不要在舞伴的耳边喘粗气。舞步要稳重，控制好与舞伴的距离，不要太近、太亲热，也不要太远、太冷漠。

跳舞时，不能在舞曲未完时退场。如果要退场则应该与舞伴商量，由男士送你回到座位上。不能把舞伴一个人抛在舞池中，自己甩手走开。曲终舞散后，也应由男士送你回座位。

如果在舞会中遇到不愉快的碰撞，用手势与微笑来解决，不能出言不逊而引起争端。

如果你带有舞伴来，一定要看顾好你的舞伴，即使你在与别人共舞，你也要知道他在哪里。第一曲和最后一曲一定要与你的舞伴同跳。表示你对他的重视，并感谢他与你同来。

礼仪价值百万，讲究礼仪的女人都会显示出与众不同的风采，会得到他人的尊重。即使你的外貌不是最吸引人的，而你的绰约的风姿、时尚的发型、得体的服饰、优雅的举止、不俗的言谈也会让人着迷。

20几岁的女人，只有知晓礼仪，做到仪容端正、谈吐文雅、举止大方、彬彬有礼，才能成为生活中最具魅力的女人，才容易获得成功。

职业篇

小鸟不依人，职业天地决定女人生存空间

第26章

女人当自强，女人有事业才能活得洒脱

现实生活中，很多男人不希望女性的事业超过他，他们只希望他们的女人有份工作，在家相夫教子，不需要有太大的作为。但事实上，当今社会，有事业的女性却越来越多。可能有人会说，女人有事业会影响到家庭幸福。实则不然，女人，尤其是20几岁的女人，应当自立自强，靠自己打拼出一番事业，因为只有有事业的女人才能洒脱快乐。

女人的幸福要靠事业来保障

社会在不断向前发展，男女应该是相互协作而平等的关系。女人也要有自己的事业，在追求事业的过程中体会到自我价值的实现。

有事业心、经济独立的女人，在丈夫、孩子和家人与朋友面前才抬得起头来，因为有了足够的经济能力，生命才能有活力，才能实现自己的梦想。女性争取经济独立的目的，其实不是为争取主权，而是不想成为别人的累赘。

20几岁的女人不要将一生的经济需求都依赖在别人身上。现实生活中，有很多将一生的希望都寄托在老公和孩子身上的女人。男人这张饭票并不保险，既会过期，也会作废。婚姻绝对不是女人的终生保障！

更可怕的是，年轻时夫妻双双拼下不菲的财产，但当女人为了孩子选择回归家庭，牺牲自己事业，当女人开始变成黄脸婆时，男人就想独霸家产，抛弃这个与他同甘共苦的女人。作为女人，除了谴责男人的狼心狗肺之外，是否应该仔细思考一下，是不是过于相信男人这张饭票了呢？当这张饭票作废时，对没有事业、经济不能独立的女人来说，就意味着一切从头再来。

20几岁的女人要思考很多问题，你要想想你还可以年轻多久？如果有一天发生意外，你是否有能力自给自足？如果有一天你必须凭自己的能力过日子，你能否开创自己的事业将生活过好？

20几岁的女人要拥有自己的事业，这不是一句口号，而是为了自己可以洒脱地生活。

漂亮开朗的孙慧玲刚遭遇了一段情感挫折，她感叹道："女人应该保持个体的独立性，不应该为了爱一个男人而舍弃事业！这几年，我把太多的精力放在爱情上了，现在，我已醒悟了……"

孙慧玲为了心爱的男友放弃了自己的事业，一心一意地居家过日子，可是时间久了，男友却嫌弃她生活没有激情，最终分手。分手后有1个月时间，孙慧玲淹没在痛苦里，她想不通为什么自己为他付出了那么多，为了照顾他连工作都辞了，他却这样忍心抛弃自己。对孙慧玲来说，这简直就是一场噩梦，她将自己的一切都寄托在了这个男人身上。1个月后，她才从剧痛中走出来，并开始反思这段情感经历。

最后，她发现问题主要在于，她把自己定位成了一个居家的小女人，把自己的一切都维系在那个男人身上，丧失了事业心。4年前，那个男人是一个没有工作、不名一文的穷小子，可是4年后，他在事业上已经有了很大的进展，而她却还是原来的样子。俗话说：没有进步就等于退步。所以，他们之间就产生了距离。

女人如果没有自己的事业，就会特别依赖男人，将男人看作自己生活中的全部，一旦发生变故，就会陷入绝境。所以，20几岁的女人应该保持自己的独立性，应该有自己的事业！

当全职太太，20几岁的女人请三思

有些20几岁的女人好逸恶劳，不想吃苦。她们在找工作的时候，往往先考虑压力小的，稳定且清闲的工作。即使这样的工作赚钱少，升职机会小，没有发展前景。说白了，这样的女人根本没有事业心。没有事业心的女人，即便她们的形象青春可人，她们的未来也将会很麻烦。

如果女人没有事业心，放下所有的工作，专心做全职太太，一心为家庭操劳，这不仅容易变得心胸狭窄，也许还会失去自我。很多时候，女人的默默付出得不到男人的感激和尊重，其实男人是非常挑剔的，他希望自己的女人是完美的：外貌最好是标致美人，厨艺最好卓越超群，学识最好知书达理，另外，最好把他服侍得舒舒服服。说到底，男人希望自己的女人像一个绝对合格的“保姆”。一旦女人不能完全符合他的想象，试想他会尊重你吗？

很多女人面对丈夫的外遇，首先都是指责对方无情无义，却很少反思自己，不知道从自己身上找找原因。男人出轨其实不全是因为好色，说句实话，如果当男人为事业而苦恼时，没有事业的老婆还跟他因为鸡毛蒜皮的家长里短，抱怨唠叨个不停，男人就会心生厌烦。男人跟她说企业管理，她跟男人说商场打折，两人根本没有什么共同语言。所以，没有事业的女人，不仅仅自己苦难，也会给老公带来烦恼。但有事业的女人却不同，她们能够像男人一样，在事业上闪展腾挪，她们能力超群，才情横溢。对男人来说，跟这样的女人一起生活的乐趣是难以言表的。

很多20几岁的女人明明懂这些道理，但她们还是不想吃苦，不想承担风险。她们相信爱自己的男人，认为她们的男人不会那样。什么是吃苦？20几岁的女人，年轻不要怕吃苦。你们看看搬家公司和工地上的工人，让你们在办公室里敲敲电脑打打电话能算吃苦吗？在设备齐全的高级写字楼里，拜访一下客户算是吃苦吗？

很多女人在该吃苦的时候寻求安逸，在最能学习的时候谈恋爱，因为她们的计划是30岁以前结婚生子，所以打扮和交友成了她们的全部生活。在她们看来，享受青春的快乐时光是最吸引她们的，即使为此请假、辞职，也不会当回事。也许她们的计划能够得以实现，如期嫁给了一个有钱的或是有潜力的男人。而这个男人之所以娶她，往往是因为她花开正艳。

经济发达的现代社会，女人当全职太太开始成为一种新的生活方式。但20几岁的女人们，在选择这条路之前一定要三思，你要思考你是否有足够的魅力和聪明的才智，来驾驭自己的命运。如果没有十足的把握，还是靠自己的力量去打拼，拥有自己的一番事业吧！拥有一份能够养活自己的事业，命运就可以掌握在自己手里，只有这样才能过上洒脱而有尊严的生活！

对于那些一直处于底层员工的女人来说，生孩子几乎是她们事业的结束。除非她们是在事业单位，如果是一般性的单位，她们往往因此就辞职了。从怀孕到喂养孩子要大半年的时间，等孩子断了母乳，一切恢复正常的时候，她们却想起上班就头疼。因为她们如果工作就要找清闲轻松的工作，这样可以早点回家照顾孩子。这就给自己找了一个借口，为了教育孩子，只能继续做全职太太。然而，事实却是因为自己本身没有事业心，害怕承担社会责任。

这样就把全家的经济重担都落到了老公一个人的身上，老公在事业上不断地努力和学习。素质不断地在提高，职位和金钱也随之提高，他的朋友圈子自然也越来越大，他在家的时间也就越来越少。即便是这样，做全职太太的女人也可以接受，因为毕竟她有幸福的家，有爱她的老公和可爱的孩子。只是她经常抱怨家务的烦琐，她为了这个家，奉献了一切……老公不想和她抬杠，其实老公更想说，我为了这个家在拼命。

她最大的愿望就是想让老公跟她耐心地聊一会儿，可是他整日的应酬，回到家也不想多说话。女人就会觉得老公越来越不爱自己，开始争吵不断。吵架，对于一对幸福的夫妇，是打情骂俏，而对于冷漠的夫妇，是想打破麻木，打破了麻木，往往是厌烦，是彻底的厌恶。

两个人在社会生活中的不同角色，决定了他们之间的巨大差异。这种差异，造成了共同语言的减少，女人当初吸引男人的魅力早已不在，而她的嚣张跋扈和神经质不断地骚扰着男人，一直到男人真的有了外遇。

女人悲惨的生活就这样开始了，其实早就开始了。这个时候，她将在寂寞中老去，她将与琐碎的家务和无聊的电视为伴。如果她精力旺盛，还会与家长里短为伴。当然，作为报复，她可能还会挥霍老公辛苦挣来的钱财。也许她还会上网，想要在网络上寻求慰藉，以安慰她那颗孤单受伤的心。可是，这些都不能让她真正的快乐。总之，全职太太的结果很可能就是这样，在无望的苦难中一直到老。她不能选择离婚，如果离婚她会陷入绝望，因为家庭和老公，这样的生活曾经是她的全部。

而有事业的女人，会不断地丰富自己，不把爱情当作自己生活的全部，男人和孩子对于她，都是生活的一部分而已。

秦思雨是一个才华横溢的女人，她的事业蒸蒸日上，已经做到了公司的管理层。她看上去是一个很柔弱的女子，但直到临产前都没有停止工作，最后还是老板开车把她送到医院分娩的。3个月后，她就正常工作去外地出差了。她的孩子很健康，家里的一切也安排得很好。

世界是复杂的，20几岁的女人应该有自己的事业。一个事业上有追求的女人，是魅力非凡的女人。有事业的女人，她辛勤工作的身影和随时洋溢的才华，是那么迷人，那么禁得起岁月的推敲！而那些还天真无知、养尊处优、好逸恶劳的女人，如果你还没有事业目标，你就随时要面临悲惨的生活考验。她们所受到的关爱已经太多，她们有的是时间休息和娱乐，她们会在慵懒中度过余生，这样的人还有什么魅力可言？

第27章

职场不同情弱者，靠姿色靠青春不如靠能力

职场不相信眼泪，20几岁的女人不要说自己经验不足，也别想凭着年轻的容颜获得成功。青春易逝，20几岁的女人想要取得长久的成功就要不断提高自身的能力。

女人的升职从升值开始

职场之中人人都渴望成功，期待能在职场上不断得以提升。而且20几岁的女人可能都有这样的心理："老板不重视我，我的能力没有发挥的余地。"其实，不是老板不重视你，而是你的能力和经验还没有提升到相应的档次。提升的机会并不会从天而降，只有通过不断努力和学习，提升自己的能力，才有可能获得升职的机会，换言之，升职从你的升值开始。先提高自身能力，才有晋升的资本，才能做职场的强者。

所谓升值就是价值的提升，它包含一个人知识和能力两个方面的提升。对于20几岁的女人来说，升值包括个人文化知识、工作经验、工作能力等各方面的提升，需要你在工作中不断积累宝贵经验，吸取教训，提高自己的知识文化素质，锻炼自己在工作中的决策、执行和应变等综合能力。升值也是一个使人成长为更加成熟和完善的职业人士的过程。因此，升职与升值有着相当紧密的联系，当你获得很好的升值时，才有可能获得老板给你的升职机会。所以，20几岁的女人，想成为职场的

强者就要放弃靠姿色的念头，要不断提升自己的能力。

俗话说："一分价钱一分货"，20几岁的女人要增加自己的价值而非提高价格。激烈竞争的商业社会，商家纷纷推出折扣优惠的活动，试图刺激消费。商场超市习惯降价促销，不是什么新鲜事，多年来很多消费者已经养成"非打折不掏腰包"的习惯。从消费者的眼光来看，衣服饰品或日用百货，是在决定打折之前就已经生产的东西，以折扣促销，比较能够取信消费者。但是，便宜没好货的印象也会影响消费者的购买欲望。

其实，真正影响人购买心态的是价值，而非价格。

什么是价值，价值就是获得的效益和付出的成本的比值。当商家降价时，消费者付出的成本降低，价值理应随之提高。但是，有一点要注意，倘若消费者认为商家在打折期间有偷工减料的嫌疑，他所获的效益也会随之递减。最后所认同的价值，非但没有提高，反而可能降低，甚至贬低了他对品牌的印象，反而得不偿失。

我们应致力于"价值"的提升，尤其是"心理价值"的认同，而不是"交易价格"的降低。如果决定采取降价的策略，必须尽力让消费者在"获得的效益"上维持没有打折前的满意度。换句话说，"便宜"还不够，必须要做到"性价比最高"，这样做到真正的实惠，可以打动消费者。

20几岁的女人要明白，在应聘市场上，你不是把薪水开低一点，就会比其他应征的人多一点录取的机会，而是要把你的价值提高很多，这才会真正打动老板的心。

比如，你愿意主动加班，而且在同一时间内，一个人做两个人的事，有双倍的生产力，在就业的市场上，你的竞争力就非同一般了，根本不愁找不到工作。

所以，内在的价值一定要够水准，才能够卖出一个好价钱。努力提高自己的能力，肯于吃苦，一专多能，多技在手，就会大大提升自己的价值。让老板觉得用得其所，物超所值。

美国的一项调查显示：半数以上的劳动技能在短短3年至5年内就会因为赶不上时代发展而变得无用，而在以前，这种技能的折旧期限长达7年至14年。所以高薪者若不学习，无需5年就会再次变成低薪者。

很多女人在20几岁的时候，人们就不停地告诉她们——"花无百日红"，女人的美是短暂的，所以一定要在最美的时刻找个好男人把自己嫁掉。其实她们不明白，女人，最重要的财富并非她的姿色，而是她的能力。只要她的能力随着她的年龄一同增长，她的魅力非但不会贬值，反而会不断增值。

一个女人要成为快乐的女人、成功的女人，就必须懂得使自己成为一个可持续发展的女人，成为一个有高能力的女人。女人因能力而美丽，因能力而快乐。我们可以活到很老，但依然很有魅力；我们可以接受皱纹，但必须每一根皱纹都与魅力有关。

女人要增强自己的能力，就需要不断地学习知识，给自己充电。

王娜大学毕业后，就进入了一所高中教学。在这个岗位上，她一干就是二十几年，获得了很多的荣誉称号。可以说，作为一名教师所有的荣誉，她早已有了。

可是，年近50岁的她，最近又拜正在上大学的儿子为师，学起电脑来了。

王娜的老同事肖老师劝她："老王，都几十岁的人了，眼睛也不顶用了，手打字也不像年轻人那样灵活，干嘛还给自己找罪受去学电脑呢？"

王老师却反过来劝肖老师："老肖，你也应该学学，这东西很管用呢。前几天，我儿子教我做了一个课件，比起我们以前的板书方便多了。"

肖老师笑着说："得了，我才不想受这份罪呢！"

不久，学校响应信息化教学改革，举办了一场别开生面的"课件大比拼"，出乎所有老师的意外，夺得冠军的居然是年过半百的王老师。在以后的日子里，许多在电子时代成长起来的年轻老师，遇到制作电子课件的问题，也要过来虚心地请教王老师。

王老师经常跟她那些老同事说："学电脑什么时候都不晚，即使不用它来做电子课件，也可以跟年轻人在网上聊聊天嘛！"很多学生都非常喜欢王老师。因为无论从思想到心态，还是外表打扮，王老师处处洋溢着亮丽的色彩，大家都愿意跟她聊天。

在竞争激烈的职场上，一纸文凭的有效期是多久？当你必须向别人出示你尘封已久的证书时，是否会怯场，感到没有底气？在学历飞速"贬值"的今天，找到工作就一劳永逸的体制已成为历史，如果你想单靠原有的文凭在职场立足，几乎不可能。

一项调查显示，30~40岁的职业女性中，近3成出现身心疲惫、烦躁失眠等亚健康状态。主要表现为：对前途以及"钱"途开始担心，担心会被社会淘汰；对自己所从事的工作开始产生一种依恋，不再像20几岁那样无所谓，同时又有一种危机感，甚至开始对老板察言观色；身体经常感到疲劳，休息也于事无补。在调查中，想转换职业或行业，寻求一个压力较小、相对安稳的工作是大多数被访者的心态，46%的被访者选择此项；再苦干几年，回家做全职太太也是选择人数较多的一项，有31%的被访者选择；只有23%的被访者表示会去充电。

20几岁的女人如果想在职场站稳脚跟，一定不能错过充电提升课。

在今天这个竞争激烈的职场生存环境中，很难“爱一行干一行”，我们所能做的就是“干一行爱一行”，尽量将谋生和理想达到和谐的统一，否则，眼高手低，会耽误了一生。

郭晶并不太喜欢自己的金融专业，但毕业时没有改行，还是进了一家外资银行。“我觉得自己现在的工作没什么意思，幻想着有一天可以做记者、主持人或者律师，而不是整天面对着不属于自己的金钱。”

郭晶所在外资银行的环境很好，是很多人眼中高收入的理想职业。面对着很多硕士、博士都在竞争一个外资银行的职位，郭晶才感到自己有必要充电了。如果想在金融这个行业中继续做下去，充电是唯一可行的方法，否则的话就意味着会“贬值”。通过充电，郭晶对本行业也有了更深的了解，渐渐爱上了这一行，不再整天幻想而是踏踏实实工作，作出了出色的业绩。

并不是所有的职业危机都出现在厌职上，就算是自己喜欢的职业，干久了也会出现危险信号。

李博是某服装品牌的销售经理，主管北方区的业务已经有3年时间。在别人都很羡慕她的时候，她却做出了辞职的决定。

当别人诧异地问她原因时，她回答：“我感觉我的职业生涯面临着前所未有的停滞状态，总是在做着以前做过的事情，而且以我目前的职位，也很难再在公司有更大的作为了。我已经决定到法国继续读我的服装设计专业，对于今后的工作，我并不担心，选择辞职就是因为有这份自信。”

人在其职业的某个阶段会出现所谓的“停滞”期，这种情况是一个信号，一旦出现就说明你需要充电了。这时最重要的是摆正自己的心态，树立“没有职业的稳定，只有技能的稳定和更新”的观念，把职业过程变成一个无止境的学习和提高的过程。

在IT行业工作近5年的李蕾坦言：“我一直都处在一种与最新科技知识赛跑的状态。信息时代的知识呈膨胀性扩展趋势，刚刚掌握的资讯，也许过两天就已经过时了，如果不及时更新知识，很容易被淘汰。”这种经常出现在工作中的“不明飞行物”让李蕾非常紧张和茫然。

李蕾自己掏腰包参加了几期美国专家举办的IT行业培训，虽然花费很高，可学习下来，感觉心里踏实，而那些以前经常光临的“不明飞行物”也消失了。

工作中如果遇到“不明飞行物”，就意味着你的知识落伍了。在职充电是防止“人才贬值”的一种好方法，要让自己“不贬值”，那就需要不断地“充电”。

现代社会急缺复合型人才。“单一型人才”如何使自己成为“复合型人才”？实施技能储备，使价值“保鲜”是关键。充电时也要注意与原有技能相关，这样才能在原有基础上扩大就业范围。

薛佳在一家国际航运公司里为英国籍首席代表做秘书时，接触到一些国内外大的企业咨询机构。她说：“我的专业是英语，除了能像外国人那样正常地说英语外，今天看来并没有任何特长可言。在这家航运公司工作了2年之后，我终于申请了美国哥伦比亚的MBA，我想学成之后可以到一家跨国咨询公司里去工作，为企业的经营者们提供全方位的解决方案。当然，这是有代价的，从一个传统行业跳到一个新兴的朝阳产业里，唯一能够达成目的做法就是充电。”

本土企业的国际化及国际企业的本土化，使那些具有“一专多能”、精通一门外语、通晓国际商务规则的外向型人才备受青睐。所以，及时充电借以增加事业打拼的资本，必须同自身职业生涯的规划紧密地联系起来，达到学以致用。

“生命不止，学习不止。”在这个知识经济的年代，充电已经成为现实需要，尤其是在经济不景气的当下职场上，不管你是想待在原地，还是逆势向上攀登，或者另起炉灶玩跨界，充电已经演变为职业生涯不可或缺的安全垫。还等什么，行动吧！

另外，为了更顺利地适应自己的工作岗位，20几岁的女人越来越需要进行充电以便补充相应的能力。为了更好地实现自己的目标，下面的这些“秘籍”或许对你很有帮助。

（1）读一个培训班的花费从几百元到几千元不等，看你报的科目以及培训时间的长短。报名前先做好经济开支的计划。

（2）选办班口碑比较好的学校，以免进个名不符实的培训班，辛苦几个月收获不大。

（3）依据个人时间安排、个人在本领域的起点以及需要达到的水平，选择适合自己的培训班来读，切不要好高骛远，最后白白浪费金钱。

（4）不妨多拿些证书。能力再强，总需要证明，这时一纸证书往往会帮上你的忙。

（5）充电是业余时间，给繁忙的生活又加了码，要注意在学习之余好好休息，尽量不要选择离住处太远的学校，免得跑路太辛苦。要知道健康是一切之本。

靠能力女人才能在职场长久地生存

27岁的王雪丽初进公司的时候只是一名普通的业务员，后来一步一个脚印，由业务员成长为公司的市场部经理，随后又成为公司的市场总监。让我们看看她由市场部经理成长为市场总监的过程。

自从成为公司的市场部经理后，王雪丽很快就对自己的工作有了一个正确定位：在企业的营销过程中，市场部经理的位置十分重要，一个优秀的市场部经理，在很大程度上能够协助市场总监完成营销战略任务。王雪丽认为一个优秀的市场部经理必须具备以下4种基本素质。

(1) 具有营销策划的能力。因为市场部的职能首先是为营销服务，如果一个公司的营销流程缺乏一个鲜明的营销目标来总领，那么这个公司的营销质量就不会得到很大的提高。

(2) 具有品牌策划的能力。品牌策划是一个很宽泛的概念，每个企业都能碰上，市场部经理最基本的责任就是把本企业的品牌在本企业所处的具体环境中，迅速做大做强，让品牌快速成长。

(3) 具备产品策划的能力，也就是具备从一个在设计、立意等方面配合产品的营销主题。

(4) 具有对市场消费态势潜在性的分析能力。如果公司的市场部经理或者市场总监能够对未来发生的消费态势进行一些前瞻性的捕捉，掌握领先一步的策略，那么公司以后的道路就会好走一些。

王雪丽又认真研究了大多数公司对市场部经理的更高要求，她觉得自己应该在目前的能力基础上进一步学习，以提升自己的工作能力。

对这些有了全面的认识之后，王雪丽开始逐步提升自己的业务素质。她首先对自身这些不足进行弥补，先让自己成为一名优秀、称职的市场部经理，后来她又用了3年的时间亲自参与营销实践。与此同时，王雪丽学习了丰富的组织管理知识、全面的法律知识和财会知识，因为这些知识在工作的时候很有用处。当然，培养对团队的掌控能力也是王雪丽学习的一个重要方面，如果控制不了下属团队，那么一切都是空谈。通过几年的认真学习和实践锻炼，王雪丽如愿以偿地成了公司的市场总监，她为公司的市场营销工作做出了突出的成绩。担任公司市场总监后，王雪丽仍然不断充实自己。

现在，王雪丽已经成为公司中不断成长的楷模，董事长总是让其他员工向善于成长的她学习。

“靠能力而非靠其他”是职场人士的生存之道，也是施展自己才能，发挥最大价值的途径。王雪丽成长的例子告诉我们，工作中每一步台阶都需要相应的知识储备与能力相匹配，当你选择了一个行业，进入一家公司工作后，如果要升职，这就需要个人能够不断“充电”和进取，否则不仅不会升值，反而还会贬值。在如今这个竞争激烈的年代，如果不主动升值，就意味着不断贬值，那么等待你的不仅不是升职，反而是被淘汰的命运。

20几岁的女人必须清楚，你有几分能力，老板就会发你几分工资。想要获得高工资，你首先就要提高自身价值，用高能力去换取高报酬。其实，想成为职场的强者，最关键的就是有高能力。那些能力强的人就能拿到高工资，相反，那些能力不够的人也就不能获得高工资。直观点说，如果你敢向公司提出要获得年薪30万元以上的高薪，那是因为你这个员工能给公司带来30倍，甚至300倍以上价值的增长。20几岁的女人要用能力说话，而不是靠姿色。

第28章

保护自己，20几岁掌握职业丽人护身法则

职场如战场，20几岁的女人如果身在职场，一定要学会自我保护，掌握一些职场的护身法则。

要把“敌人”当朋友对待

当你在工作中非常需要另一个人的帮助，而这个人曾与你有某种不和的时候，你该做些什么，显然，放弃并不是好办法，虽然这样做不费吹灰之力，但会使你失去一个得力伙伴。你应该做的是化敌为友，使之成为你的朋友。以下几个做法可帮你达到这一目的。

1. 勇于承认自己的错误

不要害怕承认自己的错误，别人就会看不起自己。其实，真正有能力的人是勇于承认自己的错误的。

即使你的同事表达这种意思的方式没能让你高兴得跳起来，对对方提出的正确的看法，你也应该乐于承认。不，这并不意味着每当有过分好斗的同事向你发起攻击时，你都要举手投降。但是你首先应该考虑的是，对方所说的话中包含的信息，而不是说话的人。而且你应该力求客观地对待你得到的意见，即使这种意见不是用一种特别客观的方式表达的。而且，有个小秘密要记在心里：承认你错了，常常能够带来让对方闭嘴的好处。

2. 从另一角度理解他的刻薄

如果你的同事抓住你的错误大加指责时，你在恼怒之前，不妨认为他是对你的关心。从这个角度去理解和解决问题，要比无休止的争论强得多。如果你能挖掘对方句句带刺的话里隐藏的积极因素，那么你就会大大减少出现敌对场面的可能性。

3. 关注对方的成绩

肯定同事的成绩，即使与工作无关，也能够成为你与他建立友好关系的机会。发挥你心思细腻的特点，观察他最得意的方面，如穿衣品位，爱好兴趣，工作态度，办事效率，甚至他那让人羡慕的健康等，哪怕是不经意的一句话，就能表明你对他的关心。

很多时候，一些人抨击他人只是出于证实自己能力的目的。比如他说你在计算机方面很笨而他的确在这方面是个行家，那么与其和他争辩你在这方面并不外行，倒不如承认他的特长和能力，这既会平息冲突，也会让对方在感觉你的低调处理的同时有所歉疚而收敛。

4. 对威胁性的问题不要理会

有时，我们会听到别人威胁性的问题，“你以为你是谁？”“你们那所高级学校难道没教你点什么东西吗？”“你从来就没听过什么叫应急计划吗？”这些问题以及它们那些数不胜数的变种，根本就不是询问什么信息，它们只是为了使你失去平稳的心态。不要带着感情色彩去回答他们——根本就不要回答它们。索性假装它们压根儿就没从你同事的嘴里讲出来，你只管回到你的主题：你感受到了什么（而非它是什么）？你计划做什么？你希望怎样做？这样，你不给你的同事向你发难的机会，就有可能减少他（她）对这一类威胁性问题的依赖。

5. 让对方知道你非常需要他

这一点是很重要的，它能在很大程度上调动对方的积极性。当然，你是否真的需要，那是另外一回事。可以利用这样的一种接纳，抬高对方的自尊，对方一高兴，就可以避免把谈话激化。你可以提到，自己工作中的两三个方面，需要同事提供意见或指导。如果你要把这些方面进一步加以确定，同事大概也不会太反对。

许多人都把敌人视为心腹大患，恨不得马上除之而后快。其实，拥有一个强劲的敌手，是一种福分，一种造化。因为有了他，才会有危机感，才会有竞争力；有了他，你便不得不奋发图强。把“敌人”看成最好的朋友，人生路上才不寂寞。

保持中立，坚决不进“小圈子”

人常说“多个朋友多条路”。在办公室里也是如此，谁也不得罪，不搞小团体也不拉帮结派，跟每一个同事都和谐相处才不会因人际关系耽误了自己的正常工作。

身在职场的20几岁女人，要特别重视职场上的人际关系。在与同事交往中保持中立，坚决不能进“小圈子”。

“方为做人之本，圆为处世之道。”古今皆然。与同事交往时，一个人固然不能没有自己做人的准则，但一味“方正”，不会“圆通”，该“低头”的时候不能“委屈”求全，就不能进退自如，一旦陷入被动，自然难以施展拳脚。一个人要想跨过社交博弈的关坎，成为职场上的常胜将军，那么，学习从棱角分明到处世圆融是20几岁女人必修的一课。

1. 应付口蜜腹剑的人

面对这种人，如果他是你的老板，你要装得有一些痴呆的样子，他让你做任何事情，你都唯唯诺诺满口答应。他和气，你要比他更客气。他笑着和你谈事情，你笑着猛点头。万一你感觉到，他要你做的事情实在太损了，你也不能当面拒绝或翻脸，你只能笑着推诿，誓死不接受。

如果他是你的同事，最简单的应付方式是装作不认识他。每天上班见面，如果他要亲近你，你就找理由马上闪开。如不做同一件工作，尽量避开不要和他一起做，万一避不开，就要学着写日记，每天检讨自己，留下工作记录。

如果他是你的部下，请注意3点：其一将独立的工作或独立工作位置给他；其二不能让他有任何机会接近上面的主管；其三对他表情保持严肃，不带笑容。

2. 应付吹牛拍马的人

如果你碰到这一类的主管，要和他搞好关系，他吹牛拍马对你无害。

当此类人是你的同事，你就得小心了。不可与他为敌，没有必要得罪他。平时见面还是笑脸相迎，和和气气，如果你有意孤立他，或者招惹他，他就可能把你当做往上爬的垫脚石。

如果他是你的部下，要冷静对待他的阿谀逢迎，看看他是何居心。

3. 应付尖酸刻薄的人

尖酸刻薄型的人，是在公司内较不受人欢迎的。他的特征是和别人争执时往往挖人隐私不留余地，同时冷嘲热讽无所不至，让对方自尊心受损颜面尽失。这种人平常靠着伶牙俐齿以取笑同事、挖苦老板为乐事。由于他的行为离谱，因此在公司内也没有什么朋友。他之所以能够生存，是因为别人怕他，不想理他。但如果有一天惹到众怒，他就会被治得很惨。

如果这类人不幸是你的老板，你唯一可做的事，就是换部门或换工作，但在事情还没有眉目及定案时，不要让他知道。否则，他的一轮人身攻击，你恐怕会承受不了。

如果他是你的同事，和他保持距离，不要惹他。万一吃亏，听到一两句刺激的话或闲言碎语，就装没听见，千万不能动怒，否则，是自讨没趣。

如果他是你的部下，不妨有事没事和他聊聊天，讲一些人生的善良面，告诉他做人厚道自有其好处。你付出的爱心和教诲，有时会替公司带来一份意想不到的收获。

4. 应付挑拨离间的人

挑拨离间型的人做了你的老板，你首先要注意的是谨言慎行，和他保持距离，在公司内建立个人信誉。万一有一天，有什么是非发生，你得尽量化解，虚心忍耐，同时要保持着“能做就做，不能做就走”的宽广心胸。

这种人做了你的同事，你除谨言慎行及和他保持距离外，最重要的是你得联络其他同事，建立联防及同盟关系。如果他向任何人挑拨或离间，都不要为之所动和受影响。

如果他是你的部下，那你就要想办法弄走他，孤立他。如果下不了手，那他就会孤立你，弄走你。

5. 应付雄才大略的人

这一类型的人，胸怀大志，眼界开阔，而不计较一些小的得失。他在工作时，不忘充实自己及广结善缘。除了完成自己的工作外，他也会帮助别人和指导同事。

每到一个地方，不论他是否已待很久，或已成为组织中的正式主管，他都能在极自然的状况下，影响别人，控制群体的行为。

雄才大略的人，见识往往异于常人，思考逻辑方式也有其个人特色。他在时机不成熟时，可以忍耐，不论是卧薪尝胆或是从你的胯下爬过，他都能接受。但是，时机成熟，他奋臂而起，如鹰冲天，没有人能与之争锋。

有雄才大略的老板，你是跟对人了。于是亦步亦趋，片刻不可相离，他晋升你也跟着晋升，碰到这种老板，你要虚心地向他学习。因为天下没有不散的筵席，当曲终人散时，别人都受益匪浅，你不要两手空空。

有雄才大略的同事，如果大家利害一致，大可共创一番轰轰烈烈的事业。如果一山不能容二虎的话，也可各取所需，各享盛名，而得其利。如果以上都行不通的话，你就全心全意地帮他成功，自己多少也留下识才的美名。

有了这种部下，你应有自知之明，知道他终非池中之物，有朝一日定会超过你，虚心地接纳他，给他实质上的资助及肯定，这在会计学上称之为投资，到时候一定是有利润的。

6. 应付翻脸无情的人

这类型的人最大的特征就是，翻脸如翻书。说翻就翻，一翻就是好几页。在他翻脸时，你不要问他理由，你不必述说从前对他的恩情和助益，他一个字都听不进去，他似乎是得了一种“忘恩记仇病”。你对他的百般呵护，只要小事一桩不顺他的心，就全盘翻覆。这有如野心狼子，你养育他愈久，你的危险就愈大。

如果你的老板是这种翻脸无情的人，你在他手下做事时，千万要记住“留一手”。任何事情做完了，你就会很小心被炒鱿鱼。怎么样化被动为主动，当他要翻脸的那一刹那，你也告诉他：“我等你好久了，为什么你今天才要翻脸？少来这一套，你这种手段我看多了。”

有着这种同事，你倒是大可不必和他一般见识，反正没有利害关系，各干各的活，翻不翻脸随便他!

有这种部下最令人伤脑筋，也没有什么好的办法。最重要的是不能因为他常翻脸，而特别将就他，别的部下会以为你是欺善怕恶，这就划不来了。

7. 应付敬业乐群的人

这一类型的人，由于工作态度和做事方法正确，颇受公司的肯定和同事的爱戴。凡是他在的单位及群体，都会有着不错的生产力和业绩。这一类型的人，会感染其他的工作同人，让组织朝着正面的方向发展，给员工带来一个合作而和谐的工作环境。

当公司顺利时，大家共同努力，共享成果；当公司不顺利时，大家咬紧牙关，奋发图强，再创生机。平时没事的当儿，他会主动地训练新手，培养团体实力；工作忙碌的刹那，他又能影响同仁，相互支援，共渡难关。这一类型的人，不论是你的主管、同事和部下，在和他一起工作时，你都要学着和他一样地敬业乐群。只要你表现出不是那个样子的话，你就会被他比下去。

8. 应付踌躇满志的人

踌躇满志的人，对任何事物都有他自己的意见。他之所以会踌躇满志，是因为一直处在一种极顺的状况下。他没有办法接受别人的意见，如果别人够聪明的话，也不用和他争辩。要知道一个长久不曾失败过的人，是因为他的智景，而不是他的运气。

如果他是你的老板，在他的面前不要乱出点子。尽量照着他的意思去做，他会把他的意思讲得很清楚。因为他怕你笨，所以他会多讲一遍。最后，再问你一次，懂了吗？等你回答“懂了”，他才放心。有时，他会礼貌性地问：“你对我的做法，有没有意见？”此时你要立即肯定他的做法。若稍有犹豫或再多问两句，可能会被他嗤之以鼻。

如果和这类人同事，不能太顺着他，只有让他尝一些失败的苦果，才能真正地改变及帮助他。

对这种类型的部下，交一些难度较高的工作给他做。做成功了，也不赞许；做失败了，交给别人做。别人做成功了，能让他知道人外有人，天外有天的道理。

懂得方圆做人的方法并不是教你做人不讲原则，而是教你与同事之间不要结怨，圆滑相处，做一个中间派，同每个人的交往都保持适度的弹性。

在电影院看过电影的人，大概都有这样的感觉：既不是坐得离屏幕越近越好，也不是离屏幕越远越好，而是合适的距离为好。职场中的人际关系也是如此，关系太亲近了，既不利于处理错误，又容易被人误认为有“拉帮结派”之嫌。还会被他人摸透自己，定下对策对付自己。关系太远了吧，又容易被同事认为是摆架子，以致背地里被冠以“独行侠”的雅称。

俗话说：“一个篱笆三个桩，一个好汉三个帮。”人没有朋友是不行的。无论在工作还是生活中，都有依靠朋友帮忙的时候。但是对待任何事都要有合适的分寸，与同事们相处也是一样。我们的工作固然需要同事的配合与支持，但和同事相处也要有适当的距离。这是20几岁的女人比较容易忽视的一点。

有时候我们会感到同事能给我们带来温暖，但也有这样的情况，就是同事的热情让我们害怕。要认清这样一个现实：同事之间各自的家庭、工作和其他社会环境，都不尽相同。作为同事，如果不考虑实际，以自我为中心，强求同事经常在一块与你厮守，势必会给同事带来困难。

两只困倦的刺猬，由于寒冷而拥在一起。可因为各自身上都长着刺，于是它们离开了一段距离，但又冷得受不了，于是再次凑到一起。几经折腾，两只刺猬终于找到一个合适的距离：既能互相获得对方的温暖而又不至于被扎。

“刺猬”法则就是人际交往中的“心理距离效应”。我们都知道，人与人之间的差异是必然存在的，交往的次数越频繁，这种差异就越明显。过于频繁地交往会使这种差异给相互的友谊造成不好的影响。

20几岁的女人要记住一点，与同事不要交往甚密，一则影响双方的工作、学习和家庭，再则会影响感情的持久。

办公室的人际关系纷繁复杂，很多人都感到苦不堪言，如果你不进任何“小圈子”，学会不同的人不同对待，做一个中间派，那么你就会感觉如鱼得水般自如。

营造轻松愉悦的职场人际环境

对20几岁的女人来说，想要得到上司的认可、同事的尊重，谋求理想的职业发展，良好的人际关系是不可或缺的。轻松愉悦的人际环境，也能使自己和他人暂时忘记工作的单调和疲倦，以美好的心态面对每一日。可是不少职场中人却时常抱怨办公室人际关系的处理非常棘手，建立良好的人际关系真有这么难么？其实不然。根据以往的经验，在平时工作中注意以下几个方面即可。

1. 对上司坦诚相待

工作过程中，每个人考虑问题的角度和处理的方式都是有差异的，你对上司所作出的某些决定也许会有看法，在心里存有相左的意见，甚至衍变为满腔牢骚。在这种情况下，切不可到处宣泄，否则经过口耳相传，即使是事实也会变调变味，如若上司听到，势必让他生气和难堪，难免会对自己产生不好的印象。况且，这种做法也暴露了自己性格上的弱点，容易被居心不良的人所利用，给自己的职业发展带来不利影响。

最好的方法就是在恰当的时候找到上司，根据上司的性格和脾气、选择其最能接受的语言表述和诚恳待人的态度进行沟通。作为上司，他感受到你的尊重和信任，不但能促进事情朝双方都满意的方向发展，对你也会更加信任，这比处处发牢骚效果要好得多。

2. 对老同事谦虚好学

比自己先到公司工作的同事，相对来说积累了更多的经验，有机会时应该聆听他们的见解、从他们的成败得失里寻找可以借鉴的地方，这样不仅可以帮助自己少走弯路，更会让他们感受到尊重和信任。

尤其是那些资历比自己深，而其他专业方面又比你弱一些的同事，会更加感动；能力强的同事，也会看到自己善于进取的一面，自然也会乐于关照提携新人。

3. 对新同事善意友好

就如自己当年初涉职场一样，新到公司的同事对手头的工作不甚熟悉，虽然心里很想得到大家的指点，但是心有怯意，不好意思开口向人请教。

这时，最好主动去关心帮助他们，在他们最需要得到帮助之时，伸出援助之手，往往会让他们打心眼里深深地感激你，并且会在今后的工作中更主动地配合和帮助你。

切不可自以为是，不把新同事放在眼里，在工作中不尊重他们的意见、甚至叱责，这些态度都会伤害到对方，从而对你产生恶感，影响以后工作的配合，也影响上司和其他同事对你的评判，得不偿失。

20几岁的女人要想在职场上保护好自己，就要掌握以上几点护身法则。做一个大智若愚而又圆滑处世的白领丽人。

第29章

格子间女人，你要明白办公室恋情开幕容易收场难

虽然很多公司对办公室恋情亮起了红灯，三令五申不允许职员发展办公室恋情，但是仍然有不少人没有控制住自己的情欲。这里要提醒20几岁的女人的是，办公室恋情开始容易收场难，所以在面对办公室恋情时，一定要三思而后行。

公事私事要分明，职场男女交往要拿捏分寸

现代职场，办公室里的男女同事交往要讲究些学问的，交往深了惹来闲话，交往浅了不足挂齿，分寸还真不好拿捏。要想让人觉得你行得正、坐得端，必须把握好一个尺度，那就是我们不要忽视男女相处的度，保持好相处的度能让你得意的享受职场比较轻松的时间，了解一下公司的内部消息和发展动向，交换工作心得，为自己职业发展铺路。

和异性同事交往中一个很重要的原则是对异性采取大方、不轻浮的态度，其中包括言语和行为两方面。以尊重对方是异性工作伙伴的态度来处理办公室中的一些事务，将会使某些复杂的事物变得简单。千万不要将办公室的异性关系演绎成类似恋爱关系所期望的那种暧昧的结果，也不要与某个异性发展成比与其他异性更为亲密的关系。做朋友是下班以后的事，但在办公室内千万要区分利害关系。

物以类聚，人以群分。同事中肯定有与你有共同语言、互有好感的人，如果你

并没有意愿将这种关系发展为恋情，就应当将感情发展限制在友谊的范围内，即使很有好感，也不应过度表露。如果对方真的射来丘比特之箭，也应巧妙地将其化解，千万不要给对方以默许和鼓励。

交流相处须公私分明，办公室男女比不得同学、朋友，谈话可以海阔天空、家长里短，他们的话题应该主要围绕工作来进行，此外的只能蜻蜓点水、浅尝辄止，不可漫无边际、肆意扩大。尤其不能让对方了解甚至帮你了断你在家庭和社会生活中遇到的一些私事。经常把家事说给异性听，自己可能觉得并没有什么，但所谓“言者无心，听者有意”，让一名异性过多地介入到你的私生活，难免会让对方产生误会。

因此，在日常的交流过程中，尤其是在办公室的背景下，与异性交谈的话题应尽量限定在工作的范围之内。如果遇到别人向你倾诉，你也是浅“听”辄止，安慰即可，不可介入太深。

公私分明的另外一层考虑，在于不可由情感驾驭理性。前面讲过，办公室人际关系相处的最大障碍在于同事之间存在利益的纠葛。很多人在日常的工作中，过于迁就情感，以为感情好什么都无所谓。事实上，这很可能为后来的利益冲突埋下了伏笔。俗话说“亲兄弟明算账”，在实际的工作过程中，切不可只因感情的顾虑而放弃了自己的利益。

男同事有男同事的苦恼，女同事有女同事的担忧，他们可能会因为工作繁重而忙得废寝忘食，可能会因为事业发展阻力大、停滞不前而眉头紧锁，可能会为家庭纠纷而闷闷不乐……大部分同事遇到这种情况会采取躲避的姿态，其实，只要你说出一句“需要我帮忙吗”的话语，同事就可能感激不已。当他有困难时，或者大家都不敢接近时，如果你能不计利害去帮助他，他心中的感激是可想而知的。

办公室的男女在正常情况下只是同事，因利益关系所限，能够成为亲密朋友的同事并不多见，因此将关系定位到友谊的程度至关重要。有关男女之间有没有真正的友谊已经讨论了很多年，办公室人群普遍不相信“男女之间没有真正的友谊”这一说法。在很多人眼中，除了“爱”与“不爱”之外，办公室男女似乎就没有第三种关系。这是目前办公室男女相处最大的意识障碍。基于此产生的流言蜚语，在很大程度上破坏了办公室男女的正常交流与合作。

事实上，我们应该意识到，在“爱”与“不爱”之间还有“友谊”存在。对于男子而言，与某个女同事彼此惺惺相惜而不越雷池半步、视为“红颜知己”的大有人在。目前来看，在办公室里真正能够与他人相处得好的，不是那些拒人于千里之外的冷美人、冷帅哥，也不是那些天天泡在异性堆里的大众情人。既能保持一定的距离，又不会让人觉得难以靠近是办公室男女交往所要把握的火候所在。

在办公室里，20几岁的女人如何与男同事并肩工作，也是一门学问。

首先，20几岁的女人和男同事相处时，要仔细聆听他们的谈话，以便从中获取有价值的信息，得到有益的启悟；其次，20几岁的女人也可以主动约男同事或男主管外出喝茶或吃饭，以便交换意见，但要言之有物，避免闲聊，这样可达到互相沟通感情的目的；再次，与男同事相处时要有助人的精神，下班时间到了，不要急着回家，设法帮助还在忙于工作的他们，这样可以在工作中建立情谊，改善人际关系；最后，人一忙就会闹情绪，变得事事不耐烦，因此20几岁的女人务必注意，即使工作再忙，也要注意说话的态度，不要让同事们产生敌意，或误认为“女人爱闹别扭”。

其实，许多男同事对20几岁的女人说笑时的尖锐和娇滴滴的声音反感，因此，20几岁的女人应时常反省自己是否有这样的不足，努力做到“有则改之，无则加勉”。20几岁的女人除了应让男同事和主管看见自己理性、坚强的一面外，也要适时地展现出温柔的一面，如带鲜花到办公室，插在人们容易看见的地方，可给人留下美好印象。

职场中也有一些人能成功地保持和异性同事的友谊，已婚作家、业余女演员王玲就是这样一个人。

王玲和黄贺长达6年的友谊没有对各自的家庭带来任何不好的影响，甚至在最近几年他们还开始了家庭聚会。正如王玲所说：认识黄贺时她才21岁，那时她正在一家业余剧院演出。黄贺则在4年前就离开那个城市，离开之前，他在那个城市遇到了他现在的妻子，她有幸到那里参加了他们的婚礼。

每逢圣诞节或新年，黄贺都会回到那个城市，并和王玲共进早餐，这几乎都成了习惯。后来他们一度疏于联络。不过，去年8月，他们各自带着家人重逢，并度过了愉快的一周。王玲和黄贺重温了共进早餐的感觉，不过，几天以后他们再次分别，回到各自的城市。他们清楚，他们已经在各自的生命中养成了新的习惯——和自己的爱人共进早餐。

这就是好朋友应该维持的关系和距离，在适度中保持友谊，不过度，保持距离，也不过于亲密，只有这样，才能营造一种和谐共融的异性交友氛围，生活也才能更加美好。

办公室恋情有几多危害

为什么要20几岁的女人与男同事保持距离，交往的过程中要把握合适的度呢？又为什么要20几岁的女人对办公室恋情三思而后行呢？原因很简单，办公室恋情有很多危害。

1. 容易导致婚外情

办公室恋情很可能诱发婚外情。而婚外情，不但会降低公司名誉，甚至会惹出官司。为此，台湾企业对“办公室恋情”引发的“婚外情”严厉封杀。台湾各大企业如国泰人寿、“中国信托商业银行”、统一企业集团等纷纷将办公室婚外情列为“封杀对象”，一旦有类似情况出现，资方往往“动之以情、晓之以理”，软硬兼施要求当事人离职。

2. 双方日夜都在一起，影响感情

再好的感情也需要距离。而办公室恋情，男女双方白天要在一起共事，晚上一起回家。这样白天黑夜的都在一起，很可能会使一些小小的摩擦进一步激化，从而影响彼此的感情。

3. 影响工作

一心不可二用，办公室恋情势必影响工作。试想，你心爱的他就在你抬头可及的地方，你能不心猿意马吗？请问这样的你还能专心工作吗？

4. 容易感情行事

相恋中的你们同在一个办公室，很有可能涉及利益方面的事情，这时候你该怎样割舍呢？如果感情超过了理智，很自然地会不利于工作的开展。

5. 不利于很多公司中“背对背”薪酬制度

办公室恋人，为了表明心迹，哪有不敞开心扉的。如果恰巧你们两个的工资奖金不同，而为此心生芥蒂乃至在公司内搅起轩然大波，那就于人于己都不好了。

6. 一旦分手会很尴尬

办公室恋情是由同事关系发展而来的，如果你们走到了分手那一步，请想想分手后的情景吧！双方必定会感到尴尬。

7. 很难与其他异性同事交往

相恋的人很容易吃醋，如果你或者你的他要与公司其他异性同事合作。时不时地交谈，你心里会不会觉得有股酸味？这就自然会影响到你们与其他同事的合作交往。

与你的多情上司巧妙周旋

另外，对于20几岁的女人来说，办公室恋情的最大诱惑就是自己的男上司。在今天的社会里，男性上司恐怕仍然占绝对多数。作为20几岁的女人，该怎样与男上司相处确实成了一门很微妙的艺术。身在职场的20几岁女人，面对男上司时经常分不清崇拜与爱，这就极容易因为冲动而陷入办公室恋情的旋涡中。

对于20几岁的女人而言，男上司无疑是整个公司里最具魅力的人，他们成熟稳重，威信守诺，谈吐不凡，还拥有权力和金钱，这也是每一个成功人士所具备的魅力。成功也使一个平凡男人的身上披上了一层光环，使他们有别于其他男人。在20几岁的女人眼中，他们的形象高大，尤其是工作上出色的能力，领导的魄力，如父如兄般的关怀温暖等都使她们深深着迷。

护士爱上医生，女员工爱上男老板，这已经不再是什么新鲜现象，因为女性天生都有一种崇拜心理，她们总是青睐强过自己很多的男性，这让她们觉得有安全感。

女实习生王洁茹来他们单位报道的第一天，礼凡的同事就起哄，“你小子结婚那么早干嘛啊，你的人生太单调了。你看人家王洁茹，看你的眼神完全是崇拜，你要抓住这个丰富人生的机会啊！”有时一句玩笑话可能会起到意想不到的作用，实习生王洁茹就这样进入了礼凡的生活。

她确实非常崇拜礼凡，有点像围着太阳打转的向日葵，整天礼老师长、礼老师短的。有时候礼凡加班，王洁茹下了班也不肯走，帮他打打下手，整理下资料什么的。礼凡对这个小女生也开始青睐有加，经常在妻子面前有意无意地夸自己带了个懂事的实习生，说自己一定要帮她留在公司。

如果说开始王洁茹的努力表现是为了得到礼凡的认可、想让他帮她在办公室站稳脚跟，那后来她对他就是日久生情了，有几个女孩能每天承受着成熟男人的关心而不动情呢？她小小的心里全都是礼凡的影子，一想起他，就控制不住给他发信息打电话，反正青春期的恋爱绝招她都用到了这个已婚男人身上。

每当王洁茹眨着大眼睛望着他，对他说“礼老师，无论什么时候，什么地方，只要你需要我，我都会在你身边。”一句话把礼凡那副“老心肝”揉得扑通扑通地一阵乱跳。可是，礼凡毕竟已有10年的婚姻，并且也很爱他的妻子，即使眼前的王洁茹如此清纯可人，他也没能放弃家庭。最终，王洁茹也只能放弃这段办公室恋情。

现代企业中，两性之间的交往是不可避免的，同时又是非常“危险”的一件事，人与人之间的关系的确就是这么微妙，既要相互依赖，又要保持各自的相对独立性，稍微处理不当，便可能引起绯闻。20几岁的女人在与男上司相处时，不要越过正常的工作关系的界限，尤其要避免与男上司私下接触。

那么20几岁的女人怎样避免与男上司私下接触呢？下面将提供几点建议。

1. 不要轻易到男上司的家里去

我们每个人都有这样的经验，即当交际双方的关系已相处到一定的程度，才应该或有可能到对方的家里去做客。20几岁的女人不要轻易地去上司家里，因为它超越了正常工作关系的人际距离，容易让上司产生误解，以为你在有意靠近他；另外，也容易给心术不正的上司创造实现不良企图的机会，占你的便宜。还会造成不良的社会舆论，影响你们正常的工作和生活。

2. 办公室里谈工作有第三人在场

工作上的事在办公室里谈，这是避开众人之嫌的最好办法。并且，办公室里庄重、正式的氛围也有助于为上下级的交往营造一个正常的时空环境。

当你要去上司办公室谈工作时，一定要光明正大，与同事打个招呼，必要时还可拉一位同事一起去。这样，别人就不会有所猜疑了，上司自然也不会生出什么不好的想法。如果偷偷地溜进上司的办公室，这容易给自己造成不良的影响。所以，20几岁的女人与男上司相处，一定要公开、大方，尽量使自己与上司的关系处在众人目光的监督和保护之下。

3. 与上司勿忘保持距离

的确，不论什么时候，上司就是上司，即使你们的关系很不一般，也不意味着对他可以没有敬畏和恭维。然而，我们却往往因为和上司走得很近，就忽视了这一点，从而影响了自己的职业发展。

现代心理学研究证明，人际交往中的生理距离的不同会带来心理效果上的不同。正常的人与人的交往过程中，要注意保持一定的生理距离。尤其是男女之间的交往存在着暧昧的潜在可能性，对此更应加以注意。如果20几岁的女人在与男性上司交往过程中，突破了正常的人际距离，闯入到亲密的距离范围内，彼此的呼吸可听，彼此的气味可闻，眼神、表情的细微变化也是历历在目，势必会形成某种刺激，引起不当的心理活动。

4. 言谈举止注意分寸，不可过分亲昵

20几岁的女人一定要注意自己言行的分寸，不要随随便便去谈那些不太适宜的话题，也不要在说话时故意搔首弄姿。有些20几岁的女人在谈话中，或大笑不止，或眉来眼去，这些都会让人反感或引起误会，破坏正常的人际交往。

5. 不要在私下里谈工作

20几岁的女人最好不要在私下里与男上司谈工作。除非是紧急情况或十分必要，这些问题完全可以在工作时间里谈。另外，在工作之余与上司谈工作，还可能会影响上司的休息和娱乐，引起上司的不快。正是因为正常情况是在工作时间里谈工作，所以在私下里就显得不正常。不但同事感到不正常，上司也会觉得不正常，从而引起误会。这样，很容易使正常的上下级关系走上不正常的方向，也会给女性下属带来名誉上的不洁，这就弄巧成拙了。

总之，一个懂得尊重自己的人才能够真正尊重自己的工作，不要认为满足不了上司的需要，就会面临离职的危险。20几岁的女人应该注意，异性上下级之间的交往是一个非常敏感的问题，一定要谨慎处理，尽量避免私下的接触，而应该保持一定的距离。

20几岁的女人一定要慎重对待开始容易收场难的办公室恋情，因为不管你的恋爱对象是你的普通同事还是你的上司，一旦分道扬镳都将对你造成负面影响。

婚姻篇

好女人婚姻第一，婚姻成功才是真正的成功

第30章

女人干得好更要嫁得好，20几岁要选对你的老公

如今社会，更多的现代女性将精力和时间都用在了事业上，因此都市里的优质剩女越来越多。“女人干得好不如嫁得好”的俗语似乎有了质的转变，可是我要说：事业虽然是人生不可或缺的部分，但是对一个女人来讲，婚姻同样很重要。一个优秀的现代女性，不但要干得好更要嫁得好！

20几岁选准你一生的老公

青春是宝贵的，20几岁的年龄正是女人最好的年华。在这个年龄段，女孩子一定要选对老公，找一个适合自己的人共同度过一生。如何选对老公，要先清楚嫁给哪些男人才不吃亏。生活中的男人有好多类，但你只能选择其中的一类和你同奏锅碗瓢盆交响曲。其实，如果你的准老公是下边这几种人，你就应该认真考虑是否应该嫁给他。

1. 现实型男人

这类男人在现实生活中是司空见惯的。他们大多无多少进取之心，在办公室里公家的活可做可不做，但家务活是绝对和老婆共同分担的，你炒菜我便煮饭，你拿筷子我端碗。若嫁给这样的男人，女孩也是无多少话可说的，居家过日子，谁不求个和谐与轻松呢？但是，一旦自己的丈夫当小职员一当就是十几年，且有继续默默无闻之势，女人的心理就有些不平衡了。

2. 事业型男人

这类男人往往是受人尊敬的，他们对待工作认认真真、兢兢业业，不分晨昏地搞科研、搞开发。嫁给这类男人，女孩们会觉得自己的生活很稳定。但日子一长，女孩们会发觉自己的日子怎么越过越穷，家务活也是越做越繁重。别人的丈夫，可以天天准时下班回家，帮着接孩子，帮着照看老人，可以在媳妇生病的时候，陪着上医院，而自己家的男人却正在实验室里为求得一个数据而绞尽脑汁。这样的男人就算再喜欢你，你也要谨慎。

3. 挣钱型男人

这类男人经过自己的一番拼搏、创业，像变戏法一样，让钞票大把大把地淌进自己的密码箱。若嫁给这类男人，女孩肯定会拥有一份珠光宝气，也会拥有衣来伸手饭来张口的富贵生活。但是，生为商人妇要受许多苦，包括：长时间独守空房；某一日老公给你10万雪花银再搭一张离婚证书；老公在外泡小三……这样你就是再锦衣玉食，也会觉得自己不幸福。你会发觉自己像金丝笼里的鸟儿一样，不能自由飞翔和鸣叫，你会忍不住为自己的命运痛哭，会认为自己嫁给这样的男人真是亏了血本。

4. 浪漫型男人

这类男人最容易让人着迷，他们的舞跳得好、歌唱得棒，说话都会让人心跳。在枯燥的生活面前，尽管浪漫是很好的味精，但它毕竟不能吃得太多。女孩们在接受男人赞美之词的同时，也别忘了思考，这些话是否又会在别的女孩面前复制呢？婚后的女孩更注重男人是否在用少说一堆漂亮话的时间，把煤气罐从楼下搬到家里。倘若男人只是一味对妻子甜言蜜语，那么女孩只会感觉男人有太多的奶油味，而后悔自己当初为何不找个实在的男人。

嫁给以上4种男人，且不说你是否一定会幸福，起码你不会吃亏了。所以，在现实生活中，你要睁大眼睛来寻找这几类男人。当然，如果你目前的男人正是这几类中的某一类，你也不要太得意忘形。因为你还要看清你的爱情是以什么形式出现的。在灵魂中，爱是一种占支配地位的激情；在精神中，爱是一种相互的理解。爱情只有一种，其赝品却成千上万，千差万别，很多时候我们常常会搞混。当某种类似于爱情的感觉出现时，我们以为是爱情，但它却不是。因为类似爱情，所以在最初非常美好，但因为只是类似，所以它通常都会瞬间即逝。以下这些类似爱情的形式，你是否似曾相识？

1. 爱情以征服的形式出现

距离、不可能、高傲，都具有一种天然的吸引力，足够成为征服对方的理由。或者说成为一个男人或是一个女孩说爱的借口。

其实，这不是爱情。但他需要一个美丽的理由，来靠近你，来彻底征服你。他只是需要一个对象，确切地说，是一个对手。他坚持这么多年，并不是因为专情，而是征服的欲望让他无视那些不是对手的对手。

但是，他会在相遇的时候，深情地对你说：我爱你！而不会告诉你：我只是爱上征服的感觉。

2. 爱情以占有的形式出现

他是一个单独的个体，他是自由的，他是随心所欲的，他是不可操纵的，但是，他并不希望你和他一样自由！

是的，与你在一起，他只是想让你成为他的附属品，让你听从他安排。你的眼神、你的微笑、你精神世界的全部，包括你的那条漂亮裙子，都只能向他一个人展示。

但是，他会温柔地对你说：我爱你！因为爱你才会在乎你，才会不希望你和他之外的人走得太近。其实，他只是想把你当成他的私人物品，走到哪里都可以拿在手心，放进口袋。

你什么都不用说，听话才是爱他的最佳表现！因为，最真实的那个他，其实是个胆小的人，他没有勇气和别人分享如此动人的你！他也是个懦弱的人，害怕你突然离开，而他一无所有！

那么好吧，就让他以爱情的名义，为你打造一把心锁，让你这辈子不得保释。

3. 爱情以利用的形式出现

爱你的理由可能有很多，但是真正的理由只有一条，那就是你能为他所用。只要你能提供他需要的一切，他没有理由说不爱你。

爱一个人其实不难，只要假装深爱！

爱一个人其实不难，只要他爱上你的其他，例如：你的权力，你的财富，你美丽的外表，或是你的车、你的房、你的心灵以外的任何东西！

是的，他爱你，除了你的爱情你的心，其他的他都要！

4. 爱情以寂寞的形式出现

因为寂寞，他需要一种体温；因为寂寞，他需要一种安慰；因为寂寞，他需要你，还有你带来的所谓爱情。

他是因为寂寞，因为无法忍受独自一人，所以，他才爱上你！如果哪天他不寂寞了，或者他爱上寂寞了，他会离开你！

如果你选择的男人是以以上某种形式跟你在一起的，那么，无论他多优秀，你都应该认真地考虑他是否是最适合你的那个人。如果你不知道对方是不是适合自己，能不能嫁给他过一辈子，你可以从下面几个方面来对他进行考察。如果能满足其中5个以上，你就能放心地嫁给他了。

看他对父母的态度如何。对父母态度不好的人，你最好不要再去亲近他。试想，一个人如果连对自己的生身父母都不好，又怎么会对其他人好呢？但是，要注意，如果恋人过分依恋父母，言听计从，很可能是缺乏独立性的一种表现。

看他持怎样的态度对待工作。从某种意义上讲，一个人对工作的态度就是对生活的态度。凡是在工作上稍不顺心就跳槽的人，几乎可以预料有朝一日，夫妻关系出现一点点挫折，他也会撒手不管，一走了之。

观察他的朋友圈子。古语说得好："物以类聚，人以群分。"也就是说，有共同或相似特征的人更容易聚集在一起。所以，你不妨看看恋人都和什么人做朋友，据此可以得到恋人人品的相关信息。如果恋人的朋友一个个都是谦谦君子、纯纯淑女，那么他也不会错的。但是，如果恋人的朋友全是些逢场作戏的高手，你可就要对他提防了。

还有一点需注意，恋人结交一些异性朋友也不是坏事，这有助于他理解异性的特点，也表明他具有与异性交流的能力。但如果恋人只有异性朋友而没有同性朋友你就要当心了。

观察他的言谈举止。观察他的言谈是有道德修养、彬彬有礼，还是出言不逊、粗言秽语；其举止是严谨检点、自如得体，还是变态失常、大大咧咧。然后再经过自己的综合分析，把握其本质特点。同时，要注意从横向与纵向两个方面来观察。前者是说要观察恋人在与各种人交往、遭遇各种事情时的言谈举止；后者是说要有一段时间的观察，比如1个月、2个月、半年、1年等。因为仅通过一两次的观察，很难完整地了解一个人，必须要经过一段时间，从动态的方面去把握对象，才会形成完整的印象。

看他与小孩的关系怎样。如果他嫌小孩麻烦，拒绝与小孩亲近，那他永远不会成为一个好父亲。如果恋人非但不讨厌小孩，还乐于与小孩交谈，甚至俯身听孩子说话，趴在地板上与小孩一起游戏，那么他无疑是一个颇具爱心的人，而且在以后也将成为一个好父亲，当然值得你与他发展关系。

了解他的“情史”。白纸一张的人极为罕见，你可以通过多种途径，比如，与恋人的朋友、家人、同事、上下级交谈，趁机调查一下恋人的“情史”。

同时，你还要留意恋人对以前的那个“她”的态度怎样，如果恋人总是在你面前说“前任”的好话，这说明他仍然旧情难忘。如果恋人喜欢讲前任的坏话，并把所有责任都推到对方身上，这则说明他是一个既不大度也不负责的人。

观察他对金钱的态度。金钱并非万能，但对金钱的态度却能折射出一个人的品质。锱铢必较、吝啬小气的人在情感方面，也注定斤斤计较；而挥霍无度、经常透支甚至负债累累的人，不但毫无“钱”景，还容易犯下采用不正当手段获取不义之财的错误。至于那些经常开口向你借钱的人，你更不可与其交往，也不可被那含情脉脉的眼神所迷惑。

看他在旅行时的表现。在熟悉的环境和生活圈里，你只能看到一个人的一方面，而这很可能已经精心雕琢粉饰，并非真面目。一起旅行，暂时脱离平时的生活轨迹，改变生活节奏，你就有机会全面考察他的独立能力、应变能力以及照顾人的能力，如果他的表现令你失望，那就另起炉灶吧！如果他在旅行中比平时更应付自如，更体贴你，那回来后你们的关系无疑会更上一层楼的。

欲觅心上人，先做有心人

其实，男女相处就像是一场博弈，而博弈的胜负很大程度取决于你是否知己知彼。如果了解了以上各点之后，你还是不能确定他是否就是那个“对的人”，那么你还可以抓住以下观察点，从方方面面的细节上去观察对方，以求用较短的时间就能判断出他是否值得你耗费光阴。

1. 观察点：外表上

以貌取人固然是不可取的，但在进一步了解之前，从外表观察他却是不能少的。引用心理学家迈克尔·布洛博士的话就是“仅通过解读他的衣着和行为，你就可以十拿九稳地确知他的本性”。

衣服：如果你结识的男人总是走在流行的尖端，时尚什么，他就穿什么。你可要注意了，这说明他花在流行资讯上的时间，比关心你的时间要多得多，任何一件大衣啊、裤子啊，都可能比你更吸引他；如果你的男朋友整天都穿同一件衣服，丝毫不管什么潮流，也不要就认为他一定会比上面那种人更在乎你一点。据研究，任何一个男人在热恋中都会在乎自己的装扮，想方设法地要让自己更有男人味一点，更有魅力一点。如果你的他在热恋中都不懂得怎样让你更喜欢他一点，那就要考虑他是否真的爱你，还是有其他比你更重要的事情，比方说，工作。倘若你真的接受了这种人，先要考虑一下自己是否是那种追求时髦的女人，不然你迟早有一天会因为衣服的问题跟他吵架。

鞋：鞋也很重要，从男人的鞋就可看出他是否有很强的信心以及他是否在乎细节之处。爱鞋的男人，他一定很爱女人，他一定会细心呵护所爱的女人。因此，选择一个爱鞋的男人，就保险得多；反之，不爱鞋的男人，他肯定对细微之处不在意。那么他能留意你的生日、纪念日以及你最钟情的香水品牌等等小事吗？

2. 观察点：他的家

如果有机会，你一定要到他住的地方瞧瞧，那是一个了解他的好时机，但是，最好是突击检查，如果他早就准备好恭迎芳驾，把房子彻彻底底打扫了一遍，就无秘密可言了。

如果你一进他家门，发现的是乱七八糟一片混乱，千万别认定他是一个脏鬼。世界知名清洁公司的负责人曾说过，最乱的房子通常是最忙碌、最成功的人士的，因为他们把时间都花在工作上了。

相反地，如果你发现他家一点灰尘也没有，也不要高兴得太早，碰上一个有洁癖的先生也不是一件好受的事，他总是会拒你于千里之外，更要命的是你刚从外面进来，他会嫌你带来很多灰尘和细菌，他会嫌你脏。

如果你发现他的家具几乎是自己安装的，不论是自己设计或是按照说明书组装的，不要嫌他穷酸或抠门，这样的男人其实很有创意，而且勤勉。有一双巧手的男人，其他方面也会有不错的表现。

如果你发现他家里有很高级的录、放映机与音响，家里弄得像个小型剧院，高档得令人咋舌，除非他真的很有钱，到了实在不花钱就没地方放的地步，不然，要小心这样的男人是败家子，是那种只懂享乐不能吃苦的人。

3. 观察点：餐桌上

约会中的男女，吃饭是必然的节目，而他在餐桌上的表现就有助于你了解他。

如点菜时，有一种人，不问别人，只点自己喜欢的菜，这种人比较乐观，不拘小节，做事果断，但常以自己为中心，不顾别人感受。再在这一类人里细分，有些人是先看价格，然后迅速做出决定；有的人只选择自己想吃的，不管价格高低。前者比较合理，合乎人的本性，后者是享受型的。还有一种，两者兼要，是比较价格与内容后才做决定，这种人做事会比较慎重，但他可能会有点吝啬。

也有一种人，没有主见，总是点和别人同样的菜。这种人多是顺从型，他对自己的想法不自信，要是别人对他的意见有异议的话，他可能会放弃自己的立场。

还有一种人，点菜时会先说出自己想吃的菜，然后问对方意见，这类人性格直爽、胸襟开阔，难以启齿的事也能轻而易举、若无其事地说出来。这种人待人不拘小节，但有时会在无意间说话尖刻。

4. 观察点：酒场上

不喝酒（酒精过敏除外）：随时要让自己清醒的男人比较顽固，与人打交道爱保持距离，不会随便表露自己的真实感受，跟这样的男人相处会让人很费心思。

偏爱啤酒：与任何人都谈得来，具有服务精神，爱取悦他人，也容易获得别人的好感。

偏爱白酒：具有活力，性情率直，是个心里藏不住东西的男人，交际广阔，但缺乏耐心和细心。

偏爱葡萄酒：大多属于干劲十足的人，想做就做，是个现实主义者。对金钱和权力非常执著，也追求浪漫和情调。

偏爱香槟：性格比较挑剔，是个不满足于平凡的人，喜欢追求华丽、高贵，对异性的要求也很高。

偏爱鸡尾酒：属于善于玩乐的新新人类，很重视气氛。比较怀旧，易伤感，易被环境左右，很容易丧失主见，缺乏照顾别人的能力。

偏爱威士忌加水：是个重视与别人交往的交际型现代男人，在聚会和宴会时善于制造气氛和融洽关系，是个应酬的好手。

偏爱威士忌加冰：是个真正喜欢喝酒的人，同时是个实用主义者，凡事都以实用为本，性格开朗，不会装腔作势，与人交往时好恶分明，但容易得罪人。

5. 观察点：所送的礼物

情人节、生日、纪念日……每年总有许多大大小小需要送礼的日子。留意过他送的礼物吗？通过这些礼物，也可以观察到这个男人。

出手慷慨：慷慨与否当然与他的承受力有关。如果他属于奢侈阔绰的，或许他们是好情人，甚至被女人在回顾过去时称为“我最好的情人”，但慷慨的男人很少会成为好丈夫。他不会储蓄，如果不是腰缠万贯，他们的账户经常被礼物掏空，甚至负债累累。如果你指望他精打细算地理财过日子，你就找错了人。另外，慷慨的男人不接受别人干涉他对金钱的支配权，如果他愿意为全桌人买单，或者送给漂亮秘书一条爱马仕的丝巾，你跟他吵架也没有用。

吝啬鬼：女人当然都不喜欢男人吝啬，但必须承认的是，吝啬在很多时候并不是男人成功的障碍，反而因此使他们出类拔萃。克林顿的身上从来不带钱，布莱尔是出名的小气鬼，很多时候，吝啬的男人更让女人放心。

第31章

好女孩上天堂坏女孩走四方，20几岁做个“刁蛮公主”

几千年的传统思想告诉我们，女孩子要温柔贤惠，做一个人见人爱的乖乖女才会获得幸福。其实不然，20几岁的女人应该保持自己的个性，做一个“刁蛮”的小公主也不妨。因为太温顺的女孩，往往被男人无视，他们觉得如此温顺贤惠的女孩一定不会离开自己，从而会忽视女友的感受。要让男人全身心地爱你，就不要做温顺的小羔羊。不妨学做让男人爱恨交织的“坏女孩”。这样的女孩首先要具有弹性的性格，善于施展女性魅力，还要有明朗的个性，当然最好加上天使的容貌、魔鬼的身材……

其实做个“坏女孩”并不坏，有时这是对自己的魅力与美丽的善待，它让一切发挥到极致，也让男人在拥有的同时享受人生最大的快乐与满足。

好女孩上天堂坏女孩走四方

不要以为“坏女孩”总像晴朗的天空。她也会有突如其来的脆弱，让男人格外地怜爱。深谙哭泣美学的女孩总能恰到好处地表现出梨花带雨的美态。

“坏女孩”都能自由发挥有点儿风情、有点儿侵略的“坏女孩”魅力，在任何可以的场合，摆脱传统束缚，尽情表现出自己的优点，等待收获。

“坏女孩”擅用语言，在她该张口的时候，懂得机智和幽默的语言力量，而在该沉默的时候她同样懂得沉默，只是她的眼睛从未停止说话。

"坏女孩"大多时候总是镇定自若，不会哀哀怨怨、神经兮兮的。要是有点神经的话，也是一点儿任性，一点儿放肆，有些疯，有些危险和刺激，喜欢玩心跳的感觉，但绝对将规则界定在安全范围。

乖乖女在做错事情时总是喜欢不停地道歉，但"坏女孩"却不必凡事都道歉。这个世界上有两种人——有教养的和没有教养的。作为有教养的女性，做错了事要道歉是最基本的礼貌。但在不知不觉中，你已经患上了一种名为"抱歉综合征"的慢性病，这种病虽然没有生命危险，但是它的病症——习惯性地吐出"抱歉"这两个字带给你的不光是恼火，还有怯懦、窝囊的感觉。一定要记得不要为你做了以下这些事情而说"抱歉"。

1. 偶尔撒回泼

他又惹你生气了吗？那就拿起电话，把他骂个狗血淋头。这是一种有效的释放方法，当发泄完后，你会觉得心情好多了，而且觉得他也不是那么令人讨厌了。偶尔撒回泼，让他知道你并不是好惹的。有时脾气太好，只会让他忽视你的存在。

2. 对男人进行苛刻挑选

如果约会中有不爽的感觉，最好赶快仔细总结一下是他身上什么愚蠢可笑的东西使你觉得很糟，千万别轻易容忍。强迫着说服自己接受他显而易见的缺陷简直就是在浪费时间，告诉自己"这并没有什么大不了的"是毫无意义的。特别是初次见面，对男人一定要严格要求，我们的交友原则是宁缺毋滥，要找就找最好的。

3. 在性生活方面有自己的主张

由于每个女性的生理构造都不尽相同，因此要获得和谐的性生活就必须要让男人知道自己的感受。不用担心，他会乐意接受你的主张的。

4. 被别的男人迷住

不要不敢正视你已被男友之外的男人迷住了，想想看他为什么会迷住你？他有哪些你的男友不具备的优点？你要的是什么？这并不是教你欺骗你的男友，因为每个人有选择的权利，要知道，重要的是为自己挑选一名如意郎君，可不能马马虎虎就在一棵树上吊死了。

5. 目不转睛地盯着男人看

时代不同了，让什么所谓的"娇羞"、"含蓄"统统见鬼去吧。下次再有合你胃口的男子从你身边经过，别犹豫，直接走过去注视着他，大胆地向他放电。满怀好感和赞美之情的注视，很可能使得他会主动把电话号码留给你。不用担心这么做会给对方留下不好的印象——"如果一个男人说他对女孩的注视无动于衷的话，那么他一定是个乏味的说谎者。而他故意这么说的目的其实也正是想吸引和他谈话的女子。”男人都这样说。

聪明的“坏女孩”还要会耍小心眼，因为恋爱就像是经营一项事业，也需要运用你的智慧。盲目地去爱，一味对他好，他未必就领情。恋爱时，不妨做一个“坏女孩”，多留些“小心眼”，不要太投入，只爱一点点就好，永远给自己留有余地。

（1）永远不说多爱你。有句名言是：“女孩永远不要让男人知道她爱他，他会因此而自大。”

（2）一天只打一通电话。在对方意犹未尽时先挂断，保持适度神秘感，没有男人喜欢喋喋不休的女孩。

（3）保持一颗平常心。很少有人一生只爱一次，十有八九的恋爱以分手告终，要以平常心看待欢聚与别离。没有了谁，日子还得往下过。好聚好散，千万别一哭二闹三上吊，这只会使自己变得很可怜。

（4）不要迁就他太多。谁也不欠谁的，爱他是他的福气。在恋爱中，两个人都是主角，要有自己的主见，懂得适当拒绝。

（5）不要为了爱他生小孩。男人一旦决心要离开你，就很难让他回头了，如果想用孩子来羁绊男人就太不明智了，你不能让对方对你负责，却要去负责一个小生命，这不是自找麻烦吗？

（6）不要天天厮守。爱情的寿命是有限的，要让爱情寿命长一点就要保持一个适当的距离。如果有了肌肤之亲，千万别摆出一副非你莫嫁的样子。性是双方共同的感受，是感情的升华，而不是彼此的负担。

（7）对方永远只是生活的一部分。三毛曾经说：“我的心有很多房间，荷西也只是进来坐一坐。”要有自己的社交圈子，别一谈恋爱就原地蒸发，和所有的朋友都断了往来，这只会让你的生活越来越狭窄。

（8）少喝飞醋少流泪。去问问现代的男人，薛宝钗和林黛玉他们会选哪一个？现实生活已经太累，谁还有精力去哄3天一小哭、5天一大闹的林黛玉式的女友？

20几岁的女人一定要懂得保护自己，一定要让男人为自己牺牲。做个“坏女孩”，适当地要耍小心眼，你得到的会更多。

传统的乖乖女总是把男人当做唯一的依靠，喜欢依附于男人，而“坏女孩”却从来不甘心当男人的“附庸品”。

著名作家梁晓声忠告女性：假如我是一个寻常的女人，我将一再地提醒和告诫自己——绝不用全部的心思去爱任何一个男人。用三分之一的心思就不算负情于他们了。另外三分之一的心灵去爱世界和生命本身。用最后三分之一的心思爱自己。不自爱的人无自尊可言。唯爱自己的人才能得到别人的真爱。以全部心思爱任何一个男人的任何一个女人，其代价必是全部的自尊，而丧失了自尊的女人，最得意的婚姻状态也不外乎是男人最得意的附庸。

传统型的贤妻良母，在现实生活中的确不少。或许人们会问，受过高等教育的知识女性为何连自己的婚姻都把握不了？这是因为她们普遍缺乏经营婚姻的知识。

在许多知识女性被动离婚的案例中，发现这类知识女性有许多共通之处：她们深受“男强女弱”的传统文化的影响；她们善良、勤劳，对家庭有强烈的责任感，但同时又具有强烈的依赖性。她们找的丈夫最初大多都默默无闻，甚至条件比她们差许多；结婚后，这些知识女性把丈夫、孩子放在第一位，自己和事业放在次要位置；她们感情专一，没有社交，疏于与朋友交往，也能容忍丈夫与别的异性过多交往；她们对丈夫绝对信任，以至于丈夫越轨尽人皆知了，她们还在为丈夫辩护……

20几岁的女人在择偶时不要沉迷于“找个人去爱”，而要优先发展自己，做一个“坏女孩”，不依附于男人，为自己留一份空间和时间。

20几岁的“坏女孩”还要不时地将男人和爱情抛开。当女孩和男人一样能独当一面的时候，女孩就已经不再是那个眼里只有丈夫和孩子的传统女孩，她们也有自己的生活，她们也有充分享受生活的权利。当一个女孩把男人和爱情抛开，去享受自己生活的时候，一切都是那么的美。

现代社会，坏坏的女人反而更惹人爱。在恋爱中，很多女人都深信“抓住男人的心，就要先抓住他的胃”这样的理论。为了迷住意中人，她们天天苦练厨艺，然而幸福却似乎离她们越来越远。相反，男人们却被“坏”女人所深深吸引，为博得她们的青睐在大献殷勤。

做个“刁蛮”公主，抓住生命中的白马王子

为什么“坏”女孩令人难以抗拒？

(1) 给他挑战。坏女孩浑身散发着一种危险气息，像是在说：我跟你是不同世界的人。

渴望着得不到的东西，是人类的天性。而对于单身男性来说，这种诱惑特别强

烈。千辛万苦才得到的女孩，对男人来说，就像是征服了人生中的一个伟大里程碑。而且这个得来不易的女孩，在他的心目中将比轻易到手的女孩更有价值。

（2）像男人一样有话直说。男人尊重说话简明扼要的女人，因为男人之间的交流就是如此。坏女孩会采用直奔主题的方式，很清楚又勇敢地表达自己。也因此，她们总是可以轻松地得到她们想要的东西。

（3）画下楚河汉界。讽刺的是，男人很害怕被绑住的感觉，无所不用其极逃避永恒的承诺关系。但是当他们遇到一个划清界限、且越界了之后会被推回来的女人，他们反而会想尽办法要越过那条界限。如果男人失去了他们的那条界限，他们就会在这段关系中渐渐变得盲目。同时也失去了他们的掌控地位。

跟他保持界限，让彼此有自由的空间，对你们的关系反而有助益。

20几岁的女人，完全有理由做一个刁蛮的“坏女孩”。用你坏坏的行为来抓住白马王子的心，是个不错的主意哦！

第32章

婚姻要懂艺术，幸福是一辈子牵着爱人的手

两个人走到结婚这一步不容易，而进入婚姻生活能够很好地维持这段感情更不容易。大多数女人会在20几岁步入婚姻的殿堂，要想一辈子牵着爱人的手，过着幸福甜蜜的婚姻生活，就要懂得维持婚姻的艺术。

给你的丈夫传达积极的心理暗示

来自妻子的积极的暗示，可以帮助丈夫找到自信，充分挖掘出自己的潜力来。

因为单位不景气，李慧敏的丈夫下岗了。他先是卖了1年报纸，后来发现经销图书很有发展前景，就开了一家书店。事业刚起步，一切都很艰难，但李慧敏却没有忘了给老公打气，当着亲朋好友，她总是自豪地说："以前，我真不知道他会这么能干，其实，他过去只是没有找到发展自己才华的机遇而已。现在可好了，他在这个行业里如鱼得水，我真佩服他掌握的行情那么准，捕捉的信息是那样的多，对读者的需求把握得那么好，进的书总是好销，总是供不应求……"毫无疑问，妻子的夸奖，给丈夫树立了良好形象，从而也激励着丈夫把书店的生意做好。

当丈夫的事业走向正轨时，李慧敏就成了他的福星和宝贝，不论他去哪里应酬，如果可以，他都带着李慧敏，如果不带她前往，晚上超过10点钟，就会往家赶。

你给予丈夫充分的信任，就会激发丈夫不懈地朝更好的方向努力，同时唤醒他对你本能的温存。这时，你会相信自己当初决定嫁给这个男人是个正确的决定，他

也会给予你更多的快乐和宠爱。

如果你的老公真的失败了，他的老板将会毫不迟疑地告诉他。但是在家里，你应该勉励他，人人都可以成功的。向丈夫说“你无论如何也不会成功”的妻子，只会使这句话更快实现。

女人要学会就事论事，接受不能改变的东西。“爱一个人，就要爱他的一切，包括他的缺点。”这话虽有些拔高的嫌疑，却毕竟阐释了一条爱情的真理。当一个女人选择了一个男人作为终身伴侣时，她就和他踏上了同一条船，两个人相处愉快，配合默契，这条小船才能更平稳一些，划得更快一些。若一直疙疙瘩瘩、别别扭扭，小船就容易搁浅，给身在其中的每一个人，带来的都是难堪和伤害。

爱自己的老公，给予他家庭的温暖，这即是每个女人的义务，反过来，她自己也会得到生活在一个美满家庭中的幸福。

再坚强的男人，都需要女人温柔的抚慰。一个好女人可以改变一个男人对自己的整个看法，使他变得更像个优秀的男人。

张炳文在战争中受了伤，他的一条腿有点残疾且疤痕累累。幸运的是，他仍然能够享受他最喜欢的运动——游泳。

一个星期天，在他出院以后不久，他和他的太太在海滩度假。做过简单的冲浪运动以后，张炳文先生在沙滩上享受日光浴。不久他发现大家都在注视他。从前他没有在意过自己满是伤痕的腿，但是现在他知道这条腿太惹眼了。

第二个星期天，张炳文太太提议再到海滩去度假。但是张炳文拒绝了——说他宁愿留在家里。他的太太的想法却不一样。“我知道你为什么不想去海边，炳文。”她说，“你开始对你腿上的疤痕产生错觉了。”

“我承认了我太太的话，”张炳文先生说，“然后她向我说了一些我将永远不会忘记的话，这些话使我的心里充满了喜悦。她说：‘炳文，你腿上的那些伤痕是你的勇气的徽章，你光荣地赢得了这些疤痕。不要想办法把它们隐藏起来，你要记得你是怎样得到它们的，而且要骄傲地带着它们。现在走吧——我们一起去游泳。’”

每个人身上都有一些不能改变的东西，这就是他们的“疤痕”，比如你老公的身高、容貌，天生过于瘦弱或者过于肥胖的体型。在你认识他的时候，这些缺陷已经存在了，这是他的不可分割的一部分。如果能连带着爱上这些缺点当然最好，那么他的瘦弱就是潇洒，他的肥胖就是稳健，连他的秃头，也是聪明的象征，情人眼里出西施，没有什么道理好讲。如果没有修炼到这种地步，自然地接受也是一种不错的方式。想想看，每个人都不是十全十美的，包括我们自己，两个不完美的人，共同建立一份完美的感情，这是多么有成就感的一件事儿！正因为他是一个平凡的人，所以才和平凡的我们一起创造甜蜜的生活，如果他是王子，早就忙着迎娶公主去了。

除了外形特征，出身、经历、教育背景，也可能是一些男人的缺憾，善解人意的老婆，应该学会回避。

如果你生在城市而老公的家乡在农村，那么最刺伤他的是“你真是个乡巴佬”、“你以为这是你们农村老家呀”之类的话。来自乡村的孩子，起点低，条件差，他们能在城市里占有自己的一席之地，娶妻生子干事业，肯定都付出了百倍的努力，经历了许多城市人无法想象的艰辛。这是他们心中的痛，你千万不要去碰！碰了就会在你们的关系中划下一道永远的裂痕。对于他老家的父母亲友，你也要加倍地尊重，不要对他们的生活方式、卫生习惯说三道四，也不要计较给谁家寄了更多的钱。这些绝不是一些无关紧要的小事，男人们虽然不善于表达，却会在无言的沉默中，因为你的嘲讽挖苦感到刺痛，因为你理解的笑容而无限感动。

另有一点最刺伤男人的，是你忽视了他的付出，而专门攻击他力不能及的地方。男人最不能容忍老婆说：“你看你，什么德性！人家谁谁的老公一年几百万几百万地挣，就数你最无能!”如果老公也能挣上几百万几百万的，她又会说：“唉！你就光知道钱钱钱，人家谁谁的老公总是带她去玩，去散步的，你陪过我吗？”要是碰巧老公也陪过，她又会说：“哎呀，你帮我做点家务活嘛，我都累死了，你倒好，净知道坐在沙发上看电视，人家谁谁的老公可模范了，哪像你!”仿佛全天下所有的男人都好，就她身边的这个最差劲。

这样的女人，有着典型的怨妇心态，无论如何，总是对眼前的生活不满。其实不论苦涩或者甜蜜，都是自己酿造的，你做出的是什么，最终还是要由自己咽下去。

每个人都有一些先天存在、无法改变的缺憾，你对这些地方揪住不放，就暗含对他整个人的否定。最可能激起的逆反心理是：反正这些东西我已无法改变，那么就改变我们的关系吧！你看不起我，我就要躲开你。所以，聪明的女人应该就事论事，学会接受男人的缺点。

与丈夫共同渡过事业的难关

婚姻的长久是要靠两个人共同维持的，夫妻之间要相互扶持相互鼓励向前走。

人都有脆弱的时候，男人也不例外，他们也需要女人的支持和帮助。如果丈夫在事业上失败了，你是从此一蹶不振，如临万劫不复的深渊，还是和相爱的人共同负责，抛弃自怨自艾，重整旗鼓呢？懂得婚姻艺术的女人都应该选择后者，面对失败与丈夫共同负责，总结经验、互相支持、互相鼓励，把事业继续下去。

1. 吸取教训

要明白失败算不了什么，应该把它当成是获取人生经验的一堂课。专家认为，这种情况之下，夫妻不应只是抱着消极的态度面对。人生遇到挫折比得到成功更能磨炼出坚强的个性。失败迫使夫妻自我反省，以免重蹈覆辙。如果人生路上没跌过跤，你会自视过高、自以为是，最后很可能会一败涂地。

2. 跌倒要爬起来

首先，你们应该面对失败，共同负责，跌倒了要爬起来，从头再来。也许说来容易做时困难，可不管怎样，都要好好地想一想这个道理。无论前面有何困难，若想继续前进，便要跨过难关，这就是成功之道。

3. 实事求是

看准当前形势，评估将来事情的变化，然后更要知道怎样接受既成的事实，最重要的是应该实事求是。

4. 深思熟虑，拨云见日

你们只觉前面困难重重，如履薄冰，得冒未知之险，那么，应该思前想后推测种种可能性。毕竟，你们还有亲人、朋友，大可另谋出路。即使发生了最坏的情况，你们也不必惊慌失措，应该相信拨开云雾，骄阳似火。

5. 不打无目的的仗

不要妄想自己有能力改变别人。要别人改变除非人家出于自愿，不然别人是不会为你而改变的。因此，若明知是一场必输的仗，又何必枉费心机去打呢？

6. 阳光总在风雨后

只懂得归咎自己运气不好的失败者才是真正的失败。这样不思进取将于事无补，已经失去的永远也追不回来，往事已矣，应把它抛在九霄云外，勇往直前，共同开创美好的明天。

把甜言蜜语的功效发挥到最大值

心理学家提示，男人的第一需要是“被称赞”，所以，睿智的女人懂得如何夸奖自己的丈夫。“童话大王”郑渊洁说：“我认为教育孩子的秘诀就5个字：‘往死里夸他’！”这句话不但对孩子有效，也适用于广泛的人际关系，如果把这个方法用在你老公身上，相信也是百发百中的。

一个男人爱上一个女人的理由有很多种，她聪明、漂亮、气质高雅、温柔贤惠，如此等等，都是让人喜爱的优点。另有一个秘密是，这个女人之所以可爱，因为她令男人觉得自己更优秀。当一个女人能令一个男人自觉更聪明、更威猛、更能干、更强壮，或者更性感时，这个男人，很快就会落入她甜蜜的掌心中。

女人们要把自己甜言蜜语的功效发挥到最大值，嘴要到，心也要到。而事实上，老公就是世上离我们最近的那个男人，你和他共同面对人生的生老病死，共同体验生活的艰辛与甜蜜，夫妻之亲之爱，几乎就是我们生命的一部分。有这种心情垫底，你在夸赞老公的时候，你的美好感情和对老公的爱敬之心自然会溢于言表。语言的热度和感情的热度，就会在一种良好的循环中交替上升。

称赞老公，要能在平淡之中见深情，源源不断地向他传达你的欣赏和爱慕。至于他值得骄傲的具体之处，还需要我们去耐心发掘。男人必然有许多值得称赞的行为，只是被忽视罢了，这就要事事处处加以留心。这就要求我们对他的一切感兴趣，这是至关重要的，否则就失去了称赞的源泉。这样他每一次漂亮的举动，都能及时得到老婆的赞美，比如：“这事你想得真周到”，“你真厉害，这么繁杂的事都没出岔子”，“没有你，这件事情还真不好办”。这种指义明确的称赞，更容易使你的老公获得感情上的满足。

如果你们的生活中近日没有特别的事发生，称赞老公也是不能落下的功课。这时你不妨使用较笼统的称赞方式，如“我真高兴嫁了你这样的男人，她们都羡慕我呢”，“家里有你，我什么都不用担心”，感情的火花，就这么激起来了。

没有任何一个丈夫，能够抵挡得住老婆赞美的话语、充满柔情和崇拜的眼神。美好的生活，从称赞开始。

当男人在事业上停滞不前时，女人可以赞美他有潜力、有发展空间，上司很快就会发现他的能力；如果他是一个不关心家事的懒人，女人可以把他为家里做的一些微不足道的小事，郑重其事地提出表扬，夸他是能给老婆带来幸福的新好男人。用热情的称赞，可以把老公打造成你期望中的样子。

生活中，我们都有这样一种心理：对于那些看重我们，对于我们寄予深切期望的人，我们决不忍心辜负他们，在他们面前，我们一定会竭力保持自己的美好形象，回报他们的这种期待。

人不容易被外来的压力征服，却可以被温情的赞美征服。男人们都有强烈的自尊，他们更需要被人肯定。对此，妻子们是心领神会的。

热心的称赞可以使男人进步，这是颠扑不破的真理，在一个好老婆的鼓励下，男人从懒惰的毛病到不够自信的性格，都可以得到很大的改观。

慧敏是个很普通的女孩子，在一家杂志社任助理编辑，虽然穿衣打扮很新潮，但不能算是美女。就是这样一个女子，爱情生活却异常美满。

她的老公吴昊和她是大学同学，吴昊踏实肯干，早在大三时就开始帮一个大型集团做项目。毕业后，进入该集团沈阳分公司，只2年便被提拔为产品研发经理，收入颇丰。

老公非常宠她，每次外出公干，都要给慧敏买许多时尚服装和女人们喜欢的小饰品。在家的时候，也都尽量地陪着老婆，并且主动分担家务。

慧敏表示："我老公是完美无缺的，虽然别人不这么认为，他自己也不这样认为。"

她的老公确实不算完美，戴着厚厚的眼镜，严谨有余，倜傥不足。

"我知道他的毛病，他总是把自己想得太低。"她说，"这不行，我可不想让我的孩子有个懦弱的父亲。所以，从大学时代开始，我就天天想方设法吹捧他，甜言蜜语，花言巧语，豪言壮语，我就不信他不爱听。现在为什么他业绩那么好，进步那么快，嘿嘿，家里有个激励大师呢！"

称赞是对男人的肯定，也是维系婚姻的重点之一。其实，没有一个男人不愿意心疼自己的妻子，很多时候女人应该清楚到底是他不疼你还是你不懂得让人心疼……

当男人和女人走进婚姻的殿堂时，就等于签署了一项爱与被爱的协议。男人有责任关爱和保护女人，女人有责任爱恋和体贴男人。无论什么事，我们都要先有付出然后收获，男女之间的感情也是如此。

一个女人所能给予丈夫的东西，包括了她的爱心、善意、温柔、体谅种种，但是我们要知道，即使给了他一切，这种给予依然不是完整的。女人所能给予男人的爱中，最重要的一项，就是懂得接受他的爱意。这就是说，我们不能让自己的老公白花了许多心思去爱，在男人的爱情面前，我们应当敏感地发现它，愉快地接受它，并且给予热烈的回应。

爱情就是一组男女声二重唱

爱是这世上最奇妙的东西，爱是与生俱来的，但同样也需要后天不断地学习改善，学会爱与被爱，是所有女人一生的必修课。

不懂得爱的女人，是不解风情的女人，是麻木和迟钝的女人。事实上，有许多在其他方面能力超群，处理起事情来条理分明的女人，面对爱情却有些低能，白白辜负了世上最美好的风花雪月。

感受爱，理解爱，就是永远不要忽视老公为你的付出——即使只是一件微不足道的小事。男人若为你做事，不管做得好还是坏，一定要以鼓励为主。大多数好男人，其实是很愿意为女人做事的，即使没想到，你告诉了他，他还是会尽心尽力去做的。但做得好不好，做多还是做少，很大程度取决于你自己。

爱是一种能力，一种技巧，人类天生有爱，但并不是每个人都懂得爱。于是那些懂得爱人也懂得享受被爱的女人，在人群里就会散发出一种不一样的光芒，深深地吸引着男人的心。

有这样一对夫妻，丈夫才华出众，风度仪表，也无可挑剔，而他的妻子，却只是一个平凡的女子。令人不解的是，他们结婚10年，一直相爱至深，丈夫对妻子更是体贴有加，仿佛被她施了魔法。在一次酒后，丈夫终于对一个好友吐露了自己爱情的秘密，原来，当初他们由别人介绍认识的时候，男人并没太把女人放在心上。但是在交往中，女人的多情善感打动了男人，印象最深刻的，是在情人节的时候，男人例行公事般地送了一束花。但是女人接过花束之后，竟然深深地把头埋在花间吸了一口气，抬起头来，双颊潮红，眼睛晶亮，让男人看到了世上最美的一瞬。从此，他义无反顾地爱上了她，而她也从来没有让他失望过，哪怕最细微的关爱，她都深深地感动着，一再表示，自己是世界上最幸福的女人。

爱情是一组男女声二重唱，总要有人应和，歌声才会更加美妙。若一方热情似火，一方无动于衷，多深的感情，也会渐渐冷下去。

女人以敏感的心去接受男人的爱情，其实就是一种最圆满的给予。当男人看到自己的热情换来更浓厚的热情时，他会为一个女人如此深切地需要自己的感情而自豪，并暗暗下定决心，无论如何，要爱她一辈子。

爱是人类语言中最神圣的词汇，没有爱的滋润，这个世界就是一片死气沉沉。对女人来说，爱是一生的温暖，爱是永久的幸福，洋溢在她的脸上，铭刻在她的心底，因为心中有爱，再多的艰难困苦也甘之如饴。而只有懂得婚姻的艺术、懂得爱的真谛的女人，才能获得永恒的幸福。

第33章

雅致生活，化平凡为美丽，用心营造温馨的家

家在我们每个人心里都很重要，家是我们累了倦了可以喘口气的地方，家是我们可以放松到放肆的空间。贤惠的女人善于用智慧与爱心化平凡为美丽，用心为男人营造一个温馨的家。

打扮家庭，为丈夫营造温馨的休憩港湾

给老公一个美好的、舒适的家，相信大多数女人对此都毫无异议，但问题是，男人们最向往的家庭生活是什么样的呢？女人们可能不知道，她们那追求高雅、崇尚完美、欣赏一尘不染的清洁的癖性，对于老公，常常是一种让他们哭笑不得的伤害。

下面的小故事，可能有些夸张，但笑过之后，还是能给我们一些启示。

妻子对刚刚下班回家的周善林说："亲爱的，你听着，我们应该把家安排得更舒适些。"

周善林不解地问："你这是什么意思？"

妻子开导说："咱们得把屋子修缮修缮，把某些摆设擦一擦。你不是喜欢整洁吗？你把为买摩托车积攒的1万块钱给我，一切让我来张罗。"

周善林还在犹豫，但妻子已经在设想将来美丽的家：

"首先，得把墙刷成各种颜色，不要老一套。窗帘随墙的颜色而异，像小冯家

那样，是德国式的。咱们把小地毯卖给旧货商店，再买个大的波斯地毯。如果你高兴，可以像日本人那样睡在地上。把浴室里的墙砌上瓷砖，一直砌到天花板，叫你一进门就感到惬意……厨房的地板铺上进口的漆布，这样，用湿抹布一擦就干净了。屋里的镶木地板刷上波兰清漆，像英子家的那样。亮度可以保持1年，如果好好爱护，可以保持3年。”

“嗯——是的……”周善林说。

“买摩托车的钱你再慢慢攒嘛。从我的工资中抽出一部分存起来。你再稍稍节省一些。这样一来，家里该有多么舒适啊！我们买一对时髦的沙发椅。回到家，往这样的椅子上一坐，一天的劳累顿时就会消失。”

一只温柔的手搂住了他的脖子，所有的疑虑瞬时烟消云散，思想里只闪烁着一个词：舒适。舒适——这是一个陌生、响亮、美妙、温柔、五彩缤纷的词。

几天之后，来了几位师傅，伟大的修缮工程开始了！屋内渐渐改变了模样，上面像月亮般放光，下面像镜子般明亮。舒适啊！

舒适生活的第一天，丈夫下班回来，妻子警告他：“亲爱的，小心点！不要把门关得砰砰响……把鞋提在手上，喏，就这样，最好用报纸把鞋包上，免得灰土落到波斯地毯上。”

第二天又说：“你怎么用脏手握门把呢？要知道，那是新的，而且我还用粉擦了。”

“哎哟，你可别碰墙——会把墙弄脏的！”

“你这是往那儿踩！没看见地板上涂上波兰漆了吗？”

不久，事情愈来愈多：

“喂，亲爱的，该与朋友们断绝来往了。你一个人在镶木地板上踩还不够么……”

最后舒适达到了顶峰：“天哪，看你把卧室糟蹋成什么样子了！不行，要不这样，还不如你干脆就甭进屋！晚安，亲爱的！你就在走廊里过夜吧！”

在家休息是每个丈夫的权利，别用多余的家务和不近人情的搞卫生活动让本来就疲惫不堪，好不容易从社会这个大机器中逃离出来的男人，再次承受繁重的压力和心理上的负担。他也是需要安慰和休息的，而家是他能够放松的唯一地方。如果回到家也没有能喘息的机会，也许他会更留恋酒吧甚至宁愿待在办公室里！

由于装饰和布置家庭通常是妻子的工作，她必须记得，舒适是男人最大的需要。细长的桌椅，过于精致的毛织物，一堆堆的小装饰品，在女人的眼里也许是迷人的，但是这些东西令一个疲倦的男人讨厌，他需要一个随心所欲的地方，自由地伸展一下身体，翻翻报纸，或者抽一支烟。

有多少女人以清洁和高雅的名义，时刻在限制着老公喜欢自由的天性，逼得他们落荒而逃。难道我们还不应该检讨一下自己的行为吗？给男人他们所喜欢的舒适，而不是把女性的意愿强加给他。当他真心喜爱你营造的家时，才会热忱地疼爱给他创造了这一切的妻子。

20几岁的女人要记住：家庭是两个人的，当你的家需要一件新家具，或是重新装饰的时候，应该询问老公的意见，共同决定。为了买下你丈夫所想要的摇椅，你必须放弃你心爱的古典式沙发。也许你会埋怨，但是，通常你会发觉，他对家的喜爱和你是同样深的——而且，如果他对于发生的事情拥有更多的决定权，家对他的意义将会更加重大。

会几道拿手菜，爱情的感觉在厨房

雅致的生活，除了要营造一个温馨舒适的家居环境之外，女人还要会几道拿手菜。因为爱情的感觉在厨房。

男人一直都是重视感官的动物，所以如果你能做出几道漂亮的菜品，一定会让他十分高兴。说句实在话，在崇尚个性、渴望真情的今天，仅仅靠美味是留不住男人的心的。——如果只凭这一点就留住了他，那么他不是情商太低就是智商太低，在社会上，成就再高也有限，可能都对不起老婆的心血和菜金。所以，在厨房里忙活不仅仅是为了给他奉上一桌丰盛的饮食，更重要的是以厨房里热热闹闹的气氛，给他一种家的感觉。

虽然现在的房子越来越大，房间的功能越来越细分，但最能体现出家的意味的永远都是厨房。特别是对于一个男人来说，当他在外面辛苦了一天，推开那扇熟悉的家门，一个冷锅冷灶和一个饭菜飘香的厨房，给他的感觉绝对是不一样的，只有厨房里飘出来的烟火气息才会给他带来实实在在的家的感觉。

一个喜欢厨房的女人，自然是一个喜欢家的女人，同时也能给人带来家的感觉，这和什么大男子主义、女权主义都没有关系，只是女人的本性使然。

年轻的时候，每个人都可以四处流浪，但终有一天会厌倦漂泊，渴望能有一个温暖的家供自己憩息。聪明的女人并不仅仅是在事业上与男人比翼双飞，而是要成为他的贴心伴侣，给他一份安心，一份眷恋。如果他累了，可以回到家里来休整；

如果他受伤了，可以回到女人身边来治疗；如果他成功了，马上会回家与家人分享。而一个连厨房都不想进去的女人，很少能给男人这种感觉。即使她可以打扮得光鲜靓丽，即使家里不缺钱可以天天上饭馆，但这些都不是真正的幸福。聪明的女人，下班回家换上家居服，系着围裙在厨房里忙活一通，然后端上三盘两碗，重要的不是味道，而是那种温馨的感觉。饭店再好，也无法营造出这种家的感觉。

幸福生活从厨房开始，一个炒菜一个洗碗，也许在开始的时候不是太咸就是太淡，但往往有着甜蜜的爱情做调料，再难吃的菜也会甘之如饴，等到爱情调料用得差不多了，女人的厨艺也就大大提高了。男人到了下班的时候，就会听从心和胃的召唤从茫茫人海准时回家来。

厨房是女人的另一个舞台，真正懂得爱、懂得生活的女人，会在工作之后走进厨房，为心爱的家人做一两道菜，除了油盐之外，里面放得最多的调料是爱。诱人的饭菜香味，浓浓的幸福滋味，会让女人营造出家的温馨。

女性不要成天在厨房里待着，这样油烟味儿太重；但如果没在厨房待过，就不知道怎样成为妻子。其实，聪明的女人都很清楚，男人们并不是想要一个手艺精湛的女厨师，而是想要一个能给他带来家的感觉的烟火女人。

在每一个美满家庭里，厨房都是妻子的舞台。女人们则应该是出色的演员，舞台不是她们生活的全部，但每一次登台都应当表现得光彩照人，给人留下深刻的印象。

对于这一点，我们大多数女性朋友都是可以保证的，因为你的食客很少，只老公一人而已，管什么南甜北咸，东辣西酸，只要你的他满意，你就是了不起的大师。

男人在外面也能吃到各式各样的美食，可是谁都不愿意天天都在外边解决，既浪费又不是很卫生。而且吃到自己嘴里的东西，没有谁做的会比自家人弄的更用心。一个人口味是浓是淡，偏好几分的火候，喜欢什么样的餐具，这些都只有老婆才知道。说是顾客就是上帝，但人家上帝多了，哪能把注意力都放在一个人身上。要找到自由自在、随心所欲的滋味，还是回家吧！

做妻子的女人，现在应该明白自己的方向了，那就是你不必把大勺颠得多漂亮，照顾一下老公的喜好，才是要紧的。

一个人的饮食习惯，和小时候的环境有很大关系，男人们念念不忘的“好菜”，通常可能是他妈妈的一道拿手菜，或者是他在家乡时最爱吃的东西。

林雨是杭州的女孩子，老公是她的大学同学，来自山西。一天，林雨听老公无意中提起家乡的米皮，说在南方从来没吃到过正宗的米皮。林雨暗暗留了心，在网上找到了米皮的做法和调法。周日，当她把自己亲手制作的米皮摆在老公面前时，她看到老公眼里充满了惊喜。

虽然林雨的手艺并不到家，但已经深深地安慰了老公的“乡愁”。在他一次次夸张的赞美中，林雨的手艺越来越地道，如今她做的米皮称得上是她的保留节目。

学做几道老公喜欢的特色菜，绝不是什么难事。以他平日喜欢吃的东西做主料，从菜谱上找几种适宜的烹制方法——或者向你周围的高手请教，然后试着烧给他吃。反应平淡的菜式淘汰了，让他食指大动、赞不绝口的保留下来，再稍稍改进一下，就是你的金牌菜。

他的舌头和胃口受到宠爱之后，你们的小家，在他心目中就是阳光明媚、饭菜飘香的味道，而你，就是天下无双的好老婆。因此你已经为此付出的一些努力，也是很值的哦！

对于自己的厨艺没信心的女人，可以经常煲汤给家人喝。煲汤只需要时间，不考验手艺，选择电子控温的不锈钢锅或紫砂锅，健康又省事。所谓老火靓汤，用党参、红枣、芡实、蜜枣、生地、当归、阿胶这些基本配料，变换着搭配龙骨、猪蹄、老鸭等等，配料的不同而变幻出若干种味道，小火慢慢熬，可以煲出又好喝又有保健作用的靓汤。

给老公盛汤的时候，你可以顺便介绍一下它的保健作用和许多配料调制出来的丰厚滋味，打开他的味蕾。还有，你也可以不经意说一句：煲这个汤，需要若干个小时。——哪怕你煲汤的时候，听了N段音乐，翻了N本杂志，顺便还逛了楼下的超市。

要搞定老公的胃，女人的花样多的是。没时间煲汤的时候，还可以为他做盘水果沙拉。无论多么平淡无奇的水果，去皮去核之后，装在透明的玻璃盘里，淋上白色的沙拉酱，立刻旧貌换新颜，吃着方便，看着漂亮，怎么说都是一份心意。

最后，向妻子们推荐一道最简单的菜式，又简单，又环保，那就是当你从厨房里往外端任何一样东西时，挂在脸上的灿烂的笑。古人说“秀色可餐”，味道不够，可以拿笑容来凑，这也是搞定老公的真理。

雅致的生活少不了多多少少的浪漫

婚姻生活是平淡又平凡的，但正是这种细水长流般的幸福才能长长久久。只要女人有心，再平凡的日子也能过得有滋有味。雅致的生活一定少不了多多少少的浪漫。所以，在重要的日子，你要学会用礼物表示你的心意。

即使你非常粗心，也别忘了在爱人生日和结婚纪念日那天买份小礼物。要知道，对于恋人来说，一件好的礼物，不仅可以加深双方的感情，而且还可以令对方终身难以忘怀。

那么，在给爱人送礼物时，有哪些因素是要必须加以考虑的呢？

1. 能引起美好回忆的礼物

你的礼物不仅可以表明你对爱人的关心程度，而且还可以勾起两人的美好回忆，比如，把双方认为具有纪念意义的照片，放在一本精致的相簿里，作为礼物送给对方。如果能在每张照片背面写上几句富有感情的诗句，或相互勉励的话语，那么，这份礼物就更加珍贵了。

2. 要考虑爱人的喜好

仔细回顾一下爱人有什么特殊的兴趣爱好，如果爱人喜欢画水彩画，送他一些水彩颜料最好不过；如果爱人喜欢书法，那么送他笔墨纸砚或一些名家的字画则是不错的选择。

3. 令爱人惊喜的礼物

如果能送爱人一些很想购买但却一直没买成的东西，最容易令他惊喜。一些人对失去或打破的“宝贝”东西尤其怀念，如果能选购到相同或类似的礼物送给对方，其效果不言而喻。

4. 能使双方都有好处的礼物

有这样一对爱好骑自行车的夫妇，妻子老是抱怨骑车速度赶不上丈夫。后来她干脆就买了一辆双人自行车送给丈夫，可以两人同骑，速度问题就轻易解决了。

当然，在夫妻朝夕相处的生活中，还有其他很多送礼的技巧，只要你能够做个有心人；处处留心观察，就一定能够送出让爱人为之欣喜且视为珍宝的礼物。那样，你的爱人会用更丰厚的爱来回报你，你们的感情生活也将被浓浓的爱与惊喜所包围。

在兴趣中共享快乐

努力为男人营造温馨家庭的女人，还应该积极参与到老公的休闲生活中来。分享他的生活乐趣，并不是说要放弃自己的生活。事实上，当你和他一起沉醉于某项嗜好中的时候，你会发现，自己的眼界更开阔，心胸更豁达，这样则更利于你发挥自己的潜能化平凡为美丽。

一个男人在描绘自己与妻子沉闷的婚姻生活时，常常会这么说："每个晚上，我出去散步或者看报纸，她则没完没了地看肥皂剧，哪天有我喜欢的球赛，我就在酒吧里或办公室消遣一个晚上。我们互不干涉。"

我们可以想象，这样一对夫妻，感情生活是多么的单调和平淡。一个女人，如果兴趣单一，对于老公所向往的生活缺乏必要的理解能力，那么他和她在一起时，总会懒洋洋地打不起精神。无论如何，不能调动起男人的情绪，激发他们的爱，就不算是有魅力的女性。

"在成功的婚姻生活里，"哈里·C.史坦因梅兹在临床心理学杂志中写道，"对于对方嗜好的适应力，比起本来就相同的嗜好和习惯，是更加重要的。"

埃及艳后之所以迷人，并不是因为她长得有多漂亮，而是因为她会钓鱼。

克丽奥佩特拉，这位古代的尼罗河艳后，从没有学过临床心理学，但是她却精通不少支配别人的方法——特别是对于男人最有效用。克丽奥佩特拉的美丽并不是非常突出，但是她和别人共享快乐和特殊嗜好的能力，却使得她所向无敌。

她通晓她所有附庸国的方言，她的祖先从没有人不怕麻烦地学会这些话。当这些附庸国的使节前来朝贡的时候，克丽奥佩特拉不需要翻译人员——她用他们的方言和他们说话——于是便赢得了他们的热心支持。

马克·安东尼喜欢钓鱼，于是喜爱奢侈豪华的克丽奥佩特拉就不举办大宴会了，她跟安东尼一起去钓鱼。有一次，安东尼花了好几个钟头没有钓到一条鱼，她就叫个奴隶潜游到水底，把一条大鱼挂在他的渔钩上，开了一次玩笑。有时候克丽奥佩特拉为了博取安东尼的欢心，就化装成平民，于是这一对皇亲贵族就跑到城内的贫民区和下级赌场去狂欢作乐一番。马克·安东尼所喜欢做的每一件事情，对于娇小的克丽奥佩特拉来说，也都是喜欢得不得了的。

克丽奥佩特拉的美色也许不是空前绝后的，但她对于异性的吸引力却无人可比。这里面的奥秘是，两人携起手来，共享一切可以得到的快乐。

住在纽约州北部一个小镇里的佛罗伦斯·梅纳德太太，是个平凡的为人妻者。在前16年的婚姻生活里，她料理家事，但似乎缺少了什么。最后，她终于发现缺少的是伴侣亲情。出了家门之后，梅纳德先生和梅纳德太太也极少有共同的兴趣和爱好。梅纳德太太采取了一些行动改变了这种情况。

“我丈夫的主要兴趣之一是职业曲棍球，”她说，“因此我的第一步是培养自己对这项运动的兴趣。在我搞清楚曲棍球是怎么一回事之后，发现自己对这项运动也产生了兴趣。我跟他一样热切地赶去看曲棍球赛，记住曲棍球赛的电视转播时间。我不仅欣赏到这项令人感到兴奋的运动，而且还发现自己也有事情做了，不会在我丈夫享受这项运动时，一个人无聊地坐在家里了。

“从对曲棍球开始，我又找到了一些其他的兴趣，现在我跟我所嫁的男人——16年来原只为他料理家务的男人——分享乐趣。”

在男人眼里，能参与到他的生活里，与他共同分享快乐的女人，不仅仅是他的爱人，也是他的知己和伙伴，这在男女之间，是一种最为牢固最为和谐的亲密关系。如此建立起来的家庭关系才更加坚固稳定。

健康篇

珍爱自己，身体是女人一生最大的本钱

第34章

拥有身体拥有一切，女人首先宠爱的是自己

我们常说：一个人如果连自己都不爱，怎么能去爱别人呢？20几岁的女人首先要学会爱自己，重视自己的身体健康，千万不要做一个不懂得宠爱自己的笨女人。

仔细观察一下身边的成功者，你就会发现，很少有人不爱自己的工作；再看看身边的幸福女人，她们通常很会关爱自己。发现了吗？当一个人喜欢自己，并按照自己理想的方向去努力时，别人也很难拒绝她的幸福魅力。而那些不懂得爱自己，不重视身体健康的女人往往精疲力竭并且毫不幸福。

把健康当作生活中的一件大事

有这样一个故事：

一对恩爱夫妻，妻子貌美如花，丈夫英俊潇洒。不幸的是，正当盛年的丈夫却患了眼疾，最终双目失明。望着心如死灰的丈夫，妻子心痛不已。她左思右想，最后决定分一只眼睛给自己的丈夫。

手术非常成功，失明的丈夫重又看到了世界，看到了自己的妻子。然而，令丈夫失望得难以容忍的是，失去了一只眼睛的妻子竟然如此丑陋。日日与妻子相对，丈夫心中再无一丝柔情。他开始厌倦她、冷落她，因为她不再双眸生辉，不再脉脉

含情。

而她，默默地忍受所有的一切。她爱他，不在乎为他付出多少。对她来说，这个世界上没有比他的笑容更灿烂的阳光。然而，令她痛苦不堪的，他的笑容却再也不属于她了。在没人的角落里，在无尽的暗夜中，她独自流泪，用一只眼睛。终于有一天，不义的丈夫抛弃了糟糠之妻，另寻新欢去了。

故事中这个女人的伟大叫人心疼，或者也是这样的心疼叫男人无法面对，或者是男人对美丽的外观追求，对于这样的现实既不愿意接受，也无力改变。如果故事中的女人能珍惜自己的身体，而选择用无尽的爱终生呵护这个盲眼的丈夫，会不会有另一个版本的结局？

20几岁的女人要懂得珍惜自己的身体，把保持身体健康当做生活中的一件大事。因为拥有健康的身体才能拥有一切。遗憾的是，很多20几岁的女人，尤其是那些身在职场的白领们，总是以年轻作资本，对身体健康毫不在意。

身在职场的年轻女性，永远要面对忙不完的工作、复杂的人际关系、烦恼的婚姻、烦琐的家务——面对生活，许多20几岁的女人，身体都处在“亚健康”状态。

造成20几岁的女人身体“亚健康”的原因主要有以下几个。

1. 化妆过浓

职业女性由于工作需要，适当的化妆是必要的，但切忌浓妆艳抹。目前市场上出售的化妆品无论多高档，还是化学成分居多，含有汞、铅及大量的防腐剂。不少女性把美容的希望寄托于层出不穷的化妆品上，而忽略了自身的健康。化妆品中的化学成分会严重刺激皮肤，粉状颗粒物容易阻塞毛孔，减弱皮肤的呼吸功能，产生粉刺、黑头等皮肤问题。

2. 超负荷工作

在职场中，竞争越来越激烈，职业女性的工作节奏也日趋紧张，精神压力也越来越大，但精神上和身体上的超负荷状态对健康是非常不利的。如果不注意休息和调节，中枢神经系统持续处于紧张状态就会引起心理过激反应，久而久之可导致交感神经兴奋性增强，内分泌功能紊乱，从而产生各种身心疾病。

3. 饮茶过浓

很多职业女性有饮茶的习惯，茶可消除疲劳、提神醒脑，从而提高工作效率。但茶中的茶碱是一种有效的胃酸分泌刺激物，长期胃酸分泌过多，可导致胃溃疡。所以，职业女性切忌饮茶过浓，饮茶前最好在茶中加入少量牛奶、糖，以减轻胃酸对胃黏膜的刺激。

4. 吸烟过多

很多职业女性以抽烟为时髦，而不知道烟草对女性健康的严重危害。有数据表明：吸烟女性心脏病发病率比不吸烟女性高出10倍，绝经期提前1~3年，孕妇吸烟导致产生畸形儿的概率是不吸烟者的25倍。另外，青年女性吸烟还会抑制面部血液循环，加速容颜衰老。

5. 饮酒过度

职业女性在工作中总会遇到一些不顺心的事，有些人就采取借酒消愁的方式，还有的女性把喝酒当成现代生活方式中的一种时髦行为。其实，借酒消愁愁更愁，喝酒不仅解决不了问题，还会使大量酒精进入人体，导致神经系统受损，给自身健康带来很大危害。

6. 营养不良

职业女性为了节省时间，也为了免除麻烦，经常买快餐食品充饥，如方便面、面包、各种糕点饼干等等，或是在小食摊买一块肉夹馍、烧饼了事。这种做法对于工作来说，可称得上是快省，但身体却会受到很大伤害，时间长了会导致营养不良。

7. 久坐不动

职场女性一般每天要在电脑面前待到8个小时以上。长期姿势不良，造成骨骼畸形发展，压迫神经；或同一种姿势维持太久，引起拉伤。其中以肩、颈部位最常见。久而久之，早晨起床时身体硬邦邦的，关节像生了锈，脖子、肩膀、后背和尾骨都麻麻的，有时还有瘙痒。每天从早到晚都得穿着高跟鞋的职业女性，因为长时间去迁就尖头的鞋子，结果造成脚内侧关节突出，背部也经常呈现伸长的状态。所以，近年来脚痛、背痛的患者越来越多。行走不便也导致了她们不爱走路，运动少了，赘肉就溜出来了。

8. 电脑辐射

电脑产生的电磁辐射，可能引起胚胎组织DNA的损伤。虽说极低频电磁场和长期小剂量接触电脑电磁辐射是否会增加不良妊娠结局的发生率有待进一步研究，但为保护母婴的身心健康，对妊娠期女性，特别是在孕期前3个月，应不接触或少接触电脑工作。

9. 压力过大

有所成就的职场女性，她们对自己往往有着比一般人更高更完美的标准，一旦遇到某种挫折，就会有很重的失落感。而此时她们好强的个性，又使她们往往难以找到可以倾诉和求援的知心朋友或者根本就不愿向别人暴露自己软弱的一面，这就使负面情绪难以排解，伴随现在越来越大的生活压力，导致现在白领阶层抑郁症乃至自杀率升高。

如果以上几条你占到了一半以上，那么你的身体就很可能处在了“亚健康”的边缘。身体健康是最重要的，现在你可以根据世界卫生组织规定的人类健康标准自测一下你的健康状况。

根据世界卫生组织的规定，人类的健康标准如下。

(1) 有足够的精力，能从容不迫地应付日常生活以及工作压力，而不感到过分的紧张。

(2) 处世乐观，态度积极，乐于承担责任，事无巨细不挑剔。

(3) 善于休息，睡眠良好。

(4) 应变能力强，能适应外界环境的各种变化。

(5) 能抵抗一般性感冒和传染病。

(6) 体重适当，身体匀称；站立时，头，肩，臀位置协调。

(7) 眼睛明亮，反应敏捷，眼睑不易发炎。

(8) 牙齿清洁，无空洞，无痛感，齿龈颜色正常，无出血症状。

(9) 头发光泽，无头屑。

(10) 肌肉，皮肤有弹性。

在这些标准中，前4条包含了精神，后6条包含了身体。既包括了精神和身体两个方面，也包含了形体美的要求。

现代生活中，无论是生产、生活还是审美，都要求现代女性结实精干，既富有区别于男子的曲线美，不失女性的妩媚，又足以担起社会责任。也就是说，现代女性是以“健美匀称”为标准的。

所以对于女性，除了要符合上述一般人应具备的健康标准之外，还应该具备以下标准，才符合现代的健康标准。

(1) 骨骼发育正常，身体各部分均匀相称。

(2) 肤色红润晶莹，充满阳光般的健康色彩与光泽，肌肤有弹性、体态丰满而不肥胖臃肿。

(3) 眼睛大而有神，五官端正并与脸形配合协调。

(4) 双肩对称、浑圆，微显瘦削，无缩脖或垂肩之感。

(5) 脊柱背视成直线，侧视有正常的体形曲线，肩胛骨无翼状隆起和上翻的感觉。

（6）胸廓宽厚，胸肌圆隆，乳房丰满而不下垂。

（7）腰细而有力，微呈圆柱形，腹部呈扁平状。标准的腰围应比胸围细1/3左右。

（8）臀部鼓实微上翘，不显下坠。

（9）下肢修长，两腿并拢时下视和侧视均无弯曲感。双臂骨肉均衡，玉手柔软，十指纤长。

（10）整体观望无粗笨、虚胖或过分纤细弱小的感觉，重心平衡，比例协调。

20几岁的女人只有身体健康才能称得上美，女人的美丽是灵性加弹性——拥有活生生健康肉体的女人，才会永远吸引男人的目光，也才会成为社会生活中最美的风景。

不健康的生活方式正吞噬着女人的健康

但是，现实生活中，一些不健康的生活方式正在吞噬着20几岁女人的健康，特此提醒爱美女性们注意。

1. 盲目减肥

爱美之心，人皆有之，时髦女性尤其如此。许多人千方百计想减掉自己体内多余的脂肪，减肥茶、减肥餐、运动健身等各种各样的减肥措施令人眼花缭乱。还有的减肥者想速见成效，于是拼命节食，结果是体重减轻了，身体却垮了。

女性追求完美体形的愿望是可以理解的，但不可盲目为了减肥而过量运动。人的身体是需要适应和调整的，关键不在于你运动了多少，而是贵在坚持。每天抽出5分钟锻炼，也比一个月或几个月疯狂运动一次好，而且运动过量还容易使肌肉损伤。

2. 冬季“要风度不要温度”

在寒冷的冬季，很多人都已穿上棉服、羽绒服，而一些爱美女性却仍然身着短裙，里面一条水晶长筒丝袜，俨然一副夏天的打扮。大部分穿裙子的女性不是不觉得冷，而是因为觉得这样才“美”。这样的打扮确实是时髦，却给健康带来了隐患。

在寒冷季节，穿裙子使膝盖的温度过低，使膝关节的关节软骨代谢能力减弱，免疫能力降低，还会造成对关节软骨的损害，形成创伤性关节炎，引起膝关节肿胀和膝关节滑囊炎。

3. 穿戴上“好看不好受”

爱美是女人的天性，但若为了外表的光鲜亮丽，在穿戴上“虐待”自己，迷恋又细又高的高跟鞋、又小又紧的内裤和胸衣以及质量低劣的首饰等，长此以往，美丽的背后将付出健康的代价。

在这些服饰中首当其冲的便是高跟鞋。高跟鞋问世以来一直备受女性的青睐，但鞋跟在7厘米以上的高跟鞋使人体重心前移，给膝关节造成了压力，而膝部压力过大是导致关节炎的直接原因之一。另外，趾骨也会因为负担过重而变粗。除此之外，过高的高跟鞋还会造成跟腱和脊椎骨变形。

有些追求身材完美的女性片面注重束身效果，经常穿着又小又紧的内裤，这样不仅会感到浑身不舒服，而且也会影响到血液流通，并会使局部肌肉因为不透气、汗渍而发炎。

还有的女性喜欢穿收腹裤，这种衣服长时间穿在身上会引起心口灼热、心跳加快、头晕、气短等不适现象，甚至会出现心口疼痛。

女性如果每天长时间地穿着又紧又窄的胸罩，则会影响乳房及其周围的血液循环，使有毒物质滞留在乳房组织内，增加患乳癌的可能。

各类金属首饰，除了纯金（24K）的以外，其他的在制作过程中一般都要添加一定量的铬、镍、铜等，特别是那些价格较为低廉的合金制品，其成分则更为复杂，女性细嫩的皮肤戴上这类材料的首饰很容易受到伤害。

总之，有了健康的身体，就会强壮有力，精神抖擞，端庄稳重，处世乐观，机智敏捷，落落大方，能充分地体现在丰富的劳动生活和社会生活中。达到健康和美丽的统一，这才是20几岁女人健康的标准。

呵护身体4步骤：吃好、锻炼、休息、保养

如果通过自测，你发现自己的身体已经处在“亚健康”的状态了，那么从现在开始，赶紧呵护你的身体吧！呵护身体，分为四个步骤：吃好、锻炼、休息、保养。

呵护你的身体，就要从给予营养开始，也就是说要吃好，当然也包括喝好。

吃好并不是说要给自己的身体补充什么特殊的营养。所谓吃好就是营养要全

面，无论是维生素还是其他的微量元素，都要充足。怎么样才能充足呢？很简单，不要挑食、不要节食、不要费尽心机地去吃那些反季节蔬菜，而应该多吃当地、当季盛产的蔬菜。比如说大豆、花椰菜、胡萝卜、白菜等，不要小看这些蔬菜，它能为我们的身体提供大部分的营养。

当然，吃好还包括要吃好主食。主食包括面、米饭、粗粮等。特别是粗粮，很多人并不喜欢吃，可是不喜欢吃并不表示你的身体不需要。我们的身体需要的微量元素很多都是从这些粗粮中摄取的，如很多的维生素，很多的微量金属元素等。

还有一点就是要多吃水果，它不仅能为身体补充水分，还能为身体提供很大一部分蔬菜中没有的维生素。当然也不必要去吃那些反季节的水果，还是遵循那个原则，吃当地当季盛产的水果，即便是土豆、地瓜也可以。吃什么不是问题的关键，关键是你要吃，要让身体的营养达到平衡。

吃好，最重要的一点就是要按时进食。不能让自己的身体饥一顿、饱一顿的，这是在折磨自己的身体。对于那些要减肥的人，更要提醒一句：少吃不是减肥的好方法，相反，如果你的身体处于一种饥饿状态，那么它就会自动将一切能转化成脂肪的能量全部转化成脂肪。这样看来很多人减肥其实是南辕北辙，不但不会减少身体的脂肪的消耗，反而会导致身体脂肪的增加，同时也会给身体带来很大的伤害。仔细想想，这又是何必呢？

呵护自己的身体，除了要吃好，还要积极进行锻炼。这种锻炼不是“三天打鱼，两天晒网”，讲究的是一个有规律的坚持。如果每周能坚持至少三次锻炼，你的体质就会大大地增强，锻炼还能减少脂肪、预防疾病、缓解压力和紧张感。

锻炼，首先要选择适合自己的运动，只有适合自己的运动才是真正的锻炼，否则一切都是空话。

当然，说到锻炼很多人就推说自己没有时间。之所以会这样说，是因为还没有明白一个道理：锻炼并不一定要在健身房里进行，我们随时随地都可以进行锻炼。比如说可以少乘一次电梯，而选择走楼道；比如说可以选择骑自行车去郊游，而不是开车去；比如说可以在晚饭过后和一家人出去散散步，而不是窝在家里看电视或者上网；甚至在电视换台的时候可以起身去换，而不是用遥控器……要知道，锻炼是一种全时段性的，不是只有在健身房和健身器材接触的时候才是运动。

资料显示，那些不经常锻炼的人在晚年得病的概率远远超过那些经常锻炼的人，如果你经常锻炼，那么你得病的概率将下降30%。

锻炼之后的一个步骤是休息。

休息对于身体来说不仅是一件好事情，更是一件必要的事情。谁都知道自己必须休息好，否则没有精神，可是现代社会谁又能真正睡好呢？为了工作，为了应酬，每天早出晚归；因为计划，因为时间，我们总是把自己搞得筋疲力尽。最终就是一年到头没有睡过一天的好觉，不仅剥夺了身心自我修复的机会，还欠下了很多休息的债。

一说到休息，年轻人可能会说，趁现在年轻，多拼几年，到时候再慢慢休息。乍听起来这样的话很提气，可是仔细想想，这样的生活方式可取吗？一般来说，35岁以后，即便是非常健康的人也会因为压力和焦虑造成睡眠问题，更不用说那些处在更年期的人们。从这一点说，人再健康至多年轻到35岁，那么，我们到底能年轻几年呢？

因此为了能使自己长久地处于一种年轻状态，足够的休息是必要的，千万不要被传统的言论所蒙蔽，将以后的年轻提前用完。

按时睡觉，安心睡觉，争取周末，争取一切休息的机会，而不是把空闲时间花在网络或者是电视、商场购物上面。

呵护身体的最后一个步骤是保养。

身体其实并不需要很好的保养，但这个前提是你一直以来都善待它。就像一台机器一样，只有平时善待它，它才能将自己的效率提高到最大，并且尽可能地不出现故障。

越来越多的人不注意保养自己的身体，甚至连最基本的例行检查都没有，等到发现疾病的时候已经是病入膏肓了，即便医学再发达，也挽回不了了。

拥有健康才能享受幸福美好的生活，拥有健康才有活力面对纷繁复杂的工作。宠爱自己，拥有健康的身体是每个20几岁女人的功课。

呵护自己的生理健康

此外，20几岁的女人还要格外呵护自己每月的那点事儿。人们常说“女人如花”，而月经就是花期的标志，并且，她还是女性健康的晴雨表。她陪伴女性长达40多年的时间、关系到女人一生的幸福，关系到传承人类繁衍生息之重任。

1. 解码月经

女孩子进入青春期后，身体发生了一个重要的变化，这个变化就发生在卵巢里，卵巢在青春期很快发育，每间隔28~30天，就有一些卵泡发育，但一般只有一个长大成熟，卵泡发育过程中分泌出雌激素，雌激素能够刺激子宫内膜增厚，排卵后卵子的外壳变成一种叫黄体的东西，黄体可以产生雌激素和孕激素，它的作用是支持子宫内膜继续增厚。

增厚的内膜就像一片肥沃的土地，它为受精卵着床和孕育胎儿做好了准备。假如排出的卵子没有遇到精子，也就是说没有受精，黄体在14天后自行萎缩，不再产生激素，子宫内膜失去激素的支持就要脱落，脱落时必然带有血管破裂，这些脱落的内膜碎片和血液一起从阴道流出，就形成了月经。

2. 经期常伴有的症状

月经是女性性成熟的征象之一，是成年女性正常的生理活动，它受生理、心理、饮食、环境等多种因素影响。很多女性在月经来潮前，有乳房胀痛、腹胀、下腹胀痛、易疲劳、忧郁、失眠等症状。如果在经前和经期能注意饮食调理，可减少和减轻经前症状和不适感。

3. 女性经期护理

（1）注意卫生、防止感染。经期不宜盆浴，可以淋浴，防止上行感染。洗澡用水不要用冷水或烫水，要用温水。洗冷水可使月经突然停止；用烫水会使子宫充血，造成经血量增多。

（2）注意保暖、避免寒冷刺激、适量运动。月经期间如果受到突然和过强的冷刺激，可引起经血过少或痛经。

月经期可以照常学习，但应避免剧烈的体育运动，以防流血过多。一般说来，经期进行一些运动量不大的体育锻炼，可以促进盆腔血液循环，使经血畅流。

（3）注意饮食禁忌。在月经期，铁的需求量更大，所以少女在经期应多吃些瘦肉、蛋黄以及动物的内脏如肝、心、肾，以防因缺铁引起贫血疾病。

（4）保持精神愉快，避免精神刺激和情绪波动。月经期间需要精神愉快、心情开朗，避免忧郁或暴怒。注意饮食，多吃蔬菜和易消化食物，不吃生冷和酸辣等刺激性食物。

（5）正确使用卫生巾。购买卫生巾要看保质期。卫生巾是女性重要的经期卫生用品，它的卫生要求很严格。包装破损、超过有效期的卫生巾，容易受到污染，质量难以保证。所以，采购时要严格检查商品的包装是否完好，是否超过有效期。

一次购买不宜过多。卫生巾放置时间过久，会影响使用安全。卫生巾拆封、使用后，应放置于干燥、洁净处，不宜随手放在卫生间里，因为卫生间里大多通风不畅、潮湿，卫生巾容易受潮、污染。使用时，应先洗手，以免手上细菌沾污卫生巾。

购买、使用药物卫生巾要慎重。虽然药物卫生巾上带有一定量的杀菌药物，有一定的保洁作用，但并非人人适宜，有的女性使用后有可能产生外阴皮肤过敏，出现皮疹和瘙痒。少女的外阴皮肤更娇嫩，更易造成皮损和不适。

吸水量大的卫生巾并不好。吸水量大的卫生巾固然可以延长使用时间，减少更换次数。但是，却不符合经期卫生要求，长时间不更换卫生巾，使经血长时间滞留于皮肤上，容易引起细菌生长繁殖，诱发生殖道炎症。

选择以纯棉材质、天然无纺布或进口网面为主要材料的卫生巾产品，不仅保证了产品表面与皮肤接触时，感觉柔软舒适，活动自如，而且对皮肤不会产生刺激，在日常活动中不会因皮肤与卫生巾的摩擦，导致皮肤红肿或擦伤。

4. 痛经急救法

(1) 冬天时备些红茶、红糖、红枣、桂圆、黄芪、枸杞、玫瑰花，可自己做些红糖生姜水、黄芪枸杞茶、桂圆红枣茶、玫瑰花茶，也可喝点温热的黄酒，生理期间一般都想吃点巧克力、蛋糕，没有关系，因为生理期间吃甜食比较不容易发胖，还可以帮助加快血液代谢。

(2) 主食以清淡为主，应多吃些润肠通便的食物，如新鲜蔬菜、水果、花生仁、核桃仁，芝麻仁及莴苣油、蜂蜜等，月经后期需要多补充含蛋白及铁、钾、钠、钙、镁的食物，如肉、动物肝、蛋、奶等。另外，红豆汤、桂圆汤、八宝粥都是不错的日常选择，南方人喜欢的酒酿煮鸡蛋也很好。

(3) 生理期期间尽量不要洗头。如果非洗不可，尽量在中午洗，洗完头一定要立即吹干。电吹风是离不了的，吹干头发特别注意吹后脖颈，从那里往下，风池、风府等几个穴位都容易把冷气和水湿带进体内。电吹风也有一些别的用途，比如肩膀酸痛，脖子僵直什么的，用电吹风吹一阵也能缓解。

(4) 准备一个暖水袋，经期时就随时捂住腹部，如果还伴有腰痛，也可以把暖水袋放置在后腰的位置热敷。同时，可以泡热水脚，增加血液循环。

(5) 一定要把被窝弄暖和，早早地休息。同时也应多喝水，以帮助消化，使大便通畅。

(6) 每天点按三阴交10分钟，三阴交是妇科的首选要穴，可以说是治妇科病的万灵丹，该穴位于人体的小腿内侧，足内踝上缘三指宽，在踝尖正上方胫骨边缘凹陷中，是肝脾肾三条阴经的交会穴。该穴名意指足部的三条阴经中气血物质在本穴交会，有脾经提供的湿热之气，有肝经提供的水湿风气，有肾经提供的寒冷之气，多按揉，既能通利又能收摄、能活血又可止血、能滋阴又可利湿，可根据个人不同自动调节。

（7）常备逍遥丸和加味逍遥丸。两者对70%以上的月经不调都能起到作用，对早期的乳腺增生也有良好防治作用。如果常常月经期间头晕乏力、腰酸腿疼，可在医生的指导下服用六味地黄丸；如是虚寒怕冷，可选用十全大补丸。

（8）吃猪皮冻胶。猪皮1 000克，黄酒250毫升，白糖250克。用文火将猪皮炖至汁液黏稠，撇去油，盛小盆中冷冻，再去上边大油，化开，加入白糖、黄酒即可。

生理健康是女性身体健康的重要组成部分，20几岁的女人理应多学习一些呵护生理健康的方法。

女人每天要做的健康10件事

健康是女人永恒的主题，比金子还珍贵，因为健康很难再生，一旦失去，再先进的高科技都无法使受损的机体恢复到原来的状态。就像一张白纸，揉过之后怎么也不可能恢复到原先的平整一样。所以，为了拥有比金子都珍贵的健康，20几岁的女人每天至少要做到以下10件事。

1. 一天2杯白开水

女人是水做的，充足的水分是女人健康和美容的保障。女人若缺水，就会使她们的身体过早衰老，皮肤因缺水而失去光泽。女人的代谢慢，消耗也低，因此女人如果喝水比较少，就会使身体和皮肤的问题同时出现。

20几岁的女人应该做的是：每天至少2杯白开水，早晚各1杯。早上的1杯可以清洁肠道，补充夜间失去的水分，晚上的1杯则能保证睡觉时血液不至于因缺水而过于黏稠。血液黏稠会加快大脑的缺氧、色素的沉积，使衰老提前来临。

2. 1片多种维生素复合片

为了减肥而节食的女人在现代社会中比比皆是，这样就难以保证身体获得充足的营养。所以，每天补充必需的维生素和微量元素是现代女性保健之必需。女人可以选择多种维生素的复合剂。比如“施尔康”。

20几岁的女人为延缓衰老的到来，维生素C、E是必须补充的，可以选择“维生素EC合剂”。它们可以中和侵袭人体皮肤组织的自由基因，对皮肤起保护作用。为了防止骨质疏松，女人在20几岁开始就应该每天服用一定的钙剂，以乳酸钙、柠檬酸钙为好。

3. 1杯醋

醋在女人生活中发挥着非常重要的作用，女人还是有点“醋意”的好。每日三餐中摄入的食用醋可以延缓血管硬化的发生。除了饮食之外，在化妆台上加一瓶醋，每次在洗手之后先敷一层醋，保留20分钟后再洗掉，可以使手部的皮肤柔白细嫩。如果你住地的自来水水质较硬，可以在每天的洗脸水中稍微放一点醋，就能起到养颜的作用。

4. 1杯酸奶加1袋鲜奶

女人是最容易缺钙的，而牛奶中含钙量很高，其补钙效果优于任何一种食物，特别是酸奶，更容易被人体吸收。所以，女人应每天保证喝1杯酸奶。另外的1袋鲜牛奶，则是为美容准备的。

如果每星期能够选1天去做个“桑拿浴”，蒸去皮肤表层的脏东西，不但能美容，而且又能保养皮肤。其中牛奶就是最便宜又是最有效的美容面膜。在桑拿室中蒸10分钟后，用鲜牛奶涂抹全身保留半小时，待洗浴结束后再冲掉，经过牛奶浴的皮肤会明显地细嫩起来。最重要的是，这样美容的全部价格不会超过15元。

5. 1瓶矿泉水

名副其实的矿泉水中含有的微量元素和矿物质是皮肤最需要的。清洁脸部后仰卧，用矿泉水浸湿一块干净的纱布，然后敷在脸上，等到纱布变干后再次浸湿。如此反复进行，就等于给面部做了一次微量元素的营养补充。

6. 1袋茶叶

茶，女人是一定要喝的，对于那些想要减肥的女人来说，茶是最天然、最有效的减肥剂，其中以绿茶和乌龙茶最好，再没有什么比茶叶更能消除肠道内淤积的脂肪了。另外，便秘的女人可以每个星期饮用2~3次缓泻茶，保持大便每天通畅，是女人保健的关键。

7. 1个西红柿或1片维生素C泡腾片

在水果和蔬菜中，西红柿是维生素C含量最高的一种，20几岁的女人每天至少应保证摄入1个西红柿，以便满足一天所需的维生素C。如果因各种原因办不到，则至少要每天喝1杯用维生素C制成的泡腾片饮品。要注意，泡腾片溶解后要立即喝掉，否则其很快氧化，水中的维生素C也就失效了。

8. 一个简单的面膜

在每天晚上临睡前，20几岁的女人应该做一个简单的面膜。面膜的作用就是将沉积在面部的脏东西消除掉，让皮肤作一次彻底的清洁，然后涂上护肤品，从而使晚间的皮肤得到最好的修复。

9. 一个美容觉

女性的睡眠时间不能过晚，特别是不能超过晚上11时，因为从晚上10时到第二天早上5时，是皮肤修复的最佳时间，而睡眠中的修复才有效。如果入睡时间超过了子夜，即使是第二天起得再晚，睡得再长，也已经错过了皮肤的最佳保养时间。

10. 一份幸福好心情

情绪会影响你的心理状态，甚至是身体健康。想要幸福每一天，就要努力提高自己的心理状态。每天梳洗结束对着镜子做个鬼脸，笑一笑身体好。

健康是生命的源泉，健康是事业的先决条件，更是人们幸福快乐的基础。有了健康的身体，20几岁的女人才能充满活力，精神抖擞，端庄稳重，处世乐观，机智敏捷，落落大方；才能充分参与丰富的劳动生活和社会生活，充分展示和塑造女性的智慧和美。

第35章

小习惯大健康，20几岁开始养成一生的健康习惯

生活中的小习惯能对我们的身体健康产生重要的影响，好的生活习惯会让我们拥有健康的身心，而不良的生活习惯则会导致身心疾病。20几岁的女人，要从现在开始养成一生的健康习惯。

20几岁开始养成健康的生活小习惯

很多20几岁女人的生活习惯都不正确，那些不良的生活习惯极大地限制了她们的健康潜力。所以，20几岁的女人要从现在开始改掉不良的生活习惯，坚持健康的生活习惯!

要养成一种习惯，大概需要连续坚持14~21天的时间，这就需要你在这几段的时间内坚持它。一旦新的生活习惯形成，它就成为了一个无意识的身体反应。一旦你养成了新的健康生活习惯，那么以前的不好的生活习惯就自然的被取代了。这些健康生活习惯是从世界各地的寿星那里直接获取的第一手资料。如果你能照做并且坚持下来的话，那么你一定会每天都充满活力!

1. 每天按时吃饭，每顿饭八分饱

很多女性在美食面前就无法控制自己，遇到自己爱吃的会吃到胃都装不下，然后再拼命节食减肥什么都不吃。这是非常错误的做法。不仅越减越肥，而且会导致肠胃出毛病。根据医学专家的提示，一定要按时吃饭，但是每顿饭吃到七八分饱

就可以了。这样不仅有利于满足女性保持苗条美丽，而且对女性的身体也是有利无害的。

2. 找机会多锻炼

有规律的锻炼有助于改善你的生理机能，强化你的免疫系统，增强关节的灵活性，让你更有活力，等等之类的好处。日常生活中你可以找到很多锻炼的机会。快步走，跑步，或者选择骑自行车而不是开车上班。每天打一会儿太极。赶紧找个健身房开始吧！锻炼时要注意安全，然后记得观察锻炼给你带来的健康成果。或者可以经常约着朋友外出爬爬山，做一些户外运动也是非常有利于身心健康的。

3. 大声的笑出来

研究表明笑声和快乐会提高你的身体免疫力，特别是它们产生的自然杀伤细胞能使你免受疾病和癌症的侵害。平时多笑一笑，这会让你的大脑分泌更多的安多芬——一种能使你感觉愉快的化学物质。快乐的人们更长寿，这是毋庸置疑的。

4. 多喝水

水分对我们身体有多重要大家应该都很清楚。全球各地的长寿老人都把家乡的水比作他们健康长寿的源泉——科学家们也都同意他们的这种说法。不含化学物质和毒素的远离城市的纯净水资源，是我们所共同拥有的。

5. 通过冥想来放松自己

生活工作中的压力是那些导致我们寿命减少的疾病的诱因。现代社会的压力越来越大，冥想是释放压力使你重新拥有活力的最好途径——除非你发现了别的对付压力的方法。冥想能教会你一种新的呼吸方式，这种呼吸方式能释放你体内70%的毒素与废物。冥想还会使你的内心更平静，教会你自律——这对你能不能最终执行这个计划有着至关重要的联系。

试着这样开始冥想：找张椅子坐下来，或者地板上，怎么舒服怎么来。闭上眼睛，自然的呼吸。每当一个想法出现在你脑子中时你就把它放进一个气球，然后放飞它，让它在天空中越飞越高，直到消失不见。反复的这样做，直到你脑子中的想法耗尽。过一会儿之后，你会感觉你的身体变轻了，思维也越来越平静。第一次做时也许比较困难花费你很长时间，但是之后会越做越好。

以上这些都是有助于你健康的生活小习惯，如果你能把这些好的生活小习惯一年一年的长期坚持下去，你就会拥有大大的健康。

每天睡一个好觉

要想每天都保持良好的心态，做到开怀大笑，自然背后要有充足良好的睡眠来做基础。对20几岁的女人来说，睡眠的质量是至关重要的。

不充分的睡眠会使你的体内产生许多毒素，而且有些毒素会随着血液进入大脑，能迅速引起中枢系统的“中毒”症状。科学研究表明睡眠的过程是体内排毒的过程，所以20几岁的女人要养成按时睡觉的好习惯。这样可以很好地消除疲劳和有效地促使体内毒素的排除。下面为你提供一份睡眠时间表：

晚上9:00~11:00，为免疫系统（淋巴）排毒时间，此段时间应安静或听音乐。

晚间11:00~凌晨1:00，是肝的排毒时间，需在熟睡中进行。

凌晨1:00~3:00，是胆的排毒时间，同样是在熟睡中进行。

凌晨3:00~5:00，是肺的排毒时间。此即为何咳嗽的人在这段时间咳得最剧烈，此时正是肺部排毒；不应用止咳药，以免抑制废积物的排除。

凌晨5:00~7:00，为大肠的排毒时间，应上厕所排便。

早晨7:00~9:00，是小肠大量吸收营养的时段，应吃早餐。

疗病者最好早吃，在6:30前，养生者在7:30前，不吃早餐者应改变习惯，即使拖到9:00~10:00吃都比不吃好。

半夜至凌晨4:00，是脊椎造血时段，必须熟睡，不宜熬夜。

充足的睡眠和良好的睡眠习惯对女人的美丽和健康有很大的影响，养成良好的睡眠习惯是20几岁女人美丽和健康的必要条件。

人们的睡眠习惯各种各样，其中有很多会影响女人的外表和健康，所以20几岁的女人一定要改掉不利于睡眠的习惯，让自己睡一个好觉的同时拥有美丽和健康。

1. 带妆睡觉

有些20几岁的女人在睡觉前不卸妆，这是不好的习惯。皮肤上残留的化妆品很容易堵塞毛孔，造成汗腺分泌障碍，不仅容易诱发粉刺，影响皮肤美观，而且时间长了还会损伤皮肤，使皮肤衰老速度加快。

2. 戴乳罩睡觉

女性长期晚上戴乳罩入睡很容易诱发乳腺癌。相关研究发现，每天戴乳罩时间超12小时的女性，患乳腺癌的概率比短时间戴乳罩的女性高20倍以上。这是由于乳房长久受到压力，淋巴液在回流的时候受阻，有害物质不能排出而积留乳房所致。所以，20几岁的女人不要长时间穿戴乳罩，更不能穿戴乳罩入睡。

3. 佩戴饰物睡觉

一些20几岁的女人喜欢带着饰物入睡，这对身体十分有害。一些饰品是由金属制作的，长期佩戴不但对皮肤有所磨损，有的还会使人在不知不觉中产生中毒的反应。一些带有夜光功能的饰品会产生放射性辐射，辐射量虽微弱，但长时间积累可导致不良的后果。

4. 酒后入睡

随着现代生活方式发生改变，当今20几岁女人的夜生活十分丰富，一些职业女性的应酬比较多，她们常会伴着微微的醉意入睡。据相关医学研究表明，人饮酒入睡后很容易出现窒息，一般每晚出现这种情况2次左右，每次窒息的时间约为10秒钟。长期酒后入睡，则容易患心脏病和高血压等疾病。

5. 蒙头睡觉

有些20几岁的女人喜欢蒙头睡觉，觉得这样有安全感，尤其是在寒冷的冬天。这也是不好的睡觉习惯。由于睡觉时空气不流通，被窝里的氧气不充足，使人体各器官得不到足够的氧气供应，在醒来后人往往会感到头晕、胸闷、乏力，影响人的精神状态。

6. 睡觉时高枕双臂

不少20几岁的女人睡觉时喜欢两臂高抬放在枕头上，这种睡姿对身体健康十分有害。由于手臂上抬不利于肩部肌肉的放松，长期这样会引起肩部疼痛不适，还会影响到上肢的血液循环，引起手麻。另外，手臂上抬可引起人体腹内压力升高，容易使进入胃内的食物连同消化液倒流进入食管，对食管黏膜有很强的刺激作用，容易引起食管黏膜充血、水肿，甚至引发返流性食管炎，引起肠胃疾病。

7. 睡觉不关电热毯

冬天的时候，很多20几岁的女人喜欢整夜整夜地开着电热毯，这不但容易使人醒来后感到口干舌燥，还容易使人感冒。人入睡时的理想温度为33摄氏度到35摄氏度之间，湿度为55%~60%之间，在这种环境下，皮肤的大量血管处于收缩的状态，血流速度减慢，使人体得到充分的休息和调整。如果电热毯加热的时间过长，被窝内温度过高，皮肤血管就很容易扩张，血液循环速度会加快，人的呼吸变深变快，抗菌的能力下降，很容易导致感冒。所以，20几岁的女人要正确使用电热毯：在睡觉的前10分钟开启，当被褥预热之后关闭电源，只要人在进被窝时不感到凉就可以了。

谨记病从口入，拒绝垃圾食品

除了错误的睡眠习惯会影响20几岁女人的健康之外，垃圾食品也是危害20几岁女人健康的重要元凶之一。为了使自己的身体保持健康，20几岁的女人应该拒绝垃圾食品。

下面就为你列出世界卫生组织公布的十大垃圾食品的名单。

1. 油炸类食品

医学专家研究发现，爱吃油炸类食品的人，患有癌症的可能性远远高于少吃或不吃油炸食品的人。

因为油炸食品含有大量的氧化物质和油脂，其中有些化学物质会使蛋白质变异，并破坏人体内的维生素，而且食物在油炸的过程中易产生致癌物质。油炸食品还能够导致肥胖症和心血管疾病。

2. 腌制类食品

腌制类食品里含有大量的致癌物质——亚硝胺，这是由于在腌制食物过程中需要放大量的盐，这会导致腌制食品中的钠盐含量超标，从而加重了肾脏负担，增加了恶性肿瘤和鼻咽癌的发病率，还易引起高血压等心血管疾病。并且，腌制食品还会影响人体的黏膜系统，容易让人产生上火、溃疡和发炎等状况。

3. 加工肉食类食品

在加工的肉食中，为了防止食物腐烂和变色，通常要加入一定数量的亚硝酸盐，而亚硝酸盐是三大致癌物质之一。所以经常食用加工肉食的女性，有患癌症的风险。同时，加工的肉食中通常会添加防腐剂和增色剂等化学物质，这会对人的肝脏造成损伤。如果大量地食用加工肉食，还可能导致人体吸收盐分过多，对肾脏产生一定的伤害。

4. 罐头类食品

罐头食品在加工过程中几乎流失掉了食物中的全部营养，特别是食物中的维生素。这种流失使蛋白质的性质发生变化，很难被人体吸收。此外，有许多水果类的罐头含糖量很高，热量过多，但营养成分却很低，这会让人们在食用后血糖大幅攀升，导致胰腺负荷过重。除此以外，由于罐头热量较高，还易导致肥胖症。

5. 烧烤类食品

烧烤类食品中含有强致癌物质三苯四丙吡，它位居三大致癌物质之首。另外，在食物的烧烤过程中，蛋白质的炭化变性会加重肝脏和肾脏的负担。

6. 冷冻类甜食

许多20几岁的女人喜欢吃冷冻食品，其实冷冻类食品对人体害处很大，应该远离这种食品。

冷冻类甜食大都是奶油制品，经常食用奶油制品会导致肥胖或血脂、血糖升高；并且它们的热量较高，会影响人的食欲，甚至导致胃—食管返流征，使人体内营养不均衡，许多人空腹食用奶制品后会出现泛酸的情况；因为温度过低，冷冻类甜食还会刺激人的肠胃，影响肠胃健康。

7. 方便类食品

方便类食品营养成分很低，热量却很高，属于低维生素、低矿物质、高脂肪的食品。经常食用会破坏人体内的维生素。而且方便类食品的含盐量比较高，会加重肾脏的负担，可能导致高血压或其他心脑血管疾病。这类食品中还含有大量香精和防腐剂等化学物质，对肝脏也有很大的伤害。

8. 果脯类食品

果脯类食品是一种只有热量却没有营养的垃圾食品。它的亚硝酸盐含量比一般食品要高，这种物质可结合胺在人体内形成致癌物质。而且果脯类食品的香精等物质容易损害人的肝脏。

9. 碳酸类食品

碳酸饮料的含糖量过高，往往会影响人的食欲。而且碳酸饮料会使人体内的钙大量流失。长期饮用会对人体健康造成很大的影响。

10. 肥肉或动物内脏

动物内脏中含有大量的蛋白质和矿物质等对人体有益的营养，但是同时动物的内脏中还含有大量的胆固醇和有害物质，这些物质正是引发心脏病的罪魁祸首。据科学研究发现，大量食用动物的脂肪和内脏会增加人们患恶性肿瘤和心血管疾病的概率。

20几岁的女人一定要记住以上10类垃圾食品，养成不吃垃圾食品的好习惯。

养成定期体检的好习惯

保持健康，就要先了解自身的健康状况，这样才能有的放矢，找准引发疾病的坏习惯。而了解自己的健康情况，最直接最有效的就是定期进行健康体检。健康体检，是保证身体健康的第一步，是预防疾病的有效手段之一。要保持健康状态，早期发现疾病的蛛丝马迹很重要，定期体检就是最佳途径。通过健康体检，可以了解自身健康状况，发现一些不易察觉的早期疾病，以便及时干预、终止疾病的发生发展，收到事半功倍的效果。所以，20几岁的女人要养成定期体检的好习惯。

关于健康体检，专家为你指出了“8项注意”，以帮你走出误区。

1. 没有疾病不用查

有的人认为自己身体不错，能睡能吃，从来没有觉得不舒服，于是不主动检查，或者干脆就不去体检。这样做对自己是十分不负责任的。

2. 身体不好不敢查

有的人身体比较虚弱，一到体检，往往担心会查出这样那样的疾病，从而对工作、家庭造成不良影响。因此体检时躲躲闪闪，不愿检查。这样只会导致原有疾病加重。

3. 害怕麻烦不想查

有些人工作忙，该体检了，自己还有许多事情做，想到身体也没什么大病，干脆走走形式，有的甚至形式也不走，干脆找个理由一推了之。这种做法，很有可能延误疾病的治疗。

4. 抓大放小不全查

有人只做自己认为重要的检查，而对于眼、耳、鼻、喉、血压等检查，觉得无关紧要。这样会使身体健康信息遗漏，导致医生无法全面系统做出检查结论。

5. 发现问题不复查

体检时发现了问题，应该及时到医院进行复查。而有的人，体检发现了问题，有的拖得时间太久，有的甚至不去复查，这对健康十分不利。

6. 担心费用不细查

一部分人为了省钱，该检查的不检查，同样也会漏掉许多信息，影响医生作出正确的判断。

7. 隐瞒情况不实查

有的人平时就患有某种疾病，体检时不加说明，甚至当医生问到时，还隐瞒不报，这样，医生就很难判断是体检中查出的健康隐患，还是既往疾病。

8. 不求甚解过度查

有的人过分担心自己的健康，体检时不论是否需要，全部都做，这样也是不可取的。

为了保证体检的质量，除了要注意以上几项外，充分做好体检前的准备工作，也是不可忽视的环节。

(1) 体检前几天，要注意饮食，不饮酒，不要吃过多油腻、不易消化的食物，以及对肝、肾功能有损害的药物；还要注意保持血压的稳定。

(2) 体检前一天最好能洗个澡，要注意休息，避免剧烈运动和情绪激动。保证充足睡眠，以免影响体检结果。

(3) 体检当日的早晨应当禁食、禁水。

(4) 体检当日，女性要避开经期，不要化妆，不要穿连衣裙、连裤袜，以方便检查。

(5) 戴眼镜的人，一定要戴着眼镜去体检中心。

(6) 曾经动过手术的人，注意携带相关病历和有关资料，以便医生查阅。

另外，体检时要注意不要迷信仪器。不少病人对超声、透视等机器很信任，而对医生的手诊、问诊表示怀疑。只相信仪器检测，会漏掉很多发现疾病的可能性。仪器并不能像医生那样能综合考虑病人的病史、症状等各方面因素，它永远是辅助的，最终的诊断要靠人脑做出。

体检应找专业机构。体检是为了要达到预防疾病的目的，也许有的人认为自己每年都在体检，于是随便找个医院体检一下草草了事。其实体检应该交给专业的机构进行更能达到预期的效果。一般专业的体检医院有值得信赖的专业医师、先进的检验设备、舒适的环境、个别化的照顾、深度咨询、良性互动以及后续服务，特别是医检分离的环境，更让体检的人安全地远离感染。体检的内容同样应该由专业的医师根据个人不同的情况进行制定。

对于人来说，健康是第一位的，没有健康就等于失去了一切。生活中的好习惯，会帮你保持大健康。20几岁的女人要重视自己的身心健康，养成一生的健康习惯。

第36章

女人健康吃出来，科学饮食为女人生命保鲜

俗话说：“药补不如食补”，女人的健康是吃出来的，20几岁的女人要养成科学饮食的好习惯，用营养美味的饮食为自己的生命保鲜。

科学饮食能让20几岁的女人保持肌肤弹性，拥有一张健康阳光的面孔。时光如水，女人最为害怕的就是衰老，当自己发现脸上第一条皱纹的时候，那种惴惴不安的感觉对每一个女人都是刻骨铭心的。对于20几岁的女人来说，只要调理好自己的饮食，养成健康的饮食习惯，就可以让衰老的脚步放慢些、再慢些。

避免吃催人早衰的食物

我们在生活中常可以见到这样的现象，相同年龄和相同工作环境的人，从外表上看可以相差10岁甚至更多。有些人之所以有未老先衰的现象，是由于多种原因造成的，其中常吃某些易催人早衰的食物是一个重要原因。

1. 含铅食品

科学家发现，含铅量过多的食物例如松花蛋等不宜多吃。含铅量过多的食物容易造成神经传导阻碍，引起记忆力衰退，还会使人面色灰暗，过早衰老。

2. 含铝食物

铝制的锅、盆、勺、碗、筷等，西药中的复方氢氧化铝、氢氧化铝，食品中的

油条等都含有较多的铝。人如摄入过多的铝，将会直接破坏神经细胞内的遗传物质（脱氧核糖核酸）的功能。如，老年痴呆症与铝有密切关系，铝能促使人过早衰老。

3. 腌制食品

腌咸菜中含有硝酸盐，在人食入后，在肠道细菌作用下，还原为有毒的亚硝胺。现在认为，亚硝胺是一种致癌物，毒害身体，促人早衰，甚至诱发癌症。

4. 霉变食物

黄曲霉来自被污染的花生、黄豆、玉米、薯干、肉类、油类等食物，被认为是一种致癌物。如果食用被黄曲霉污染的食物，就会引起中毒，轻则头昏、心悸、呕吐、腹泻，加速衰老，重则甚至引起癌症。

5. 某些废水

水壶、水瓶等储水用具，久用会产生水垢，如不及时清除，经常饮用，会引起消化、神经、泌尿和造血器官病变而老化。经常喝没有烧开的水，也容易致癌，促人衰老。

6. 酒精饮料

大量或经常饮酒，对健康极为不利。酒中含有酒精，它不是人体正常所需要的成分，在胃内就被吸收，进入肝脏进行解毒。久而久之，其超过了肝脏的解毒能力，就会使肝脏产生酒精中毒，进而引起炎症或肿瘤。特别是那些肝有病变的人，尤其不能饮酒，以免影响肝功能，促进衰老。

多吃能使自己看上去更年轻更漂亮的食物

20几岁的女人一定少吃以上这些催人早衰的食物，而要多吃一些能使自己看上去更年轻、更漂亮的食物。下面就为你提供一份能为你的健康加分的饮食菜单。

1. 花菜

花椰菜又叫菜花，有白、绿两种，白色的一般称为菜花或花菜，绿色的叫西兰花。花菜是抗击衰老的必选或者说是首选食物。

花菜中含有大量的抗癌酶、维生素A与维生素C，同时也是蔬菜中钙的一个良好来源。更重要的是，花椰菜含有一种被称为isothiocyanate的抗癌成分。除此之外，花菜还含有可以防止骨质疏松的钙质、女性常常缺乏的铁元素以及有利于孕妇的叶酸。

2. 牛奶或酸奶

喝1杯240毫升的脱脂或低脂牛奶，即能吸收到300毫克的钙质。钙质能强健骨骼和牙齿，富含钙的饮食能降低患高血压、乳腺癌、结肠癌等概率，也能舒缓经前症候群。除了钙质，牛奶中还含有丰富的蛋白质、维生素A、维生素D、维生素B_{12}、核黄素和烟碱酸等。

酸奶不仅有助于消化，还能有效地防止肠道感染，提高人体的免疫功能。与普通牛奶相比，酸奶脂肪含量低，钙质含量高，还富含维生素B_2，这些元素都对人体大有裨益。

3. 蔬菜沙拉

数种绿色蔬菜混合后，例如富含维生素A、叶酸的莴苣和菠菜，纤维多的生菜，再加上西红柿、红萝卜、小黄瓜。研究指出一天至少3份的蔬菜可以降低罹患癌症、心血管疾病和糖尿病的概率，对维持皮肤健康也有帮助，不过记得高热量的沙拉酱不要加太多。

4. 黑木耳

黑木耳中含有充足的铁元素，它具有益气补血、凉血止血功效。众所周知，当女人气血充盈时，脸色会白里透红，精神状态也能年轻好几岁。据说，51岁的巨星麦当娜常葆青春的秘诀就是每天喝一碗用黑木耳和红枣一起煲的甜汤！

5. 燕麦

燕麦中含有丰富的蛋白质、钙和核黄素，它们可有效提高人体的新陈代谢速度，加速氨基酸合成，促进免疫细胞更新。每天早上吃燕麦，可让你的机体更年轻！

燕麦里含有茁葡聚糖，是一种海绵状可溶解的纤维素，可以化解早期的胆固醇，所以每天吃点燕麦可以起到降低胆固醇的作用。燕麦里还含有亚油酸，所以燕麦有抑制胆固醇升高的作用。燕麦所含的多种酶类有较强的活力，能够帮助延缓细胞的衰老。

6. 香蕉

香蕉含有丰富的维生素A、维生素B、维生素C、维生素E和铁质，还含有协调身体酸碱度平衡的磷和矿物质，是提神醒脑的最佳保健食品之一。

7. 西红柿

西红柿是深受人们喜爱的一种食物，它以鲜美的味道、极高的维生素含量和较为低廉的价格为自己赢得了“平民水果之王”的称号。

多吃西红柿可以降低胆固醇，西红柿中丰富的维生素还可以辅助治疗贫血。主要的是：西红柿中还含有一定量的钾离子和镁离子，它们都具有降压的作用，能扩张血管，增加血管舒缓度，有助于展平皱纹，使皮肤细嫩光滑。据研究测定：每人每天食用50~100克鲜西红柿，即可满足人体对几种维生素和矿物质的需要。

8. 黑加仑

在欧洲国家颇为流行的黑加仑，被证明有一定的抗衰老功效。其原因在于黑加仑中含有大量的酚类物质，它能有效降低体内衰老基因的作用效果，让你看上去比实际年龄更年轻！

科学饮食：吃出健康的体魄，吃出美丽的容颜

在了解了哪些食物对可以加速你的衰老和哪些食物能够保持你的青春之后，20几岁的女人还应该明白合理饮食的重要性。科学合理的饮食能够治疗亚健康，实实在在让你吃出健康的体魄，吃出美丽的容颜。

饮食不合理是导致20几岁女人亚健康的最常见原因。如有些人仍以传统饮食习惯为主，即机体摄入低蛋白、高热量食物。许多人不重视早餐，甚至不吃早餐，机体经常处于饥饿状态，致使大脑供氧不足，影响肾上腺素、生长激素、甲状腺素等内分泌激素的正常分泌，严重者可产生情绪抑郁、心慌乏力、视线模糊、低血糖、昏厥等症状。

还有一些20几岁的女人由于长期的偏食嗜好，而导致“亚健康状态”。因为人体在正常状态下，血液为弱碱性，但是，血液中不论酸性过多还是碱性过多，都会引起身体不适。主食的面米及副食中的肉、蛋类、白糖等食物，食入过多都会导致酸性体质，诱发“亚健康状态”。

医学认为，人体的阴阳平衡才是健康的标志。然而这种平衡是动态的平衡，且受外界环境的影响，显然要使之达到绝对的平衡是不可能的。也就是说“亚健康状态”是客观存在的。选用食疗是调整“亚健康状态”的最佳方法。因为许多天然食物营养全面、无副作用，长期服食，可达益气、养血、扶正、健脑、强身、抗衰老

的目的，特别是对中医认为的各种虚损症的调养更具有实用价值。为此，特向20几岁的女人们介绍几种有关“亚健康状态”的饮食调理方法。

肺气虚状态：有气短、多汗、易感冒等表现。此症者可长期食用百合、蜂蜜、白木耳、红枣、橘、杏仁等食物。

脾阳虚状态：有便秘、腹胀、肠鸣、嗳气等表现。此症者可长期食用山药、莲子、百合、山楂、薏仁米、饴糖。

肾阳虚状态：有腰疼膝软、畏寒肢冷、头晕耳鸣、发须早白、性衰退等表现。此症者可长期食用羊肉、芝麻、胡桃、豆类及豆制品、坚果类食物。

肥胖疲劳状态：有许多身体过于肥胖者，因体重过重不仅会使身体疲劳，而且会造成心理疲劳。此时应少吃淀粉类和糖类的食物，宜长期食用萝卜、卷心菜、白菜、青椒、西红柿、香菇等蔬菜和水果。

心烦意乱状态：有失眠、头晕、心烦表现。此症者宜长期食用养心安神的食品，如煎服龙眼肉、酸枣仁、柏子仁等。

神经衰弱状态：有视力下降、记忆力减退、行动笨拙等表现。此症者宜长期食用莲子、龙眼肉、百合、大枣、糯米等煮粥食。若是血虚及紧张引起的神经衰弱，可吃桑葚，也可配合熟地、白芍煎服。

由于很多20几岁的女人都要面对工作和生活中的巨大压力，针对其中有些人负担过重、大脑疲劳、筋疲力尽以及脾气不好等现象，专家也推荐了相应的食疗方案，希望20几岁的女人们能对症调理饮食，一定能够获得意想不到的裨益。

失眠烦躁健忘时：多吃富含钙、磷的食物。含钙多的如大豆、牛奶、鲜橙、牡蛎；含磷多的如菠菜、栗子、葡萄、鸡、蛋类。

神经敏感时：神经敏感的人适宜吃蒸鱼。但要加点蔬菜，因为蔬菜有安定神经的作用。吃前可以先躺下休息，松弛紧张的情绪，也可以喝少许葡萄酒，帮助肠胃蠕动。

体瘦虚弱时：体瘦虚弱的人适宜吃炖鱼。在吃前最好小睡一会儿。人们都习惯饭后睡觉，这是不正确的习惯，应改为饭前睡一会儿，因为吃了饭再睡，人会觉得越来越不舒服。

筋疲力尽时：可在口中嚼些花生、杏仁、腰果、胡桃等干果，对恢复体能有神奇的功效，因为它们含有大量丰富的蛋白质、B族维生素、钙和铁，以及植物性脂肪，却不含胆固醇。此外，蛤蜊汤、青椒肉丝、凉拌蔬菜、芝麻、草莓等食物含有丰富的蛋白质及适度的热量，能保护并强化肝脏，不妨多吃一些。

眼睛疲劳时：在办公室里整天对着电脑，眼睛总是感到很疲劳，你可在午餐时点一份鳗鱼，因为鳗鱼含有丰富的人体所必需的维生素A。另外，吃些韭菜炒猪肝也可缓解眼睛疲劳。

大脑疲劳时：坚果，即花生、瓜子、核桃、松子、榛子等，对健脑，增强记忆力，有很好的效果。因坚果内人体必需的脂肪酸亚油酸的含量很高，且无胆固醇，所以人们常常把坚果类食品称为“健脑”食品。另外，坚果内还含有特殊的健脑物质卵磷脂、胆碱，所以对脑力劳动者来说，它的营养、滋补作用是其他食物所不能比拟的。

压力过大时：维生素C具有平衡心理压力的作用。当承受强大心理压力时，身体会消耗比平时多8倍的维生素C，所以要尽可能地多摄取富含维生素C的食物，如清炒菜花、甘蓝、菠菜、芝麻、水果等。工作压力大的人，服用维生素C片剂，会获得比较理想的效果。

脾气不好时：钙具有安定情绪的效果，牛奶、乳酸、奶酪等乳制品以及小鱼干等，都含有极其丰富的钙质，有助于消除火气。萝卜适于顺气健胃，对气郁上火生痰者有清热消痰的作用，最好生吃，也可做萝卜汤。啤酒能顺气开胃，改变恼怒情绪，适量喝点儿会有益处。

丢三落四时：应补充维生素C及维生素A，增加饮食中的果蔬数量，少吃肉类等酸性食物。富含维生素C及维生素A的食物有辣椒、鱼干、笋干、胡萝卜、牛奶、红枣、田螺、卷心菜等。

如果你能按照专家的建议长期坚持合理的饮食，你的身体一定能从亚健康状态调整到健康状态。

20几岁的女人中不乏精干聪明的脑力工作者，她们一般体力活动少，主要从事脑力劳动。怎样通过食物营养提高大脑的劳动效率，这是每个脑力劳动者关心的问题。

科学家研究发现，人脑的重量虽然只占人体重量的2%左右，但大脑消耗的能量却占全身消耗能量的20%。人体消耗的能量主要由膳食中的糖、脂肪和蛋白质提供。但人脑在利用能源物质上与其他器官不足，它主要依靠血液中的葡萄糖（血糖）氧化供给能量。大脑对血糖极为敏感，人脑每天需用116~145克的糖，当血糖浓度降低时，脑的耗氧量也下降，轻者感到头昏、疲倦，重者则会发生昏迷。因此，一定的血糖浓度对保证人脑复杂机能的完成是十分重要的。

蛋白质在大脑中含量最高。脑细胞在代谢过程中需要大量的蛋白质来补充更新。实验证明，食入不同含量的蛋白质食物对大脑活动有显著影响。增加食物中的蛋白质含量，能增强大脑皮层的兴奋和抑制作用，而且蛋白质中的合氨酸还能消除脑细胞在代谢中产生的氨的毒性，有保护大脑的作用。

人脑所需要的脂类主要是脑磷脂和卵磷脂（其中含有不饱和脂肪酸），它们有补脑作用，能使人精力充沛，使工作和学习的持久性增强，对神经衰弱有较好的疗效。另外，科学家研究发现，人在长期从事紧张的脑力劳动时，机体可出现脂质代谢障碍，使血清胆固醇含量增高，引起高脂血症和肥胖症。紧张的神经活动还能增加机体对维生素C、烟酸、B族维生素的需求量。总而言之，脑力劳动者的营养从其工作特点及其对营养素的需要看，应以补充脑组织活动的能源，构成脑细胞的磷脂或不饱和脂肪酸以及参与调节脑细胞兴奋或抑制的蛋白质、维生素A和微量元素等为重点。对运动量较少的，尤其是中年以上的脑力劳动者，由于热能摄取量较少，应特别注意保证有足够的优质蛋白质和维生素的摄入，减少纯糖、纯油脂食物的摄入量，增加蔬菜、水果的摄入量，科学安排一日三餐。所以从事脑力工作的女人宜选用的食物应当是：

富含碳水化合物的食品：如大米、面粉、小米、玉米、红枣、桂圆、蜂蜜等。

富含优质蛋白质的食物：如蛋类、乳类、鱼类、禽类、瘦肉及大豆类。

富含不饱和脂肪酸的食物：如植物油、葵花子、南瓜子、花生、西瓜子、核桃、鱼、虾等。

富含脑磷脂的食物：如猪脑、羊脑、鸡脑等；富含卵磷脂的食物：如鸡蛋黄、鸭蛋黄、鹌鹑蛋黄、大豆及其制品。

富含维生素A的食物：如动物肝脏、乳类、蛋类及胡萝卜、韭菜、海带和木耳。

富含B族维生素的食物：谷类、豆类、花生、核桃、芝麻、香菇、蔬菜、蛋类、奶类、瘦猪肉、动物肝脏、酵母、鳝鱼等。

富含维生素C的食物：鲜枣、猕猴桃、柑橘、柠檬、柚子、菜花、绿叶蔬菜、辣椒、西红柿等。

掌握健康饮食攻略，为女人生命保鲜

20几岁的女人，要为生命保鲜，还要清楚健康饮食中的7大攻略。

1. 酸碱平衡可抗疲劳

在忙碌了1天后，我们容易将胃口留到晚上，尤其在夏天气候炎热的时候，正好可以利用晚上这个时间大吃一顿，借以消磨晚上的时间。殊不知人在疲劳时，体内的酸性物质就已集聚，所吃的食物，如鸡、鸭、鱼、肉等又多属酸性，这样一来就会使血液酸性增加，加重疲劳感。相反，新鲜的蔬菜水果以及豆制品等碱性食物，可使人酸碱平衡，起到抗疲劳的作用。食物的酸碱性搭配对人的健康具有重要的意义。现代医学研究证明，人体内每时每刻都在进行着数以万计的化学反应，以保证人体器官完成各种复杂的生理功能。这些反应之所以能顺利进行，就是由于人体体液的酸碱度（pH值）始终处于恒定的平衡状态。人体体液的酸碱度正常值为7.35~7.45之间，高于或低于正常值，都会对人体的健康产生不利的影响，如果得不到及时纠正的话，疾病就会乘虚而入。

2. 常吃杂粮最营养

自然界现成的食物中几乎没有一种是万能的，它们不可能给人类提供所需的全部营养。为此，人们就要想方设法尽量使饮食多样化，广吃兼收各种各样的食物，如山野之物、各种菌类食品，以及五谷杂粮等。只有均衡而充分地摄取了多种营养物质，才更有利于身体健康，防止毒素在体内积累，达到平衡营养、健体防病的目的。这一点，20几岁的女人可千万不能忘记。

3. 早餐牛奶、鸡蛋不可少

对于每天想要多睡片刻而又没时间进餐的人来说，最佳的早餐内容应是牛奶+面包+水果，或是豆浆+鸡蛋。这是因为面包可以给我们提供热量，而水果中又富含维生素C，牛奶中含有丰富的维生素A，而豆浆中的植物雌激素，更是能调解女性内分泌系统，能改善心理状态，延缓皮肤衰老。至于鸡蛋更是一种天然的滋补佳品，每天吃1~2个，即可补充大量的蛋白质，而其所含的胆固醇却是有限的，对身体不会产生任何负面影响。

4. 食海鲜须充分清洗、高温烹调

“生猛海鲜煎烤涮”似乎已经成为人们日常饮食的一种时尚，而龙虾、象拔蚌、三文鱼、鲈鱼、蛇、龟、蟹等也已逐渐成为餐桌上必不可少的美味佳肴。由于这些食物中存在的寄生虫和致病菌的概率非常高，加之人们在食用中过分追求其味道的鲜美，因此容易造成对食物的烹调不够充分，从而在食用时会使病从口入。部分贝类海鲜中还含有麻痹性毒素，严重的可引起急性中毒，如织纹螺中毒。海鲜中还有被嗜盐菌污染过的鱼类，如黄鱼、带鱼、海蟹等，食用这些不洁的海鲜，就会产生中毒反应，出现恶心、呕吐、腹痛、腹泻等胃肠炎症。所以在食用海鲜时，一定要反复地清洗干净，烹调时最好放一些醋，可有效地杀灭嗜盐菌，并一定要把海鲜煮熟烧透后再吃。

5. 晚餐不宜太荤不宜过晚

如果晚餐较晚且持续时间较长，食物中脂肪和碳水化合物的含量过高，而维生素和矿物质的摄入却明显不足，这样会对身体产生极大的危害。究其原因有两点：一是因为此时人体的有效吸收能力增强，容易引起发胖；二是破坏了体内正常的生物钟，容易导致失眠。如果经常出现这种情况，平时就要多注意食用一些蔬菜、水果和豆制品，以及海带、紫菜等可以补充体内维生素的食物。

6. 定时给自己加餐

紧张的生活、工作节奏和没完没了的繁杂事务，经常令20几岁的女人在正常的进食时间只能简单地吃上几口，因而有限食物中的热量和营养物质很难满足机体代谢的需求。一个健康的成年人每日所需的热量应为1 500千卡，工作量大者则需要2 000千卡的热量。因此对于需要应付繁忙工作的人们，折中的解决办法就是每隔2~3小时，就少量进食一些如脱脂牛奶或全麦面包一类的食物。

7. 吃好每一顿午餐

对于工作繁忙的20几岁女人来说，午餐总是一个让人困扰的问题。午餐是对一天的工作起着“承上启下”的作用(早餐一般占全天热能的30%，午餐占全天热能的40%，晚餐占全天热能的30%)。

很多人午饭都在外面随便吃一点，只求填饱肚子完事，不合理的饮食长期下来，会造成诸如下面的这些隐患。

胃病。很多人都有这种经历，工作几年后，胃就不知不觉出了问题，多数人以为是自己的社交应酬增多造成的，其实不然，主要原因就在于午餐的不规律和马虎。

精力不济。作为脑力、体力双料重压下的20几岁的女人，经过一个上午的辛苦工作，中午如果吃一顿没有营养的饭食，午后的工作精力肯定打折。

厌食。很多20几岁的女人不是忙得没了食欲，而是午餐的游击战让她们吃倒了胃口。在小餐饮店，炒菜族常常会因为它们的卫生情况而牢骚不断；水饺或面条族却因为天天对着老三样而丧失好胃口。

发胖。与之相对，人们在午间没有得到照顾的胃口通常会保留到晚餐时恶补一番，自家的菜也好，和家人相聚时的气氛也好，吃得津津有味，不知不觉就违背了饮食的规律：晚餐要少。

专家提醒：20几岁的女人对待午餐一定要重视，不要随便凑合，要丰富食品种类，预防“快餐综合征”。午餐要尽可能多地变换花样，不要为了省事老吃一种食物，有条件时可多食富含维生素A、B族维生素、维生素C和微量元素的食物，多喝水，可选择一些清热的饮料如绿茶、菊花茶等，预防上火症状。

另外，在20几岁的女人饮食中，我们不得不提一下关于贫血的食补方法。因为贫血是困扰许多女人的一种疾病。由于贫血时血红蛋白减少，血液运输氧的能力降低，会使全身组织和器官都有不同程度的缺氧，于是会在全身引起各式各样的症状。

最常见的症状是“苍白”，往往是被家人发现脸色不好，皮肤苍白。最容易检查出苍白的部位是口唇和眼结膜。早期的自觉症状还有疲乏、无力、头晕、耳鸣、记忆力减退、注意力不集中等。贫血时由于机体需要设法提高氧的供应，于是就代偿性地加快呼吸和心跳而引起气短和心悸，特别是活动后氧消耗增多，症状也加重。

如果贫血很严重，即使休息时也会感到气短心悸。慢性严重贫血甚至会引起心脏扩大、心力衰竭。此外，还可能引起食欲不振、恶心、腹胀、月经失调、闭经和性欲减退等症状。需要注意的是这些症状涉及的组织器官很多，但没有一个症状是“贫血”所独有的，其他疾病也可能出现这些症状。

另外，贫血症状的轻重和贫血发生的速度特别有关。缓慢逐渐发生的贫血，虽然缓慢，但可能症状轻微，甚至不出现症状，所以不能单凭有无症状来判断有无贫血，还需要测定血红蛋白浓度来确定。

除上述常见的贫血症状外，由于贫血大多是继发于其他疾病，所以患者还会表现出原发疾病的症状，比如，消化道出血引起的贫血，患者会出现便血或黑便。肾脏病引起的贫血患者可能有水肿、尿血、高血压等症状。

20几岁的女人比较容易出现贫血症状，贫血大部分的人是因为摄入铁质不足而导致贫血的。所以，在日常生活中可以从饮食中来调理。针对20几岁女人贫血，食补是最有效也最合适的方法。改善女人贫血的常见食物有以下几类：

（1）绿色蔬菜和含铁量高的食物，如蛋黄、牛肉、肝、肾、海带、母鸡、鱼虾、红枣、猕猴桃、葡萄、桂圆、核桃、芝麻、胡萝卜、红薯、菠菜、洋葱及豆制品等食物。因为在补铁的同时辅以维生素C的摄入，这样有利对食物中铁的吸收。

（2）富含铜的食物。铜的生理功能是参与造血，铜缺乏也能引起铁的吸收障碍和血红蛋白合成减少。

(3) 富含优质蛋白质的食物。如蛋类、乳类、鱼类、瘦肉类、虾及豆类等。另外，注意要适量适时饮茶，因为茶叶中含有的鞣酸能阻碍食物中铁质的吸收。

除了以上几大类食物，20几岁的女人还可以针对自己的具体情况，试试下面的这些家常菜谱，然美容健身，又补血养颜。

(1) 龙眼肉15克，红枣3~5枚，粳米100克。同煮成粥，热温服。

功效：养心补脾，滋补强壮。

(2) 新鲜羊骨2斤（1 000克），粳米200克。羊骨洗净捶碎，加水熬汤，去渣后，入粳米共煮成粥。食用时加适量调料温服，10~15天为一疗程。

功效：补肾壮骨。

(3) 糙糯米100克，苡仁50克，红枣15枚。同煮成粥。食用时加适量白糖。

功效：滋阴补血。

(4) 制首乌60克，红枣3~5枚，粳米100克。先以制首乌煎取浓汁去渣，加入红枣和粳米煮粥，将成，放入红糖适量，再煮沸即可。热温服。首乌忌铁器，煎汤煮粥时需用砂锅或搪瓷锅。

功效：补肝益肾，养血理虚。

(5) 鸡蛋2个，取蛋黄打散，水煮开先加盐少许，入蛋黄煮熟，每日饮服2次。

功效：补铁，适用于缺铁性贫血。

(6) 猪肝150克，菠菜适量。猪肝洗净切片与淀粉、盐、酱油、味精适量调匀，放入油锅内与焯过的菠菜炒熟，或用猪肝50克洗净切片，放入沸水中煮至近熟时，放入菠菜，开锅加入调料，吃肝吃菜喝汤。

功效：补铁，适用于缺铁性贫血。

科学合理的饮食是女人身体健康的关键，20几岁的女人应及早养成良好的饮食习惯，才不致未老之前就疾病缠身。如果没有了健康的体魄，再好的机会也只能白白地错过。

第37章

运动有益健康，运动的女人青春永驻

没有人不知道运动对健康有益，但是却不是每个人都能坚持做运动。美国的一份调查研究指出：运动可以使人看起来年轻8岁。运动是女人的活力之源，对于20几岁的女人来说，运动不但能让你拥有健康，而且还让你青春永驻。

运动是女人的活力之源，更是女人的美丽之源

运动是女人的活力之源，是女人的美丽之源。运动给女性带来的好处显而易见，当然，如果20几岁的女人希望把青春留得时间长一些，并保持迷人的魅力，应该选择适合自己的运动方案。你首先要清楚，运动不仅仅指那些剧烈活动，并不一定要去跑步、跳高、举重，甚至是跑马拉松。运动其实每时每刻都在我们的身边，只要我们善于发现。

1. 看电视

对于20几岁的女人来说，看电视是生活中不能缺少的一个部分，很多人在看电视的时候都是半躺半卧，时间长了就会明显感到腰酸背痛。其实，完全可以利用这段时间来锻炼身体。方法如下：身体端坐在椅子上，双膝并拢，脊椎骨靠在椅背

上，双手抱住脖子，抬起左膝，用右肘去触碰，复原后，反方向重来，以此重复数次之后，你就会惊奇地发现所有的腰酸背痛都不见了，并且这样做还能消除腹部的脂肪哦！

2. 收拾房间

在收拾房间的时候，难免要弯腰、下蹲。千万不要浪费这个时间，它也是一个锻炼的绝佳机会。在你下蹲的时候，尽量拉伸背、腰和腿部肌肉的韧带。要注意，脚后跟尽量不要离开地面，弯腰的时候，也要使背部保持平衡、脊柱挺直。

3. 上下楼梯

上下楼梯的时候也是一个锻炼身体的好机会。上楼时，将整只脚都放在台阶上，膝盖稍微弯曲，同时抬头挺胸，大踏步上楼。下楼时，将整只脚的重心放在脚尖上，脚跟稍微抬起，抬头挺胸下楼。

4. 步行

步行有速度上的差别，如果是慢慢悠悠的步行，那就是散步。而如果是速度比较快的步行，那就是锻炼。正常的步行锻炼至少要持续30分钟，并且在前5分钟的时候要按照一般走路的速度进行，权当热身。接下来的20分钟，步行的速度就要变快了，最好能达到大步流星的程度，后面5分钟就变成慢走，跟散步的速度差不多。

如果上班到公司的路程正好是30分钟，那么不妨放弃自行车或者是公交车，早上早起一点，步行去公司，不仅能呼吸到新鲜的空气，还能让身体变得更好。

20几岁正是女人焕发青春魅力的年龄，如果从20岁开始就根据自身状况有选择地参加一些运动，对身心有百利而无一害。这样做还能为迎接组建家庭和怀孕生子的挑战奠定坚实的基础。

在现实生活中，很多20几岁的女人已经从学校学生的角色中解脱了出来，成功转型到了办公室一族，那么在办公室的时候，能不能也同样进行一些运动来锻炼自己的身体呢？

1. 推掌运动

将右手握成一个拳头，左手伸开成掌状，用左手顶住右手，相互推压，保持几秒钟，换手继续。

2. 肩部运动

直立或者站立，将右手绕过后脑与抬起的左手相握，保持几秒钟之后再复原。复原之后左右手互换，再进行一次。

3. 夹球运动

身子随意坐在椅子上，将一个弹性张力比较好的皮球夹在双腿膝盖之间，双手随意摆放以保持身体的平衡。关键有一点，就是要用腿部的力量尽量夹紧皮球，时间越长越好。

4. 抬腿运动

这种抬腿不同于一般的抬腿运动，而是通过一条短绳子来进行。具体做法如下：将身子端坐在椅子上，双手各抓住绳子的两头，将双脚放在绳子上，然后双手同时拉起绳子，使得双腿离开地面，并呈水平状态。在上班休息的时候，不妨拿出抽屉中的绳子锻炼一番。

5. 跨腿运动

左腿向前跨出一小步，右腿则向后跨，使得双腿分开成弓状，此时将左手撑在左膝盖附近，右手撑在墙壁上或者是桌子上，上身尽量往前倾倒，并做一定程度的推压。复原后可以左右腿进行互换。

繁忙的工作并不是不进行锻炼的理由，即便是在繁忙的办公室，同样可以进行锻炼，更何况在家里闲着的时候呢？对于20几岁的女人来说，参加适量的运动是保持好身材的最好方法，因此，如果有时间，不妨做一些瑜伽、俯卧撑、仰卧起坐等运动以增强体质。除了这些常规的运动之外，还有两种运动也非常适合这些人群，只是很多人并没有发现而已。这两种运动就是：

1. 健胃运动

早上起床时，身子仰卧在床上，双腿自然伸直，深吸一口气后，将双膝向上屈起，并且用双手抱住双腿使得大腿尽量贴近腹部，坚持几秒钟之后复原动作，并且反复做这个动作几次。

有一点要注意，在做这个动作的时候必须是空腹，否则将伤害到腹部。

2. 健胸运动

身体站立，抬头挺胸。双手分握两个哑铃（重量以自己能拿起为准）或者是两个装满水的矿泉水瓶，然后将手臂伸直与肩膀齐平，保持几秒钟之后，双手开始向两侧平行移动成180度角，位置还是和肩膀齐平，同样坚持几秒钟，然后复原所有动作。如此反复几次之后，休息一段时间再进行。

其实无论什么样的运动，无论在什么时候进行，都一定要适度适量，不要为了追求所谓的时效而猛干傻干，那样不仅不能锻炼身体，反而会伤害身体。

减肥是20几岁女人的必修课

爱美是女人天性，20几岁的女人都希望拥有魔鬼般的身材，所以减肥就成了20几岁女人的必修课。实际上，做适度的减肥运动不仅能为你带来优美的身形，更能为你带来身体的健康。

人只要稍微肥胖血液黏稠度就会增加，血液黏稠的女人，身体随时随地都可能出毛病。她们经常觉得倦怠，容易焦虑，不能集中精神，经常头痛，肌肤干燥敏感，头发枯黄，手足冰冷，肩痛，痛经。

所以，20几岁的女人要适当的做一些减肥运动。

1. 按摩，净化血液

按摩身体的四大总穴，可以净化自己身体里的血液。这4个穴位分别是膝眼下3寸的足三里穴、腘窝中间的委中穴、手背虎口下1寸的合谷穴，还有双手虎口交叉、食指所压处的列缺穴。

作为人体总穴，这4个穴位权限覆盖大部分器官，所以血液黏稠造成的淤血问题，基本可以靠这四穴来研究解决。按摩的时候每个穴位按3分钟，以微感酸胀为度。

2. 运动减脂肪

（1）高强度间隔锻炼。在每5分钟的慢跑中插入一个30秒的全速疾跑，或在单调的走路练习中加入一个1分钟的倾斜式走步。由于身体正在剧烈运动中，因此可以燃烧更多的卡路里。

（2）修正仰卧起坐。和以往仰卧起坐不同的是：脚要抬高，高于身体水平；双手放在身前；每次身体放松恢复平躺时，仅下背部着地，上背部不可以着地。确认收缩时吐气，放松时吸气，膝盖夹角、大腿和身体夹角成90度。这些是帮助我们别离腹部肥胖的要诀。

（3）月经前两周内锻炼加倍。雌激素能促进人体将脂肪转为能量，增加10%~15%的代谢速率，月经前两周内进行锻炼，可以多消耗掉30%的脂肪。

减肥运动不宜过度，凡事过犹不及，如果过度不但无益于健康，还可能产生负面作用。如果你担心把握不好减肥运动的度，那么这里为你推荐一种相对柔和并且能够修身养性的运动方式——瑜伽。

瑜伽其实并不复杂。一般的体育锻炼，往往注重的是外在的美丽，而内在的东西却很少顾及。瑜伽则不同，它在雕塑外形的同时，还给人一种来源于内心的力量。经过一段由内而外、由外而内的锻炼后，你会惊奇地感受到心态已经变了个样子，不会再为了减几公斤的体重折磨自己，但会因为快乐而美丽，因为美丽而快乐。

练习瑜伽时还要注意：练前要空腹2~3小时，结束后半小时内不能喝水、吃饭、洗澡，以免破坏体内的能量平衡。

瑜伽饮食要遵循以下规则。

1. 瑜伽强调细嚼慢咽的重要性

咀嚼的速度根据食物的种类而定。在一般情况下，一口食物要保证咀嚼12次以上，一定要把食物嚼烂再咽下去。细嚼慢咽好处很多，养成这种饮食习惯的人，食量尽管不大，却更能充分地吸收养分和能量，足够的唾液能很好地与食物混合在一起，帮助肠胃消化吸收。

2. 就寝前2个小时不要进食

许多人都有吃完东西就躺下来休息的不良习惯，这毛病在晚饭后尤为明显，这样做对身体是非常不利的。就寝数小时前进食，食物可以在体内充分消化，胃部负担减轻，有助于良好的睡眠和休息。多数肠胃病患者有晚间进食的习惯，结果腹部肌肉过分紧张，当人睡着时，体内的肠胃还在剧烈地运动，这样既没有得到好的休息，也造成了肠胃的负担，使消化功能长期处于混乱的状态。如果注意到这个不良的习惯，患者的痛苦也便随之消除。

3. 不过多使用调味料

也就是说不要在烹饪食品时放入过量的盐、辣椒、胡椒或是其他的植物香料和经过加工的变质香料。这并不是说调料有害，而是这些东西使食物的味道过于强烈，在短时间内满足了口舌之欲，但长期下来对感觉器官会造成巨大的伤害。同时，强烈的刺激使消化系统过多地承受压力，分泌更多的物质来中和这些不适合身体的刺激，对身体健康非常不利。

4. 每天喝10~15杯的清水

虽然提倡喝大量的水，但在吃饭时千万不要喝水或是饮料，即便是口渴也应该在饭后半小时再饮水。吃饭时不喝水，可以治愈某些皮肤疾病。大量饮水可以清洗一天中体内产生的毒素，保持肌体的水分平衡，抑制过早地衰老。身体内水分的平衡可以使女人更加有精力且能保持性情愉快。然而很多女性每天都不能饮用足够的水，还有一些人习惯喝果汁、牛奶或其他饮料，其结果是导致多种疾病和机体混乱。充足的水分，使得肌体不过分依靠食物中的油脂，从而使体内脂肪明显减少，保持身体健康。

这里介绍一下瑜伽的7个经典动作，让时尚的女人拥有自己的美体理念，保持一颗平静的心，让身体更加灵活、健康，当然更是保持瘦身的秘密武器。

在瑜伽开始之前，先做2分钟的准备活动。可做一些颈部、踝部、肩部运动，尽量使各个关节都能活动到位。在练习过程中，每种姿势持续30~60秒。尽量缓慢地深呼吸，体会空气进入你肺部的感觉。

1. 莲花坐

坐正，双腿向前伸直，曲起右腿，将右腿放在左大腿上，脚心朝上；再曲起左腿，将左脚放在右大腿上方，脚心朝上。挺直脊背，收紧下巴，让鼻尖同肚脐保持在一条直线上。手掌向下放在双膝上。

这一姿势作用于胸口的能量中心，即横膈膜以下部位，包括胃部、膀胱、肝脏和神经系统。主要可以增加头部和胸部区域的血液供应，有助于使人的身心平和稳定，增强专注力，同时还协调新陈代谢，促进消化系统，排出毒素。

2. 单腿伸展式

坐正，右腿向前伸直，左腿从膝盖向里弯曲，正好碰到右膝内侧，双臂上举伸直，身体慢慢前倾，头尽量向下低，直到你的双手碰到右脚为止。只要你能坚持，可以尽量向前伸展。保持20秒，然后换左腿完成同一动作。

这一姿势作用于身体底部的能量中心，即脊椎骨底端，很好地伸展了腿部肌肉、韧带、腰脊肌，放松髋关节，可以帮助缓解肌肉僵硬和疼痛。另外，它还作用于肾上腺、双腿、骨骼和大肠。当这一能量中心失去平衡时，新陈代谢减慢，消化系统还会出现问题，如令人困扰的腹泻和便秘等，这都是女人机体衰老的反映。

3. 猫伸展式

双手、双膝和小腿着地，头朝下，臀部和膝盖成一条直线，肩膀和双手成一条直线，吸气，同时收腹，背部慢慢弓起，像猫一样。坚持6秒钟，呼气，然后慢慢地抬起头，姿势还原，放松，然后再做。

这一姿势作用于骶骨的能量中心，即腰部骨骼上，可以活化整个脊柱，放松肩部和颈部，收紧腹肌，同时还可作用于生殖器官并帮助缓解痛经，改善月经不调和子宫下垂，还可以减轻关节炎，加快血液循环。

4. 抱胸式

以莲花坐姿势坐好，交叉双臂，两手各搭在左右肩膀上。

这一姿势作用于心脏的能量中心，即胸部。可促进心脏和血液循环，对哮喘、呼吸不规则及高血压有一定疗效。

5. 秦手印

以莲花坐姿势坐好，双手的拇指和食指相抵，其余3个手指伸直放松，把双手放在膝上，掌心朝上。

这一姿势作用于前额的能量中心，即大脑下端、神经系统、鼻、眼，有助于治疗头痛与神经问题。

6. 倒立

如果这对你来说太难的话，双脚可以不必抬起。但要注意月经期间不要采用这一姿势。

这一姿势作用于头顶的能量中心，包括大脑上端、脑下垂体，有助于治疗失眠症、减缓压力及平复过度兴奋的神经。

7. 放松式

后背挺直，双臂轻松地置于身体两侧，呼气，向前伸展全身，前额向下，直至碰到膝盖前的地面为止。保持这一姿势6~10秒钟。

这一姿势是结束练习的最佳方式。它可以很好地伸展脊椎骨、背部底端、脖颈和手臂部位，是镇静和放松的绝好方法。

不管是减肥运动还是瑜伽锻炼，只要你能找到适合自己的锻炼方法就能达到保持健康、青春永驻的目的。

随时随地锻炼身体

20几岁的女人可能很多都是生活中的“忙人”，但是请不要以“没时间”来拒绝做运动了。因为只要你有心，在上下班路上、公交车上，甚至在排队购物时都能锻炼。

专家介绍，在日常生活中有很多方法可以起到很好的锻炼效果。比如，躺在床上的时候，浑身使劲，使全身的肌肉都紧张，经过一阵，再把全身的肌肉都放松，松得一丝力气都没有。这样经过反复地锻炼，可以让肺部达到轻松活跃的效果。在开始的时候，可以局部地锻炼，在腿部、臂部、背部、腹部或颈部，分别用力，绷紧之后放松，放松后再绷紧，虽然别人会以为你一动未动，其实全身都已经做了一次极好的锻炼。

早上洗脸时可以先深深吸一大口气，然后把腰弯下，把脸浸在冷水里，慢慢地吐气，尽可能延长吐气时间，然后把脸离开水面再大吸一口气，再把脸浸在水里吐气，长期坚持就能达到和游泳差不多的效果。人的呼吸会越来越长，肺活量会增大，精神当然也会变好。

这里建议你，上下班尽可能步行，或者提前几站下车。乘车时，可以利用这段时间活动脚趾和踝关节，放松肌肉，向两个方向转动踝关节使之更为灵活。乘车时尽量站着，并注意不断调节身体平衡来进行锻炼。站立的姿势要挺胸、收腹，努力使两个肩胛骨收拢，头顶向上，心里想着要顶到车厢顶部，这样可以达到增强腹肌，挺直脊椎，舒展颈椎的效果。

在商场排队购物时，也可以进行腹部肌肉的锻炼，收紧腹部2~3秒钟，然后放松，用同样的方法收紧臀部和大腿的肌肉也可达到锻炼效果。

坐着的时候，你可以不时地活动活动脚踝，以脚为轴，向左向右绕圈，或者上下拍打，或者左右摇动，或者随着音乐节拍活动。在坐着的时候还可以活动颈部，把头部左右转动，或者把头向后拉，把肩部向后拉，前后绕圈，揉捏脖颈后部的肌肉和脊椎骨。这些运动丝毫不影响工作，还会带来意想不到的良好效果。

运动时要注意的问题

针对运动问题，这里还需要为20几岁的女人做几点提醒。

1. 运动强度要适中

按照科学健身的要求，运动强度要达到最大心率的70%~85%或最大吸氧量的50%~70%为目标。

2. 合理安排锻炼时间

根据我国国情，每周锻炼可以安排3~5次，每次锻炼的时间为20~50分钟。例如，早晨锻炼的时间以30分钟为宜，锻炼内容可以先做5~10分钟体操，再慢跑12分钟，最后可以选择喜欢的运动内容，如太极拳5~10分钟。

3. 锻炼内容要因人而异

在选择锻炼内容时要尽量选择活动时参与肌肉群较多的项目，这样对心肺功能的锻炼效果才会好。例如，所选择的动作如果以下肢运动为主的话（跑步、跳绳等），还要兼之一些上肢和躯干的运动，尤其是长期坐在办公室中的女人，不要忽视腹部肌肉群的锻炼，腹部锻炼可以防疝和防胖。

4. 锻炼强度的选择要循序渐进，适可而止

开始体育锻炼应该采取渐进的方式，每周运动强度、运动时间和距离的增加幅度不要超过上周的10%。

5. 培养良好的锻炼习惯

体育锻炼的功效在于坚持，对于刚刚开始锻炼的女人或者平时很少运动的女人来说，坚持锻炼是一件比较困难的事，所以要达到以上目的，可以采取以下方式。

（1）锻炼的内容应简单易行，新颖。

（2）开始时不要期望值太高，如降低体重至少要坚持锻炼3~6个月，才会见效。

（3）找一个好的锻炼“伴侣”或者是参加集体活动。

（4）制订每周锻炼的时间目标，如：“今天我要一个小时跑完5公里的路”等。

（5）排除一切干扰，尤其不要以疲倦或者无时间为借口，要持之以恒。

值得注意的是，运动容易出汗，所以运动时要特别注意给身体及时补水。20几岁的女人不妨试试下面的一天补水计划。

早晨起床时1杯：早晨醒来时，身体各组织器官完成了新陈代谢，积聚了很多废物，此时喝水可以使副交感神经兴奋，刺激肠道活动，促进胃肠蠕动，排出宿便。

早餐前1杯：经过一夜的睡眠，身体普遍缺水，喝水可以促进消化液分泌，有助于吸收。

午餐前1杯：在空调房间里坐了一上午，喝些水可以滋润皮肤、润滑肠道。

外出后1杯：冬天天气干燥，呼吸时会排出水分，而且在室外灰尘、细菌容易进入身体，外出归来后喝水不仅补充身体所需，而且可以促进有害物质的排出。

晚餐前1杯：晚餐不要吃得太饱，这杯水在餐前喝，避免饮食过量。

沐浴前1杯：沐浴时室温升高，喝水能促进排汗，同时排出体内的废物。

沐浴后1杯：为了弥补排汗带走的水分，浴后可以补充饮水。

睡前1杯：要睡觉了，身体准备关门做扫除，此时喝些水有助于清理体内毒素。

20几岁的女人要有渴望美的心灵，也要有重视健康的态度。运动有益健康，运动让你青春永驻，还等什么？赶紧做运动吧！

第38章

欲望都市小资情调，在喧嚣与宁静之间保持平衡

当今社会，竞争越来越激烈，很多20几岁的女人常常在喧嚣的城市中忘记了要给自己一点宁静的时间来放松自己。同时，有些20几岁的女人拼命地生活，就像是爬梯子一样不断地往上爬，一步一个脚印，小心翼翼，从不放松。还有很多职场中的女人，她们整天紧绷着神经，为了升职和加薪，精神高度集中，常常是为了工作连自己的身体健康都不顾。其实，在欲望都市里，每个20几岁的女人都应该有点小资情调，时常放松一下，为心灵保持一份平衡。

保持小资情调，追求优质生活

20几岁的女人要学会在喧嚣与宁静之间保持心灵的平衡，在生活多一点小资情调。小资追求的是“优质生活”。“优质生活”是由温饱进入小康之后的新境界，它不再以量取胜，不再以增加财富为唯一目标。

小资追求的“优质生活”就是要在财富与欲望之间取得平衡。真正的小资女人，不仅有着经济的保障，最为重要的是，她们有着自己的精神世界，无限丰富的精神世界。

小资的女人很女人、很可爱，小资的女人也很独立。要想成为小资的女人，一定要在以下9个方面完善自己。

1. 家里必备穿衣镜

20几岁的女人都有一些自恋，所以在家里备有一面全身的穿衣镜是必不可少的。镜子是要有设计的，用以时刻约束自己的身材。在镜子中找寻自己最美丽、最性感的一面，展示给所有欣赏她们的人。

2. 养一两只宠物

不管你多么讨厌小动物，只要成为小资女人，必然会养上一两只宠物以显示自己多么的富有爱心。宠物是小资特别富有爱心的标签，应视其为你的家庭成员。

3. 阅读时尚杂志

20几岁的女人，也是时尚女人。因此，在她们的咖啡桌上，自然少不了时尚类杂志，而且绝对是印刷精美、价格不菲的，它们无声地提醒着客人，时尚杂志中的生活与主人息息相关。时尚天天在变，追随时尚脚步的小资女人一定要有几本时尚杂志才足以表示自己是“时尚”一族，永远不会落伍。

4. 听音乐

20几岁女人的家里绝对不会没有音响，一套音质好的高级音响不仅是时尚小资的代表，同时也体现了小资女人对艺术品位的追求。在音响旁边必定会有一个非常漂亮的CD架，摆满了R&B、HipHop风格的唱片，闲暇时听听音乐，放松放松心情，音乐在小资的生活中不可或缺，但多数情况下只作为背景。

5. 看电影

20几岁的女人要爱看电影，尤其是无厘头电影。喜欢王家卫的《东成西就》、《重庆森林》，这些影片的光碟也是小资家里的必备品。

6. 读书

20几岁的女人要爱读书，村上春树的《挪威的森林》更是小资们的最爱。除了村上，小资们还喜欢杜拉斯、卡夫卡、张爱玲、朱德庸，尽管霍金的《时间简史》她们可能会看不懂，但摆在书架上就可以标显小资的身份。

7. 制作艺术品

这绝对是小资生活中的点睛之笔。最好是朋友做的雕塑，境外的旅游纪念品，大师作品的限量复制品或者小古董，恰如其分又不过于招摇，符合小资的虚荣心。

8. 讲究饮食

20几岁的女人对饮食要很讲究，因为小资的饮食首先得换算成卡路里，她们绝对不容许自己身上长出多余的脂肪。她们对麦当劳、肯德基之类的快餐店不屑一顾，而喜欢星巴克舒缓的氛围。在星巴克充满异域情调的环境里，小资才会感到很舒服。单就那些咖啡的名字就很适合小资的口味，蓝山、摩卡、卡布奇诺、哥伦比亚——美丽遥远又不知所云。

喜欢去哈根达斯、日餐店，偶尔也会买回原料自己做西餐和日本料理。

小资虽然不经常生火做饭，但一套精致的餐具不可少。通常是西餐餐具，配着漂亮的鲜花、蜡烛和玲珑的酒具，规规矩矩地摆着，但几乎从来都不用，只是用来养眼和展示的。

9. 追求品牌

小资情调要求你对穿着要很有讲究，要对自我形象有着超乎寻常的热爱，因为一个人的衣着、化妆、日用品随时随地都在向别人发出信息。

最简简单单、明明白白、直截了当表明身份的东西就是品牌。你的生活一天也离不开品牌，无论是要去买一件衣服，还是买一双袜子、一瓶酒，还是一个炒锅、一把勺子，这些物品对小资情调的女人来说绝不仅仅是要去买衣服或勺子，而一定是买某某品牌的衣服或勺子。小资有自己特别的颜色，不管潮流怎么变，小资最爱穿的只有黑色或灰色、蓝色。小资对品牌的感情好比古人的图腾崇拜，不需要理由，而又死心塌地。

关注心理问题，走出心理误区，化解心理危机

如果20几岁的女人不懂得以上这些小资情调，就容易在长期的压抑中产生心理危机。而长期的心理危机，会打破正常的生理机能的运转，引起人体器官病变。20几岁的女人不应让心理危机偷走你健康的心。

健康是一个包含生理健康、心理健康、社会健康的完整概念。“孤独感”、“压抑感”和“焦虑感”是困扰很多20几岁女人心理的主要问题。

孤独感，工作生活忙碌，很少有时间与他人进行交流与沟通，使20几岁的女人常常备感孤独。

压抑感，想“出人头地”或建功立业的愿望，和剧烈的社会竞争形势之间形成的差异，给20几岁的女人带来了很大的心理压力。

焦虑感，有些20几岁的女人对理想和现实的差距“想不开”，她们常感到焦虑

不安。

20几岁的女人要想摆脱种种心理危机，就应当调整心态，给自己多些时间去喝喝咖啡、唱唱歌，重新调整自己的人生目标，学会关心自己，给自己减压。

人们常常认为20几岁的女人正是如花的年龄，就对她们的精神健康问题比较忽视；并且很多20几岁的女人自己就错误地认为精神卫生就是精神病。实际上，精神卫生在每个人身边，是健康的一部分。心理专家认为："一个真正健康意义的人，健康的情绪、良好的工作能力、生活能力、协作精神、同情心等都必须拥有，只有躯体的健康只是生物意义上的人的健康，不是社会意义上的人的健康。"所以，20几岁的女人不能整日埋头于喧嚣的生活中，要多关注自己的心理问题，走出心理三大误区。

生活中会遇到许多危机，有的是必然危机，像婚恋问题、职业压力；有的是偶然危机，如亲人生病、交通事故或手中股票跌了……都有可能会引发心理问题。心理问题又被称作"心理不适应"，这种精神亚健康状态如果不及时化解，就可能发展为精神疾患。

很多20几岁的女人以为较轻的心理问题可以自己调整，较重的才需要找心理医生，但她们忽视了各人不同的心理免疫力。面对同样的挫折，心理免疫力强的人能轻松化解，弱的人便后果严重。由于各人心理免疫力的内在差异，有些人遇到较重的问题仍能自我调节，有些人则不行。

接下来的两个误区正好互相对照。有些20几岁的女人将所有的心理问题都当成疾患，迷信药物治疗；有些则完全忽视药物治疗。对于前一种误区，专家提醒说，心理不适应没有及时解决，会出现胃口不好、睡眠差、情绪低落等身心症状，通过倾诉或受到周围人的关心支持以后就会缓解，所以不要滥用药物。如果持续紧张、做噩梦，则须就医用药。陷于后一种误区的人，往往已患精神疾病却不肯相信，结果耽误了治疗。

20几岁的女人认清了心理误区之后，就要学会如何解决各种各样的心理危机。

首先要化解心理危机，20几岁的女人首先要建立自己的圈子，要有情投意合的朋友，和同事、领导相处融洽，找到一批可以倾诉、可以给予帮助的人。它可以帮助你找回平和的心态，继续健康地工作和生活。

其次是自我调节。要正确对待自己的目标，量力而行。比如20几岁的你，定下的目标是在30来岁的时候要像李嘉诚那样成功，那是不切实际的，只能给自己带来更大的压力。在工作上，要脚踏实地；在生活上，要随遇而安，不断提高自己的素养。对于20几岁的女人来说，这个阶段的压力会很大：工作、购房、择偶、生小孩……每个人都必须有充分的思想准备，当条件不成熟或者能力达不到时，要正确对待，可以适当延缓时间来完成。

再次是要多和心理医生交朋友。如果没有条件和心理医生交朋友，出现自己调整不了的心理障碍也应该去医院找心理医生寻求支持。有些心理疾病必须得有心理医生技巧性地解决，如有一个20多岁的姑娘，看了一次疾病展览后，每次吃东西都要长时间洗手，而且，要求家人外出回家后都必须洗澡换衣服，给整个家人生活都带来了痛苦。后来一个国外心理学教授来讲课，专门给她进行了治疗：让她回到家后，不准洗澡，也不准洗手，坐在那儿不许动，刚开始她完全受不了，但在多次强迫下，慢慢适应了，从此渐渐恢复正常。

对于处于事业初创期的20几岁的女人来讲，更是要注意心灵的休息，防止心病的侵袭。那么应该怎样防止病从“心”入呢？以下几点十分重要。

补充足够的“精神营养素”。20几岁女人最重要的“精神营养素”是亲朋、父母和恋人的爱。20几岁的女人维护心理平衡的有效方法是宣泄和疏导，别故作深沉，把心里的不快倒出来，避免加重心理矛盾。

警惕心理积淀的潜在危机。有些20几岁的女人很容易产生颓废、消沉的情绪，结果出现身体未老心理先衰的现象。20几岁的女人过度的有紧迫感，长期干一些力不从心、超负荷的工作，可能会导致身心大亏。

克服种种心理障碍。努力消除自卑、猜忌、怯懦、排他、冷漠等心理。

保持良好的心境。善于调适个人情绪，襟怀坦白，以诚待人，独立思考，通过思维的“新陈代谢”使自己保持稳定的心态。

防止病从“心”入比防止病从口入要难得多，每个20几岁的女人都应该调动自己的心智，防止没有“病灶”，也看不到“伤痕”的心理“内伤”。

受各种危机的影响，20几岁的女人危机感很强，通常越是有紧迫感她们越卖命工作，而越来越远离小资情调。这样的恶性循环只能导致她们的心理更加失衡。20几岁的女人必须减轻危机感，放松自己的情绪。

心理危机一旦产生，必然伴随着情绪上的焦虑和高度紧张，而高度紧张的情绪又作为一种刺激反馈到人的身上，使人产生更强的危机感。情绪紧张和心理危机就是这样相互影响，逐步升级、逐步增强的。因此，放松情绪对于缓解危机非常有用。情绪的放松可以采用以下方法。

1. 放松训练

这是国内外广泛应用的控制紧张情绪的常用方法，主要是通过肌肉、骨骼关节和呼吸的放松以及神经放松等基本动作来降低机体能量的消耗，从而达到控制情绪强度的目的。神经放松，尤其是大脑的放松一般需要进行专门训练，其中颈部的放松动作对于消除紧张情绪十分重要。颈部位于中枢神经系统的中间位置，是联系大脑和脊椎的桥梁，颈部肌肉和骨关节的放松可以导致来自内脏器官的兴奋冲击的降低或中断，从而使紧张的情绪状态失去激发的物质（神经能量）基础，进而降低情绪的紧张性。

2. 转移注意

人们在很多情况下产生的紧张情绪是由于他们过分注意那些令人担心的事物或情境所造成的。由于他们的注意力“固定”在这样的事物或情境上，因此注意和紧张就构成了一个互相强化的系统，越注意越紧张，越紧张越注意，恶性循环，使心理危机不断加强。当情绪处于高度紧张时，转移注意不失为消除紧张情绪的一种有效方法。所谓转移注意，就是指人有意识地变换活动方式，使意识离开引起人们紧张情绪的刺激情境，暂时脱离长期关注的事物。当人们变换活动方式时，大脑皮层的优势兴奋中心就从一个区域转移到另一个区域了，人的情绪也就从一种状态转变为另一种情绪状态了。

转移注意的具体方法很多。如经常进行体育锻炼，适当从事家务劳动、丰富业余生活等。肌肉放松可以调节情绪紧张度，减轻危机感，缓解心理危机。肌肉运动不仅可以转移注意，而且可以使体内的紧张情绪得到宣泄和释放，降低情绪紧张度。另外，肌肉运动还能够有效地增强人的信念，发现自身的潜能，履行自己的社会义务，从而使人感受到生活的美好。因此，20几岁的女人在紧张的学习工作之余，要多些小资情调，利用各种体育场地、设施经常进行体育运动不仅必要，而且可能。开展丰富多彩的业余活动可以调节你紧张的生活节奏，使情绪得到松弛，减轻心理上的危机感。同时，又能陶冶性情，使你心胸开朗，增强心理承受能力。

3. 与人交谈

20几岁的女人有的时候因为工作方式的相对独立性，容易造成人际交往范围狭小、人际协作有限和自我封闭。当出现心理危机和紧张情绪时，常常感到孤独、无援、痛苦。与人交谈可以使你内心的消极情绪得到一定程度的宣泄，把积郁在心中的能量及时释放出来，可以使你获得朋友、亲属及社会上其他人的理解和支持，从而帮助你抵御沉重的心理危机，消除紧张情绪。

4. 情绪对比

情绪对比就是使两种对立的情绪发生冲突，使正面的积极情绪战胜反面的消极情绪。具体做法就是当你感到紧张时，找一些极幽默的笑话、相声、漫画、书籍等来听或看，并从内心发出开怀大笑。人在笑时，体内心、肺等内脏器官得到了短暂的运动锻炼，一方面增强了有机体的免疫力，另一方面刺激大脑产生出一种叫做儿茶酚胺的激素。这种激素是人体内的一种天然麻醉剂。它的作用就是帮助人们减轻疼痛和不舒服感，消除厌烦、忧郁和紧张的心理状态。

20几岁的女人要注意远离心理失衡的影响，培养自己的小资情调。下面就给20几岁的女人介绍小资生活的10条妙诀：

学会放松：放松身体和心灵，在内心构想美好的画面。

陶冶性情：棋琴书画、唱歌跳舞、集邮摄影等能陶冶情操。

着眼当前：集中精力做好当前的工作，不要花时间追忆过去。

坚持运动：生命在于运动，运动使人精力充沛，活力旺盛。

尽情发泄：心中的烦恼、忧虑不要积在心中，应设法及时宣泄。

勇担责任：遇到困难不要退缩，不要逃避，知难而进，勇于战胜它。

知足常乐：期望值不要过高，应量力而行，立足现实。

调换环境：因环境不适造成心理危机过大，可及时更换一个新的环境。

休假旅游：投入大自然可忘却一些不愉快，有助于减轻心理危机，使人身心愉快。

学会幽默：幽默是精神健康的调节剂，学会幽默，以良好心境应付周围的一切。

世界是喧嚣不安的，工作是无休无止的，20几岁的女人不应将所有的精力和时间都放在事业上。在这个日新月异的社会里，20几岁的女人越来越看重自己的身份和事业，既想把工作做得出色，又要做个好妻子、好母亲。这些来自职场和家庭的不同身份，就像一张无形的网，罩得她们喘不过气来，一天也不能放松。其实，疲惫了，忧郁了，烦恼了，为什么就不停下来歇一歇呢？在办公室和家的两点一线之外，找一处让心灵暂时出逃的第三地，比如安静的咖啡厅、高雅的美术展……将人生重负稍放片刻，在那里虚度一下光阴。出来之后，你也许就会觉得，迎接你的，是又一个生机勃勃的明天。暂时远离喧嚣，让心灵获得片刻的宁静，换来的将是健康的心理和明天的成功。

财富篇

财商决定幸福指数，有面包的女人会更幸福

第39章

20几岁学会理财，女人理财就是理家理幸福

理财是每个女人的必修课，对于20多岁的女孩来说，如果你仅仅知道追求吃穿玩、追求享受、爱慕虚荣，不知道进取，不知道奋斗为何物，不愿意受苦受累……那么你就大错特错了。

20多岁，应该是好好学习最基本的理财知识的年龄，应该是学会如何把自己打理好的年龄。错过了在这个年龄阶段的理财规划，你的余生都可能会在稀里糊涂的用钱习惯中度过。

20几岁的女人怎样才能做到经济独立

20几岁的女人，只有经济上独立了，才会在生活中获得心理上的安宁，才有资格谈人生、讲人格、讲尊严，才有真正的精神上的独立，才能赢得真正自由的人生。那么，20几岁的女人究竟该怎样做到经济独立呢？

（1）赚钱，通过自己努力的工作所应得的收入。

虽然不能绝对地说，没有收入的女人在家中没有地位，但是我们能确定的是，很多没有收入的女人在家中的确是没有地位。

赵彦菲婚后1年有了儿子，但是婆婆和妈妈身体都不好，无法帮她带孩子，她只好放弃工作在家做了专职太太。没有了工作，带孩子的工作却没见轻松，最要命的是丈夫的态度很恶劣，看到家里有一点做得不好，就说："真不知道你天天在家

做什么了，地板那么脏也不知道拖。”他不知道带孩子有多累，一晚上起来数次，如果赵彦菲说一句带孩子辛苦，他就会说：“那你白天不会等孩子睡了，你再睡，再说谁家的孩子不是这么带大的，就你觉得辛苦？”

好不容易熬到孩子4岁上了幼儿园，赵彦菲想重返工作岗位，却又因儿子总生病而放弃了。一次儿子病了，赵彦菲在家忙前忙后地折腾了好几天，儿子的病才见好转。因为好几天没有好好休息，有天早上赵彦菲多睡了一会，老公拉着脸说：“都几点了，还不起床做早饭，难道还得让我给你做了早饭再去上班吗？”

连买件小饰品都要跟男人要钱的女人怎么可能活得精彩呢？家庭里早就没了男女平等，小则小吵小闹，大则婚外情，甚至到最后离婚。男人们都希望自己的老婆出得厅堂，入得厨房。

只有在经济上独立了，想买衣服和化妆品的时候，我们才可以自信地掏自己的腰包，不用在支配金钱的时候小心翼翼地去争取对方的意见，也不用在给他买礼物的时候向他要钱。只有花自己劳动换来的钱，才能理直气壮，才能心安理得。

美女作家陈燕妮被国人熟悉是因为她写了《告诉你一个真美国》、《纽约意识》和《美国之后》等一系列有关在美华人的畅销书，而在美国，熟悉陈燕妮的人更多的是因为她创办了一份在当地华人世界最畅销的刊物《美洲文汇周刊》。

有一次记者采访陈燕妮，问到这样一个问题：“听说在美国有很多全职太太，她们的生活全部围绕着家庭，相对简单而少有压力，你有没有想过这样简单的生活呢？”

“没有，从来没有。”陈燕妮坚决地摇头，“我无法想象向别人伸手要生活费的滋味。我曾经因为工作的转换而在家待了几个月，那段时间太可怕了。除了老公以外，精神没有任何依托，整天在家无所事事。到后来连看老公都有点儿小心翼翼的，现在想想挺可笑。美国的报刊竞争很激烈，我做的事情等于是在和美国的男人们抢饭碗，但我宁愿在社会上拼搏，争夺自己的天空，也不愿整天在家洗衣做饭，等老公回家。”

(2) 要懂得理财，靠自己的头脑精打细算，用自己努力赚来的钱理财。

除了努力赚钱外，有效地投资理财更是多数女人朝目标迈进的不二法门。总不能1天赚100，就花1 000吧！

理财即是指管理好自己的资金使其保值、增值，从而满足个人更多的消费需求，这是从收入的角度来讲。从另一个方面消费的角度来讲，理财就是用一定数量的金钱获得自身更大需求的满足，即是指在消费实现的过程中节省下来的钱就相当于是你赚来的钱。

女人心思细密谨慎，很有耐性，而且容易接受意见，有开放的心态，而不像男性过于自信，她们天生就是理财的高手。

李晴的家里并不缺钱，但她潜心研究投资，在获得成功后拿出了一部分盈利邀请自己先生一起到欧洲进行了一趟浪漫之旅，这让她的先生一下子对她刮目相看。

女性理财不仅是让自己更有保障，也让女性在家庭里更有地位和发言权，并且能促进夫妻感情。而且，很多女性都掌握家里的经济大权，具备投资理财的条件。对于掌握家庭财政大权的女性来说，投资理财最忌盲目，最忌缺乏纪律性。

一个家庭在做理财规划时，应把握以下两个原则：

首先，购买保险是一切投资的基础。买保险的原则是先大人后小孩，尤其要先给扮演家庭经济支柱角色的人购买。保险的品种主要是医疗险、意外险再加一小部分养老保险。

其次，投资应该是一件快乐的事情，因此就要在保障好家庭衣食住行的基础上再来考虑。对于普通家庭来说，人生一般有两个大的理财规划，一个是子女教育规划，另一个是养老规划。教育规划越早开始做就越轻松。如从孩子出生开始，就给他做基金定投，每月购买一到两千元，那么等他读大学时，就有了学费和留学资金都有了。

经济上的独立才能拥有精神上的自由

一般来讲，有工作的女人在经济上有独立感，这种感觉能使她们的精神独立有相对坚实的地基。但不少20几岁的女人迫于某些原因不得不待在家里当全职太太，同时这些女人又觉得自己不独立，所以很是苦恼。而不少挣钱的男人的确很自傲，把女人视为自己的私有财产，甚至轻视女人。

尽管没有社会工作，女人持家也是一种职业。男人在企业打工能有工资，那女人持家也应有报酬。以往总把家庭的生活费视为对女人的报酬，这是不对的。生活费只是一种家庭必需的成本，它没有在经济上体现持家女人的价值。

女人应主动要求男人量化持家的价值，并愉快地支付一笔象征尊重女人价值的工资。我们千万不要小看这个程序，这可是女人走向独立的关键。女人有独立感才会有尊严，男人在有尊严的女人面前才会懂得在乎对方。过去的男女关系总被遮掩在虚伪的假情假意里面，男女经济关系的含糊，使男女相处的质量不高，不仅不能使男女双方获得两性畅快和透明的愉悦，也很容易使双方产生矛盾和变心。女人如果缺少独立感，整个人十分灰色，男人对这种女人不会有长久好感，迟早都会背叛。

有了经济上的独立，女人才可以在自己的精神世界里建立起一个美好的王国，当她自豪地感觉到自己是这个王国的女皇时，就会在现实生活中找到自信，而不会为别人盲目修改自己的行为。

20几岁的女人不要总指望嫁个男人来养活你一辈子。养活自己的最好方法就是靠自己。女人经济独立是规避未来风险的唯一方法。

尽早开始投资和储蓄

20多岁的女性，大多还是单身，刚刚离开学校踏入社会，很容易沦为“月光族”、“卡卡族”，此时关键是要养成良好的理财习惯。

你要学会记账，通过记账，发现自己消费中存在的问题，养成储蓄和计划的良好习惯。

你要积少成多，哪怕每月只存几百元，也可以通过基金的定额定投来进行投资。相对来说，投资组合可以配置多些股票、股票型基金或配置型基金等风险稍高的品种。

你要提升自己，积累无形财富。俗话说，投资脖子以上部位永远没错。新进入社会和职场，开拓视野、充实自我、提升自己的综合素质和工作能力，都对自我价值的提升大有裨益。

不要用你年轻的张狂对这些你本该做的事情表示不屑，你知道吗，你的不屑会让你将来比别人多奋斗10年都不止。在你浑浑噩噩地享受着肆无忌惮地用钱的快乐的时候，你的同龄人都已经开始最初的理财尝试，为自己掘取年轻时的第一桶金了。崔颖就是这样一个女孩。

崔颖开始炒股是在大学的时候，她最初炒股时的资金是从父亲那里借来的1万元启动金。“当时对股票一窍不通，但哥哥们都是多年股票玩家，他们对我说女人天生有第六感，尤其是我，运气特别好，一定成。当时我还是个穷学生，每个月

400元的生活费，想买点漂亮衣服都得存好几个月，还要向哥哥们伸手，感觉没钱真难受。所以应了那句古话，无知才能无畏，我的底线就是1万元都赔光了，上班以后慢慢还给老爸。不怕输，这就是年轻的资本，可以重新来过。”崔颖认为，年轻的时候不可用金钱去享受，应该拿着钱去投资，让它升值。结果，大学4年下来，崔颖用保守的心态将从爸爸手里借的1万元钱变成了10万元。

还只是大学生的崔颖，就用她的理财意识为自己走向社会奠定了一定的基础。已经走向社会的你呢？你已经开始拿工资了，你的钱比崔颖多吧？可是，你理财了吗？你的钱都花在了哪里？正如崔颖所说，20多岁，正是积累资本的好时候，为何不让自己在这几年里好好地见证一下理财的力量呢？

懂得理财的聪明女人，一定会做好个人的收支管理。据统计，目前我国城市居民一个家庭平均拥有5个以上的账户。有些人薪资转账款、基金、证券、贷款、定存都放在不同的银行账户，拥有5本以上的存折一点也不奇怪，但是管理起来也比较麻烦。

很多人都拥有5家以上银行的储蓄卡，但是每张卡上面的余额都所剩无几，由于现在商业银行普遍开始征收保管费——也就是余额不足100元，每存一年不但没有利息而且还要倒贴大约2元钱的保管费。如果不加管理，无疑让自己辛苦赚来的钱四处“流浪”，或是让通胀侵蚀其原有的价值。建议整合你的账户，做好个人的收支管理，才能够将存折的资金流动记录，转变为财务管理及理财分析的信息。

此外，可以多加利用网上银行，也能方便快捷的查阅管理自己的收支情况，至少每个月都要查询，才能清楚自己的钱都流去了哪里。了解自己在投资、储蓄与消费上的比例，有助于平衡生活同时做出明智的投资决定。

女人理财要学会用好银行为自己服务，储蓄宜早不宜迟，越早储蓄，你也就会越早积累到财富，越早拥有积蓄展开投资的经费。

一般来讲，储蓄的金额应为收入减去支出后的预留金额。在每个月发薪的时候，就应先计算好下个月的固定开支，除了预留一部分“可能的支出”外，剩下的钱可以零存整取的方式存入银行。零存整取即每个月在银行存一个固定的金额，1年或2年后，银行会将本金及利息结算，这类储蓄的利息率要高得多。将一笔钱定存一段时间后，再连本带利一起领回是整存整取。与零存整取一样，整存整取也是一种利率较高的储蓄方式。

也许有人会认为，银行的利率关系不大，其实不然。在财富积累的过程中，储蓄的利率高低也很重要。当我们放假时，银行也一样在算利息，所以不要小看这些利息，1年下来也会令你有一笔可观的收入。

银行都提供什么服务呢？和我们密切相关的是，银行为我们提供薪水发放的服务。银行有不同种类的存款，如零存整取、活期储蓄、整存整取、支票存取、专项储蓄等。除了活期存款可以随时存取现金外，定期存款还有3个月、6个月、1年、2年、3年等不同的期限和利率档次，每个人可依自己不同的需求进行选择。

除了存款，银行还提供贷款的服务。一般有消费性贷款，如汽车消费贷款、购房贷款等。

此外，在银行可办理代缴转账。即家里的水电费、电话费、手机费、信用卡消费的代缴等。

汇款也是银行服务的一种，如要汇钱给别人或是转到某地，可以直接将钱经过银行汇给对方。在此项服务中，银行只收取部分手续费。

如果你要买外国的货币，或需带汇票、旅行支票出国，也可以通过银行办理，回国之后如果用不完，仍然可以返给银行。

说起银行，就不能不提到支票。很多人以为支票只是生意人的工具，但在西方国家，很多人上超级市场买东西或吃饭等日常生活花费也都用支票，很少会用到现金。事实上，支票和信用卡一样普及，是日常必需品。

如果用现金付款而没有拿收据或发票的习惯，就常会忘记款项的用途，以支票支付能避免这种不足。支票上有号码，可以写收受人的姓名及款项的用途，由于支票要经过银行，因此每一笔现金往来都会有记录，可方便查询及对账。一般来说，支票应是见票即付的，但大部分的人会以支票作为延迟支付的工具，开1个月的票，可以生1个月的利息。有些人还会使用远期支票向银行办理融资，称为客票融资。也就是需要现金时，将收到的远期票送至银行，经银行分析核准后先行垫付，等支票兑现，扣除融资的利息，再将剩余的金额付给融资者。

尽量以支票付款，这样做不但能够使资金安全、方便地交换，而且能够帮助你养成记账的习惯，做到有账可查。

和银行打交道，还要学会挂失。储户在银行或信用社的存款，唯一的凭据是银行存单或存折。

支取存款时要凭存单或存折，如凭印鉴支取，还必须预留印鉴。一旦发现遗失，无论存折是否到期，都要持本人的身份证件到银行办理挂失手续。办理手续时要说明遗失原因，并提供原存款的时间、种类、金额、户名、账号及存入日期等有关情况，向原存款银行声明挂失止付。银行根据所提供的内容查找储蓄存单底卡，如存款确未被领走，由储户填写“挂失申请书”，办理挂失止付手续。在办理手续7天后，由银行向储户补发新存折；凭印鉴支取的存单或存折挂失时，必须在挂失申请书上加盖印鉴。如存款在挂失前已被冒领，银行应协助查找，如未找到银行不负责任。

另外，对死亡者存款申请挂失，不论是其配偶子女还是其他继承人，除以上手续外，还应有公安部门出具的合法继承人的证明。

信用卡使用五大技巧。

1. 信用卡透支你会算利息吗

“信用卡免息50天”也有例外，稍有疏忽就有可能支付高达18%的年息和5%的滞纳金。

2. 信用卡取款没有免息

“我就不明白，信用卡里的钱是我自己存的，我再取出来为何还要收我30元的手续费？”近日，手头有急用的张小姐临时从信用卡里取了200元钱，可她一看对账单，手续费竟然高达30元，如此高比例的手续费让张小姐觉得心里窝火。

各家银行信用卡取现金都要收手续费，而且更为关键的是，如果是透支取款，一天的免息期都没有。这样持卡人不仅要缴纳几十元的手续费，还要缴纳每天万分之五的透支利息。

3. 选择“最低还款方式”没有免息期

许多持卡人在拿到银行寄来的对账单时会发现，一般对账单上都有“全额还款”和“最低还款”两种还款方式供持卡人选择，其中最低还款一般只需偿还透支金额的10%左右。持卡人千万别想当然地按照自己认为的最低还款额还款，由于加了利息，还款金额也在增加，因此持卡人一定要按照银行对账单上的还款额来还款，否则不仅没享受到免息期，还要为未还款部分支付5%的滞纳金。

4. “花外币存人民币”，别到最后几天再还款

“我明明是在最长免息期的前两天去还款的，银行凭什么要收我100多元的利息和滞纳金？”近日去银行还美元的刘女士也遇到了这样的“烦心事”：当她去银行还款时，却被告知，美元还美元当天生效，人民币还美元却需要3~5天的入账时间，如此一来，等到刘女士的钱到账，已经过了免息期，不得不补缴一笔利息和滞纳金。

招商银行、中信实业银行、中国银行都已规定，不管是人民币还是美元还款，还款都当即生效，人民币入账耽误的责任都由银行承担，但是也有银行存在着“花外币存人民币”的滞后现象，因此持卡人最好别在免息前两天的“节骨眼儿”上再去还款。

5.“50天免息期”各家银行计算方法不相同

据悉，目前各家银行规定的50天（或56天）免息期计算并不相同，持卡人最好也能心里先有个底。其中，工商银行规定本月消费到下月25日为免息期。假设持卡人是上个月30日消费的，那截止到本月25日，免息期为25天；如果持卡人是上个月1日消费的，免息期就为最长的56天。招商银行信用卡则每张都有一个记账日，免息期=记账日起+18天。假设5日是你的信用卡的记账日，那么在3日的消费，免息期就为本月3日到当月23日，共21天；如果是在6日消费，那么从本月6日到下个月的23日，49天都属于免息期；中信实业银行也是每月有一个记账日期，最长免息期为56天。

银行储蓄，在目前仍是大多数人的首选理财方式。但在银行储蓄中有一些细微的规定，影响着储户的利息所得。

在银行的规定中，各种存款以元为计算单位，元以下的角、分则不计息。存期是指从存入之日起，至取出的前一天为止，即存入当天计息，支取当天不计息。存款的天数按1个月30天，1年360天计算，不分大小平闰月。30日、31日视为同一天，30日到期的存款31日来取不算滞后一天，31日到期的存款30日来取也不算提前一天。活期存款遇利率调整，不分段计息，而以结息日挂牌公告的活期存款利率计息。定期存款遇有利率调整，不受影响，仍按存入之日公布的利率计算。定期存款如部分提前支取，提前支取部分按支取日当天活期利率支付，剩余部分按存入时定期利率计算。定期存款如全部提前支取，都按支取日当天活期利息支付。定期存款到期未取的，除办理了自动转存业务的以外，从到期之日起至支取日期间的利率，按支取日当天挂牌公告的活期存款利率计息。虽然这些规定对于小额存款的利息几乎难以察觉，但对于大额存款的利息所得，影响也是很大的。

20几岁的女人应该尽早开始投资和储蓄，起步越早，成功的机会越大。女人要懂得理财，人生就是由自己来掌控，学会理财才是追求独立自主的基础。女人有钱，不光是为了追求享乐，而是要找回自己。懂得理财，就可以不必当钱的奴隶，就可以决定自己的生活质量。

养成记账的好习惯

会理财的女人也一定有记账的好习惯，账单最大的作用，除了警示消费人“你最近花钱有点太多了”之外，还能详细列出，你究竟是哪一项开支需要节约。

庞晓是新时代精明女性，在接到招商银行寄来的信用卡账单记录之后，庞晓不禁皱了皱眉头，根据这张表的显示，除了每月固定的房贷支出外，最大的花费居然是通信费用。除了经常与国外客户联络，拿起手机就打电话的习惯，也导致通信费居高不下。再看了这张分析表后，庞晓立马开始控制该项支出，能用固定电话的时候尽量不用手机，手机只用来接听，同时运用Skype和国外客户联络，结果每个月起码省下了500~600元。

居家过日子，进进出出的开支非常零星。一日三餐、交通、娱乐等，看上去好像很固定，但总是会有一些不经意的额外支出，到月底时吓你一跳，不仅仅大大超出预算，还思前想后不知道钱花到哪儿去了。

聪明的女性会时刻关注自己的收支情况，身边总是备有一个小账本，把每天的消费支出都记录下来，然后每个月进行比较总结，找出哪些钱应该花，哪些钱不应该花。然后在下个月消费时就会注意，从而节省开支。

要记账首先要选择好记账方法。只要肯花时间，从每天的记账开始，把自己的财务状况数字化、表格化，不仅可轻松得知财务状况，更可替未来做好规划。

一般人最常采用的记账方式是用流水账的方式记录，按照时间、花费、项目逐一登记。若要采用较科学的方式，除了须忠实记录每一笔消费外，更要记录采取何种付款方式，如刷卡、付现或是借贷。

其次要特别注意记好钱的支出。资金的去处分成两部分：一是经常性方面，包含日常生活的花费，记为费用项目；另一是资产性方面，记为资产项目。资产提供未来长期性服务，例如，花钱买一台冰箱，现金与冰箱同属资产项目，一减一增，如果冰箱寿命5年，它将提供中长期服务；若购买房地产，同样带来生活上的舒适与长期服务。

最后要收集整理好各种记账凭证。如果说记账是理财的第一步，那么集中凭证单据一定是记账的首要工作，平常消费应养成索取发票的习惯。平日在收集的发票上，清楚记下消费时间、金额、品名等项目，如没有标识品名的单据最好马上加注。

此外，银行扣缴单据、捐款、借贷收据、刷卡签单及存、提款单据等，都要一一保存，最好放置固定地点。凭证收集全后，按消费性质分成食、衣、住、行、育、乐六大类，每一项目按日期顺序排列，以方便日后的统计。

记账贵在坚持，要清楚记录钱的来去。无法养成记账习惯，原因除了意志薄弱，记账太琐碎也是原因之一，好像不值得为了记录金钱支出下这么多工夫。

事实上有一些记账小技巧，可以协助持续记账习惯。

首先是概略记录法。

日常生活点点滴滴的花费相当琐碎，能够逐项记载当然最好，不过如果纯粹因为这个因素而放弃记账的人，可以使用仅记录大略支出的方式代替。例如，每日三餐费加起来总共25元，那么，1个月的伙食费即可记录为750元（25×30）。其他项目也可比照这种做法办理，简化方式、记录重点，就容易把记账变成习惯维持下去。

其次还有支出检讨法。

仅是流水似的记录每日的消费还不够，更重要的是要从这些枯燥的数据中分析出省钱的技巧。检讨包括两部分：

就收入面来看，想想有没有其他“开源”的可能性；

就支出面来看，检视每笔花费是否必要与合理。

除了记下平时生活花费以外，还要有家庭财产记录。

家庭有必要建立理财的3个账本：家庭理财记账本、家庭贵重物品的发票档案本、家庭的金融资产档案本。

1. 理财记账本

其账簿可采用收入、支出、结存的“3栏式”，方法上可将收支发生额以流水账的形式序时逐笔记载，月末结算，年度总结。同时，按家庭经济收入（如工资收入、经营收入、借入款等）、费用支出（如开门7件事、添置衣服等费用）项目设立明细分类账，并根据发生额进行记录，月末小结，年度做总结。

2. 发票档案本

主要收集购物发票、合格证、保修卡和说明书等。当遇到质量事故给自己带来损失时，购物发票无疑是讨回公道、维护自身合法权益的重要凭证，所以一定要妥善保存。在保修期内，保修卡是商品保修凭证，在发生故障时，说明书是维修人员的好帮手。

3. 金融资产档案本

能及时将有关资料记载入册，当存单等票据遗失或被盗时，可根据家庭金融档案查证，及时挂失，以便减少或避免经济损失。

日子不是混的而是过的，从今天开始女人的理财之旅

20几岁的女人可能会面临更多的消费陷阱，如果不具备一定的理财意识，就无法很好地规划自己的金钱。下面就给那些“月光族”的女人提供几种理财方略：

多种投资。女性对于需要冒险精神、判断力和财经知识的投资方案总是有点敬而远之——认为它太麻烦。但是当她们简单地将钱存入银行而不去考虑投资回报和通货膨胀的问题，或太过投机而使自己的财产处于极大的损失危险之中时，她们却忽略了这将给她们带来更大的麻烦。

培养商业新闻的熟悉度。每天固定花费5~10分钟翻阅商业新闻头条或收看财经节目等，一方面培养对财经新闻的熟悉度，另一方面亦可与你的投资行情保持亲近。

每星期固定与朋友谈论有关投资理财事宜。每星期固定与比你更了解财经知识的朋友谈论有关投资理财的话题，目的是学习相关财务知识并减轻你对投资的恐惧感。女性经常羞于询问他人，因为她们认为自己所问的问题太过简单或没意义，一定要消除这种想法，要明白不耻下问的道理。

开拓财路。对于精力充沛又少有家事之累的年轻人来说，利用业余时间兼职不仅可以锻炼自己的能力，还可以增加收入，一举两得。你还要培养和提高与工作相关的技能，增强谋生的能力。

马上行动。不要等到五六十岁时，才开始计划为退休而储蓄。对投资而言，行动越早对投资人越有利。

专注工作，投资自我。虽然善于操盘投资理财，不失为女性致富的一种途径，但让你获得财富并获得成就感的还应该是你的工作。毕竟，以工作表现得到高报酬，在工作岗位上能不断学习成长是一条最踏实稳健的投资理财之路。

理财，实际上就是理家，更是在理幸福。会理财的女人，通常能比别人更深刻地体会到幸福的含义。因为，理财女是理性的女人，同时也是聪明的女人，她们知道该如何打理自己的生活；知道应该如何安置好自己的家人；知道该如何规划自己的未来。

很多会理财的女人，通过理财感受到了一种切切实实的幸福。她们通过理财，在自己和家人的收入水平范围之内，把小日子过得丰富多彩，幸福无比。一个家庭，在客观条件一定的情况下，怎么过，过得如何，区别是很大的。俗话说，吃不穷、穿不穷，计划不到会受穷，说的正是这个道理吧。当然，日子过得如何，外人也许看不出来，毕竟每个家庭、每个人的习惯和他们所追求的生活目标是不一样的，标准也自然应当有所区别，只有当事人感觉到满意了、开心了，日子才算是过好了。会过日子的女人，她能够把小家庭的一切繁杂事务计划得周周到到，哪怕是再紧巴的日子，也能过得有模有样，一切井然有序，该做什么做什么，似乎都在掌控之中。

我们都知道，日子不是混的而是过的，幸福不是想的而是营造的；明天不是昨天成绩的延续，而是今天付出的回报。

有的女人，的确也很会理财，但是，却不懂得幸福的含义，总是因为钱而和丈夫吵架，因为觉得对方没付或少付了该付的那份家庭开支。这类女人在节省开支的时候不是想着家庭也不是想着孩子，而是想着为自己多准备点储蓄金好让自己不会一无所有。

最终，这些女人失去了家庭，失去了爱，失去了自由，失去了美丽。失去幸福，是因为这些女人不懂，家庭幸福的概念里，不应该有斤斤计较，不应该有自私自利，不应该有忐忑不安，取而代之的应该是从容、快乐、经营、温馨。

如果说，能够在自己的经济水平之内把小日子过得精彩是一种幸福，那么，还有一种幸福也是女人不可缺少的。那就是完成自己的梦想！很多女人在为人妻、为人母之后，就伟大地舍弃了自己曾经的梦想，任时间无情地将自己催老。其实，真正懂得幸福含义的女人知道，这一辈子需要为自己活一把，需要努力实现自己的梦想。

我们需要有我们的梦想，我们需要让梦想的实现来体现我们的人生价值。同时，我们更需要爱！

我们理财，不是为了理财而理财，而是希望通过理财让自己的爱变得更丰盈。我们希望通过理财，让家人过得更快乐；希望通过理财，让爱人过得更加顺利。被别人的爱包围着，是一种幸福；去追求自己的爱也是一种幸福；彼此的相互倾慕是幸福；厮守一生也是幸福。只要有爱，我们的幸福就不会那么干涩，我们的幸福也不会那么短暂和浅薄。

如果你打算从今天起开始理财，请不要忘了先问自己一句，“我幸福吗？”你想要怎样的幸福，这是一个很重要的问题，因为它将是你理财的动力，也是你理财的目的。懂得幸福的女人，人生将会更加美丽。

第40章

精明购物聪明花钱，在时尚和现实之间平衡消费

追求时尚是女人的天性，女人天生就是购物狂。而20几岁的女人正值爱漂亮爱打扮的年龄，追逐时尚更是成了她们的生活主流。但是，钱可不是天上掉下来的，这就需要20几岁的女人理智消费，聪明花钱。

女人想买东西，最好先等3天再说

逛商场时，女人一般很难平衡好时尚与现实的关系。面对时尚的潮物，不管现实生活中自己是否需要，大多数女人都会收入囊中。这种冲动消费的结果往往是，花大价钱买回来的衣物被无情地压在箱底……针对这种情况，女人们最好等3天再考虑是否真正要买。

想买的东西等3天，而将想要丢弃的东西，多留一天。如此，你就会发现还有半数以上物品是可以再使用的。

李娜在生了一场大病之后，就决定要好好锻炼身体。1年前，她与老公特意赶到一家健身俱乐部想了解一下健身年卡的办理费用。经过反复比较与讨价还价，他们俩最终以原价的75%购得2张健身卡，总共花费了7 500元。

接下来的日子真是充满乐趣，他们每到周末就会去结伴健身，然后一起回家，感觉真是好极了。可是坚持了不到3个月，两人的锻炼兴致就被疲劳所取代。谁都不愿意再去了。

其实李娜夫妇去健身俱乐部总共不超过10次，如果按照单次价格100元/人计算，仅仅需要支付2 000元。可是他们却为这10次健身，总共花去了7 500元。几乎相当于两人月工资的总和。

与李娜夫妇的消费经历几乎如出一辙的曹庆林夫妇，几年前，从市郊搬到了市中心，每天没有地方散步锻炼了，两人经过左思右想之后，决定购买一台跑步机。自从有了这个想法，他们就开始狂逛体育用品商店。最后经过数次比较，他们买了一台14 000多元的跑步机。

虽说价格不菲，但是与市中心健身俱乐部的年卡相比，他们觉得还是挺划算的，因为毕竟这个属于一劳永逸的“长期投资”。刚买回健身器的时候，曹庆林夫妇经常抢跑步机，但是不到1个月，两人就不再抢了，他们的跑步兴趣荡然无存。现在，他们每天回家后都懒得看跑步机一眼。这不最近两人又迷上了打网球，每到周末两人就往网球场跑。

每个人都难免偶尔购回大量闲置物；每家肯定都会有买来不久就因为没用而被丢弃的东西；而大部分时候都是买了东西之后，用过很短一段时间，就再也用不上了。

事实上这些都说明，购物者买回去的这些东西都不是他们真正需要的。那么许多没用的东西之所以被买回家，主要是由于不良的购物习惯在作祟。而改变或控制这种坏习惯的最好办法，就是在买东西之前彻底想清楚自己是不是真的需要这个东西。

理财专家认为，如果想买的东西，先等3天，之后可能就变得没有兴趣。3个星期之后，可能就把它给忘了。再过3个月后，新产品的出现使原先中意的东西变成了便宜货。结果，3年后原本再喜爱的家电也都变成垃圾，进了垃圾车，这样的话，节俭的目的就达到了。

所以，如果你手上有钱，不如立刻存到银行。存进后认为再提出来比较麻烦，便不会冲动地购买东西，因此能仔细考虑有无需要购买，并且能够多比较几家。即使要买，也要好好选择以后再作决定。

事实上，世上的任何东西，绝对无法保证“一定会价值攀升”，而是有时升值，有时贬值。不知不觉中，有时还会变成资产价值为零的情形。正因如此，许多人总会在购物之后后悔。

所以，20几岁的女人再买东西时要问问自己：

“将来如要把这东西处理掉，它还会有多少价值呢？”

总之，当你花钱的时候，如果能有意识地让自己理智一些，把想买的东西等3天，而将想要丢弃的东西，多留一天。如此，就会发现有半数以上的物品是可以再使用的。

树立正确的消费动机

人们常说女人的钱最好挣，事实也确实是这样。女人消费不考虑哪些是我“需要”的，而只考虑哪些是我“想要”的。这种消费动机必然会导致乱花钱的消费行为。由此可见，消费行为是由消费动机决定的。所有，20几岁的女性朋友要在消费活动中树立正确的消费动机。

正确的消费动机很多，主要有以下几种：

第一种是生存类购买动机。这种购买动机多出自于生活所必需，不购买就不能生存。如购买油、盐、柴、米、衣服、鞋、帽等日常生活用品。这种购买动机为所有消费者所共有，是最基本的。

第二种是理智类购买动机。这种购买动机对要购买的商品有计划性，有一个深思熟虑的过程，并在购买前作了一番调查研究，对所购买商品的特点、性能、价格、质量、用途等做到心中有数，购买时重视商品的质量和耐用性能的挑选，购买后不轻易退换。

第三种是自信类购买动机。这种购买动机大多有一定的目标，不受他人的影响，非常自信，毫不怀疑地去按选定目标购买，即使情况变化，也坚定不移地去购买。

除了正确的购买动机外，还有一些购买动机，很难区分对错。

一种是被迫类购买动机。这种购买动机往往是购买者求助于人办事，需要请客送礼来还情，不得不购买，是被迫违心地花钱。

一种是保守类购买动机。这种购买动机多发生在商品供大于求时，观望等待，选择性较强，不称心合意不买。

还有几种购买动机不正确，是绝对要抛弃的。

一是冲动类购买动机，这种购买动机通常被商品新奇的外观、便宜的价格所吸引，感情冲动，心血来潮，不顾自己是否需要，草率购买。

一种是时髦类购买动机。这种购买动机通常被社会上流行某一种时髦的款式所驱使。

商家喜欢用大幅的海报、醒目的图片和夸张的语言吸引你，现在有减价、优惠、促销等活动，有时特价商品的价格还会用醒目的颜色标出，并在原价上打折，让你感到无比的实惠。

如果你面对诱惑蠢蠢欲动，但是又发现物品的价钱超出你的承受能力，那么你应该分析“想要”和“需要”之间的差别。

把钱和注意力集中在有意义的或是有用的东西上才值得，如果是真的“需要”，那么可以在其他支出方面节省一些，在预算范围内还能抽出钱来购买所需的东西；如果只是单纯的“想要”，想一想那些因你冲动购买而被置冷宫的物品吧！你还要再犯相同的错误吗？

其实，人们对物品的占有欲与对物品的需求没有什么关联，你可能并不是因为需要某样东西才想去拥有它。此时不妨先冷静一下，转移注意力，当你隔几天再回头看时，说不定发现你已经不想要那个东西了。这样，尽管你买的东西比想要的少，但是能收益更多，并逐渐养成良好的消费习惯。

另外，还要远离“遗憾消费”。

心理学家和心理医生指出：“遗憾消费”可以说是轻微心理变态的一种表现。在购物中，压抑的心情虽可以有所缓解和得到发泄，但为此却常常付出了可观的金钱代价。

“遗憾消费”的形成有很多原因，也因人而异，它不仅和人的性格、阅历、收入水平有关，而且还和人的修养水平有一定的联系。怎样才能有效地防止这种“遗憾消费”呢？教你几招可以试一试。

首先，不要一次性购买。换句话说就是不要突击花钱，采取统筹兼顾，随遇随买的办法。家庭消费应该从大处着眼，小处着手。买东西最好有个计划，各个击破，切忌全面开花。

其次，冲动性购买不可取。就是说不要在事先无计划的情况下，临时产生购买行为。尤其是不要受广告和精美包装的冲击及片面追求新奇和从众心理的影响，打乱了正常的消费开支。避免冲动，要遵循价值原则，所购物品应是生活必需品，遇到可买可不买的东西，不管别人怎样抢购，也不要盲目从众。

要远离“遗憾消费”，最重要的一条是买任何东西都要有主见，要选择适合自己的商品消费。

要克服缺乏主见的购买行为，就要培养自己的合理决策能力。首先要有自己的主见和信心，不要盲目地模仿别人，也不要盲目地听别人说三道四，这样就会增强我们对购品的鉴别力；其次，要在购物中进行合理决策，掌握所购商品的行情信息，这样就能在购物中避害趋利，减少后悔。

很多女人都对“一分价钱一分货”这句话深信不疑，她们在购物时只选贵的，认为贵的就是好的。其实，买东西并不是越贵越好，只有适合自己的才是最好的。

事实上，在正常情况下，商品绝不可能既是最好的又是最便宜的，这是我们大家都明白的道理。而要想真正做到令自己满意，首先要对所谓的“好”有一个切实的界定。

卖的人精，买的人也不是傻瓜，贵东西必然有它贵的道理。但对这贵东西的“好”则要具体分析，传统认为所谓的好，多表现在材料、制造、设计、工艺等方面。在现代社会，“好”的方面要广泛得多——两件材料、制作、工艺等完全相同的西服，名牌的比非名牌的就可能贵上好几倍，那些多出来的钱不是花在商品上，而是花在牌子上了。有的时候两件质量、款式一样的商品，豪华店、精品店卖的就比在普通商场里贵得多。因为前者地处繁华区、装修考究、服务周到，这些钱都要让消费者掏腰包，所以它贵也不是没有道理。多元化是现代社会消费的一个重要特征，所谓好与坏的标准常常不能用一根固定的尺子来衡量。可见，东西越贵越好是没错的，只看这“好”是否能为你所接受。如果超出我们的承受范围，就会给我们带来很繁重的负担。

事实上在正常情况下，商品绝不会既是最好的又是最便宜的，这是我们大家都明白的道理。而要想真正做到令自己满意，首先要对于所谓的“好”有一个切实的标准。比如，装修居室：商店里的木地板价格便宜的每平方米30元，但贵的也有一两百元的，论质地更是令人眼花缭乱。这时就不要管价格，而是先就自己房屋装修的档次、规格、颜色等，选择较为满意的木地板。这里的“满意”与装修的好坏程度及个人的审美标准有关，而不是单指东西的好坏，然后在满意的基础上再选取价廉的。如果在这些木地板中，觉得中等档次的与自己的装修水平相适应就叫“满意”，那么可以在这一类里进行选择。当然，你会发现同样符合条件的木地板，每平方米45元的比60元的合算。

1. 买东西还要分清购买时机

什么是最佳购买阶段？花的钱最省，买的东西又不落后，那就是最佳购买阶段。

商品特别是耐用消费品的出现总要经历开发、研制、小批量生产、大量投产、萎缩等阶段，然后是又一轮的开发、研制……在最初的开发、研制阶段，产品的性能还不稳定，但十分新潮，产品的成本高、售价贵，市场销量逐步上升，但升幅不大，这个阶段的商品不宜购买。应等到进入批量生产阶段，此时商品的性能、质量逐渐趋于稳定，生产批量大了，价格有所下降。假如不是特别急需使用，最好再等一等，因为其价格还未降到低谷。

下一步是“维持量阶段”，市场已接近饱和，形成买方市场，价格大幅下降，这时才是最佳购买阶段。这个阶段不但价格合算，而且产品质量进一步完善，厂家竞争也趋于白热化，消费者正可坐收“渔翁之利”。这说起来好懂，但真的做到“恰到好处”也难。

欣欣特别喜爱手机，刚参加工作就花上万元买了一个“最新款”，谁知还没过1年，市场上这款手机的价格已降到不足5 000元。可见，找准了最佳购买阶段是把钱花到实处的重要一环。

许多女人都崇尚名牌，名牌的优良品质是许多人选择的原因，你能花较少的钱购买名牌吗？名牌消费的科学能帮你省下不少银子。

名牌的信誉和质量都是毋庸置疑的。比如，诺基亚的手机，美的的小家电，佳能的相机，这些东西都是所在领域的佼佼者。如果想一劳永逸，我们不仅要接近名牌，而且要学会买名牌产品。只有具备了名牌消费的方法，我们在护住自己银子的同时又拥有价廉物美的物品，何乐而不为？

2. 挑选名牌时要注意，东西的价与值是否相符

利用打折期间挑选名牌，你一定能买到物超所值的名牌。

比如服装，较符合价与值相当原则的是一般平价的名牌，如果你选对了买的时间，在打折期间，甚至比仿冒品还便宜许多。

名牌打折其实不难碰到，很多名牌专柜通常都会配合商场做换季甩卖，有时也有“花车特价品”，所以，偶尔逛一逛商场的特卖场，都可以捡到便宜货。

对于消费名牌，也要学会钱要花在刀刃上，价格与品质相差很多的名牌最好不要买。只有在价格打了折扣又折扣时，买名牌才符合理财的原则——划算，让钱财发挥最大的效用。其实，购物是一件相当感性的事，但重点在于商品或服务的价与值一定要相当，才真的有价值。

名牌消费得当，也是有钱人的一种花钱方法，只有真正学会挑选价廉物美的名牌，你的钱袋才会保住。

20几岁的女人通常都没有正确的消费观念，因为一些错误的消费习惯，她们成为了“月光族”、“透支族”，甚至是债台高筑的“负债族”。因此，抛弃错误的消费习惯，学做“啬女郎”是20几岁女人的一个非常重要的课题。

第41章

创业不是男人的专利，女人20几岁也可以白手创富

打工的日子确实很容易让人生厌。每天不但有没完没了的工作和加班，还得面对愚蠢的上司、小气的老板和难缠的客户。如果自己能创业，踏踏实实地为自己忙碌，即使生意经营得不好，也没有人来责备你，更不会有人用辞退来威胁你。现在，创业早不仅仅是男人的事情了，有能力的女性也成为创业大军中的重要成员。所以，20几岁的女人可以尝尝创业的滋味。

女人要想白手创富先要考虑几个问题

女人要想白手创富，就要明白在创业时应该怎样思考问题。为了吸引投资者，打算自主创业的女性朋友们必须考虑以下这些方面。

1. 创业定位

投资人总是试图从商业计划书中获得创业者对于企业的定位，进一步说就是创业者得有与众不同的定位。

2. 执行摘要

这是吸引投资人愿意了解你计划的机会。在硅谷，比较标准的商业计划不会超过20页，执行摘要不超过3页。

3. 创业者承担什么风险

创业者不可以为自己准备“救生艇”。投资人要看创业者的风险是什么，创业

者将为企业投入多少时间、多少资源、多少金钱，投资人不会愿意承担比创业者更大的风险。

4. 企业远景与经营模式说明

这需要将好的构想妥善包装。创业者应当为企业描绘一个清楚的远景，让投资人能有所期待。

5. 产品与服务介绍

这要求创业者既能说明创意，又能保护自己的知识产权。创业者并不需要将创业计划中的核心技术全面透露，让投资者感到有新意、有市场即可。

6. 最想要解决什么问题

要解决问题而不是制造问题。因为投资人对创业的领域可能会很陌生，可能会认为不需要太大成本就能达到同样的效果。创业者要清楚界定准备解决什么样的问题，而不要过度设计。

7. 顾客在哪里

创业者应当为投资人解释，企业如何以好的产品和服务开发顾客，要让顾客体验到价格以外不可替代的价值。

8. 竞争者在哪里

新经济时代，竞争者无所不在。告诉投资人竞争者在哪里，即让投资人知道他投资的潜在风险是什么。同时，要说明创业企业的核心竞争力是什么。

另外，20几岁的女人创业更要注重自己的形象定位。女老板的形象既是你个人内在能力的广告，也是你所率领的企业形象的聚焦点。首先，要自信；其次，形象要好。完美的女老板形象是通过女性化、个性化、老板风度和时尚品位来体现的。

1. 女老板不要丢弃女性打扮

从把事业定位在商业圈那一刻起，女老板们就被抛向了市场，开始了和男人们一样的竞争。这种竞争常会使人忘记性别，但其实，你永远是先作为女人，后作为老板被认知的。人们可以容许男老板们一成不变的西装领带打扮，却不喜欢女老板们一副男人相！

2. 女老板要注重自己的个性化

个性化，是女老板形象的点睛之笔。它与个人的阅历、文化修养、知识结构有很大关系，是用服饰来体现的，是使你和他人差别化的部分，别人只可羡慕你的形象，却无法企及和效仿。

3. 女性当老板要有风度

老板风度是你以职业形象示人的一面，也应该说是你的公众形象，发型、妆容、服饰都要突出成竹在胸、稳操胜券、驾驭市场的大家风范。

4. 女老板也能有时尚品位

如果你置身时尚社会之中，却偏执地留于潮流之外，人们就会认为你的社会角色不称职，继而对你的企业发展产生怀疑。时尚感随社会脉动，越是老板，越应该通过形象向人们展示自己和企业的形象。

值得尝试的几种创业方式

20几岁的女人也许还没有足够丰富的社会经验，也许有创业的想法但是还无从下手。下面就为你提供几种创业的方式供你参考。

第一种方式：尝试开一家极具特色的小店。

如果你留意就会发现，很多特色小店现在开得很火，很赚钱。现在，人们都很注意饮食，已经不满足于在家里做着吃了，那么你是否想到自己开间小店呢。

开间特色小店是很多女人的梦想。但是怎样才能让自己的小店更有特色并能赚更多的钱，却不是每个女人都知道的。

1. 独特的个性

无论经营哪种商品，都要强调它在同类产品中独特的个性，不能大众化。所谓个性化，指的是你经营的商品以时尚前卫、价位低廉、商品稀奇、“人无我有”、销售新奇等个性突出。只有这样，你的特色店才能日益彰显出自己的个性，在茫茫的“店”海中取胜。

2. 领潮时尚

领潮时尚几乎成了许多特色店的代名词。毫无疑问，特色小店的潮流嗅觉总是要比大商场快一些。像近年来大卖的茶花花饰、伞裙、宽腰带等，都是从小店开始流行的。因此，在进货上要突出“八字方针”——超前、新颖、品位、独特，同时这也是小店制胜的法宝。

3. 最棒的设计

只要你的店拥有最棒的设计，就一定能吸引众多的顾客前往。

王芳在吉林开了一家服饰店，虽然她显得有几分腼腆和内向，可走进她的服饰小店，绝对会让你大吃一惊。店堂里，一边是仿明清风格的老式烟榻和床，繁复而又持重；另一边却是简单到只剩一幅布帘和一张矮条椅组合的更衣室。新和旧、传统与现代、繁复与简约，在这样的空间里冷静地对视，淋漓尽致地彰显出设计者的性格。王芳的小店，凝聚了她所有的梦想和希望。她始终相信，做设计未必要专业出身，只要有自己的想法，随性地把美组合在一起，就是最棒的设计。

4. 悬念性的刺激

特色店还有一个吸引人的地方，就是在价格上制造悬念性的刺激。特色店的价格不像商场和专卖店一样明码标价，而是给顾客留下讨价还价的余地。不确定的价格当然会带来心理的变化，砍价的过程虽然也会让人心疼，但其中的微妙感受也是刺激无比。

5. 实惠的价位

之所以称“实惠”而不是“便宜”，是因为现在特色小店的价格已不再是便宜的代名词。比如，那些经营服饰的店的商品平均价格都在七八百元，有些货品甚至以千元计。但和商场、专卖店相比，同样价位的服饰“含金量”却往往省略了这些，也就为消费者省下了不少钱。所以，权衡其中的个性、品位、独特性，其“性价比”往往比大商场的很多同类品牌优越得多。

做到以上几点，你的小店一定会脱颖而出，到那时，必定财源滚滚。

第二种方式：在宠物经济时代，从宠物身上寻找商机。

现代很多人都喜欢养宠物，你几乎可以在每个小区见到小宠物，但是你有没有想过可以从宠物身上找商机呢？

据有关资料显示，目前中国宠物及用品一年的交易额已超过100亿元，宠物各方面的需求量以每年15%的速度在增长。专家预测，中国宠物市场的潜力在150亿元以上。不可否认，宠物行业这一全新的朝阳行业正以迅猛之势在中国经济中显示出越来越强大的生命力，并以巨大的发展潜力吸引着众多的投资者进入这一行业。想赚钱的女性怎么能错过这一大好时机呢？

传媒人士王小姐就是以养犬发家的，她从1991年开始投资养犬。

王小姐进入这个行业是一次偶然。当时一位邻居告诉她，一边玩狗，一边可以赚钱。于是，她就花了5 000元买了一条狮子狗。这种狗一年生两窝，一窝一般4只左右。那时，一只小狗可以卖1 000~5 000元，这样一年下来，就赚了3万元。第一次投资就有了收益，让她信心大增，因此她又追加了投资。1991年她花了3万元买了3

只名狗，3个月后，以每只5万元卖出，这样不仅收回了成本，还净赚了12万元。

从1991年至1993年间，她以3万元作投资，赚了上百万元。

2006年正好是狗年，狗的价格猛涨，一只红色巨型贵宾犬可以卖到50万元。现在，王小姐不仅拥有自己的大型犬会，还建立了特色犬专业网站，通过养狗成了千万富翁。

现如今，家有宠物已成为一种时尚。据有关部门预测，未来10年，我国“哈宠族”的人数将呈几何级数增长。聪明的女性如果能抓住这一机遇，下一个百万千万富翁可能就是你！

那么通过宠物赚钱有哪些途径呢？

途径一：开间宠物写真馆。

宠物在某种程度上已成为了家庭成员，针对小猫小狗的服务也越来越细。给宠物拍写真就是一例，而宠物写真馆的商机也应运而生。

投资条件：

20平方米左右的铺面，有简单的摄影棚和摄影装备即可。店铺位置可选择公园、市民广场和宠物医院附近，以利“借光”。

个人条件：

好的宠物摄影师，除了过硬的技术，还必须了解与宠物相关的知识，熟识每一个种类，知道它们身体上每个最有价值的部位，甚至要知晓大多数宠物的骨骼图。国外的宠物摄影从20世纪60年代就开始起步，通过几十年的积累，现在已经形成了一个成熟的市场，有一批大师级的职业宠物摄影师。但宠物摄影目前在国内还没有形成行业氛围。

定价参考：

单张照片的价位可在30~60元之间，一本相册可定200~1 000元。同时可考虑将照片印在杯子上，或放进钥匙扣里，一方面可以完善产品种类，另一方面也能增加盈利点。

促销方式：

开始可给意向客户免费送数张照片，如果他们想大量拍摄或制作相册，再另外收费。也可以通过宠物网站和客户口碑增加订单，有些网站有“宠物选美”活动，可以通过免费为宠物拍照打开名气。

途径二：开个宠物饰品店。

开个宠物饰品店，首先要有本钱，如果没有，那么就得去张罗。其次，想加入宠物饰品店行业，要有宠物的专业知识，起码你的专业和这个要有些关系。如果没有，你就要学习，而这种学习你最好不要去这类的专业学校，因为消费太贵，而且学得的东西一开始开宠物饰品店还不一定能用得上，开宠物饰品店最重要的是怎么去管理和经营宠物饰品店，所以最好找个宠物美容店，或者是宠物保健店去实习，其实就是积累日后开宠物饰品店的经验，偷学艺去了，最后，你最好能联系到生产或者销售宠物用品的单位或是开宠物饰品店的个人。这3点你都满足了，又有工作热情，不怕困难，现在就开个宠物饰品店。

如果你觉得你做不到，那你还是先到社会上锻炼锻炼，取得经验再说吧，但是你要记住，给别人打工，尤其你是女性，发财的可能性很小，所以要好好谋划谋划自己的事业，自己的人生！

第三种方式：网上开店。

现在大学生就业越来越严峻，找工作成了当今的一大热门话题，基本上80%的人都在各个公司求职，很少有人会动脑想办法，自己创业开个小店。

当别人还在到处投简历的时候。陈妙已经开始了自己的小买卖，网上开店。早在读大学时，陈妙就敏锐地察觉到，许多日韩化妆品在欧美市场销量很大，而且价格比欧美本土其他品牌要高很多。后来，她发现许多化妆品在原产地的价格很低，便有了尝试网上贸易的想法。最初，她在国内进货卖给国内用户。接着，她开始利用淘宝网平台打开国外的进货渠道和销路。几乎每天半夜，她都会在淘宝网站上“蹲点”，等待第一时间拍下目标货品，再放到自己的小店中，向全世界用户售卖。她拍下的大多为日韩品牌的化妆品，还有法国、美国的稀有品牌，但价格比市场价要低很多，因此受到美国、欧洲用户的广泛欢迎。现在的陈妙选择了将网上开店作为自己的专职工作。她说：“在网上开店，让我感觉更自由，而且收入也不错。”

“点击鼠标就可以做生意赚钱”，网上开店这一新经济形式逐渐为中国网民所接受，吸引着越来越多的消费者在网上就业，而其中的佼佼者多为女性。

网上开店之所以吸引广大女性朋友是因为它易上手、易操作、低风险。网店不受传统的营业时间、营业地点的限制。经营者可以全职也可以兼职经营，不需要投入大量时间去看店。与传统的店铺相比，网上开店不用租赁门面，不用缴纳税金、水电费，而且按需进货，不用担心货物积压。任何一个有兴趣从事网上交易的女性卖家只要注册用户名并通过系统的认证，就可以实现网上开店的梦想。通过详细清楚的一步步在线指引，即使对操作电脑不是很熟练的人也可以在网上卖东西。

因为网店是开在互联网上的，面向的是所有可能看到商品的网民或消费者，这个群体可以是全国的网民，乃至全球的网民。低成本、低门槛，是网上开店的另一大优势，也是吸引女性卖家的另一重要因素。无店铺经营模式不需要较多的资金投入，少量的商品登录费用与线下房租、水电等杂费相比几乎可以忽略不计。

网上店铺真是琳琅满目，化妆品、服装、数码产品……每一个项目都有很大的发展空间，都有前途。关键是怎么去做，什么适合自己，这才是最重要的。在当今时代背景下，网上开店为我们女性提供了更为广阔的致富空间。所以，女性朋友们要把握住这一良机，争取多为自己赚钱。

网上开店是有一定的技巧的，比如有以下几种。

1. 在网上卖什么

和传统店铺一样，在网上开店的第一步就是要考虑卖什么，选择的商品要根据自己的兴趣、能力和条件，以及商品属性、消费者需求等来定。

2. 开店前的准备工作

选择好要卖的商品后，在网上开店之前，你需要选择一个提供个人店铺平台的网站，并注册为用户。为了保证交易安全性，还需要进行相应的身份和支付方式认证。

3. 进货、拍图

网上开店成功的一个关键因素在于进货渠道，同样一件商品，不同的进货渠道，价格是不同的。

通过身份验证后，您就要就忙着整理自己已经有的宝贝，为了将销售的宝贝更直观地展示在消费者面前，图片的拍摄至关重要，而且最好使用相应的图形图像处理工具进行图片格式、大小转换，比如Photoshop、ACDSee等等。

4. 发布宝贝

要在淘宝开上店铺，除了要符合认证的会员条件之外，还需要发布10件以上宝贝。于是，在整理好商品资料、图片后，您要开始发布第一个宝贝。

友情提示：如果没有通过个人实名认证和支付宝认证，可以发布宝贝，但是宝贝只能发布到“仓库里的宝贝”中，买家是看不到的。只有通过认证，才可以上架销售。

5. 获取免费店铺

淘宝为通过认证的会员提供了免费开店的机会，只要你发布10个以上的宝贝，就可以拥有一间属于自己的店铺和独立网址。在这个网页上你可以放上所有的宝贝，并且根据自己的风格来进行布置。

6. 店铺装修很重要

在免费开店之后，买家可以获得一个属于自己的空间。和传统店铺一样，为了能正常营业、吸引顾客，需要对店铺进行相应的“装修”，主要包括店标设计、宝贝分类、推荐宝贝、店铺风格等。

1. 基本设置

登录淘宝，打开“我的淘宝—我是卖家—管理我的店铺”。在左侧“店铺管理”中点击“基本设置”，在打开的页面中可以修改店铺名、店铺类目、店铺介绍；主营项目要手动输入；在“店标”区域单击“浏览”按钮选择已经设计好的店标图片：在“公告”区域输入店铺公告内容，比如“欢迎光临本店!”单击“预览”按钮可以查看到效果。

2. 宝贝分类

给宝贝进行分类，是为了方便买家查找。在打开的“管理我的店铺”页面中，可以在左侧点击“宝贝分类”；接着，输入新分类名称，比如“文房四宝”，并输入排序号（表示排列位置），单击“确定”按钮即可添加。单击对应分类后面的“宝贝列表”按钮，可以通过搜索关键字，来添加发布的宝贝，进行分类管理。

3. 推荐宝贝

淘宝提供的“推荐宝贝”功能可以将你最好的16件宝贝拿出来推荐，在店铺的明显位置进行展示。只要打开“管理我的店铺”页面，在左侧点击“推荐宝贝”：然后，就可以在打开的页面中选择推荐的宝贝，单击“推荐”按钮即可。

4. 店铺风格

不同的店铺风格适合不同的宝贝：给买家的感觉也不一样，一般选择色彩淡雅、看起来舒适的风格即可。如果选择了“绿野仙踪”的风格模板，右侧会显示预览画面，单击“确定”按钮就可以应用这个风格。在店铺装修之后，一个焕然一新的页面出现在面前。

5. 推广是成功的关键

网上小店开了，宝贝也上架了，特色也有了，可是几周时间过去了还是没有成交，连买家留言都没有，这是很多新手卖家经常遇到的问题。这个时候，你就要主动出击了。可以通过论坛宣传、交换链接、橱窗推荐和好友宣传4种方式给小店打打广告。

6. 宝贝出售后

在宝贝售出之后，除了会收到相应的售出提醒信息，还需要主动联系买家，要求买家支付货款，进行发货以及交易完成后的评价或投诉等。

创业初期一定要选择好投资领域

创业不能只靠想象，在创业的过程中肯定会遇到各种各样的挫折和阻碍。很多20几岁的女人在为创业的资金犯愁，其实创业大多从小本开始，小本创业只要讲究一定的方法，就会越做越大获得成功。在创业初期，一定要选择好投资领域，要注意以下这些方面。

1. 大人不如小孩

儿童是中国消费市场中很重要的一个群体，儿童产品的市场大，随机购买性强，容易受广告、情绪、环境的影响，是很有朝气的一个市场。在中国，满足了孩子的需求，在很大程度上就是满足了父母的需求。举一个很简单的例子，某海洋馆顾客稀少、生意冷淡，于是决策者作出如下决策：为答谢游客对海洋馆的支持，儿童一律免票。立刻，海洋馆游人如织，门票销售大增。究其原因，由于海洋馆儿童免费，更多父母携带孩子前来游玩，门票销售自然陡增。

2. 男人不如女人

无论是在服装市场还是在食品市场，女性往往都是顾客的主体。即使有男性，也往往是女性的跟班，不过是拎拎东西罢了，而挑选东西往往是女性的专利。女人掌管家庭财务，不仅会直接消费，还负责整个家庭的消费采购，是最大的购买群体。有市场调查表明，社会购买力70%以上是掌握在女人手里。把市场目标对象锁定为女人，生产适合女性眼光的产品，你会发现有更多的赚钱机会。

3. 用品不如食品

“民以食为天”，食品是人们日常生活的必需品，永远都不会失去消费者。食品市场非常大，需求比较稳定，而且政府除了技术监督、卫生管理外，对食品业的规模、品种、布局、结构等一般不予干涉。食品业投资规模变化范围可大可小，切入容易，选择余地较大。

4. 重工不如轻工

我们往往会有这样的经验，经营重工业的往往都是国有企业，而从事重工业的私人企业则很少。这是因为，重工业投资门槛高，技术要求高，见效慢。小本创业不适合投资重工业，若小本创业把大量的资金投资于重工业，非常容易出现资金短缺的困难，不利于企业的发展。

与重工业相比，轻工业无论是在生产加工还是流通贸易上都具有较大的灵活性，具有周期短、投资规模小、技术要求低、风险小以及可以在短期内见效等优点，比较适合小本创业。

5. 做生不如做熟

俗话说“隔行如隔山”，投资自己一无所知的行业，需要特别慎重，要深入学习，以免付出昂贵的学费，如果选择自己熟悉的行业，就能拥有更多的信息，能对商品是否有市场、有前途、不同产品的优劣及消费者的要求、市场发展的方向等作出正确的判断与决策。

6. 多元不如专业

多元化有很多优点，比如抗风险能力比较强、客户群体更广泛等。但多元化只适合规模较大的企业，因为大企业有足够的资源支撑多元化；而小企业资源有限，多元化不仅不能降低风险，由于对其他行业不了解，反而加大了风险。专业化生产及流通容易形成技术优势和批量经营优势，能够充分体现自身的优势，所以，在企业规模不大时最好只专注于一个产品。专注于一个产品，打出品牌来，等到企业发展了，再向多元化发展也不迟。

创业并不是男人的专利，了解了关于创业的一些信息后，20几岁的女人完全可以白手创富，为自己将来的人生铺就一条成功的道路。

超值金版—家庭珍藏经典畅销书系

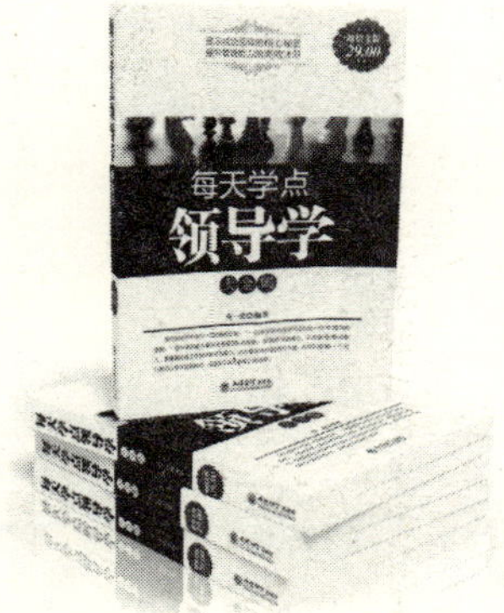

《每天学点领导学大全集》
29.00元 16开

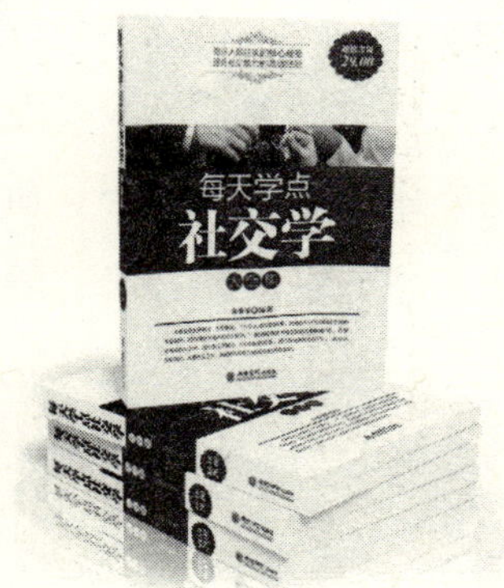

《每天学点社交学大全集》
29.00元 16开

《每天学点金融学大全集》
29.00元 16开

《每天学点投资学大全集》
29.00元 16开

《每天学点经济学大全集》
29.00元 16开

超值金版—家庭珍藏经典畅销书系

《世界名人演讲大全集》
29.00元　16开

《影响你一生的清华演讲大全集》
29.00元　16开

《影响你一生的北大演讲大全集》
29.00元　16开

《思考致富：拿破仑・希尔
写给男人的365堂成功课》
29.00元　16开

《平衡生活：戴尔・卡耐基
写给女人的365堂养心课》
29.00元　16开

超值金版—家庭珍藏经典畅销书系

《肯定自己 改变自己 超越自己大全集》
29.00元　16开

《情商比智商更重要 人脉比努力更重要
责任比能力更重要》
29.00元　16开

《你的形象价值百万 你的礼仪价值百万
你的口才价值百万》
29.00元　16开

《哈佛教授讲述的300个心理学故事》
29.00元　16开

《哈佛教授讲述的300个经济学故事》
29.00元　16开

超值金版—家庭珍藏经典畅销书系

《读心术攻心术宽心术大全集》
29.00元　16开

《找对人说对话做对事大全集》
29.00元　16开

《不生气不抱怨不折腾大全集》
29.00元　16开

《洞察术操纵术调节术大全集》
29.00元　16开

《会做人会说话会办事大全集》
29.00元　16开

兴盛乐
国兴文盛　乐於悦读

淘书网
taoshu.com